金石文獻叢刊

潛研堂金石文跋尾

附金石文字目録

一

【清】錢大昕 撰

上海古籍出版社

圖書在版編目（CIP）數據

潛研堂金石文跋尾：附金石文字目録/（清）錢大昕撰. —上海：上海古籍出版社，2020.5
（金石文獻叢刊）
ISBN 978-7-5325-9535-8

Ⅰ.①潛… Ⅱ.①錢… Ⅲ.①金石—史料—中國—古代 Ⅳ.① K877.2

中國版本圖書館 CIP 數據核字（2020）第 055933 號

金石文獻叢刊

潛研堂金石文跋尾（附金石文字目録）

（全二册）

［清］錢大昕　撰

上海古籍出版社出版發行

（上海瑞金二路 272 號　郵政編碼 200020）

（1）網址：www.guji.com.cn

（2）E-mail：guji1@guji.com.cn

（3）易文網網址：www.ewen.co

浙江新華數碼印務有限公司印刷

開本 890×1240　1/32　印張 44.375　插頁 10

2020 年 5 月第 1 版　2020 年 5 月第 1 次印刷

ISBN 978-7-5325-9535-8

K · 2807　定價：218.00 元

出版説明

金文石刻作爲一種特殊的文獻形式，負載着中國古代文明的大量信息，是珍貴的文化遺産，其相關研究具有重要文化價值與傳承意義。金石專門研究興起於宋，而在清代達到鼎盛，名家迭出，先後撰寫了一批高水平的研究專著，其成果對於今天我們的歷史學、文學、文字學、考古學、古文獻學、古器物鑒定學、書法篆刻學等研究具有重要的參考價值。有鑒於此，本社特推出《金石文獻叢刊》，彙聚兩宋以降金石學重要著作，以期助益於相關研究。

本書爲《金石文獻叢刊》之一，收録清錢大昕撰《潛研堂金石文跋尾》二十卷及《潛研堂金石文字目録》八卷，以光緒間長沙龍氏家塾刊本爲底本影印。

上海古籍出版社　二〇二〇年四月

石刻文獻歷代研究述要（代序）

陳尚君

「人生忽如寄，壽無金石固。」古人感到生命短暫，常將重要的事件、著作和死者的生平銘諸金石，形成豐富的金石文獻。一般來説，金銀器上的銘文均較簡短，銅器銘文盛於商周時期，漢以後可資研究的僅有銅鏡銘文等。石刻文獻則興於漢，盛於唐，歷宋、元、明、清而不衰，存世文獻爲數極巨，爲研究古代歷史文化提供了大量記載，也爲研究古典文學者所寶重。

一、古代石刻的分類

古代石刻品類衆多，舉其大端，可分以下幾類：

一、墓志銘。多爲正方形石刻，置於死者墓穴中，記載死者生平事蹟。始於漢，盛於北朝和隋唐時期，宋以後仍相沿成習。南朝禁止埋銘，故甚罕見。近代以來，出土尤多。因深埋地下，所存文字多清晰而完整。

二、墓碑。也稱神道碑，是置於墓道前記載死者生平事蹟的長方形巨大石碑。舊時王公大臣方得立碑記德，故所載多爲歷史上有影響的人物。因其突立於地表，歷經日曬雨淋，人爲破壞，石刻多斷裂殘壞，磨蝕漫漶，不易卒讀。

三、刻經。可分儒、釋兩大類。儒家經典的刊刻多由官方主持，爲士人提供準確可信的經典文本。歷史上有七次大規模的刻經，即東漢熹平間、曹魏正始間、唐開成間、後蜀廣政間、北宋嘉祐間、南宋紹興間、清乾隆間。今僅開成、乾隆石經保存完整，其餘僅存殘石。佛教刻經又可分爲兩類：一類是僧人恐遭逢法難，經籍失傳，因而刻石收存，以備不虞。最著名的是房山石經，始於隋，歷唐、遼、金、元而不衰，現存有一萬五千多石。二是刻經以求福祐，如唐代經幢刻《尊勝陀羅尼經》，爲一時風氣。

四、造像記。佛教最多，道教稍少。受佛教浄土宗佛陀信仰的影響，信佛的士庶僧人多喜造佛像以積功德，大者連山開龕，小者可握於掌間。造像記記載造像緣由，一般均較簡短，僅記時間、像主姓名及所求之福祐庇蔭，文辭多較程式，可藉以瞭解風俗世情，有文學價值的很少。

五、題名。即是古人「到此一游」的記録。多存於山川名勝，多出於名臣、文士之手，雖較簡短，於考事究文，彌足珍貴。如長安慈恩寺題名：「韓愈退之、李翺翔之、孟郊東野、柳宗元子厚、石洪濬川同。」鍾山題名：「乾道乙酉七月四日，笠澤陸務觀，冒大雨，獨游定林。」均至簡，前者可考知韓、柳交游之始，知李翺另一表字，後者可見詩人陸游之風神。

六、詩詞。唐以前僅一二見，以雲峰山鄭道昭詩刻最著名。唐代始盛，宋以後尤多。詩詞刻石以摩崖和詩碑兩種形式爲多見。許多重要作家都有石刻詩詞留存。

七、雜刻。指上述六類以外的各種石刻。凡建橋立廟、興學建祠、勸善頌德、序事記游等，皆可立石以記，所涉範圍至廣。

此外，還有石刻叢帖，爲彙聚名家法書上石，供人觀賞臨習，其文獻價值與上述各種石刻有所不同，兹不贅述。

二、從石刻到拓本、帖本

石刻爲古人當時所刻，所記爲當時事，史料價值很高；所録文章亦得存原貌，不似刊本之迭經傳刻，多魚魯亥豕之誤，故前代學者考史論文，尤重石刻。然而石刻或依山摩崖，遠處荒山僻野，或形制巨大，散在各地，即便最優秀的金石學家，也不可能全部親見原石。學者援據，主要是石刻拓本。

拓本是由拓工將宣紙受濕後，蒙於碑刻之上，加以捶椎，使宣紙呈凹凸狀，再蘸墨拓成。同一石刻之拓本，因傳拓時間之早晚及拓技之精粗，常有很大不同。一般來説，早期拓本因石刻保存完好，文字存留較多，晚近所拓，則因石刻剥蝕，存字較少。如昭陵諸碑，今存碑石存字已無多，遠不及《金石萃編》之録文，而羅振玉《昭陵碑録》據早期精拓録文，録文得增多於《金石萃編》。即使同一時期所拓，也常因拓工之拓技與態度而有所不同。如永州浯溪所存唐李諒《湘中紀行》詩，王昶據書賈售拓録入《金石萃編》，有十餘處缺文訛誤；稍後瞿中溶親至浯溪，督工精拓，乃精好無損（詳《古泉山館金石文編》卷三）。至於帖賈爲牟利而或草率摩拓，或僅拓一部分，甚或竄改文字，以唐宋冒魏晉，則更等而下之了。

拓本均存碑石原狀，大者可長丈餘，寬數尺，鋪展盈屋，不便研習。舊時藏家爲便臨習，將拓本逐行剪開，重加裱帖，裝成册頁，成爲帖本。帖本經剪接重拼，便於閲讀臨摹，已不存原碑形貌。在拼帖時，遇原拓空缺或殘損處，常剪去不取，以致帖本文字常不可卒讀。原石、原拓失傳，僅靠拓本保存至今的石刻文獻，不是太多，較著名的有唐代崔鉉撰文而由柳公權書寫的《神策軍碑》。唐初著名的《信行禪師碑》，因剪棄較多，通篇難以卒讀。

現存最早的石刻拓本，大約是見於敦煌遺書中的唐太宗《温泉銘》和歐陽詢《化度寺碑》。宋以後各種善拓、精拓本，因流布不廣，傳本又少，藏家視同拱璧，書賈索價高昂。近現代影印技術普及，使碑帖得以大批刊布，許多稀見的拓本，得以大批縮印彙編出版，給學者極大方便。影響較大者有《漢魏南北朝墓志集釋》（趙萬里編，科學出版社一九五三年版）、《千唐志齋藏志》（張鈁藏，文物出版社一九八五年版）、《曲石精廬藏唐墓志》（李希泌藏，齊魯書社一九八七年版）、《北京圖書館藏歷代石刻拓本彙編》（中州古籍出版社一九八八年版）、《隋唐五代墓志彙編》（天津古籍書店一九九一年版）。重要的石刻拓本，在上述諸書中均能找到。

三、宋代的石刻研究及重要著作

南北朝至唐代，已有學者注意記載碑刻，據以訂史證文，但有系統地加以搜集研究，使之成爲專學，則始於宋代。首倡者爲北宋文學宗匠歐陽修。

歐陽修自宋仁宗慶曆五年（一〇四五）開始裒聚金石拓本，歷十八年，「集録三代以來遺文一千卷」（《六一居士傳》），編爲《集古録》，其中秦漢至唐五代的石刻約占全書的十之九五。參政之暇，歐陽修爲其中三百八十多篇碑銘寫了跋尾，對石刻文獻的史料價值作了全面的闡釋。其大端爲：一、可見政事之修廢；二、可訂史書之闕失；三、可觀書體之妍醜；四、可見文風之轉變；五、可訂詩文傳本之訛誤；六、可據以輯録遺文。這些見解，可説爲後代金石學的研究奠定了基礎。録一則如下：

右《德州長壽寺舍利碑》，不著書撰人名氏。碑，武德中建，而所述乃隋事也。其事蹟文辭皆無取，獨録其書爾。余屢歎文章至陳、隋不勝其弊，而怪唐家能臻致治之盛，而不能遽革文弊，以謂積習成俗，難於驟變。及讀斯碑有云：「浮雲共嶺松張蓋，明月與巖桂分叢。」乃知王勃云：「落霞與孤鶩齊飛，秋水共長天一色。」當時士無賢愚，以爲警絶，豈非其餘習乎！

《集古録》原書已不傳。歐陽修的題跋編爲《集古録跋尾》十卷，收入其文集，單行本或題《六一題跋》。其子歐陽棐有《集古録目》，爲逐卷撰寫提要，原書久佚，今存清人黄本驥和繆荃蓀的兩種輯本。

北宋末趙明誠輯《金石録》三十卷，沿歐陽修之舊規而有出藍之色。明誠出身顯宦，又得賢妻之助，窮二十年之力，所得達二千卷之富，倍於歐陽修所藏。其書前十卷爲目録，逐篇著録二千卷金石拓本之篇題、撰書者姓名及年月，其中唐以前五百餘品，其餘均爲唐代石刻。後二十卷爲明誠所撰題跋，凡五百零二篇。趙跋不同於歐陽修之好發議論，更注重於考訂史實，糾正前賢和典籍中的誤説，録存重要史料，考訂也更爲細密周詳。

南宋治石刻學者甚衆，如《京兆金石録》《復齋碑録》《天下碑録》《諸道石刻録》

等，頗具規模，惜均不存。存世者以下列諸書最爲重要。

洪适《隸釋》二十七卷、《隸續》二十一卷，前者録漢魏碑碣一百八十九種，後者已殘，尚存録一百二十餘品。二書均全録碑碣文字，加以考釋，保存了大量漢代文獻，許多碑文僅賴此二書以存。

陳思《寶刻叢編》二十卷，傳本缺三卷。此書彙録兩宋十餘家石刻專書，分地域著録石刻，附存題跋，保存史料十分豐富。

佚名《寶刻類編》八卷，清人輯自《永樂大典》。此書以時代爲序，以書篆者立目，記録石刻篇名、作者、年代及所在地，間存他書不見之石刻。

另鄭樵《通志》中有《金石略》一卷，王象之《輿地紀勝》於每一州府下均有《碑記》一門，也有大量珍貴的記録。後者明人曾輯出單行，題作《輿地碑記目》。

宋人去唐未遠，搜羅又勤，所得漢唐石刻見於上述各書記載的約有四五千品。歐、趙諸人已有聚之難而散之易之感歎，趙明誠當南奔之際仍盡攜而行，但除漢碑文字因洪适輯録而得保存較多外，唐人石刻存留到後世的僅約十之二三，十之七八已失傳。幸賴上述諸書的記載，使今人能略知其一二，其中有裨文學研究的記載至爲豐富。如唐末詞人温庭筠的卒年，史書不載。《寶刻類編》載有：「《唐國子助教温庭筠墓》，弟庭皓撰，咸通七年。」因可據以論定。再如盛唐文學家李邕，當時極負文名，《全唐文》録

其文僅五十餘篇。據上述宋人記載，可考知其所撰文三十餘篇之篇名及梗概，對研究

其一生的文學活動十分重要。

四、清代的石刻研究及重要著作

元、明兩代是石刻研究的中衰時期，可稱者僅有三五種：陶宗儀輯《古刻叢鈔》僅録所見，篇幅不大；都穆《金薤琳琅》，録存漢唐石刻五十多種；趙崡《石墨鐫華》存二百五十多種石刻題跋，「多歐、趙所未收者」（《四庫提要》）。

清代經史之學發達，石刻研究也盛極一時。清初重要的著作有顧炎武《金石文字記》、葉奕苞《金石録補》、朱彝尊《金石文字跋尾》。三書雖仍沿歐、趙舊規，但所録多前人未經見者，考訂亦時有創獲。至乾隆間，因樸學之興，學者日益重視石刻文獻，史學大家如錢大昕、阮元、畢沅等均有石刻研究專著。全録石刻文字的專著也日見刊布，自乾隆後期至嘉慶初的十多年間，即有翁方綱《兩漢金石記》《粵東金石略》、吴玉搢《金石存》、趙紹祖《金石文鈔》《續鈔》等十餘種專著行世。在這種風氣下，王昶於嘉慶十年（一八〇五）編成堪稱清代金石學集大成的著作《金石萃編》一百六十卷。

王昶自稱有感於洪适、都穆、吴玉搢三書存文太少，「愛博者頗以爲憾」，自弱冠

之年起，「前後垂五十年」，始得成編。其書兼載金、石，但録自器銘者僅當全書百之二三，其餘均爲石刻。所録始於周宣王時的《石鼓文》，迄於金代，凡一千五百多種。其中漢代十八卷，魏晋南北朝十五卷，隋代三卷，唐五代八十二卷，宋代三十卷，遼金七卷。各種石刻無論完殘，均照録原文，務求忠實準確。遇有篆、隸字體，或照録原字形。原石殘缺之處，或以方框標識，或備記所缺字數，遇殘字也予保存。又備載「碑制之長短寬博」和「行字之數」，「使讀者一展卷而宛見古物焉」（引文均見《金石萃編序》）。同時，王昶又廣搜宋代以來學者的著録題跋，附載於各石刻録文之次，其本人也逐篇撰寫考按，附於篇末。《金石萃編》搜羅廣博，録文忠實，附存文獻豐富，代表了乾嘉時期石刻研究的最高水平。

王昶以個人力量廣搜石刻，難免有所遺漏，其録文多據得見之拓本，未必盡善。其書刊布後，大受學界歡迎，爲其續補訂正之著，也陸續行世，較重要的有陸耀遹《金石續編》二十一卷、王言《金石萃編補遺》二卷等。至光緒初年，陸增祥撰成《八瓊室金石補正》一百三十卷，規模與學術質量均堪與王書齊駕。陸書體例多沿王書，凡王書已録之石刻，不復重録。王書録文不全或有誤者，陸氏援據善拓，加以補訂，一般僅録補文。這部分份量較大，因陸氏多見善拓，録文精審，對王書的糾訂多可信從。此外，陸書補録王書未收的石刻也多達二千餘通。

清代學者肆力於地方石刻的搜録整理，也有可觀的成績。録一省石刻而爲世所稱者，有阮元《山左金石志》二十四卷（山東）、《兩浙金石志》十八卷（浙江）、謝啓崑《粤西金石略》十五卷（廣西）、胡聘之《山右石刻叢編》四十卷（山西）、劉喜海《金石苑》六卷（四川）等。録一州一縣石刻而重要者有武億《安陽縣金石録》十二卷、沈濤《常山貞石志》二十四卷、陸心源《吴興金石記》十六卷等。

五、近現代的石刻文獻要籍

近代以來，因學術風氣的轉變，漢唐石刻研究不及清代之盛。由於各地大規模的基建工程和現代科學田野考古的實施，地下出土石刻的總數已大大超越清代以前八百年間發現的石刻數量。大批石刻得以彙集出版，給學者以方便。

端方《匋齋藏石記》四十四卷，是清季最有份量的專著。端方其人雖多有争議，但該書收羅宏富，題跋又多出李詳、繆荃蓀等名家之手，頗多精見。另一位大節可議的學者羅振玉，於古代文獻的搜集刊布尤多建樹。其石刻方面的專著多達二十餘種，《昭陵碑録》和《冢墓遺文》（包括《芒洛》《廣陵》《東都》《山左》《襄陽》等十多種）以録文精確、收羅宏富而爲世所稱。

二十世紀三十年代，由於隴海路的施工，洛陽北邙一帶出土魏、唐墓志尤衆。其大宗石刻分別爲于右任鴛鴦七志齋、張鈁千唐志齋和李根源曲石精廬收存。于氏所收以北魏志石爲主，今存西安碑林，張、李以唐代爲主。其中張氏所得達一千二百多方，原石存其故里河南新安鐵門鎮，民國間曾以拓本售於各高校及研究機構，近年已影印行世。其中對唐代文學研究有關係者頗衆。曲石所得僅九十多方，但多精品，王之涣墓志最爲著名，今存南京博物院。

民國間由於各省組織學者編纂省志，也連帶完成了一批石刻專著。其中曾單獨刊行而流通較廣者，有《江蘇金石志》二十四卷、《陝西金石志》三十二卷、《安徽通志金石古物考稿》十六卷，頗多可觀。

二十世紀五十年代，趙萬里輯《漢魏南北朝墓志集釋》，收漢至隋代墓志六百五十九方，均據善拓影印，又附歷代學者對這些墓志的考釋文字，編纂方法上較前人所著有很大進步，是研究唐前歷史、文學的重要參考書。

二十世紀最後二十年間，學術研究空前繁榮，前述自宋以降的許多著作都曾影印或整理出版。今人纂輯的著作，以下列幾種最爲重要。

《北京圖書館藏歷代石刻拓本彙編》，收録了北圖五十年代以前入藏的所有石刻拓本，全部影印，甚便讀者。不足處是一些大碑拓本縮印後，文字多不易辨識。

有用。

陳垣《道家金石略》，收録漢至元代與道教有關的石刻文字，於宋元道教研究尤爲有用。

周紹良主編《唐代墓志彙編》及《續集》，收録一九九九年以前出土或發表的唐代墓志逾五千方，其中四分之三爲《全唐文》等書所失收，可視作唐文的補編。

趙超編《漢魏南北朝墓志彙編》，據前述趙萬里書録文，但不收隋志，補收了一九八六年以前的大量新出石刻。

《隋唐五代墓志彙編》，據出土地區影印墓志拓本約五千方，以洛陽爲最多，約占全書之半，陝西、河南、山西、北京等地次之。其中包括了大批近四十年間新出土的墓志，不見於上述各書者逾一千五百方。

進入新世紀，石刻文獻研究成爲中古文史研究之顯學，更多學者關注石刻之當時書寫與私人書寫之特殊價值，成爲敦煌文獻研究以後有一學術熱點。同時，新見文獻尤以墓志爲大宗，每年的刊布數也以幾百至上千方的數量增長。其中最重要的，一是《新中國出土墓志》，已出版十多輯，爲會聚各地文物部門所藏者爲主；二是《大唐西市博物館藏唐墓志》，所收皆館藏，整理則延請史學界學者；三是《长安高陽原新出土隋唐墓志》，將考古報告與新見墓志結合，最見嚴謹。其他搜輯石刻或拓本的尚有十多家，所得豐富則可提到趙君平的《秦晋豫新發現墓志搜逸》三編，毛陽光的《洛陽新見流散墓志彙編》，以及齊運通洛陽九朝石刻博物館編的幾種專書。還應説到的是，日本學者氣賀澤保規編《唐代墓志所在總合目録》，不到二十年已經出版四版，爲唐代墓志利用提供極大的方便。陝西社科院古籍所編《全唐文補遺》十册，所據主要是石刻，校點尚屬認真。

上海古籍出版社編刊《金石文獻叢刊》，主要收録宋、清兩代有關金石學的基本著作，本文前所介紹諸書，大多得以收録。如王昶《金石萃編》，將清後期的幾種補訂專書彙集在一起，陸增祥《八瓊石金石補正》之正續編合爲一帙，也便於讀者全面瞭解這位傑出金石學家的整體成就。書將付刊，胡文波君囑序於我，是不能辭。然時疫方熾，出行不便，未能通讀全編，率爾操觚，總難塞責。乃思此編爲彙聚宋、清兩代金石學之菁華，爲滿足當代以中古文史學者爲主之石刻文獻研究之急需，或可將二十四年前爲當時還是江蘇古籍出版社的《古典文學知識》所撰小文《石刻文獻述要》稍作潤飾增補，用爲代序，敬請方家諒宥。

目録

潛研堂金石文跋尾卷三

後魏下

齊

潛研堂金石文跋尾卷六……二七九

唐三

潛研堂金石文跋尾卷九

唐六

潛研堂金石文跋尾卷十

潛研堂金石文跋尾卷十一……五二五

潜研堂金石文跋尾卷十二……五七三

潛研堂金石文跋尾卷十三

宋二

潛研堂金石文跋尾卷十五

宋四

潛研堂金石文跋尾卷十七……八四三

宋六

潛研堂金石文字目録

潜研堂金石文跋尾

金石文跋尾

長沙龍氏家塾重刊

傳青主問閻百詩金石文字足以正經史之譌而補其闕
此學始於何代何人百詩考得王肅據子尾尊劉杳據齊
景公尊孟康據玉琯張晏據伏生碑晉灼據黎陽碑傳宏
仁據齊胡公銅棺題字顔之推據秦權銘凡七事以爲此
外無先之者但王肅劉杳孟康所據皆無文字則精確者
惟四事耳而此外若昭三年傳叔向引讒鼎銘以證憂不
可樂昭七年傳孟僖子引考父鼎銘以證明德後有達者
禮記祭統篇引孔悝鼎銘以證作銘之義考工記㮚氏引
嘉量銘以證量之制此見於經者也史記封禪書李少君
識齊桓公柏寢銅器案其刻果然漢書郊祀志張敞案美

陽鼎款識辨爲周鼎此見於史者也若家語載金人銘大戴禮載丹書銘秦本紀載始皇所立諸碑魏收魏書衞操傳載操所立大邗城碑而柏人城西門碑闞駰且據以爲卽舜納于大麓之迹凡此皆百詩之所未及舉也然則金石之學自周漢以至南北朝咸重之矣而專著爲一書者則自歐陽永叔始自永叔以下著錄者甚多有專取一體書者如洪氏适隸釋婁氏機漢隸字原是也有取金不取石者若宣和博古圖及薛氏尚功鍾鼎款識王氏俅嘯堂集古錄是也有專取一地者若黃氏叔璥中州金石考畢氏沅關中金石記是也而王氏象之雖稱輿地碑目實限

於偏安州郡至葉氏封嵩陽石刻記限於一山黃氏華蕃恆山石墨考限於一廟而潘氏廼石鼓音訓桑氏世昌俞氏松蘭亭考周氏在浚天發神讖考鄭氏元慶石柱記釋陳氏鵬年瘞鶴銘考則幷專考一碑更爲狹矣凡此皆偏而不全姑勿具論予嘗論其完備者凡六家自毆陽外則趙氏明誠都氏穆趙氏崡顧氏炎武王氏澍斯爲具體而以跋入文集者如曾氏鞏歸氏有光寥寥數通未足名家惟朱氏彝尊始足並列爲七焉最後予妹婿錢少詹竹汀潛研堂金石跋尾乃盡掩七家出其上遂爲古今金石學之冠吁此豈予汙其所好爲一人之私言哉實平心研覈

而灼見其然者爾且夫金石之學青主雖並稱有益經史實惟考史爲要葢漢碑或間足證經亦須精識慎擇若魏晉以下碑何必作經證哉故知當專取考史也乃七家中最佳者能考史十之三四其次一二而已下者至但評詞章之美惡點畫波磔之工拙何裨實學乎竹汀於史橫縱鉤貫援據出入既博且精所作二十二史攷異固已得未曾有出其餘技以治金石而考史之精博遂能超軼前賢論者動云今人不及古人何哉予曩與竹汀同居燕邸兩人每得一碑輙互出以相品隲及先後歸田予肆力於史作十七史商榷於金石未暇別成一書而竹汀獨兼之予

才固不逮竹汀遠甚竹汀顧欲得予言弁其端者豈非以其才雖不逮而意趣則同故邪丁未冬日同里西莊王鳴盛譔

潛研堂金石文跋尾卷一

錢大昕著

三代

岣嶁山銘　殷比干墓銅盤銘　石鼓文　吉月癸巳四字　焦山鼎銘　卯敦銘　西宮槃銘

秦

琅邪臺刻石　泰山刻石　嶧山刻石

漢

五鳳二年刻石　居攝墳壇刻字　漢中大守鄐君開褒余道碑　中嶽太室神道石闕銘　敦煌太守

裴岑紀功碑　北海相景君碑（碑陰）　燉煌長史武斑碑　司隸校尉楊孟文石門頌　孔廟置百石卒史碑　韓勅造孔子廟禮器碑（碑陰及兩側）　郎中鄭固碑　蒼頡廟碑（碑陰及兩側）　淮源桐柏廟碑　泰山都尉孔宙碑（碑陰）　執金吾丞武榮碑　竹邑侯相張壽碑　衛尉卿衡方碑　史晨奏出王家穀祀孔子碑　史晨饗孔廟後碑　淳于長夏承碑　武都太守李翕西狹頌　博陵太守孔彪碑　司隸校尉楊淮碑　司隸校尉魯峻碑（碑陰）　熹平殘碑　武都太守耿勳碑　聞熹長韓仁銘　州從事尹宙碑

校官碑釋文　白石神君碑　郃陽令曹全碑碑陰　蕩陰令張遷碑碑陰　仙人唐公房碑　武氏石室畫象　武氏左石室畫象　天祿辟邪字　嘐東令王君廟門碑　石人胸前題字　三公山碑　孔子見老子畫象　又　中部督郵郭尚等題名

三代

元岣嶁山銘

右岣嶁山銘韓退之賦詩云道人獨上偶見之又云千搜萬索何所有文人寓意不過子虛亡是之流非眞有見之者也宋嘉定壬申何子一自言親至碑所模其文于嶽麓

書院然當時好古之家皆疑其僞故歷元至明初罕聞于世自楊用修楊時喬安如山輩展轉翻刻流布海内眞以爲古文復出矣予嘗見嘯堂集古錄模漢滕公石室銘文與此絶相似皆宋人僞作

元殷比干墓銅盤銘

右比干墓銅盤銘薛尚功謂唐開元中得于偃師攷諸圖籍即比干之墓然比干墓在汲縣北十五里宣尼題字或出後人傅會魏孝文唐太宗碑文具在可證其不在偃師而薛氏遂題爲封比干墓銅盤系之周時毋乃信之太過乎張邦基又謂政和中得自鳳翔按汝帖刻於大觀己丑

已載此銘政和紀年，乃在大觀之後，其不足信明矣。元延祐間衞輝路學正王公悅臨摹汝帖刻於墓上，推官張淑記之，公悅秋澗之子也。墓之有此銘，實始於元時，今所傳者明萬曆中重摹本，又非公悅之舊矣。此銘文字奇古，自非漢以後物，其以爲封比干者則無確證，但相沿已久，姑存其名焉爾。

元石鼓文

右石鼓文今在國子監大成門左右，各五。元國子司業潘廸撰音訓，刻石立其旁，稱見存三百八十六字。今距至元己卯又四百二十餘年，文之存者僅二百五十四，點畫或不具然猶是周家之故物非有神物護訶安能久而不壞若此哉古文籀文學者不能盡通諸家釋音不無傅會之失楊用修任意增改尤爲識者所憯至如君子員員邋邋員斿鄭潘說皆不了按古文斿游本一字云與員亦相通楊讀爲君子云獵云獵云游蓋得之矣澫有鯊潘氏讀鯊爲鯊疑澫有重文愚意鯊當是小魚二字小魚合爲鯊字猶大小合爲尖字也

吉日癸巳四字

右吉日癸巳四字相傳爲周穆王書在贊皇縣之壇山宋皇祐中宋子京守鎭陽訪此於士大夫閒後有贊皇令劉

莊鑿石葦置趙州解權守李中祐陷置廳事右壁爲文記其事政和五年此石取入内府亂後失所在矣今贊皇儒學有此文右方截李中祐記後題嘉祐己亥歲秋七月丁未望日口石于鄗口之廳壁令趙庠誌蓋宋時翻刻者

亨 焦山鼎銘

右焦山鼎銘京口三山昔人比之蓬萊方丈瀛洲焦最僻左而名特著者以此鼎及瘞鶴銘在焉宋人好辨識鐘鼎文字此銘獨未著於錄其出於何時何地不可得而知矣古器銘多用鋚勒字惟石鼓及寅簋文正作鋚勒伯姬鼎則作攸勒宰辟父敦又作攸革薛尚功王俅諸家皆釋攸

爲鋚此文亦但作攸蓋古文之鋚勒卽詩所云鞗革也詩鞗革凡四見鄭氏箋或云鞗或云鞗首或云鞗首垂毛公則訓鞗爲轡革爲轡首說文無鞗字而有鋚字訓爲轡首銅明乎鋚之卽鞗也釋器云轡首謂之革郭景純曰轡靶勒也詩如鳥斯革韓詩作勒明乎勒之卽革也詩鞗革有鶬鄭以鶬爲金飾古文鞗从金與許叔重訓轡首銅合孔疏謂以鞗皮爲轡首之革似未達古制矣伯姬鼎師毀敦竝有縞必字薛氏釋必爲縪案攷工記天子圭中必鄭注讀如鹿車縪之縪是必縪古文相通此銘亦作必與康成注合

劉卯敦銘

右卯敦銘文十二行百四十九字首云惟王十有一月既生霸文云卯立中阼共伯乎即呼字令卯末云卯其萬年子子孫孫永寶用文字奇古不能盡通大約述其先祖考之勳令卯嗣厥職錫以彝器土田之詞其云拜手𩒨手即稽首春秋曹公子首二傳或作手聲同假借也

劉西宮槃銘

右西宮槃銘凡一十九行行十九字第十八行十八字末行十字共三百五十字詞甚奇古似紀田獵之事西宮襄字凡三見似是人姓名周有南宮氏北宮氏則亦當有西

宮氏何氏姓苑有西宮氏或卽襄之苗裔乎亡友吳山夫撰金石存以文有惟王九月辰在乙卯字題爲乙卯鼎今此器尙存廣陵人家乃銅槃非鼎也予改題爲西宮槃云

秦

琅邪臺刻石

右琅邪臺刻石文已漫漶趙德甫謂頌詩已亡獨從臣姓名及二世詔書尙存熙寧中蘇翰林守密令廬江文勛模搨刻石者卽此本也今惟存皇帝曰以下十行從臣姓名僅存五大夫楊瀏一人爾都元敬所藏乃宋莒公刻本止十七字皆頌詩中語與此不同

元泰山刻石

右泰山刻石世所傳者僅二十有九字明北平許某于岱頂榛莽中得之陷置碧霞元君宮東廡壁此眞秦刻也後人復摹其文别刻石於泰安縣城之嶽廟乾隆戊午歲碧霞宮火而秦刻遂亡舊榻之存于天壤者有日少之勢此本乃益都李進士文藻所貽視嶽廟重刻本眞如優孟之見楚相矣吾子孫其永寶之

元嶧山刻石

右嶧山刻石傳刻有數本以西安儒學鄭文寶所摹者爲佳說文攸從攴從人水省秦刻石嶧山文攸作𢼸今石刻

作跋疑徐氏傳模之誤

漢

元五鳳二年刻石

右五鳳二年石刻文曰五鳳二年魯卅四年六月四日成凡三行一十三字按漢書諸侯王表魯孝王慶忌以後元元年嗣三十七年薨則五鳳二年當爲孝王之三十三年與石刻不合予因取表與本傳反覆校之如魯共王餘以孝景二年立爲淮陽王二十八年薨表與傳並同計其薨年當在元朔元年而表乃以爲安王光之元年表稱文王晙十九年薨而傳作十八年則魯諸王嗣封年歲史文固

多㡳悟此刻出於當時宜得其實也

元居攝墳壇刻字居攝二年二月

右祝其卿墳壇一上谷府卿墳壇一今在曲阜孔子廟相傳自孔氏墓前移置於此此二卿疑亦孔氏之裔也趙德甫不知祝其卿上谷府卿爲何官洪景伯据縣竹江堰碑稱縣丞犍爲王卿又應劭說大縣有丞左右尉所謂命卿三人以證祝其卿之爲縣丞又据武開明終吳郡府丞而武榮碑稱爲吳郡府卿以證上谷府卿之爲府丞其說誠辨而核然洪氏卻未見此刻今距洪氏又五百餘年而予乃獲見之斯亦足以傲古人矣漢書地理志祝其莽曰

猶亭上谷莽曰朔調當居攝之時郡縣名尚未易也

【利】漢中太守鄐君開褒余道碑 永平六年

右漢中太守鄐君開褒余道碑歐趙洪三家俱未著錄宋紹熙末南鄭令臨淄晏袤始得之爲文記其事然其地崖壁斗峻落蘚阻深自晏令作記後六百餘年罕有津逮而摹搨者今巡撫畢公撰關中金石記乃搜訪而錄之文字古朴東京分隸傳於今者以此爲最先焉鄐本晉邑以邑爲氏廣韻漢有鄐熙爲東海太守此碑所載鄐君惜未詳其名字也

【貞】中嶽太室神道石闕銘 元初五年四月

右中嶽太室闕銘顧氏金石文字記始著於錄然所見止十三行其釋文誤以祟作嵩祀作起近畢氏翁氏所釋較爲詳審予諦視第十三行丞下似是江字夏下似是西陵字第十五行河東臨下似是汾字而第二行翁釋冢土岱氣四字未敢信其必肰也少室闕題名有將作掾嚴壽此有鄉三老嚴壽葢即一人由鄉三老辟掾也

元 敦煌太守裴岑紀功碑 永和二年八月

右敦煌太守裴岑紀功碑無額六行行十字文云惟漢永和二年八月敦煌太守雲中裴岑將郡兵三千人誅呼衍王等斬馘部衆克敵全師除西域之疢蠲四郡之害邊竟

艾安振威到此立德祠以表萬世按漢自安帝以後北匈奴呼衍王常展轉蒲類秦海閒專制西域共爲寇鈔及班勇爲長史破平車師西域稍通順帝陽嘉四年春呼衍王侵車師後部敦煌太守率兵掩擊于勒山漢軍不利其秋呼衍王復將二千人攻後部破之當是時呼衍之勢日張而岑能以郡兵誅之克敵全師紀功勒石可謂不世之奇績矣而漢史不著其事蓋其時朝多秕政妨功害能者衆而邊郡之文簿壅于上聞故也然千載以後燕然之銘久已澌滅而斯刻獨立於風霜氷雪煙塵沙礫之中經久而不壞豈非神物所護持功雖抑于一時而名乃彰于後代

也哉碑向在巴里坤城西五十里今移于城之關壯繆廟我

皇上神聖文武綏定西域天山南北皆入版章官吏銜

命撫治其地凡行役於西徼者至此頓宿猶尸臑焉視漢永和之績又卑之不足道矣

亨北海相景君碑 漢安二年

右北海相景君碑王元美云益州當言刺史不當言太守予案漢時有益州又有益州郡郡有太守州有刺史刺史治廣漢郡之雒縣而太守自治滇池蜀漢建興三年始改益州郡曰建寧避州郡同名也此碑額題益州太守而銘

稱守郡益州其爲太守非刺史明矣元美於史學未甚究心故有此失洪文惠謂景君嘗刺益部亦偶誤也銘辭云宜參鼎𩇕洪氏謂字書無𩇕字當是借作拂取輔拂之義案紱冕之紱古書或作紼此鼎𩇕當取朱紱之義而以𩇕代紼爾

碑陰

右碑陰題名一十八行每行三列凡五十四人而下云行三年服者凡八十七人則故吏之行服而不列名碑陰者尚多也碑末云諒闇沈思又云陵成宇立諒闇卽亮陰似非臣下可用而稱墓爲陵亦後世所宜回避也

刻燉煌長史武斑碑 建和元年

右燉煌長史武斑碑歐公集錄金石時已稱其文殘滅不復成文近代金石家亦未有著於錄者頃錢唐何元錫夢華游山左歸訪予吳門出搨本見詒雖曼漶已甚猶有可辨識者碑陰有武氏碑三字頗近六朝人筆法歐趙諸公所未見也碑云昔殷王武丁久伐鬼方元功章炳官族分析因以爲氏而應劭風俗通以爲宋武公之後則漢人述武姓所自已有異詞至唐武后竊位自言周平王少子武之後因追尊周文王爲始祖文皇帝武爲睿祖康皇帝然廣韻武字姓祇取應氏說廣韻本於唐韻則孫愐亦以武

后爲誣妄而不之信矣春秋時周有武氏子來求賻此武氏之見於經傳者而姓氏書惟舉趙武臣爲始亦弗深攷也

剃司隸校尉楊孟文石門頌 建和二年中冬

右司隸校尉楊孟文石門頌文云高祖受命興於漢中建定帝位以漢詆焉詆卽氏字謂高帝興於漢中故定有天下之號曰漢猶陶唐氏有虞氏之例也洪文惠讀詆爲抵失其義矣槍碭猶言槍唐古文唐爲啺碑又變爲碭其義一也股躬疑卽股肱字垓鬲義與閡隔同

元孔廟置百石卒史碑 永興元年六月

右孔廟置百石卒史碑碑載魯相平行長史事卞守長擅上公府書漢制王國相置長史一人猶郡守之有丞也卞爲魯屬縣故守長得上行長史事其云守者未正授之名也書首相長史並列其後祇相一人署名史晨碑亦如此式蓋漢時公牘之例然也前稱司徒司空府後祇稱司空府當時必有故事今不可考太常有祠曹掾史百官志亦失載碑云乙君察舉守宅除吏孔子十九世孫麟廉請置百石卒史一人蓋乙瑛有功于孔氏者二事察廉一也請置守廟卒史二也洪氏謂麟廉請置百石卒史一人而乙瑛書言之於朝疑未然矣易說卦傳幽贊于神明釋文云

本或作讚此碑正作幽讚神明可證陸氏之有本也

元韓勅造孔廟禮器碑 永壽二年九月

右韓勅造孔廟禮器碑文云逴彌之思逴彌郎卓爾也云前闓九頭以什言教後制百王獲麟來吐什言者十言也春秋正義引易云伏羲作十言之教曰乾坤震巽坎離艮兌消息碑蓋用其語上二句言贊易下二句言作春秋意正相對婁機顧靄吉皆釋什爲斗文義殊難通矣自皇戲統華胥而下五十二句句皆四言獨皇戲句五言而皇字特跳上一格書之殊不可解竊意此字後人妄加非本文也

元碑陰及兩側

右碑陰題名六十有二人兩側三十有二人碑之左方題名者八人有書名不書字者王畼孫殷是也有書字不書名者龐次公蘇漢明是也有書名兼書字者西門儉元節种亮奉高是也有書名書字而又殊其例者敬謙字季松趙福字元直是也郡縣兼書如潁川長社河南成臯之類碑之常例也有書縣不書郡者魯卞文陽蕃騶薛皆隸魯碑爲魯相立不必更書魯國也東平陸隸東平國非同郡而不書避重出也任城泰山彭城下邳京兆或不書縣者郡所治也若泰山之鉅平任城之亢父彭城之廣戚則郡

縣仍兼書也惟曲城侯王高郡縣俱不書又例之變也碑
有相行義史文陽公百煇世平百有山陽瑕丘九百元臺
三百此公百九百乃複姓非出錢之數也何氏姓苑云昔
岱縣人姓九百名里爲縣小吏而功曹姓萬縣中語曰九
百小吏萬功曹是古有九百氏也廣韻公伯複姓有魯大
夫公伯寮碑云公百以百爲伯也文陽卽汶陽後漢書王
梁傳擊肥城文陽拔之注文音汶與此碑正同也碑陰有
褒城侯孔建壽碑側又有孔建壽古人命字多相同非一
人而再見也云守廟百石卽乙瑛碑所置百石卒史也不
云卒史者省文猶稱太守曰二千石也洪氏隸釋有碑陰

無兩側都元敬所藏搨本合碑左方碑陰兩側爲一元敬不能詳攷妄譏洪之誤不知隸釋所載碑陰本無闕文十兩側題名不載于隸釋元敬自以意讀之舛謬殊甚如以河南偃師爲河浦退師任城亢父爲侯我交父皆大可笑也

郎中鄭固碑 延熹元年四月

右郎中鄭固碑下截已斷每行止存十九字詳其文義乃弟述其兄而作喪服傳不滿八歲以下爲無服之殤鄭君長男孟子七歲而夭乃建墳與固配食此禮之過而失其中者論語色斯舉矣斯乃語辭而漢魏人多用色斯字如

王充論衡翔而後集色斯而舉費鳳碑色斯輕翔費鳳別碑色斯高舉元賓碑翻翥色斯抱朴子外篇明哲色斯而幽遯内篇杜漸防微色斯而逝皆以斯連上讀若張壽碑常懷色斯斥彰長田君碑色斯去官抱朴子外篇或色斯而不終日三國志崔琰傳哲人君子俄有色斯之志此碑亦云將從雅意色斯自得則竟以色斯當遠舉之義所謂歇後語也春秋晉侯詭諸卒陸德明云左氏傳作佹諸今本左氏亦作詭惟石經猶是佹字此碑造膝佹辭亦以佹爲詭則古書佹詭通用矣

蒼頡廟碑

右蒼頡廟碑在白水縣東北五十里之史官村其地於漢爲衙縣春秋秦晉戰於彭衙即此地續漢志左馮翊有衙縣注引皇覽云有蒼頡冢在利陽亭南墳高六丈後人因建廟於此縣以彭衙得名兩漢志皆作衙字而碑作衙猶曲江之爲曲紅西城之爲西成也碑文雖漫漶諦視之尚有可識者惜洪丞相隸釋未著於錄不得其全文故不能通耳碑上穿之左有宋人題名四行云汲郡呂大忠華陰喬岳同過蒼頡祠下嘉祐庚子五月大忠者大防之兄嘗爲陝西轉運副使者也

亭碑陰及兩側

右碑陰文更漫滅其可見者有故督盜五官掾高陵守等字蓋掾屬題名而姓名無一存者其兩側面各有字尚可讀其一云朔方臨戎孫羨以永壽二年爲朔方太守上郡仇君察孝除郎中太原陽曲長延熹四年九月乙酉詔書遷衙令五年正月到官奉見劉明府立祠刊石表章大聖之遺靈云云下有上官鳳諸人題名三列歐陽集古録題爲朔方太守碑陰者蓋即此然碑所述者衙令孫羨筮仕本末朔方太守仇君則孫令之舉將與立祠無與乃以朔方守標題誤矣其一題名三列有議曹史功曹書佐騎吏高陵左鄉有秩萬年左鄉有秩蓮勺左鄉有秩池陽左鄉

有秩夏陽候長粟邑候長等歐公亦有跋而不知其爲何碑之陰蓋碑本四面有字歐公僅得其兩側又誤分爲二趙德甫金石錄有蒼頡廟碑即碑之正面又有蒼頡廟人名即碑側之一面其又一面與碑陰則趙亦未見洪文惠則全未之見予訪之廿年未得頃曹中允來殷遊秦中始募工搨以餉余以歐趙洪三家未能盡見者而予幸得之誰謂古今人不相及乎

淮源桐柏廟碑 延熹六年正月　元人重書本

右淮源桐柏廟碑漢刻久亡元至正四年同知唐州事杜昭既修祠廟乃請翰林待制浚儀吳炳重書炳子嗣昌塡

摹上石炳分隸頗有法度而少漢人渟古之氣碑末記亦炳所述行書殊遒美中州罕拓碑手故流傳者寡而碑估之黠者往往割去炳重書字及碑後記裝界成册收藏家未見全文遂以爲眞漢刻矣朱錫鬯疑爲後人重摹而不得其主名潘次耕又疑爲唐人釋曠書蓋兩公所見者皆裝界之本耳但錫鬯謂碑闕靈祐二年此本却未闕又謂碑云盧奴張君今盧奴下闕一字非張字豈錫鬯所見者又别一本耶

漢泰山都尉孔宙碑 延熹七年二月

右泰山都尉孔宙碑文云天姿醇嘏醇嘏即純嘏也云祇

傳五教祇傳郎薇敷也銘詞以虔陬二字叶陽唐庚青韻吳才老韻補所未取

元碑陰

右碑陰額云門生故吏名題名三列凡六十有二人每人具書郡縣名字漢碑陰之最謹嚴者惟弟子曾國戴璋不書某縣未審其故漢志泰山郡有華縣續漢志無之方輿紀要以爲并入費縣按三國志稱臧霸太山華人此碑亦有題泰山華者然則後漢元有華縣殆省併未久而復置耳通鑑獻帝興平元年劉備爲豫州刺史屯小沛胡三省注沛國治相縣而沛自爲縣屬沛國時人謂沛縣爲小沛

由此今碑立於延熹末已有小沛之名疑當時縣名固有小字非土俗之稱也魏郡治鄴不治魏此碑籍魏郡魏者二人不稱小魏與沛國小沛書法迥異則小沛爲縣名審矣廣韻十九侯部婁字下引何氏姓苑云母婁氏今琅邪人此碑有母樓覬一人婁樓葢通用也如盧複姓志氏族者亦失載

元執金吾丞武榮碑

右執金吾丞武榮碑武君以孝廉起家遭孝桓大憂屯守玄武慼慬即慟字而亡葢在建寍改元之初矣續漢書百官志玄武司馬主元武門屬衛尉不屬執金吾此以執金吾

丞屯玄武者國有大喪備非常也漢初舉孝廉無限年之令自順帝陽嘉元年用左雄之言令郡國舉孝廉限年四十以上諸生通章句文吏能牋奏乃得應選其有異才異行若顔淵子奇不拘年齒由是廣陵徐淑以年未四十爲臺所詰而罷之矣榮年卅六爲汝南蔡府君察舉其才行必有過人者以非常格故碑特著其年也其云仁如不壽者以如爲而也

竹邑侯相張壽碑 建寧元年五月

右竹邑侯相張壽碑僅存上一段每行十餘字中間又鑿去四十字卽明時人斷爲碑趺者今在城武縣孔廟戟門

壁閒説文眈視近而志遠也䙺内視也䙺與眈音同而義亦相近先儒傳易皆作虎視眈眈此碑乃作䙺䙺是古人固通用矣王輔嗣釋眈眈以爲威而不猛碑云䙺䙺虎視不折其節意亦相類也婁機云碑在單州城武宋時本隸單州也

衛尉卿衡方碑 建寧元年九月

右衛尉卿衡方碑衡氏家于平陸祖父以來世爲大官范史不立公卿表故方之拜罷年月無考祖左馮翊並佚其名矣云恩降乾太威肅剁巛太郎泰字巛郎坤字説文太古文泰義無二訓故卦名亦可作太也云慼昔人之凱風

陸德明釋文郲本又作鄁顔師古注漢書亦云然碑葢从鄁而省其邑也云不虞不陽卽不吳不揚之别古人吳虞多通用泰伯弟仲雍以居吳稱吳仲雍而左氏傳論語皆作虞仲是其證也説文吳姓也亦郡也一曰吳大言也是吳敖之吳與吳越之吳無别體矣陸德明謂吳説文作吴又引何承天從口下大之説毋乃誤讀説文乎孔氏詩正義謂鄭讀不吳爲不娛人自娛樂必讙譁爲聲今此碑作虞虞娛亦通用字也碑又以寬慄爲寬栗聲香爲馨香邵虎爲召虎痝爲庬諡爲謚尌長尌君尌卽克字謇謇王臣謇卽蹇字樂旨君子旨卽只字皆鄱陽洪氏所未及舉也

漢史晨奏出王家穀祀孔子碑建寧二年三月

右魯相史晨奏出王家穀祀孔子碑前載史晨奏詞後爲韻語贊孔子之聖也晨既奏言于朝以其副上太傅太尉司徒司空大司農府漢世郡國奏事之例蓋如此猶今時題本之有副又有揭帖也攷是時太傅則南郡華容胡廣伯始太尉則沛國聞人襲定卿司徒則東萊牟平劉寵祖榮司空則潁川郾許栩季闕大司農卿則不知其人矣

漢史晨饗孔廟後碑

右史晨饗孔廟後碑刻于前碑之陰文分六節各不相屬前四行紀晨到官謁廟因上尚書請出公家錢承祀刊石

勒銘次四行紀饗孔廟禮樂之盛次二行紀補完里中牆垣修通大溝次二行紀吕平亭下立會市次一行紀治孔瀆顔母井次一行紀立夫子冢顔母井舍及魯公冢守吏四人皆史君爲魯相時事也漢書禮樂志桐生茂豫師古讀桐爲通言草木皆通達而生此碑云桐車馬于瀆上亦以桐爲通也

亭 淳于長夏承碑 建寧三年

右淳于長夏承碑字體奇怪王秋澗以爲蔡中郎書雖出臆揣要是漢隸之佳者今再經翻刻古意盡失矣碑云策薰著于王室薰即勳字攷易艮九三厲薰心荀爽本薰作

勳蓋勳之譌孟子太王事獯鬻說苑太王有聖人之恩故事勳育史記周本紀作薰育此薰勳相通之證也沇州本因沇水得名今尚書沇州之沇作兖與沇水異文而說文無兖字篆書家不知兖字所从難以下筆予謂古文从水者或用立水如江河之類或用横水如益頻之類沇本立水或從横水作兖而隸變爲兖爾此碑與曹全碑俱作兖亦三之變文也

元武都太守李翕西狹頌 建寧四年六月

右武都太守李翕西狹頌文字完好無刓缺由所在僻遠多虎豹之害椎拓者少故也碑前有小字二行云君昔在

黽池修崤嶔之道德治精通致黃龍白鹿之瑞故圖畫其象而碑文亦云三剖符守致黃龍嘉禾木連甘露之瑞蓋洪氏所謂黽池五瑞碑者本與此碑首尾爲一五瑞圖像當在小字二行之前拓碑者不知而遺之可惜已李翕在武都吏民立碑頌德不一而足而後漢書皇甫規傳稱屬國都尉李翕多殺降羌倚恃權貴不尊法度規到官條奏其罪蓋後來治行或滅於前而石刻亦容有溢美也

目博陵太守孔彪碑并碑陰 建寧四年七月

右博陵太守孔彪碑并碑陰文字曼患以洪氏隸釋讀之僅得十之一二耳元上自博陵太守遷下邳相河東太守

以病去位建寧四年七月卒碑爲博陵故吏崔烈等所立故額題故博陵太守孔府君碑文亦但述博陵治迹而已下邳河東故吏當别有碑今失其傳矣博陵郡不見於郡國志按桓帝紀延熹元年六月丙戌分中山置博陵郡以奉孝崇皇園陵司馬彪志郡國以孝順爲斷則延熹分置之郡例不當書而劉昭注竟不一及難免漏畧之譏豈今所傳劉注亦有脱簡邪郡所領縣以碑陰證之則博陵也安平也安國也高陽也南深澤也此五縣之中唯安國舊屬中山若安平南深澤本屬安平國高陽本屬河間國則紀云分中山置者亦未核矣故吏題名十三人皆郡縣名

字兼舉齊智題博陵博陵者上爲郡下爲縣諸史列傳中此類甚多洪氏隸釋本重出博陵俗刻本少兩字益校書者誤以爲重複而去之耳

司隸校尉楊淮碑 熹平二年二月

右司隸校尉楊淮碑洪氏隸續具載其文惟御史中丞下闕一字頃陝西巡撫畢公拓此碑見贈審視之乃是三字可補洪書之闕孟文伯邳祖孫皆爲司隸校尉故稱大司隸以別之伯邳官終河南尹而首題司隸校尉與會峻碑同例京尹雖列九卿其權任之重遠不逮司隸故也伯邳潁伯俱稱孟文之元孫元雖訓始訓首訓長然亦兼有大

與善義書稱武王爲元孫武王之兄尚有伯邑考則元孫不必長孫矣碑稱追述勒銘而不作韻語與韓仁銘同例古人製銘或韻或不韻初無定準禮記所載衞孔悝鼎銘未嘗有韻也

司隸校尉魯峻碑 熹平二年四月

右司隸校尉魯峻碑文云有黃霸召信臣在潁南之歌霸守潁川信臣守南陽此稱潁南者各舉其一字也三國人多稱吳會稽二郡爲吳會亦類此蓋流俗之稱文人沿用而不察爾胡三省云太史公謂吳爲江南一都會故後人謂吳爲吳會予案史公貨殖一篇言都會者多矣何獨於

奚稱會此胡氏之臆說而近人多取之何也

阜 碑陰

右碑陰題名二十一行每行二列故吏四人門生三十七人義士一人各列郡縣姓名字及錢數攷洪文惠隸續所載魯峻碑陰與此全別洪公在南渡時未得親至碑所但據收藏家之說題之故猶疑而未定碑今在濟寧州學其陰文字尚完恨洪公之不及見而洪所指爲峻碑陰者世已失傳竟未審爲何人碑也

阜 熹平殘碑

右熹平殘碑乾隆癸丑十月黃郡丞小松訪得之曲阜東

關外會學使阮詹事芸臺按試至縣因命移置孔廟并題識左方碑存字屢七十餘有云年廿有七熹平二年十一月乙未者葢其卒之年月也又云府君君國濟民以禮閭風旌善表德當是曾任郡守者漢時唯郡國守相及都尉得稱府君也攷漢自陽嘉以後用左雄議孝廉年不滿四十不得察舉此君官至二千石計其入官踐歷當亦有年而卒之時僅廿有七豈陽嘉詔書所謂有如顔回子奇不拘年齒者邪

武都太守耿勳碑 熹平三年四月

右武都太守耿勳碑中有十數字經後人重開不無譌舛

翁閣學金石記中辨之審矣唯荷莢乃胙一句洪氏隸釋闕乃字而莢字未誤翁謂洪誤釋爲莢此刊本之譌予家藏鈔本猶未作英也莢與筴同即策字漢時郡守賜虎符及策書故有荷莢之語翁釋爲筭恐未然耿君以熹平二年三月到官其歲歲在癸丑淫雨害稼而後漢書靈帝紀續漢書五行志俱不言郡國淫雨事知史之失載者多矣

聞熹長韓仁銘 熹平四年十一月

右漢循吏聞熹長韓仁銘金正大中滎陽令李天翼得之京索閒土中令石匠王福再立石趙秉文周臣李獻能欽叔俱有跋刊於碑之左方今在滎陽縣廨漢世重吏治而

仁在聞憙刑政得中碑額稱循吏賢之也仁自聞憙遷槐里令除書未到而卒故額不云槐里令也仁既歿司隸校尉愍其短命下河南尹遣吏祠以少牢豎石以旌其美於此見善政之效而校尉風勸良吏之意亦可尚已兩漢書俱作聞喜此獨从心憙喜古葢通用碑八行每行止存十七八字天翼字輔之固安人登貞祐二年進士歷滎陽長社開封三縣令所在有治聲終右警巡使

豫州從事尹宙碑 憙平六年四月

右從事尹宙碑云君東平相之玄會稽太守之曾富波侯相之孫守長社令之元子稱曾稱玄而去孫字亦刱例也

云秦兼天下侵暴大族或居三川或徙趙地漢興以三川爲潁川分趙地爲鉅鹿按史記秦莊襄王元年韓獻成皋鞏秦界至大梁初置三川郡始皇十七年内史騰攻韓得韓王安盡納其地以其地爲郡命曰潁川潁川之與三川非一地矣漢初改三川爲河南郡而潁川則承秦舊未嘗以三川爲潁川也秦滅趙置邯鄲郡及鉅鹿郡亦非漢初所分作碑者殆誤矣金石文字記謂鉅鹿之鹿不當從金然廣韻明言鉅鹿郡名後魏弔比干文碑陰有鉅鹿伯魏祐北史有鉅鹿郡守元道龍顧氏特未詳考爾

亭校官碑　光和四年十月

右校官碑溧陽人頌其長潘乾構修學宮而作隋時割溧陽西鄉置溧水縣宋南渡初溧水尉得碑於固城湖中其後移置縣學碑遂爲溧水所有矣釋名誄累也累列其事而稱之也廣韻誄壘也壘述前人之功德也誄本爲哀死而作今縣民頌其長而稱誄雖亦累德之詞然失其義矣說文臤堅也古文以爲賢字公羊經鄭伯堅卒釋文本作臤疏云穀梁作賢蓋臤賢本一字古今文異爾今本公羊穀梁皆作堅與左氏同矣此碑親臤賓智師臤作朋皆从古文其書籩豆之籩爲匽亦籀文之變也

校官碑釋文　元至順四年五月刻　附

右校官碑釋文卽洪文惠所釋也元至順癸酉濟陰畢禧官渠水始刻之石而跋於下方又補洪氏所闕者八字改正者兩字

白石神君碑 光和六年

右白石神君碑今在元氏縣金石文字記以爲在無極縣蓋因碑有無極山之文而誤不知無極三公封龍諸山並在元氏界自漢迄今未始易也碑末有隸字一行云燕元璽三年正月十日主簿程疵家門傳白石將軍教吾祠今日爲火所燒元璽前燕慕容儁年號此等妖妄之詞公然刻之石上甚矣人之好怪也或疑此碑爲前燕重刻予觀

其字體方整已開黃初之先漢隸遒逸之格至此小變然慕容偕僞詎能辨此況字體亦絶不類要爲漢刻無疑矣碑列名者八人常山相馮巡元氏令王翊名字具書他皆名而不字別於守令也王翊樊瑋二人郡縣兼書其三人書郡不書縣掾史石師則郡縣俱不書洪氏隸釋移長史于元氏令之前且謂中闕三字葢洪所得者裁剪裝潢之本而以意度之爾碑以幽讚爲幽贊無畺爲無疆亦洪氏所未及舉

漢郃陽令曹全碑中平二年十月

右郃陽令曹全碑漢時重清議故雖邊方人士猶知敦孝

友以立名譽若金之重親致歡見于鄉諺亦其一也其稱季祖母猶言庶祖母也官府所居曰寺碑云燔燒城寺又云開南寺門又云繕官寺開南門皆以寺爲官廨之稱也漢書地理志酒泉郡有祿福縣續漢志作福祿晉隋唐諸志皆因之此碑云拜酒泉祿福長魏志龐淯傳及皇甫謐列女傳載龐娥事云祿福趙君安之女又云祿福長尹嘉然則漢魏之閒猶稱祿福其改爲福祿葢在晉以後史無明文以知之矣碑末題中平二年十月丙辰造同年紀編修昀嘗疑其僞云後漢書靈帝本紀是年十月有庚寅距丙辰前二十六日天文志十月有癸亥距丙辰後七日其

閒不得有丙辰日恐是後人妄作予以四分術推之是歲入庚子蔀四十一年積月五百有七閏餘二積日一萬四千九百七十二小餘一百三十三天正壬申朔加朔實十一得十月丙申朔丙辰月之二十一日癸亥月之二十八日是月無庚寅庚寅乃九月二十四日本紀誤而碑不誤也今攷定中平二年三年朔日於左

中平二年正月辛未朔

二月庚子朔本紀二月己酉月十日五行志二月有己酉庚戌庚戌月十一日又五行志二月癸亥廣陽城門外屋無故自壞月二十四日本紀作己亥誤　劉寛碑二月丁卯月二十八日

三月庚午朔譙敏碑二月九日戊寅以曆推之恰合

四月己亥朔本紀五行志俱有四月庚戌月十二日鄭季宣碑有四月辛亥月十三日

五月己巳朔

六月戊戌朔

七月戊辰朔

八月丁酉朔

九月丁卯朔

十月丙申朔

十一月丙寅朔

十二月丙申朔

三年正月乙丑朔

二月乙未朔本紀二月庚戌月十六日

三月甲子朔

四月甲午朔鄭季宣碑四月辛酉月二十八日

五月癸亥朔本紀五月壬辰晦五行志同以曆推之恰合

六月癸巳朔

七月壬戌朔

八月壬辰朔

九月辛酉朔

十月辛卯朔天文志十月戊午月二十八日

元碑陰

右碑陰列出錢人名有鄉三老鄉嗇夫門下祭酒門下掾門下議掾督郵功曹門下賊曹市掾郵書掾門下史塞曹史法曹史賊曹史集曹史金曹史皆縣屬掾史也處士岐茂别爲一行不與掾史並者非其部民也義士五人亦别爲一列在掾史之下無職故也

元蕩陰令張遷碑 中平三年二月

右張遷頌其額云漢故穀城長蕩陰令張君表頌張君治穀城有惠政及遷蕩陰令而去穀城故吏韋萌等豎石表

以頌之今在東平州儒學碑出于近代都元敬金薤琳琅嘗載其文都氏攷稽未審釋文多誤如以籌策爲蕭何之類八月筭人見後漢書皇后紀碑云八月筭民不煩于鄉筭作莫盍省文而都氏釋作莫字亦誤也碑云張是輔漢世載其德爰旣且于君詳其文義謂張氏是卽氏字仕漢世世有德後有興者旦于君也顧寧人讀作爰暨于君以旣且爲暨字之誤釋爰爲爰雖本都氏尚在疑似之閒以旣且爲暨乃由臆斷遽詆碑爲訛謬豈其然乎漢制大縣置令小縣置長後漢書王堂傳遷穀城令而此云穀城長葢縣之大小亦時有更易也

[illegible]碑陰

右碑陰四十有一人皆字而不名古人命字有祇一字者此范巨范成韋宣三人當亦其字也范伯口韋德榮韋武章騶叔義四人不言出錢之數曹全碑陰亦有類是者

[illegible]仙人唐公房碑

右仙人唐公房碑文有云厲蠱不遐去其螟蟘皆用詩語大雅思齊篇烈假不瑕鄭讀烈假爲厲瘕皆訓爲病蠱假聲相近知厲蠱即詩之烈假矣瑕遐古書亦多通用釋文瑕音遐遠也後儒譏康成解經好改字碑立于東漢之世其時鄭學未行而闇與之合可證康成所改皆本經師相

承之訓非若後人之師心妄作也

利武梁石室畫象

右武梁石室畫象婁機云在濟州宋以後碑石湮没久失所在好事家得宋拓本輒詫爲希世之珍乾隆丙午錢唐黄易小松始于嘉祥縣南卅里紫雲山得之嘉祥本析鉅野置宋時故屬濟州也今土人名爲武宅山葢以石室得名其石裂而爲五以洪氏隸釋隸續證之文字大略相同惟榆母之前洪云缺一人名者今驗石刻有榆□親年老氣力稍衰笞之□痛心懷楚十有六字而上下尚有缺文葢圖伯俞事以榆爲俞也錢唐何夢華云榆上一字尚存

本旁當是柏字漢書古今人表多以柏爲伯也范且之後又有魏須賈一人賈字雖泐其上半猶可識戰國秦漢人多以且爲名讀子余切如穰且豫且夏無且龍且皆是且旁或加佳如范雎唐雎文殊而音不殊也胡身之注通鑑輒音范雎之雎爲雖是誤仍爲目旁矣據此碑可正胡注之誤

剩武氏左石室畫象

右武氏左石室畫象乾隆己酉秋濟甯李東琪等營治武氏祠復於土中得之上下二列上爲顏淑留乞宿婦事次信陵君迎侯嬴事次王陵母事下爲范睢贖求代兄罪事旁

各題四言韻語古質可誦趙洪諸家皆未之見也顔叔子事見詩巷伯傳此碑叔作淑無子字彼云蒸盡縮屋而繼之碑則云未明蒸盡縮苲續之苲卽筰字謂屋筰也周禮秋官柞氏鄭司農讀爲屋笮之笮説文笮廹也在瓦之下棼上何休注公羊云禮取毁廟室笮以爲炊者炊沐則笮可爲薪矣掮與縮通掮之言抽抽屋笮以當蒸燭二文相須其義乃備范曄代兄與邪渠哺父後世鮮知之者賴石刻以傳古人搜訪金石文字有益於風教如此豈僅爲博物之助已哉

天祿辟邪字

右天祿辟邪字在南陽縣宗資墓前石獸膊上左爲辟邪右爲天祿皆獸名也石獸今已敗壞字亦摩滅後人取汝帖舊文重摸於石點畫雖似然乏渟古之趣

亨 膠東令王君廟門碑

右膠東令王君廟門碑乾隆乙未歲濟寧人李東琪於州學古樹下掊得之濟寧學故有漢碑五得此而六洪氏隸續載其文有二段今止存前半數十字爾

元 石人胸前題字

右石人胸前題字滋陽牛運震云曲阜縣東南五里許張屈莊西魯王墓前東側一石人介而執殳高五尺腰圍七

尺自腰以下陷土中不可見刻曰府門之□字徑四寸一石人冕而拱手立頷下裂文如滴淚痕高五尺五寸腰圍七尺五寸胸刻漢故樂安太守麃君亭□字徑三寸兩石人肩而西向相去者五六步謂此刻也漢制諸郡置太守王國稱相和帝永元七年改千乘國爲樂安國質帝本初元年以樂安國土卑溼租委鮮薄徙樂安王鴻封勃海自後無封樂安者葢已罷爲郡矣此稱樂安太守其在桓帝以後乎麃姓不詳其所出韓勅碑有故涿郡太守麃次公故樂安相麃季公皆魯人也則麃固魯之名族矣季公故樂安相桓帝永壽中猶存此刻所云麃君豈卽季公乎季

公王國相而追稱之曰太守猶荀淑爲朗陵侯相而文若傳稱朗陵令也

刺 三公山碑□初四年

右三公山碑在元氏縣首云□初四年常山相隴西馮君到官按後漢諸帝紀元有建初永初元初本初此碑初上缺一字趙晉齋以爲永初翁覃溪以爲元初疑未敢質也洪氏隸釋所載三公山碑立于光和四年者爲隸書今已不存此碑乃是篆體又在光和之前而金石家無知之者始歎古迹顯晦亦有時也漢儒說禹貢者分導山爲三條太行恆山北條山也三公白石諸山皆恆山南之支峯故

白石神君碑云居九山之數參三條之壹此碑亦有三條别神迥在領西之語趙明誠跋白石神君碑不曉三條爲何語洪文惠始引禹貢正義實之參以此碑益信洪氏之不謬覃溪不信洪説疑三條别有實事似不然矣

利孔子見老子畫象

右孔子見老子畫象一旁有標題三曰老子曰孔子也曰孔子車洪氏隷續嘗載之而未詳碑石所在乾隆丙午冬錢唐黃易得此石於嘉祥之武宅山始知爲武氏石室象之一今移於濟寧州學

利又

右孔子見老子畫象二旁有標題三曰孔子曰老子曰弟子其圖象位置與武氏石室本各異本在寶應縣之平家莊郎古射陽縣地錢唐吳孝廉春濚知縣事爲予訪得之漢人墓道多立石闕刻聖賢象如趙岐魯峻李剛武梁皆然此石亦必墓前物而志乘未之及鄉人或指爲伯夷叔齊象由未見其題識而以意度之爾今爲江都汪容甫取去

亭中部督郵郭尚等題名

曹　薛夏侯　奏曹史卞

蔣　辭曹史文陽

曹史　曹　　曹史蕃

中部督郵蕃郭尙　　中賊曹史薛荀

南部督郵文陽　　左賊曹史

北部督郵魯王壽　　右賊曹史

守　　左決曹史

曹　魯　　右決曹史文陽

史薛　　曹史

曹

右中部督郵郭尙等題名可辨者十行曲阜人顏懋倫所藏始著錄於牛運震金石圖然釋文頗疏舛海寧陳上舍

以綱別有釋文視牛稍詳頃大興翁學士方綱復攷牛陳同異別爲之釋得字八十有四多所駮正出以示予因取家藏拓本諦視之參以三家所釋得了然可信者七十二字錄於右方其介於疑似及文不全者姑闕之漢時掾史辟本郡人爲之文陽蕭薛卞皆魯之屬縣此碑當爲魯相紀德而作正面磨滅無字惟碑陰獨存然亦剝裂似竹葉紋俗因謂之竹葉碑也

潛研堂金石文跋尾卷二

錢大昕箸

魏

孔子廟碑　潘宗伯韓仲元造橋格題字　盧江太守范式碑碑陰　東武侯王基碑　蕩寇將軍李苞開閣道碑

吴

禪國山碑　巖山紀功碑　葛府君碑額

晉

任城太守夫人孫氏碑　楊紹買冢地莂　太公吕

望表　征東將軍軍司劉韜墓版文　咸和四年輙

文

前秦

修鄧太尉祠碑

梁

井闌文　始興忠武王憺碑　吳平忠侯蕭景碑

後魏

孫秋生等二百人造像記　孝文皇帝弔比干文碑

陰　石門銘　中書令鄭羲碑　寧朔將軍司馬紹

墓誌　張相造天尊像記　楊大眼爲孝文皇帝造

像記　涇州刺史齊郡王祐造像記　洛州刺史刁遵墓誌　兖州賈使君碑　魯郡太守張猛龍碑　懷令李超墓誌　滎陽太守元寧造像記　濟青相涼朔恒六州刺史高植墓誌　金剛般若經　中嶽嵩陽寺碑　造須彌塔記　汝陽王造彌勒像記

魏

元孔子廟碑黃初元年

右孔子廟碑文帝即位之初封議郎孔羨爲宗聖侯奉孔子祀令魯郡修舊廟置百石吏卒以守衛之於其外廣爲屋宇以居學者故魯人立頌紀之後人以爲陳思王之詞

疑未必然也文稱追存二代三恪之禮兼紹宣尼褒成之
後魏志祇載封孔子後詔書而不及存三恪事乃史之闕
漏爾魏伯陽參同契皇上覽視之兮王者退自改杜篤論
都賦受命於皇上獲助於靈祇皆用尙書惟皇上帝之文
以皇上爲天之稱此碑云皇上懷仁聖之懿德顏延之曲
水詩序皇上以叡文承歷陽給事誄皇上嘉悼沈約安陸
王碑文時皇上納麓在辰北魏鄭羲碑皇上振悼唐房彥
謙碑皇上情深遺烈贈太師孔宣公碑皇上以聖敬而撫
璇圖兗公頌皇上禮行鄒魯吳文碑皇上欽腹心之寄少
林寺碑皇上睿圖廣運姚崇碑皇上悼焉大照禪師碑皇

上將幸于京師則皆以爲至尊之稱矣

利 潘宗伯韓仲元造橋格題字 太和六年五月

右潘宗伯韓仲元造橋格題字在褒城縣之石門文稱泰和六年晏袤以史證之斷爲魏明帝年號但史作太和而石刻作泰泰太本一字古今文異爾予邑南翔寺石幢書太平興國號亦作泰

利 盧江太守范式碑 青龍三年正月

右盧江太守范式碑今存十二行每行十五六字少者僅五六字以洪氏隸釋校之文字無異惟錫邑命族之下洪云闕一字今驗石本是實字洪所見係全本今碑石中斷

失其下半後文及銘詞十餘行則全失之矣碑額十二篆字獨完好額既不題漢字而文有青龍三年正月丙戌故洪氏列於魏碑今雖不見青龍字而洪說必可信不敢輒有更易也

刻碑陰

右碑陰題名四列凡三十餘人皆字而不名洪氏隸續第十二卷誤指爲魯峻碑陰今此刻現在范式碑之背面而魯峻自有碑陰其列名者則故吏河内管懿等四人門生沛國丁直等卅七人義士梁國史强一人與此全不相涉且峻碑既未嘗斷何緣其陰獨斷此又理之必不然者洪

氏生於南宋之世疆宇隔越無由得至碑所僅據藏碑者無稽之談故有此失耳然洪所見題名今又失其前大半益令愀然增懷古之思矣巨卿爲山陽人此題名諸人雖不著郡縣然如郗如魯如范皆山陽望族則其餘亦必山陽人可知

〔元〕東武侯王基碑 景元二年四月

右王基碑碑中斷存下半近洛陽民壑土得之以歷官及薨之年月攷之其爲基碑無疑碑云年七十二而魏志本傳遺之其遷荆州刺史加揚武將軍而本傳作揚烈亦誤廣韻東萊王氏殷王子比干爲紂所害子孫以王者之後

號曰王氏此碑云有成父者出仕於齊獲狄榮如孫湫違難爲萊大夫然則東萊之王系出王子成父成父豈殷之後乎伯輿東州名士康成高弟叙述先世當有傳授韓退之撰王仲舒神道碑云王氏皆王者之後在太原爲姬姓春秋時王子成父敗狄有功因賜氏厥後世居太原按太原之王皆祖王子晉成父在子晉之前旣祖子晉不得更祖成父矣退之誤也

魏盪寇將軍李苞開閣道碑　景元四年十二月

右盪寇將軍李苞開閣道碑在潘宗伯題字之後距太和壬子蓋三十一年其年十一月蜀漢亡故有閣道之役也

盪寇盇漢魏所置雜號將軍之一沈約宋書作蕩寇張遼滿寵關羽蔣欽皆嘗爲之晏袤碑陰記但舉蜀張嶷一人所謂知其一未知其二也

吳

利 禪國山碑 天璽元年

右禪國山碑吳志天璽元年吳興陽羨山有空石長十餘丈名曰石室在所表爲人瑞乃遣兼司徒董朝兼太常周處至陽羨縣封禪國山卽此事也碑稱大司空朝不云司徒又無周處名承祚所書得諸傳聞不如碑之可信矣其云國史瑩覈者左國史薛瑩右國史華覈也吳志華覈傳

天冊元年以微譴免數歲卒據碑所書則嚴免官之後不久仍復故職也史能之咸淳毗陵志國山在宜興縣西南五十里延袤三十五里高百二十五仞一名離墨山舊傳鍾離墨得道於此吳五鳳二年陽羨離墨山大石自立天璽元年陽羨山有石裂十餘丈名曰石室皓以爲天瑞遣司徒董朝等行封禪禮圜碑猶存其形如鼓俗呼囤碑碑下字漫滅不可讀或稱董山以朝至此故名

利 嚴山紀功碑 天璽元年

右嚴山紀功碑文云柰月己酉朔是歲卽晉武帝咸寧二年晉初承用魏景初術吳用乾象術朔閏往往參錯而七

月之己酉朔荆吴晋不異也北史齊上黨王渙傳初術士言亡高者黑衣文宣問左右曰何物最黑對曰莫過漆帝以渙第七爲當之此碑亦借桼爲七王莽候鉦銘亦云重五十桼斤則二文相通久矣考工記史記貨殖傳桼字皆無水旁惟漆沮之漆乃从水然經典多通用張參五經文字計字數皆用壹貳參肆等字而七作漆今世俗通用柒卽漆之艸書眞艸各自一家不可變艸作眞如盡爲尽與爲与皆艸書減省而里俗用之宋時閩中麻沙板本往往有此等字此亦六書之戹也

利 葛府君碑額

右碑額三行云吳故衡陽郡太守葛府君之碑楷書徑三寸許在句容縣衡陽孫吳所置郡漢世稱郡國守相爲府君魏晉猶然予收藏孫吳石刻如谷朗及此碑皆以太守故得府君之稱非若後人之泛用也

晉

貞任城太守夫人孫氏碑

右任城太守夫人孫氏碑在新泰縣新甫山下向來未有著錄者乾隆甲寅秋阮詹事芸臺搨以見詒文多剝落而點畫嚴整頗似范式碑筆意任城太守不見其姓名世系據文有夫人在羊氏語知其姓羊也又有庚寅十二月甲

申字以干支求之當是泰始六年也又云昔臧武仲先犯齊壯不令予邑葢用左氏傳齊侯將與臧紇田事壯與莊古書往往通用其云長沙人桓伯序者桓階也魏志階字伯緒此碑作序古人名字多相應當以序爲正

晉楊紹買冢地莂 太康五年九月

右楊紹買冢地莂文云大男楊紹從土公買冢地一邱東極闞澤西極黃滕南極山背北極於湖直錢四百萬即日交畢日月爲證四時爲任太康五年九月廿九日對共破莂民有私約如律即律字令案古人稱分券爲別若今人合同文字也周禮小宰聽稱責以傳別鄭司農云傳別謂券

書也傳傳著約束於文書别别爲兩兩家各得一也鄭康成云傳别謂爲大手書於一札中字别之傳别故書作傳辨鄭大夫讀爲符别辨與别聲相轉其義一也說文無莂字釋名莂别也大書中央中破别之也廣韻莂分契也莂種槪移蒔也古者書契多以竹簡故傳别字或从竹隸變作莂與移蒔之莂相混釋氏書往往用記莂字亦取受記作符劵之義魏晉以前契劵之式傳於今者惟此故錄其全文以詒好古者

貞太公呂望表 太康十年三月

右太公呂望表晉太康中汲令盧无忌所立石已斷裂每

行僅存十一二字无忌名與題識年月皆不可得見矣予初意此碑不當在汲縣城疑即東魏碑裝潢者析而爲二後見范氏天一閣有此碑始知其石尚存深悔向來持論之失頃黄小松郡丞以搨本見詒讀之又知表後有韻語六行爲魏碑所未錄皤谿之皤作般亦勝於魏碑碑陰題名曼患已甚尚有功曹主簿等字可辨字畫頗古雅不似東魏之率易然以魏碑校其文存者雖無甚異同而以所闕字數驗之頗有多寡不合且既錄其文何又去其韻語或好事者假託爲之未可知也劉青藜亦以此碑爲後人重刻

晉征東將軍軍司劉韜墓版文

右征東將軍軍司劉韜墓版文乾隆癸卯偃師武進士億於本縣杏園莊得之相傳二十年前郗民掘井所得也其文云晉故使持節都督青徐諸軍事征東將軍軍司關中侯劉府君之墓君諱韜字泰伯叔孝處士君之元子也夫人沛國蔡氏凡四十七字詞甚簡而不題年月其石廣僅二尺餘上銳下平如圭形與漢碑式異予題爲墓版文未知其肰否也軍司之名不見於晉志而紀傳屢見之文帝紀帝奉天子西征是時魏諸王侯悉在鄴命從事中郎山濤行軍司事鎮於鄴衛瓘傳以本官持節監鍾會鄧艾軍

事行鎮西軍司給兵百人李憙傳司馬伷爲盪北將軍鎮鄴以憙爲軍司羊祜傳爲都督荆州諸軍事嘗欲夜出軍司徐裔執棨當營門曰將軍都督萬里安可輕脫劉寔傳杜預之伐吴也寔以本官行鎮南軍司王濬傳臣復與軍司張攸等共入觀皓宮王戎傳趙王倫子欲取戎爲軍司王衍傳東海王越之討苟晞也衍以太尉爲太傅軍司義陽王望傳置太尉軍司一人南陽王模傳遣軍司謝班伐賈疋譙王承傳王敦詐稱北伐請承以爲軍司傅祗傳齊萬年舉兵反以祗爲行安西軍司汝南王亮傳與軍司曹冏上言節度之咎由亮而出東海王越傳以尚書曹馥爲

軍司謝玄傳時遣軍司鎭慰荒雜劉允傳爲平南軍司蔡謨傳太尉郗鑒疾篤出謨爲太尉軍司金石錄晉光祿勳向凱碑嘗爲北中郎軍司是軍司固軍中要職山濤衞瓘李憙之爲軍司皆在魏朝則魏已有此官竊意軍司卽軍師晉時避諱改師爲司史臣幷魏之軍師亦追改之非魏時本稱也

元　咸和四年甎文　咸和四年八月

右咸和甎文乾隆初武康人蔡方懸者於屋後掊土見一穴極深啓之乃古墓墓有七壙壙中無棺槨惟古泉數千枚中一壙有陶盆一盆心凸起爲卮形試以花插之信宿

輒生根壙皆甎甃兩面無字左側有咸和四年八月立七字右側無字上側刻是戊二字意其人姓名也三國志是儀北海營陵人本姓氏孔融嘲言氏字民無上可改爲是乃遂改焉儀既仕于吳子孫散處吳興閒亦理所宜有矣下側刻一錢有好郭郭外復作四出文甎質觕不可爲硯材然典午遺刻存於今者罕矣秀水錢庶子坤一得其二汪舍人康古得其一形製欵識並同庶子嘗搨其文見貽且爲諗其本末

秦

修鄧太尉祠碑 建元三年六月

右修鄧太尉祠碑首題大秦苻氏建元三年歲在丁卯攷建元之號漢武帝晉康帝劉聰皆嘗稱之此加苻氏於建元之上意欲别於前代而失紀事之體葢武臣不學者所爲也碑爲馮翊護軍鄭能進修祠而作先云以甘露四年到官又云在職六載末云以其年六月左降爲尚書庫部郎自甘露四年壬戌至建元三年丁卯恰是六載吾友吳山夫撰金石存列此碑於曹魏之世葢未見全文但以甘露紀年意之不知其爲苻秦之甘露非魏甘露也碑書膚施爲夫施北屈爲北掘皆以音同假借兩題名軍主簿數人字皆从草則以去漢未遠閒存古法也鄧太尉即魏之

鄧艾水經注濮陽城南有魏使持節征西將軍太尉方城侯鄧乂廟尚有乂碑秦建元十二年廣武將軍兖州刺史關內侯安定彭超立此別是一碑亦見艾之威德及人久而不忘也艾從乂聲今人讀乂艾爲兩音實則一聲之轉古人無甚區別如龍錯之錯不妨去入兩讀矣魏志艾始封方城亭侯進封方城鄉侯又進封鄧侯而水經注但稱方城侯豈以封號與姓相涉舉舊封以示別歟抑史有誤文歟

梁

刻井闌文 天監十五年

右井闌文凡七行其文云梁天監十五年太歲丙申皇帝愍商□之渴乏乃詔茅山道士□□永若作亭及井十五口在句容縣前人著録未有及之者乙巳春陽湖孫秀才季仇省親句容學齋得以遺予陶隱居舊館壇碑向在茅山玉晨觀　國初前輩猶有見之者予七年前與季仇入山宿觀中徧尋不獲此刻雖漸曼患却亦是蕭梁時物所謂買王得羊也

始興忠武王憺碑

右始興忠武王碑文漫漶失其大半諦審之尚有千三百餘字其額云梁故侍中司徒驃騎將軍始興忠武王之碑

凡十七字獨完好梁時定官品爲十八班班多者爲貴司徒十九班侍中十二班而結銜侍中在司徒之上葢其時以侍中爲親要之任出入帷幄與參大政儼然居三司右矣

元 吳平忠侯蕭景碑

右吳平忠侯碑其額云梁故侍中中撫將軍開府儀同三司吳平忠侯蕭公之神道正書而反刻宅碑所未有也按梁書景高祖從父弟封吳平縣侯天監十五年加侍中十九年出爲安西將軍郢州刺史普通四年卒于州詔贈侍中中撫軍開府儀同三司謚曰忠梁置一百二十五號將

軍四征施于外東南西北是也四中施于內軍衞撫護是
也碑稱中撫將軍而史作中撫軍葢脫一字

後魏

亭孫秋生等二百人造像記 太和七年

右孫秋生等二百人造像記孟廣達文蕭顯慶書首稱大
代太和七年蓋自道武建國稱魏仍兼稱代崔浩所云代
魏兼用猶彼殷商者至孝文時此號尚未改也額題邑子
像旁刻邑主中散大夫滎陽太守孫道務寧遠將軍中散
大夫潁川太守安城令衞白犢二人名記之下方列維那
程道起等諸人名而後題景明三年歲在壬午五月戊子

朔廿七日造距太和七年癸亥已二十載蓋後來續刻者
記今在洛陽縣黄氏中州金石攷嘗載之惟誤以秋生爲
狄生顯慶爲顯楷爾蘭條字作搽字書未載惟見於此
刻

元孝文皇帝弔比干文太和十八年十一月

右孝文皇帝弔比干文金石録云其首已殘缺惟元載字
可識今捐本字畫完好葢宋吳處厚所重刻也碑陰下方
有記云汲郡比干墓舊有元魏高祖弔文一篇其體類騷
其字類隸久已爲鄉人毁去賴民間偶存其遺刻再獲刊
勒固知興廢自有數也元祐五年九月十五日左朝請郎

知衞州吳處厚記此碑別體之字最多又經後人翻刻不無失其本眞故閒有一二難曉者處厚言高氏小史載其文以嗚呼介士爲嗚呼分土字之誤也今高氏小史久亡好古者亦無從是正矣

[illegible]碑陰

右比干碑陰題名凡八十二人曰使持節驃騎大將軍都督司豫荊郢洛東荊六州諸軍事開府司州牧咸陽王臣河南郡元禧侍中司徒公都督中外諸軍事太子太師駙馬長樂郡開國公臣長樂郡馮誕使持節司空公太子太傅長樂公臣河南郡丘目陵（下闕亮字）一特進太子太保廣陵

王臣河南郡元羽侍中始平王臣河南郡元勰領尚書右僕射吏部尚書任城王臣河南郡元澄散騎常侍祭酒光祿勳卿高陽伯臣河南郡元徽疑太子右詹事姑藏伯臣隴西郡李口右旁似是召散騎常侍北海王臣河南郡元詳散騎常侍領司宗中大夫臣河南郡元膏散騎常侍臣河南郡元纂右衛將軍臣河南郡元翰光祿大夫行太僕少卿臣高陽郡李堅中常侍中尹高都子臣上黨郡秦松驩驤將軍臣河南郡大野口司衛監臣河南郡元蚪司衛監臣河南郡万忸于勁員外散騎常侍光祿勳少卿東平子臣河南郡丌目陵純兼司衛監少府少卿臣魏郡游雅給事

黃門侍郎臣太原郡郭祚給事黃門侍郎領著作郎臣清
河郡崔光典命中大夫太子中庶子臣廣平郡游肇羽林
中郎將臣河南郡侯莫陳盆員外散騎常侍帶宮輿給事
中臣河南郡丌目陵惠太子率更令襄陽伯臣河南郡元
尉給事中臣河南郡乙旃括給事中臣河南郡乙旃免給
事中臣河南郡郁久閭麟右軍將軍臣河南郡元口太樂
給事臣長樂郡衞況給事領太醫令臣高平郡李循給事
臣河南郡俟文福給事臣河南郡万忸乎羜中給事錄太
官令臣上黨郡白整中給事臣高陽郡劇鴿射聲校尉臣
河南郡元洛干顯武將軍臣河南郡万忸乎吐拔直閤武

衛中臣高車部人斛律慮直閤武衛中臣河南郡乙旃阿
各仁直閤武衛中臣河南郡侯呂阿倪直閤武衛中臣河
南郡叱羅吐蓋直閤武衛中臣上谷郡董明惠直閤武衛
中臣代郡若干侯莫仁直閤武衛中臣河南郡乙旃應仁
直閤武衛中臣河南郡吐難萇命直閤武衛中臣上谷郡
張代連長兼典命下大夫齊郡王友臣趙郡李預兼給事
黃門侍郎員外散騎常侍守屬國下大夫臣太原郡王翔
白衣守尚書左丞臣遼東郡公孫良散騎侍郎東郡公臣
河南郡陸昕散騎侍郎臣河南郡郁久閭敏散騎侍郎臣
中山郡甄琛中壘將軍帶登聞令臣廣平郡游綏中黃門

令帶典農令臣安德郡雙蒙宰官令臣河南郡伊婁願太官令鉅鐎伯臣□□魏祐監御令臣河南郡莫耐婁悦符節令臣代郡賀拔舍通直散騎侍郎臣河澗郡邢巒通直散騎侍郎臣京兆郡韋纘武騎侍郎守蘭陵令臣高平郡徐舟武騎侍郎臣河南郡獨孤遥武騎侍郎臣上谷郡張覃武騎侍郎臣河南郡乙旃俟莫干武騎侍郎臣河南郡万忸乎澄武騎侍郎臣趙郡李華符璽郎中臣河南郡拔𤤏符璽郎中臣上谷郡張慶員外散騎侍郎臣博陵郡崔廣員外散騎侍郎臣博陵郡崔逸員外散騎侍郎臣河南郡陸㤲道尚書郎中貝邱男臣清河郡傅脩期尚書郎

中臣滎陽郡鄭長遊尚書郎中臣清河郡崔哲尚書郎中臣河東郡張映尚書郎中臣遼東郡高觀尚書郎中臣趙郡李引尚書郎中臣河内郡司馬定尚書郎中臣南陽郡朱孟孫尚書郎中臣蘭陵郡蕭彥尚書郎中臣趙郡李艮軌尚書郎中臣河東郡柳崇案北史太和十九年詔遷洛人死葬河南不得還北於是代人南遷者悉爲河南洛陽人又云太和二十年正月詔改姓元氏今此碑立於太和十八年冬宗室已繫元姓代人竝稱河南郡則史所載歲月恐未得其實矣諸臣稱河南郡者元氏而外若邛目陵氏万忸于氏侯莫陳氏乙旃氏叱羅氏吐難氏伊婁氏獨

孤氏拔拔氏莫耐婁氏並見魏書官氏志而譯字小有異同如叩目陵之目作穆万忸于之万作勿吐難之吐作土莫耐婁之耐作那是也陸氏本步六孤氏太和十九年詔稱穆陸賀劉樓于嵇尉八姓皆太祖已降勳著當世位盡王公者也穆即叩目陵于即万忸于劉即獨孤諸人皆未改氏而陸昕等已單稱陸氏而陸氏之改又在穆賀諸姓之先矣大野氏郁久閭氏俟呂氏魏志俱失載以予攷之郁久閭乃蠕蠕姓後亦單稱閭氏周書太祖賜韓褒姓俟呂陵氏此廣韻所引今本俟譌作侯當即俟呂氏也後魏末有南州刺史大野拔大野亦代北著姓矣又有俟文福一人則未知

其俟氏歟（官氏志俟奴氏後改俟氏）抑別有俟文氏也若干氏賀拔氏不稱河南而稱代郡蓋代人之未南遷者斛律氏稱高車部人雖入處中國尚未有所隸州縣也馮誕以尚樂安公主拜駙馬都尉此但云駙馬而去都尉從俗稱也史稱傅永字脩期此直云傅脩期蓋以字行也公孫良據傳爲燕郡廣陽人此云遼東郡則舉郡望言之于勁嘗爲司衛監李預兼典命下大夫皆本傳所未載陸昕傳作昕之當以石刻爲正其書姑臧爲姑藏河間爲河澗龍驤爲驡驤傅脩期作傅循期皆當時承用別體字若万俟于之于或作乎陸希道作怖道則翻刻之譌

石門銘　永平二年四月

右石門銘蓋述龍驤將軍梁秦二州刺史泰山羊祉開通石門之功魏書宣武紀正始四年九月甲子開斜谷舊道卽其事也碑云起四年十月十日至永平二年正月畢功而史書於四年九月者據奉詔之日言之耳北史羊祉傳不書開斜谷道事此史文之闕漏當據石刻補之碑云皇魏正始元年漢中獻地卽梁天監三年也是歲夏侯道遷背梁歸魏梁史書魏陷梁州于二月當得其實魏收史書於閏十二月溫公通鑑據長厤梁置閏在次年正月後遂移於後一年非也

元中書令鄭羲碑 永平四年

右中書令鄭羲碑魏書本傳父曄不仕而碑云拜建威將軍汝陰太守當從碑爲是羲之使於宋也宋主客郎孔道均就邸設會酒行樂作均問樂其何如答曰哀楚有餘而雅正不足其細已甚矣而能久乎均嘿然移年而蕭氏滅宋此事可補本傳之闕羲謚文靈碑祇稱文公者猶諸葛孔明謚忠武而後人止稱武侯舉其美者言之也羲字幼驎碑及魏書皆同北史唐書世系表俱作麟蓋二字可通用矣

魏寍朔將軍司馬紹墓誌 永平四年十月

右銘題云魏故寧朔將軍固州鎮將鎮東將軍漁陽太守宜陽子司馬元興墓誌銘而文中絶無一言及其官位以題已著之也古人文字之簡如此後代罕知此法矣攷晉書河閒王欽之名僅於河閒王洪河閒王顒兩傳內一再見至欽子曇之則晉書並未見其名魏書司馬叔璠傳敘其父曇之爲河閒王又不言曇之爲欽子得此碑可補晉書之脫漏碑稱欽謚武曇之謚景叔璠謚簡亦晉魏二書所未及載也元興嘗爲固州鎮將攷魏書地形志無固州之名惟析州有固郡其即固州與否俱未可知碑書儀使脩諸字皆從彳旁以驃爲⿰馬剽以休爲烋以遥授爲姚授皆

異文

張相造天尊像記 延昌二年三月

右張相造天尊像記首云道士張相供汝云延昌二年歲在癸巳三月乙卯朔廿九日癸未攷通鑑目錄是年卽梁天監十二年梁魏置閏不同而正月均爲丙戌朔梁置閏於三月後則二月丙辰朔三月乙酉朔而乙卯爲閏三月朔魏置閏於二月後則二月丙辰朔閏二月乙酉朔三月正得乙卯朔温公目錄本於劉羲叟長秝自延昌距今千有三百年石刻月日與羲叟所推不失絫黍足徵劉氏算術之精矣道家祖老莊老聃未嘗棄妻子莊周亦有妻漢

武尊方士欒大以公主妻之晉葛洪許邁皆全家學道此相亦道士而有妻有息男有息女是道家雖非正教猶不如釋氏之棄絶人倫也自釋教盛而道教微於是羽流亦以出家爲眞修舍華夏之舊規效瞿曇之陋俗而道亦非古之道矣

魏楊大眼爲孝文皇帝造像記 無年月當在宣武初年

右楊大眼爲孝文皇帝造像記首稱邑主仇池楊大眼云云而額云邑子像殊不可解魏書本傳云封安成縣開國子北史作安城此記作安戎安戎縣隷略陽郡於仇池爲近當據此以正史文之誤其爲梁州大中正則史所不載

也記無年月以大眼所署官推之當在世宗景明初矣云掃雲魩于天路魩卽鯨字云震僘歸闕字書無僘字音義未詳

利涇州刺史齊郡王祐造像記 熙平二年七月

右涇州刺史齊郡王祐造像記文稱體蔭宸儀天縱淑茂蓋魏文成帝之孫齊郡王簡之子也北史作祐蓋傳刻之譌其官征虜將軍亦史所失載涤疑卽濟字

元洛州刺史刁遵墓誌 熙平二年十月

右魏刁遵墓誌遵雍之子也誌載遵歷官始末與魏書刁雍傳略同惟本傳云遵襲爵太和中例降為侯而前敘雍

事但云賜爵東安侯别無進封之文不知何以云例降益傳文有脫誤爾碑于遵高祖協曾祖毚皆云晉侍中祖暢云晉中書令而晉書皆無之竊疑雍北歸之後自述其家世以誇耀魏朝或有飾詞不如晉史之得其眞故魏書亦不取也遵有子十三人誌惟云小子懃等懃卽整字不及諸昆弟之名蓋遵沒時整兄楷尙俱已先卒古人文字之質而簡如此而諸弟姪不以不列名爲嫌又徵古風之渟厚也誌列三世官爵於首似行狀之式而銘詞之後别云夫人同郡高氏云云皆墓誌之變例也廣韻及通志氏族略並引風俗通以刁氏爲齊大夫豎刁之後此誌云攸攸卽悠字

緜冑帝僵之諱闕驛代貞賢自唐暨晉不知何所据徧檢字書亦無僵字

補兗州賈使君碑

右兗州賈使君碑文殘闕失立碑之歲月趙明誠云在神龜二年四月今不可攷矣碑云思伯字士休而魏書北史作仕休當從石刻其書休爲烋與司馬元興墓誌同晉人艸書休下多一畫亦以此碑云晉太師賈他之後郎賈佗也又云九世祖口魏青龍中爲幽州刺史按唐書宰相世系表賈詡魏太尉肅矦生璣駙馬都尉關內侯又徙長樂此碑九世祖下似是璣字又有因忠喪亡之語官位亦與

唐表不合未審其是否也

魯郡太守張猛龍碑 正光三年正月

右魯郡太守張猛龍碑猛龍者晉西平公軌之八世孫軌祖瑍魏西中郎將使持節平西將軍涼州刺史軌第三子寔晉臨羌都尉平西將軍西海晉昌金城武威四郡太守皆晉書所未及軌安定烏氏人而碑云南陽白水人此則當以史爲正者也武宣王大沮渠謂沮渠蒙遜也碑書萬仭爲刄按書爲山九仭釋文云仭字又作刄士喪禮疏引禮緯天子之旗九刄諸侯七刄大夫五刄士三刄刄之爲仭猶十之爲什古人固相通也

貞懷令李超墓誌

右懷令李超墓誌文云正光五年八月十八日卒於洛陽縣之永年里宅越六年正月丙午朔十六日辛酉葬洛陽縣覆舟山之東南其云越六年者卽謂正光之六年是年六月改元孝昌當刻石之時猶未改号也證之温公通鑑目錄其年正月果是丙午朔又唐以前碑誌每云粤以某年月日葬其年号未改者卽承前數之非卒後又隔若干年與此誌同例吾友武虛谷跋是碑謂自正光後又越六年當是武泰二年蓋用尚書越三日越七日之例攷武泰無二年當爲永安虛谷記憶偶誤而永安二年正月乃是

癸丑朔非丙午朔故知誌云越六年者承前五年數之耳

熒陽太守元寍造像記　孝昌二年正月

右石刻首云大魏孝昌二年歲次丙午正月辛丑朔廿四日甲子熒陽太守元寍仰爲二聖敬造石像一堰是時靈太后稱制所謂二聖者肅宗及皇太后也元寍之名不見於史其族屬親疏不可知矣說文熒从炎冂屋下燈燭之光滎从水熒省聲絕小水也禹貢滎波字从水左氏傳滎澤字並從火周禮職方氏其川熒洛今本从水逸周書職方解其川熒雒从火是滎熒固通用矣漢書滎陽从水自後志地理者皆因之然漢碑書滎陽皆作熒予所見隋以

前石刻滎陽字無從水者北史王劭傳云大象元年夏滎陽汴水北有龍鬬滎字三火明火德之盛也足徵當時滎陽字從火不從水也碑以塸爲軀以儀爲儀皆異文

元 濟青相涼朔恆六州刺史高植墓誌

右高植墓誌存字不及百名惟首書君諱植字子建渤海蓨人數字題有故濟青相涼朔恆六州刺史數字及文中宣武皇帝字可辨識魏書外戚傳稱植頻莅五州皆清能著稱不言其刺涼州葢史文之闕也相傳康熙中德州第三屯居民得之運河岸傍田侍郎雯撰長河志籍考始載之云石形高横三尺厚五寸四面徧書上云諱植字子建

末注神龜元年葢北魏高植之墓石也田又作長歌紀之有云屯氏河厓秋雨塌中有片石鋟文辭殘闕漫漶不易辨亥豕魚魯多支離曰君諱植字子建魏濟青相司徒兒豈是曹家瘞舊物官號封削無臨淄淘洗摩挲搜石尾下紀年月稱神龜拓跋人代越千載六朝荒碣遺今茲渤海蓨人父名肇北魏高氏從可知按山薑詩已云殘闕漫漶什不存一今併神龜紀年亦不復可辨矣漢書地理志勃海郡有脩市縣侯國應劭讀脩爲條又信都國有脩縣顏氏亦音條周亞夫封條侯功臣表亦作脩侯續漢書郡國志勃海郡有脩縣故屬信都而市之名不見疑併入脩

縣矣宋書州郡志始以脩爲蓨魏書州郡志仍作脩而于
高湖高聰高肇等傳皆書渤海蓨人葢蓨脩通用矣此碑
以蓨爲條而高湛碑又書作滌攷之於古條蓧脩滌皆多
通用周禮司尊彝凡酒脩酌鄭康成讀如滌濯之滌而秋
官條狼氏杜子春亦讀爲滌張平子碑對封樹之蕭蓧蔡
湛碑蕭滌而雲消蕭蓧蕭滌皆蕭條之轉爾雅釋艸云蓧
蓨釋文蓧他彫反蓨他的反又云苗蓨釋文蓨郭湯彫他
周二反顧他廸反故碑或書蓨爲條爲滌也魏碑凡从亻旁字多作彳
碑今在德州田氏

金剛般若經

右金剛般若經石刻譯金剛般若經者有羅什流支眞諦耶舍元奘五家世所傳惟鳩摩羅什譯本云佛在舍衛國者是也此經乃後魏時流支所譯舍衛城作舍婆提城其餘文句亦多異所說四句偈云一切有爲法如星翳燈幻露泡夢電雲應作如是觀蓋不止於六如矣首題三藏菩提流支在胡相國秦太上文宣公弟譯文宣公者靈太后之父胡國珍也魏書外戚傳國珍之薨追崇假黃鉞使持節侍中相國都督中外諸軍事太師領太尉公司州牧號太上秦公謚文宣故稱相國秦太上文宣公也史稱國珍雅敬佛法行年八十自強禮拜而不載就第譯經事畧之

也僻書第爲弟从古也隋書經籍志永平中有天竺沙門菩提留支大譯佛經與羅什相埒留支卽流支也碑雖不著年月以字體驗之當是北魏人書脨卽膝字稊卽耨字貘卽藐字陁卽陀字笇卽筭字亂卽亂字皆宅碑所罕有也

貞中岳嵩陽寺碑天平二年四月

右中岳嵩陽寺碑碑立於天平二年而文云仰資皇帝聖曆無窮國境寧泰太后德被蒼海永保仁齡孜孝靜帝以清河王世子嗣大統而清河王未有尊号胡妃亦無太后之稱前朝諸后或已殁或別嫁不識此所稱太后何人也

其云司空公裴衍昔在齊都欽承師德願歸中國爲寺檀主則魏書北史未見其人裴叔業雖自齊歸魏然官未至司空亦不聞别名衍也碑書馴獸爲廵獸汪洋爲汪庠此古字之通用者若東作朿樂作樂則違六書之旨矣天平東魏年号潘氏金石文字補遺題爲北齊者誤潘所錄本以補顧氏之闕此碑顧氏已載而復收之亦失於檢點也

[貞]造須弥塔記天平三年正月

右造須弥塔記常熟張子恂遊中州所得其書陛下之陛作陸爲宅碑所未有最後題名有郭𠯋未知何字殆郎阿个兩字并書之

貞 汝陽王造弥勒像記天平四年

右汝陽王造弥勒像記在歷城縣龍洞李南澗訪得之拓以遺予文多殘泐首云大魏天平四年又云朔廿□曰使持節又云侍驃字即驃騎大將軍開府儀又云尚書事涇涼華又云九州刺史汝陽王□対𦔮似是照字又云敬造弥勒像一軀所謂汝陽王者未審何人也

潛研堂金石文跋尾卷三

錢大昕著

後魏下

齊州刺史高湛墓誌　敬史君顯儁碑　碑陰　李仲琁修孔子廟碑　邑主造石像碑　大公廟碑　造太上老君石像記

齊

張景暉造象記　陽阿故縣村造石像記　天柱山銘　造丈八大像頌　般若波羅蜜經　大般若經殘字及佛名　董洪達造像記　隴東王感孝頌

朱岱林墓志　皇太后造觀世音石像記　臨淮王像碑

周

王㲋生造像記　華嶽頌　造象記　造石像記　造象記

隋

楊遵義造像記　淮安定公趙芬碑　高平縣石裏村造橋碑　龍藏寺碑　碑陰　章仇氏造象碑　東阿王廟碑　張洪亮等造像記　造阿彌陁像記

安喜公李使君碑　海陵郡公賀若誼碑　宋文彪

等造澧水石橋碑　舍利塔下銘　舍利寶塔下銘

胡叔和造石像記　李世民造像記　滎澤縣令

常醜奴墓志　陳明府修孔子廟碑　左屯衛大將

軍姚辯墓志

後魏下

元齊州刺史高湛墓誌　元象二年十月

右碑題魏故假節督齊州諸軍事輔國將軍齊州刺史高

公墓誌銘乾隆己巳秋德州衛第三屯運河決東岸岸崩

得此石文字尚全宋蒙泉編修以予嗜金石刻也遣人搨

一本見貽惜高君之名不見於魏史乃撫其大略書之君

諱湛字子澄勃海滌人祖冀州刺史勃海公父侍中尚書令司徒公君起家爲司空參軍事轉揚烈將軍羽林監天平中假驃騎將軍行襄城郡事尋除使持節都督南荊州諸軍事鎭軍將軍南荊州刺史於時僞賊陳慶率旅攻圍孤城獨守載離寒暑終能尅保邊隍全□民境復除大都督行廣州事春秋卌三元象元年正月廿四日終於家皇上動哀能言灑淚迺有詔曰故持節都督南荊州諸軍事鎭軍將軍揚烈將軍員外羽林監行南荊州諸軍事南荊州刺史當州大都督高子澄識用開敏氣幹英發擁攝蕃衞誠効尅宣臨難殉軀奄從非命言念遺績有悼於懷宜

申追寵式光往烈可贈假節督齊州諸軍事輔國將軍齊州刺史粵元象二年十月十七日遷葬于故鄉司徒公之塋云云按魏書地形志有荆州北荆州無所謂南荆州者而攷通鑑所載是時東魏尚有東荆州西荆州亦皆志所未載蓋其時干戈搶攘僑置州名甚多史家不能詳也元象二年即興和元年據魏書本紀是年十一月癸亥改元碑建于十月故猶稱元象通鑑書改元興和在十月癸亥以目錄考之是歲十月辛巳朔不得有癸亥十一月辛亥朔其月十三日爲癸亥則通鑑所書誤矣碑不書湛祖父之名或云當是高肇之子肇爲尚書令遷司徒肇父颺贈

渤海公與碑官位頗合但本傳無湛名未敢定也湛有臨難捐軀之節宜見於史不幸與齊文襄武成同名殆作史者避齊諱故并其事沒之乎千載之後陵谷變易而留此一片石以顯湛之名甚不可謂非幸矣而其死於何人之手碑亦諱而不書使人讀其文而不詳其殉難本末則又湛幸中之不幸也

元 敬史君顯儁碑 興和二年

右碑題禪靜寺刹前銘敬史君之碑乾隆初長葛民墾土得之文尚完好移置縣之陘山書院己卯歲錢塘周君天度以戶部主事出知許州搨一本貽予讀其文益頌穎州

刺史敬顯儁而作寺故潁川太守梁洪雅所建而顯儁修之曰敬史君者借史爲使也顯儁齊書北史有傳北史云陽平太平人陽平葢平陽之誤太平魏書地形志作泰平此碑亦稱平陽泰平與魏書合史載顯儁歷官殊略以碑攷之釋褐奉朝請靈太后稱制棄官歸孝莊初還朝封泰平縣開國子除晉州别駕後從齊神武起兵以功封永安縣侯食邑千戸拜車騎將軍度支尚書轉都官尚書孝静初爲汾州刺史轉晉州刺史拜儀同三司驃騎大將軍潁州刺史大都督潁州諸軍事其次第如此而齊書所云羽林監行臺倉部郎中則碑無之葢顯儁未嘗爲此官故北

史亦不取也碑云公名空一字字顯儁而傳云字孝英葢先以字行後乃别立字爾碑中别體之字如抱作怉后作石戚作慼䌌作䌌佩作珮儀作㒍鴟作鵄壑作壑喜作憘聯作聰廊作鄜服作服其它不能悉數也泰本从水碑从心葢流俗之譌相承久矣

元碑陰

右碑陰題名有功曹中兵騎兵長流城局士曹鎧曹集曹默曹皆府屬官也諸曹不云參軍者省文也隋書百官志有墨曹無默曹借默爲墨也有州都西曹祭酒門下省事皆州屬官也門下不云督亦省文也民望月令黨司三者

其義未詳民望多至二十餘人葢非職官之稱矣其云萇社令者借萇爲長也

元李仲琁修孔子廟碑 興和三年十二月

右兗州刺史李仲琁修孔子廟碑魏書本傳稱仲琁以孔子廟牆宇頗有頽毀遂修改爲碑葢述其事而以十哲配食孔子實自仲琁始矣其云使持節兗州諸軍事車騎大將軍當州大都督兗州刺史當州郎謂兗州猶云本州也碑叙所歷官云釋褐奉朝請俄除定州平北府法曹參軍仍□□□功□諮議參軍事定相雝三州長史東郡汲郡恆農三郡太守司徒左長史中散太中大夫營構都將雝

兗二州刺史與傳大略相同惟傳云定雍二州長史不云相州又以營構都將爲營構將作則其缺誤也北史但云營構將無作字頗與碑合碑稱仲琁趙國柏仁人本傳作趙郡平棘攷之地形志平棘屬趙郡柏仁屬南趙郡本非一地意者李氏之望出自平棘而仲琁又別居柏仁乎其云傷河啚之莫出啚本音鄙借作河圖之圖按廣韻十一模部圖字下別出啚字注以爲俗葢後魏時已然矣唐張希古墓誌銘豈啚二監輿災其云祖習堯舜獻章文武述之爲習憲之爲獻皆異文

邑主造石像碑 武定六年九月

右邑主造石像碑亦張子恂所贈前爲儷語後皆四言有韻之文云乃作訟曰以訟爲頌也㚇即夷字霝即靈字宂即究字㦲即哉字彿即佛字悳即德字㝠即冥字笇即筭字㧝即極字褱即喬字絛即滌字秏即旄字㚞即妻字㥐即恡字勉即免字鼅即䜌字逸即逸字徒即徒字鞭即鞭字崗即岡字

【元】太公廟碑　武定八年四月

右太公廟碑穆子容撰文子容魏書北史俱附見穆崇傳而北史較詳其官平東將軍中書侍郎恆州大中正則北史亦未載也汲郡尚氏自言太公之裔以晉時盧无忌所

立碑僻據山阜别營祠于博望之亭子容時守汲郡爲文記之山行蓋子容之字也碑前半刻盧无忌文後半刻子容文趙明誠金石録有晉碑無魏碑或趙氏所見乃晉時元刻而未見東魏重刻之本乎朱彝尊謂汲縣師尚父舊居遺碑一表一表在縣治西南隅范陽盧无忌爲汲令刻石碑在縣西北三十里廟中穆子容正書不知西晉之文魏時嘗重刻且與子容記同刻一石蓋朱所見者不過東魏之本工人裴潢析而爲二而遂誤以爲眞有二碑也或云朱氏明言石表所在似曾見晉刻者予以爲不然攷魏碑云盧忌置碑僻據山阜今汲縣治在衛水之濱平衍無

山阜又當南北之衝不得云僻使汲縣果有此表亦必後人傳會重刻者耳碑乃子容撰文別無書者姓名而朱以爲子容書朱之疎舛如此其未見晉刻審矣晉書武帝紀咸寧五年汲郡人不準掘魏襄王冢得竹簡小篆古書十餘萬言趙明誠据此碑及荀勗校穆天子傳俱作太康二年以證史之誤然晉書束晳傳載此事亦作太康二年蓋史家所采非一書紀傳之相牴牾者固不少矣

貞 造太上老君石像記 大統十四年四月

右造太上老君石像記其上橫書劉曜光初五年冠軍將軍關內侯平陽太守豫州刺史太尉公□洪像碑一區凡

三十字似是題額者宅碑未有此式也文多曼滅細審之有云故使持節鎭北大將軍冀州刺史陳留矦蔡伯皆孫等似是蔡氏後裔爲其祖洪造像以資冥福而作其叙述先世有秦大將軍大丞相蔡翟故太常卿汝南太守陳留矦蔡順晉征東將軍六州諸軍事陳留太守兖州刺史司徒公蔡謨字仲□諸人以史證之皆不合史記秦相有蔡澤翟與澤音相近或可通用然秦時丞相無大名也漢孝子蔡順史稱舉孝廉不就不聞官太常封矦也惟司徒公蔡謨與晉史頗合而其字道明非仲□葢碑出於里巷不學者之手附會華胄多非其實其書劉聰之聰爲慈麟嘉

之麟爲驎則可以廣晉載記之異聞者也

齊

張景暉造像記　天保五年七月

右張景暉造像記在益都縣北三十五里平昌寺石高七寸分二層上方尺有三寸下方尺有四寸五分下層字徑六分文云大齊天保五年歲次甲戌七月乙酉朔十五日己亥平昌縣人張景暉爲亡父母敬造彌勒佛一軀後爲師僧七世父母皇帝陛下居家眷屬普爲法界羣生果登正覺凡十六行行四字其上層刻像中爲蓮花座右男子三人左女子三人傍皆有字曰張度供食曰息景暈供曰

暈息阿喜曰度妻曹曰暈妻孫曰暈女阿男蓋皆肖其像也左側題張子昴等六人名凡六行乾隆壬午秋李進士文藻拓以見貽並述其式如此古音微文二部相近故旂沂之屬从斤得聲暉揮之屬从軍得聲周官十煇之法音運詩庭燎有煇許云切太玄經鸞鳳紛如厥德暉如漢安平相孫根碑光容有暉與民偕協韻說文有暉字無暈字暈字新附此碑景暉亦作景暈可徵暈暉本是一字後人讀暉許歸切讀暈王問切以爲不相通用者非也

陽阿故縣村造石像記 河清二年五月

右陽阿故縣村造石像記文云大齊河清二年歲次癸未

五月甲兮朔十口日戊寅陽阿故縣村合邑長幼等敬造石口華像一軀具相嚴麗藉此功福上爲皇帝口僧七世父母因緣眷屬邉地四生咸豊正口攷通鑑目錄是歲五月甲子朔戊寅爲月之十五日則兮卽子字也豊卽登字邉從身從辵或云邊之俗未審然否㳄从二當作兩點而誤作三點則爲涎液之次矣記本正書雜以篆體日作𡆠與武后所製同陽阿漢縣名屬上黨郡廢於魏晉間而村猶有故縣之名今爲澤州鳳臺縣地

元 天柱山銘 天統元年五月

右天柱山銘光州刺史鄭述祖撰文既渟雅而八分書亦

方整有漢魏人遺法蓋北朝石刻之佳者述祖之父道昭以魏永平中爲光州刺史述其父羲迹狀鐫碑于天柱山東堪石室之内復製其銘其述祖守光州復作斯銘叙其父治迹可謂風雅不墜攷北史是歲述祖年已八十一矣耄而好學尤人所難也文云麗其騁辯之地麗其者酈食其也云謳諮俾乂謳諮卽疇咨也北史述祖傳叙所歷官較齊書爲詳然皆不云車騎大將軍略之也

利 造丈八大像頌 天統三年五月

右造丈八大像頌文稱大齊天統三年歲在丁亥黃氏中州金石攷以爲天統五年者誤其訟曰訟卽頌字說文訟

爭也一曰訶訟徐氏謂古本毛詩雅頌字多作訟史記呂后本紀未敢訟言誅之漢書作誦是訟頌誦三文互通矣頌本容皃之容音與融近故武梁碑亦書祝融爲祝誦也其書脩作脩像作像師作師捨作捨無作無岡作㟼央作夬皆魏齊間俗字

貞 般若波羅蜜經 武平元年

右般若波羅蜜經字徑一尺或七八寸不等蓋因石爲之亦王子椿書也首云文殊師利白佛言世尊何故名般若波羅蜜佛言般若波羅蜜無□無□無名無相以下多闕文亦聶劍光所贈劍光又言泰山有石經峪平廣畝許刻

金剛經於上字大如斗不記姓名年代明王世懋疑爲宋元人筆而無所指實今驗其字迹古勁與徂來二刻如出一手當亦出子椿筆宋元人不能如此渟朴也予昔登岱親見彼刻而未及搨因附識之

貞大般若經殘字及佛名 武平元年

右大般若經殘字及佛名金石家皆未著録吾友聶劍光游徂來山始訪得之手拓寄予都下且詒以書云光化禪寺東南里許有巨石南面刻大般若經隸書徑五寸剝蝕不能讀後題冠軍將軍梁父縣令王子椿字蓋郎子椿書也其東面大書四佛名末有中正胡賓及武平元年字魏

齊皆承晉制州郡有中正題品人物而縣令帶將軍号六朝往往有之

【貞】董洪達造像記 武平元年正月

右董洪達造像記首題大齊武平元年歲次庚寅正月乙酉朔廿六日顧寍人題爲少林寺碑者卽此刻也中州金石記以爲武平九年者誤武平紀元止於七年不當有九年且亦非庚寅歲也此碑别體字甚多如齋作亝老作耂率作𠦪徒作徒次作㳄彼作彼後作後標作檦體作躰渠作渠布作希眇作眇微作微天作无火作失吉作𠮷顯作顯曇作昙業作業遐邇作睱尔藍田作濫田之類又閒有

篆體如日爲⊙月爲☽頗合於古其餘不盡尔也碑後列
褒主邑主諸人名黃頭者二曰張黃頭曰馬黃頭

隴東王感孝頌 武平元年四月

右隴東王感孝頌今在泰安府肥城縣孝堂山因孝子堂而名也胡長仁武成皇后之兄齊書北史本傳皆不云爲開府儀同三司者缺文也長仁除齊州刺史史皆不著年月惟北史本傳載天統五年從駕自并還鄴因及和士開之譖及長仁到任謀刺士開士開與祖孝徵議遣使馳驛責長仁賜死事通鑑遂以長仁刺齊州及賜死俱繫之天統五年四月不知其非一時事也今觀此頌立于武平元

年四月稱新除特進使持節齊州刺史蕃其時長仁始到任又孜隋書五行志武平四年四月隴東王胡長仁謀遣刺客殺和士開事露反爲士開所譖死則長仁之死又在其後四年而通鑑之誤顯然矣長仁以外戚登膴仕驕恣寡謀其人固無足取然猶知孝行之美令賓僚製文以頌之蓋未忘乎好名也噫秦漢而下躬行而不好名者鮮有其人矣世之不好名者皆專于好利者也二者之好孰優孰劣故吾于長仁此事而節取之焉金石文字記載此碑題曰孝子郭巨墓碑蓋未見篆額而以意名之也

元 朱岱林墓誌 武平二年二月

右朱岱林墓誌銘今在青州府壽光縣之田劉村岱林字君山樂陵濕沃人曾祖霸魏使持節平州諸軍事安遠將軍平州刺史擁鄉里三千餘戶降于宋值元嘉之末不獲其賞仍居青州之樂陵郡祖法舉秀才釋褐南平王府行參軍遷尚書祠部郎中司徒府諮議參軍事贈鴻臚卿父孝祖起家槃陽縣令轉北海太守君山嘗徵爲廣陵王國常侍又爲彭城王主簿普泰中卒以齊武平二年二月葬按岱林兄元旭魏書有傳其除南兖州刺史則傳所未載岱林官不大顯其弟叔業通直散騎左光祿大夫亦不得附書何也霸官安遠將軍平州刺史傳既失書而以曾祖

爲祖則誤之甚矣岱林不樂仕進與黃門郎徐紇善而不爲紇所維縶可謂能避患矣而卒不免爲羣盜所害士大夫遭亂世而不及於禍豈非天幸乎誌文云第四子敬脩自惟羅此荼毒眇然咳幼離奇以生龍鍾而止磬茲鄙拙式序崴猷思與泣俱文兼涕落從父兄敬範沈懷好古尤工摛屬勒銘黃壤以播清風蓋誌爲子敬修所撰而銘詞則出於猶子敬範文皆雅贍在魏齊之閒可稱高手漢書地理志濟南郡有般陽縣師古音盤魏書地形志作盤陽此碑作槃陽古字皆通用也碑書閭闔爲閶擱廷尉爲廷慰清瀾爲清灡以術干帝干作忓皆異文

貞皇太后造觀世音石像記 武平二年十一月

右皇太后造觀世音石像記黃小松郡丞所寄云得於臨漳縣三臺佛寺其文有云皇太后以武平二年十一月十三日敬造觀世音石像一區以茲勝善仰資武成皇帝昇七寶之宮殿皇帝處萬國之威雄傍兼有心之類一時俱登聖道蓋胡太后所作功德也魏齊造像題刻流傳於今甚多大率邑子維那所爲此像出於宮闈文字完好尤極難得而金石家鮮有著錄者

元臨淮王像碑 武平四年六月

右臨淮王像碑首題大齊武平四年歲次癸巳六月乙未

朔廿七日辛酉建文云使持節都督青州諸軍事驃騎大將軍青州刺史司空公寍都縣開國公高城縣開國公昌國侯臨淮王者婁定遠也齊書本傳惟云瀛州刺史不及青州而和士開傳云出定遠青州刺史正與碑合可補本傳之闕定遠以是年六月造像成立碑明年爲穆提婆所誣縊死事佛之福安在哉

周

貞 王㲼生造像記 保定四年

右王㲼生造像記陽湖孫淵如游關中得古佛像旁有保定四年字知爲宇文周時物攜歸置江寍孫忠愍矦祠㲼

字不見字書瞿鏡濤謂卽瓮字與盌同見廣韻六朝石刻从瓦之字或作凡也其稱祖母張香香母陶餓香母樂女香殆當時婦人以香爲美稱猶元時稱女子爲秀矣

元華嶽頌 天和二年十月

右華嶽頌万紐于瑾撰趙文淵字德本書文淵稱奉勑瑾不稱奉勑者碑文云爰詔史臣爲之頌則奉勑可知也文淵書字而瑾不書字其義未曉周書唐瑾傳不云加大都督趙文深（改淵爲深避唐諱）傳不云爲車騎大將軍皆闕也朱錫鬯謂賜姓万紐于者洛陽則于謹猶氏則樊深匪特唐瑾也按于謹之先出自北方居万紐于山因以爲氏魏孝文

時改姓于氏凡代人南遷者例稱河南洛陽人[illegible]若長孫儉長孫紹遠斛斯徵元定元偉及于謹等皆稱河南洛陽人蓋以此也大統十五年詔諸代人太和中改姓者並令復舊故于謹仍稱万紐于氏非漢人賜姓者比而錫閏僞之唐瑾樊深誤矣碑文云大統七年歲在旃蒙旃蒙當與旃蒙同稽之通鑑實辛酉歲爾雅歲在辛曰重光非旃蒙瑾豈別有所据耶碑引易天險不可升作阩字

貞造像記 天和二年

右造像記同邑王定山濤游涇陽得周隋造象石刻數種遺予皆畢尚書關中金石記未采入者此其一也前後皆

列邑子姓名又有都維那口長典錄典坐香火之目文云造口像一區區郎區字其文右旁它碑所罕見也

周造石像記 天和四年八月

右造石像記亦王定山游涇陽所得畢氏關中金石記未及采入文云天和四年歲㳄己丑八月戊午朔一日戊午兩戊字俱少一撇顏魯公千福寺碑戊戌字亦如此書家省筆非有所回避也次譌作㳄則齊隋及唐初石刻多同自張參唐元度等正定五經文字以後乃無此失耳文又云仰爲皇帝陛下延祚无窮復願大冢宰保國安民口延万世所云大冢宰者晉國公護也鄭康成注周禮以胥爲

有才智之稱漢人又加言旁虞仲翔解易稱[illegible]諝
廣韻諝有才智稱是謂卽胥也漢隷从胥旁者多變从胥
此刻有邑謂數人或又作謂皆謂之變體釋氏書以男子
未出家者爲優婆塞女子未出家者爲優婆夷此刻云憂
婆夷者卽優婆夷也說文憂愁字作㥑優裕字作憂俳優
字乃从人旁此書優作憂與說文合彫刻之刻作克則以
同音通用也

周造像記　保定四年九月

右造像記瞿生中溶於吳市買得凡三紙文云維大周保
定四年歲次甲申九月丁巳朔八日甲子所列像主邑子

複姓昨和者十有七人屈男者十人罔井者六人荔非三人同琋二人弥姐鉗耳薄地各一人罔卽罕字或作罔以廣韻攷之昨和屈男罕井荔非同蹄弥姐皆羌姓廣韻蹄从足旁而此刻與唐安天王碑陰並从王旁譯語無定字也雷黨二族尤多廣韻黨姓不言所自而引姚弋仲將黨耐虎爲證弋仲羌之大族則黨亦羌姓無疑它書或作党則黨之省耳

隋

楊遵義造像記 開皇三年十二月

右楊遵義造像記在涇陽縣遵義父道憘母形雙華憘郎

憙字形姓不見於姓氏書當卽邢氏以偏旁相同假借也
唐有薛純陁此遵義之息亦名純施施與陁同純陁葢梵
語

元淮安定公趙芬碑

右淮安定公趙芬碑碑已斷失其上半又無題額其叙世
系官閥可攷者云淮安定公繼之云公諱芬字士□云十
一世祖融字稚長云曾祖珍祖賓育或頻贊藩維或□□
□□云公炳靈特挺氣稟純粹云中書舍人尚書兵部郎
云加儀同三司仍長史徵入朝歷御伯納言云治夏官府
司馬封淮安縣開國子前後任熊浙二州刺史云開皇五

年除蒲州刺史加金紫光祿大夫云乞骸聽以大將軍淮安公歸第仍降璽書兼賜几杖云二月十二日寢疾薨于京師之太平里第按隋書芬傳稱封淮安縣男而碑稱淮安縣開國子傳不載芬謚而碑云定公其以大將軍歸第傳亦不書皆可補史之缺漏此碑前人未有著錄者予于京師琉璃厰市中得之如獲珍珠船矣

貞 高平縣石裏村造橋碑 開皇六年二月

右高平縣石裏村造碻碑嘉慶丙辰春錢唐黃小松郡丞搨以見詒云新出鄒縣石裏村前題云大隨開皇六年歲次丙午二月壬午八日己丑兖州高平縣石裏村仲思那

等卌人造碻之碑碑中别體字甚多如季作秊堯作尭裹作裛邪作邪橋作碻碑作碑浮作浮儵作儵傾作傾克作剋苦作苦寧作寍邑作邑競作竸漂作潶淚作淚樓作樓稽作稽婉作婉斷作断德作德櫚作櫚陽朱郎楊朱首尾郎首尾之類皆其異者隋書地理志但云任城縣舊置高平郡開皇初廢而鄒縣之嘗爲高平縣史無其文蓋南北朝郡縣遷改無常史官采訪不能備悉唯石刻出於當時最可徵信爾

元龍藏寺碑 開皇六年十二月

右恆州刺史鄂國公爲國勸造龍藏寺碑張公禮撰都太

僕金薤琳琅具錄其文以予所藏拓本校之則都氏之訛者五六字都氏所有而今磨滅者十餘字公禮此文徵引內典富贍不減頭陀寺碑在當時必以文學名而史家傳文苑者不及焉士之韞才藝者莫不欲身後名而往往泯滅無稱如公禮者何可勝數乃知古人蒐討金石之文其於表微闡幽不爲無助也其云太師上柱國大威公之世子使持節左武衛將軍上開府儀同三司恆州諸軍事恆州刺史鄂國公金城王孝儁歐陽永叔趙子函以爲齊周隋諸史皆無之以予攷之蓋王傑之子孝僊也周書傑金城直城人宣帝卽位拜上柱國追封鄂國公謚曰威子孝

僊大象末位至開府儀同大將軍碑書僊爲僊莾字體之偶異傳不云襲鄂國公則史之闕也其仕隋爲恆州刺史在周書固不當載而北史亦未增入此爲缺漏矣文稱勸獎州内士庶壹万人等又稱九重壹柱之殿皆以壹代一字按禮記節以壹惠鄭注壹讀爲一正義云上壹是齊壹下一是數之一二也經文爲大壹之字鄭恐是均同之理故讀爲小一取一箇善名爲謚耳讀此碑知壹之代一隋時已然故唐初撰正義者有大壹小一之語耳銘詞云鄒魯媿俗汝潁慙能與臺材來協韻蓋才能之能古讀奴來反隋時古音猶存也

元 碑陰

右龍藏寺碑陰及左右兩側題名字畫完好歐趙諸家俱未之見壬午歲予奉使過真定宿龍興寺秉燭訪斯刻見碑陰兩側皆有題字乃募工搨而藏之題銜有云前城皋郡丞者隋書地理志滎陽縣舊置滎陽郡後齊改曰成皋郡開皇初郡廢城皋即成皋也又有云恆州前士曹從事省事云真定縣主簿省事者攷百官志州縣吏無省事之名不知何職也下二列真定石邑邦陘蒲吾零壽行唐滋陽九門諸縣維邦姓名或不具以俟續刻也書井陘爲邦陘者按廣韻邦字不注邦邢地名即井陘也其書靈壽爲

零壽則他書所未有也

貞　章仇氏造象碑　開皇九年

右章仇氏造象碑黄小松司馬所贈云在汶上縣辛家海三聖堂上截已斷碑陰有開皇九年字知爲隋刻也中央刻佛經語兩旁有象主菩提主菩薩主等姓名多章仇氏隋書盧太翼傳云本姓章仇氏煬帝曰卿四岳之胄與盧同源賜姓盧氏太翼河閒人而此刻在汶上則章仇氏所在有之濟寧有唐贈東平太守章仇元素碑述其上世云裂繻去國筮仕于周世官保章因官爲姓秦項之際雍王章邯爲漢所併子孫降處仇山取因生之舊名增卜居之

新号是章仇之先爲章氏章又出自紀國春秋紀姜姓而盧爲齊太公之裔亦姜姓故有與盧同源之語矣碑左旁有章仇昕娘名子堦瞿生中溶謂昕卽五字敬史君碑尤圓鸞施田仵拾畝借仵拾爲五十昕仵同音亦可借用也

元東阿王廟碑 開皇十三年

右東阿王廟碑叙子建封爵與史多同惟本傳云黄初二年貶爵安鄉侯其年改封鄄城侯三年立爲鄄城王四年徙封雍邱王太和元年徙封浚儀二年復還雍邱三年徙封東阿六年二月封爲陳王碑於黄初三年之下云四年改封東阿王則誤以太和之四年爲黄初之四年又中脱

徙封鄄城浚儀雍邱諸事耳傳稱薨時年四十一碑作三十一按傳建安十九年太祖征孫權使植留守鄴戒之曰吾昔爲頓邱令年二十三思此時所行無悔於今汝年亦二十三矣通鑑考異引此文云植今年年二十三則死時當年四十一矣本傳云三十一誤也今讀此碑則知隋以前其本已誤故碑亦承其誤而今本乃作四十一者後人因温公之言追正之耳碑文云父操魏太祖武皇帝昆丕魏高祖文皇帝於父字上空一字武皇皇字上空一字丕字上空一字碑又稱齊孝昭皇帝皇字上空一字至皇建二年係年號不應空格亦空一字蓋書碑之人不學無術

故有此失也文稱齊朝皇建二年蒙前尊孝昭皇帝恢宏古典敬立二王崇奉三恪據北齊書在皇建元年八月未知孰是碑書黃中爲黃內避隋諱又以博慜爲博敏旣如爲旣而兆瑩爲兆瑩玉閏爲玉潤又書其詞粵以粵爲曰與太公碑正同銘詞四章章皆八句獨首章多惟王二字王阮亭居易錄載此文疑惟王之上尙有缺文乃於其詞下空六格又不知粵與曰通而以粵字接惟王爲句皆謬也

隋張洪亮等造像記 開皇十五年四月

右張洪亮等造像記文云大隋開皇十五年□次乙卯四

月己丑朔八日丙申維那張洪亮等敬造□光像一軀二菩薩上爲皇帝陛下州縣令長又爲七世父母援及一切衆生咸同斯福後列維那孟清等十人清信女李荒女等九人諸女名有稱王女男張元妃管那子者其書隋作隋次作次爰作援劉作劉皆字體之異者石刻在青州府城南廣福寺前人未有著錄者李進士素伯始訪得之

貞 造阿弥陁像記 開皇十六年三月

右造阿弥陁像記亦在涇陽縣像即像字又云□皇上半剝蝕十六年歲□□□三□□寅朔八日辛酉攷通鑑目錄開皇十六年丙辰正甲寅四癸未則三月當是甲寅朔與石

刻合石刻所闕歲名當爲丙辰矣其云至如水胞俄尓消

滅胞與泡同

貞安喜公李使君碑 開皇十七年二月

右安喜公李使君碑前後磨滅文字多不相屬趙氏石墨

鐫華已云名字無可攷今去趙氏又百數十年宜其摧剝

益甚矣中間叙述歷官先云太祖武元皇帝□□在田府

望□重乃以爲外兵參軍事武元皇帝者隋文帝之父忠

也李君由楊忠幕僚累立戰功位至斥章縣開國子其後

晉國公宇文護執政又見信任此以文義推尋得之者也

此下文字稍可讀其略云轉大都督進封□州安喜縣開

國侯邑一千二百戶又除天官府都上士天和四年除使持節車騎大將軍儀同三司大象二年□司武大夫進位□儀同大將軍皇隋□運□□茅社進爵爲公開皇二年□□開府車騎將軍六年除使持節邛州諸軍事邛州刺史十一年以疾還京十六年八月□於京第春秋六十有五而前幅又有季父玫之字攷玫之卒於永熙之世其子皆隨孝武入關此君爲玫之從子亦當相從入仕於周與碑所稱大略相應李延壽修史既列玫之於敘傳而安喜公之名獨不及焉未免失之漏略矣此刻點畫纖細易於摩滅中有數字似經後人鑿改漸失其眞今略舉其可信

者以資攷史之助

元海陵郡公賀若誼碑

右靈州刺史海陵郡公賀若誼碑止存其上方十之三四所載世系歷官雖不全證之隋書本傳無甚牴牾惟誼祖伏連襲爵安富公則隋書與北史俱未之及

亭宋文彪等造澧水石橋碑

右宋文彪等造澧水石橋碑元和郡縣志南和縣開皇三年屬洺州十六年改屬邢州此碑稱洺州南和縣蓋在開皇十六年以前矣邢州所統諸縣襄國南和平鄉舊屬洺州鉅鹿內邱柏仁舊屬趙州隋書地理志皆不書惟元和

郡縣志詳載之證以石刻始知吉甫之精核也其文有云斜眺衡彰却瞻瀛竭以彰爲漳以竭爲碣古人偏旁相同之字多可代用或云漢隷从水之字或作彡此以漳爲彰蓋置水於右旁也

元舍利塔下銘 仁壽元年十月

右舍利塔下銘在青州城南廣福寺孟弼八分書甚佳其文與金石文字記所載同州塔銘正同惟彼云同州武鄉縣大興國寺此云青州逢山縣勝福寺爲異爾碑末列名者勅使大德僧智能侍者曇警侍者善才勅使羽騎尉李德諶四人爲一行長史邢祖俊司馬李信則錄事參軍邱

文安司功參軍李偕四人爲一行皆正書唐沙門道宣廣宏明集載仁壽元年六月十三日立舍利塔詔其略云朕歸依三寶重興聖教思與四海之內一切人民俱發菩提共修福業使當今見在爰及來世永作善因同登妙果宜請沙門三十人諳解法相兼堪宣導者各將侍者二人并散官各一人薰陸香一百二十斤馬五匹分道送舍利往前件諸州起塔其塔所司造樣送往當州僧多者三百六十人其次二百四十人其次一百二十人若僧少者盡見僧爲朕皇后太子廣諸王子孫等及內外官人一切民庶幽顯生靈各七日行道并懺悔率土諸州僧尼普爲舍利

設齋限十月十五日午時同下入石函總管刺史已下縣尉已上自非軍機停常務七日專檢校行道及打剎等事務盡誠敬稱朕意焉是歲分送舍利之州凡三十不特青州與同州也二銘文既同則諸州胥視此矣王劭撰舍利感應記云青州于勝福寺起塔掘基深五尺遇磐石自然成大函因而用之及舍利將入瓶內有光乍上乍下即謂此塔也

貞舍利寶塔下銘 仁壽二年四月

右舍利寶塔下銘其略云皇帝歸依正活即法字紹隆三寶思與率土共崇善業敬以舍利布諸州精誠懇切大聖乘

郎字　垂祐爰在宮殿輿居之所舍利應現前後非一頂戴歡憘敬仰弥湲以仁壽二年歲次壬戌四月戊申朔八日乙卯謹於鄧州大興國寺奉安舍利崇建神塔以此功德願四方上下虛空法界一切含識幽顯生靈俱免蓋纏咸登妙果攷隋文帝仁壽元年分布舍利於三十州各建塔藏之以十月十五日入函予所藏青州勝福寺銘蓋其一也其二年正月復出舍利分布五十一州建立靈塔以四月八日入石函鄧州有表言舍利四月六日石函變作玉及瑪瑙其石有文現正國德三字并有仙人麟鳳等出此見於王劭舍利感應記者也杭州之神尼塔當亦仁壽二年

所立而其銘不傳矣

隋　胡叔和造石像記　仁壽二年十一月

右胡叔和造石像記在澤州鳳臺縣北村興龍寺文云大隋仁壽二年歲次壬戌次作次與北齊河清二年石像記同佛像旁刻施主男婦姓名中有胡煞鬼一人攷北齊史叱列平字殺鬼當時人名字多如此維那之那作舭亦別體字此與河清造像記皆鉅野姚半塘所詒金石家未有著錄者

元　李世民造像記　大業元年五月

右李世民造像記文云鄭州刺史男李世民遇染時患比

聞大海寺有雙王像治病有驗故就寺禮拜其患乃除便于此寺願造石彌勒像一鋪與趙子函石墨鐫華所載祈疾記文字頗異年月亦殊時方尊信佛法而文皇又爲神堯愛子宜乎佞佛之舉不一而足也子函據史稱高祖爲譙隴岐三州刺史不云鄭州謂可證史之闕予按舊唐書高祖紀大業初爲滎陽樓煩二郡太守滎陽郡卽是鄭州大業三年始改州爲郡刺史爲太守然則未改以前固當云鄭州刺史矣石刻從當時本稱史據其改後稱之非有闕文也

滎澤縣令常醜奴墓誌 大業三年八月

右滎澤縣令常府君墓誌後魏時有万俟醜奴趙醜奴蠕蠕主醜奴此府君亦名醜奴字文泰本名黑獺而醜奴之祖亦名黑獺蓋當時人名多如此醜奴以周保定元年起家右勳侍下士三年轉膳部下士建德元年遷天官府口中士隋初不仕開皇十九年詔以周代文武普加優選因授都督又授鄭州滎澤縣令祿滿言歸大業元年十一月十九日終春秋八十有六攷宇文建國關中用蘇綽盧辯之議依周禮設官其名繁多史不能悉載而開皇一詔亦隋史所宜書故略敘其所歷官位如右誌又稱後魏孝武帝爲明帝此宅書所未見也

元陳明府修孔子廟碑 大業七年七月

右陳明府修孔子廟碑濟州秀才前汝南郡主簿仲孝俊作文孝俊嘗爲晉州司法見北史隋庶人諒傳陳明府叔毅宣帝之子陳時未有封號故史不爲立傳其名僅見于四十二男之列陳氏宗室宦于隋者姚思廉皆載于本傳叔毅爲曲阜令以無傳而不得書則其宅之失載者尚多也隋之用法刻深諸王功臣多以法死上下相蒙媮安旦夕而國因以速亡獨平陳之後自長城公以下皆得及于寬典猶有君天下之度焉大業初諸陳子弟官守宰者徧天下史家謂由宫掖之寵故優其族屬則亦非出於大公

之心矣詩漑之釜鬵說文作摡碑作滐滐字字書未載

利左屯衞大將軍姚辯墓志　大業七年十月

右左屯衞大將軍姚辯墓志此信本小楷之有名者銘詞執恭履下脫一字方陪紀岳遽佳城遽下脫一字而旁有祀掩兩字謂紀岳之紀當作祀而遽下脫掩字也此刻文字完好而詞意間有不屬又多譌脫如克著奇功克誤作充校尉之井既枯將之泉又竭將字上下當有脫字右光大夫光下脫祿字葢元石已亡後人據搨本鉤摹入石而芟棄其殘闕曼患者故爾褚登善聖教序立於永徽中刻字者爲萬文韶此志刻於隋大業中已出文韶之手一技

之微擅名兩朝亦足稱也隋時石刻書隋字多不从辵吳曾能改齋漫錄謂古無隋字隋文受禪以魏周齊不遑寧處惡之遂去辵單書隋字王伯厚亦謂隋文改隨爲隋然此刻却用隨字

潛研堂金石文跋尾卷四

錢大昕箸

唐一

唐一

秦王告少林寺教 武德四年四月

右秦王告少林寺教刻於裴漼少林寺碑之上方末題四月卅日蓋武德四年之四月也其云上柱國德廣郡開國公安遠者李安遠也新舊書本傳俱作廣德郡公獻少林寺僧以柏谷塢歸唐安遠奉秦王教往宣諭蓋在征王世充時裴漼碑稱寺西北五十里有柏谷墅居晉成塢在齊爲郡王充僭號署曰轅州乘其地險以立峯戍太宗文皇帝軍次廣武僧志操惠瑒曇宗等審靈睠之所往辨謳歌之有屬率衆以拒僞師抗表以明大順執充姪仁則以歸本朝太宗嘉其義烈頻降璽書宣慰既奉優教兼承寵錫

賜地四十頃水碾一具裴所稱優教者卽指此刻其遞寺僧翻披顛末亦可裨史家之闕

觀音寺碣 武德五年

右觀音寺碣今在汜水縣秦王世民平王世充竇建德班師駐蹕廣武値夜雨作東南雲際光中見觀音菩薩金身乃建此寺工訖樹碣以紀其蹟時武德五年也舊唐書陸德明傳王世充平太宗徵爲秦府文學館學士尊補大學博士不云爲國學助教者略也碑云駐蹕不稱蹕者避至尊也

歷城縣千佛厓石刻五種

歷城縣東南神通寺北千佛厓有唐人石刻五其一有大唐武德字及衆門僧字文多漫滅其一首題大唐貞觀十八年僧某又云越竭衣鉢又云石像兩軀蓋記造佛像事文亦缺其大半矣其一云大唐顯慶二年九月十五日齊州刺史上柱國駙馬都尉渝國公劉元（廟諱）意造口像供養其一云南平長公主爲太宗文皇帝敬造像一軀而題顯慶二年於上方攷唐書公主傳太宗女南平公主下嫁王敬直以累斥嶺南更嫁劉元意又劉政會傳子元意襲爵尚南平公主與石刻合唐制帝姊稱長公主南平蓋長于高宗矣史稱元意高宗時爲汝州刺史不知其嘗刺齊

州也其一云大唐顯慶三年行青州刺史淸信佛弟子趙正禰爲太宗文皇帝敬艁彌陁像一軀願四夷順命家国安寍法界衆生普登佛道造之爲艁從古文也国字玉篇集韻諸書皆無之讀斯刻知以国爲國唐初已然矣益都李進士素伯寓歷城拓以遺予攷前人著錄無及之者書之用諗好事君子

刻 皇甫誕碑

右皇甫誕碑不署年月信本題銜稱銀青光祿大夫亦在碑末與醴泉銘同隋書稱誕安定烏氏人北史稱安定三水人而碑云安定朝那縣名互異碑稱父璠長樂恭侯按

周書及北史瑶封長樂縣子不云進封侯也石已中斷損四十餘字下方剝落一片又失九十餘字銘辭漫漶不可識者又五六十字

利 寶室寺鍾銘 貞觀三年

右寶室寺鍾銘文云以大唐貞觀三年攝提在歲蕤賓御律景丁統日己巳司辰用銅三千斤鑄鍾一口攷温公通鑑目錄是歲屠維赤奮若此云攝提差校一年未審其義蕤賓者五月之律月令仲夏其日丙丁故有景丁統日之語己巳則鑄鐘之日也說文鄜左馮翊縣从邑麃聲史記漢書皆作鄜葢从麃之省此刻正作鄜與說文合周隋設

勳官有上大將軍上開府儀同三司上儀同之名唐武德七年定勳官十二等上大將軍正三品貞觀十一年改爲上護軍此刻有上大將軍張神安名其時猶未改稱也悠悠作悠悠宅碑所未有

元孔子廟堂碑

右孔子廟堂碑虞世南書有二本一在西安府學一在城武縣學皆非元刻城武本書銜以相王旦爲相臣王旦則誤也碑文有云哯尒微喉哯尒者莞尒之别體集韻莧尒笑皃或作莞哯碑作哯則又哯之譌也廣韻集韻俱以喉爲俗字伯施名家不免雜以俗體蓋小學不講久矣碑又

以覆簣之字作匱攷漢書王莽傳成不一匱小顏引論語未成一匱解之班固典引並開迹于一匱章懷注亦引此語則古者簣與匱通

利等慈寺碑

右等慈寺碑今在汜水縣太宗破竇建德之所其文有云慼疏屬之罪方滯迷塗念刑夭之魂久淪長夜按陶淵明讀山海經詩有形夭無千歲句宋曾紘周紫芝輩據山海經證爲刑天舞干戚之譌其說固然今碑文却作夭字疑唐以前山經本作刑夭後人轉寫譌爲天耳形與刑古人亦通用然則淵明刑夭二字非誤矣其云亹亹恆沙郎亹亹

之異文

元徐州都督房彦謙碑　貞觀五年

右房彦謙碑文云高祖法壽立功歸魏封莊武侯使持節龍驤將軍東冀州刺史薨贈青州刺史謚簡侯魏書北史法壽傳俱云謚敬侯又以東冀州爲冀州稱平遠將軍不稱龍驤將軍皆其脱誤至青州刺史本贈官而隋書彦謙傳遂云青冀二州刺史猶未核也北史法壽傳云賜爵壯武侯子伯祖襲例降爲伯而其下云子翼襲爵壯武侯當爲伯字之誤碑雖不載例降之説而稱伯祖襲爵壯武侯翼襲爵壯武伯正與傳所謂例降者合隋書謂伯祖與翼

並襲爵壯武侯則考之不詳爾舊唐書玄齡傳新唐書宰相世系表俱云襲壯武伯與碑合碑稱彥謙遷鄀州司馬尋以州廢解任攷地理志鄀州之廢正在大業初而本傳云彥謙知王綱不振遂去官者史家之飾詞也果爾何以復應司隸刺史之召且爲涇陽令乎唐初史臣以玄齡之故爲其父立佳傳讀其文似子姓所述行狀未必皆實錄姑以一事論之如傳稱開皇平陳之後天下一統論者咸云將致太平彥謙私謂所親曰主上性多忌尅云云而唐書玄齡傳中亦有避左右告父之語大指相同今碑亦未載斯事蓋史家因玄齡之說而傳會之以是歸美其親而已碑云安措于齊州亭山縣趙

山之陽梭亭山縣本名衛國開皇六年改名唐元和十五年省入章邱今爲章邱西南境

利九成宫醴泉銘 貞觀六年四月

右九成宫醴泉銘祕書監檢校侍中鉅鹿郡公魏徵撰兼太子率更令渤海男歐陽詢書文貞列衔碑文之前信本列衔碑文之後率更庶僚不敢與宰相並也予初疑信本只爲率更令不兼他職何故冠以兼字後讀舊唐書職官志稱武德令職事解散官欠一階不至爲兼職事卑者不解散官貞觀令以職事高者爲守職事卑者爲行仍各帶散位其欠一階依舊爲兼與當階者皆解散官其欠一階

之兼古念反其兩職事之兼古恬反字同音異乃悟此碑兼字當讀去聲率更令職事官也有職事而去散官又以其欠一階故加兼以別於當階者此唐初之制後人知之者尠矣

亨 虞公温彥博碑 貞觀十一年十月

右虞公温彥博碑字存者僅十之一說文逯逯行謹逯逯也逮及也二字本不相通率更書往往借逯爲逮如醴泉銘逯乎立年此碑逯輔德懲報是也案尔疋釋言逮遝也方言遝及也關之東西曰遝或曰及禮記所以逮賤也陸德明釋文本作遝公羊傳祖之所逮聞也漢石經亦作遝是

逮遝二字古書通用隸楷相承變遝爲逯遂與逯遂字相溷爾

元睦州刺史張琮碑貞觀十三年二月

右睦州刺史張琮碑碑出於近時趙子函顧甯人二家於秦中石刻搜剔最夥亦未見斯刻也琮字文瑾武威姑臧人釋褐隨奮武尉除新鄭令潁川郡丞唐初授驃騎將軍上開國改左衞中郎將從征劉武周授左三總管事平除左衞長史從征王世充竇建德劉黑闥天下既定授上柱國封南安縣開國侯檢校參旗軍副又檢校左領左右中郎將貞觀元年授太子左衞率檢校右武衞將軍左領軍

將軍四年授雲麾將軍十年授銀青光祿大夫行睦州刺史十一年十二月之任薨於宋州館舍謚曰懿公此其歷官本末也曾祖誼魏驃騎將軍涼州刺史黄門侍郎散騎常侍武威郡公祖暠周驃騎將軍鄜城郡太守死王事贈上柱國瀛州總管河北莊公父辯隨上柱國秦州總管潭州總管左武衛大將軍河北郡開國公祖母李景皇帝之女贈信都郡大長公主母竇隋文帝之甥夫人長孫文德皇后之姊琮家世貴顯姻連天家且有從征之功而姓名不載於新舊史非神道碑復出于千有餘年之後琮且泯沒以終古矣用是知名位之不可恃而昔人求能文善書

以不朽其親者非無禆也韓退之誌張季友墓云其上世有爲者當宇文時爲車騎大將軍鄜城太守卒葬河北謚曰忠公與碑所稱官謚小異此碑時代尚近宜得其真隋書地理志上郡後魏置東秦州後改爲北華州西魏改爲敷州大業二年改爲鄜城郡今觀此碑則周時已有鄜城郡之名矣文云駈其豕宊以駈爲驅以宊爲突也云建德餘孽以孽爲孽也云哥兩岐于全吳以哥爲歌也云茂鄧林而聳榦以榦爲幹也云未嘗富貴嬌人以嬌爲驕也云高宴瑤池以宴爲宴也

姜行本紀功碑貞觀十四年六月

右姜行本紀功碑文多剝落有云使持節光祿大夫吏部尚書上柱國陳國公侯君集交河道行軍大總管副總管左屯衛大將軍上柱國永安郡開國公薛萬均副總管左屯衛將軍上柱國通川縣開國男姜行本等□整三軍襲行天討又云以通川公□謀特出妙思縱横命□前軍營造攻具乃統沙州刺史上柱國望都縣開國侯劉德敏等鼓行而進以貞觀十四年五月十日師次伊□攷唐書姜行本傳高昌之役爲行軍副總管出伊州距柳谷百里依山造攻械其處有漢班超紀功碑行本磨去古刻更刊頌陳國威靈卽此碑也行本嘗封通川縣男新舊史皆失載

碑今在哈密城北天山之麓土人名瀾石圖漢言碑嶺也侯君集傳稱高昌平君集刻石紀功乃别是一碑今已無存舊一統志誤以此即君集所刻乃云高昌即土魯番地東去哈密尚一千五百里此嶺在天山上當是君集既平高昌凱旋而東過此山因而勒石倣竇憲勒銘燕然之意震耀武功非勒石於高昌國都今案碑額題大唐左屯衛將軍姜行本勒石紀文則非君集所刻明甚君集克高昌在八月癸酉而碑立於六月辛卯蓋在進兵之時亦非凱旋後所刻也唐書西域傳拜侯君集爲交河道大總管左屯衛大將軍薛萬均薩孤吳仁副之碑無薩孤吳仁名疑

西域傳誤

商贈太師比干詔并祭文 貞觀十九年二月

右贈太師比干詔并祭文元延祐四年修廟碑稱唐碑斷仆於地伐石宅山載爲刋建卽是碑也碑爲元時重刻故多空文如梓林當爲梓材直弘文館直作宜皆傳刻之誤唐書太宗紀贈比干太師謚忠烈在二月丁巳此祭文題二月已亥朔廿日戊午與史差一日碑末題司徒太子太師趙國公無忌開府儀同三司申國公士廉光祿大夫民部尚書莒國公唐儉吏部尚書駙馬都尉柱國安德郡開國公楊師道中書令江陵縣開國子岑文本正議大夫守

中書令兼太子左庶子馬周中大夫守黄門侍郎褚遂良右貞觀十九年二月卅日無忌等奏請以贈比干詔并祭文刻石樹碑奉勑依奏無忌三公士廉開府皆名而不姓異於餘官也攷宰相表士廉以開府儀同三司同中書門下三品平章政事遂良以黄門侍郎參豫朝政碑刻不書者蓋其時猶不以爲官名史稱同三品入銜自張文瓘始平章事入銜自郭待舉等始皆高宗朝事也

晉祠銘 貞觀二十年正月

右晉祠銘太宗御製并書書法與懷仁聖教序極相似蓋其心摹手追乎右軍者深矣元和郡縣志晉祠一名王祠

周唐叔虞祠也在晉陽縣西南十三里志又稱晉祠碑在乾陽門街貞觀二十年太宗幸并州所置又有起義堂碑明皇御製并書亦在乾陽門街今堂之遺址無考而碑亦失所在獨此銘山西人猶知重之山西罕拓碑手故流傳於江南者少不若聖教序之家蓄一本也其云陳蒼之祠虛傳夜影蓋用陳倉寶夫人事蒼倉古通用也

洛州思順坊老幼造弥勒像龕記 貞觀二十二年四月

右洛州思順坊老幼造弥勒像龕記字畫秀整有虞歐法度而不署姓名唯彼徒兩字俱從人旁為異爾題名稱清信女者數人皆姓而不名葢女而未嫁者

貞曲阜憲公孔頴達碑 貞觀

右曲阜憲公孔頴達碑新舊書本傳竝云字仲達宰相世系表則云字沖遠碑雖曼患而沖遠字特分明表所書三代名諱官階盡與碑合汲古閣本脫頴達一格監本初不誤也頴達長子名志元碑與表同而傳但作志葢宋人避諱去下一字然傳諱而表不諱它傳於元字亦多不避當時史官非一手無素定之例故也

貞洛陽鄉望父老等造像記 永徽元年

右洛陽鄉望父老等造像記後題淳于敬一制文制卽製字王居士塔銘稱上官靈芝製文與此同文云思念大聖

無猶得覩借猶爲由也云謹於此堪敬造尊儀說文堪地突也金石錄載後魏天柱山東堪石室銘正用此義讀此刻知唐人猶識古訓今佛堪字多借用龕字而堪之本義遂晦矣湏郎演字斱郎斲字檀郎檀字靈郎靈字碑前列諸人姓名有云張苟子賈奴奴者葢村野小名尙沿南北朝之舊

元三藏聖教序記 慈恩寺本永徽四年

右三藏聖教序并記在西安府慈恩寺塔下序記各爲一碑皆褚遂良書其書序自右而左記自左而右古人之不拘恆式如此故筆法能極其工也兩碑皆建于永徽四年

一在十月一在十二月而遂良題銜一稱中書令一稱尚書右僕射上柱國河南郡開國公殊不相合攷唐書宰相表遂良以永徽元年罷中書令三年拜吏部尚書同中書門下三品四年進尚書左僕射舊史遂良傳亦同惟以左僕射爲右僕射此碑正作右僕射可證表左字之誤其稱中書令者王元美以爲出于後人附益理當然也

萬年宮銘 永徽五年五月

右萬年宮銘高宗御書極似懷仁聖教序而文多漫漶點畫不具末題大唐永徽五年歲次甲寅五月景午朔十五日庚申建五字甲寅字雖殘缺猶依稀可辨攷冊府元龜

永徽五年五月制萬年宮銘刻石於永光門外與石刻年月正合又以温公通鑑目錄推之是年五月正丙午朔趙氏金石錄以爲永徽六年者誤也

新碑陰

右碑陰首行題云奉勑中書門下及見從文武三品以上并學士并聽自書官名於碑陰列名者長孫無忌李勣韓王元嘉鄧王□□趙王福曹王明尉遲敬德褚遂良唐儉崔敦禮柳奭韓瑗來濟□□契苾河力阿史那忠□連□柳亨許敬宗李緯趙元楷唐臨長孫冲蕭鈞張大師郭廣敬豆盧承基竇智純史□施崔義元馮士翽趙孝祖李義

辨李仁□權善才趙道興仇懷吉王文度元武榮李客師侯貴昌賀蘭僧伽劉善因常基辛文陵李義府薛元超上官儀凡四十八人無忌勣進德遂良四人以官高故不書姓敦禮以下四人中書門下官也儉曾爲兩省官以致仕故列於見任兩省官之前□□以下四人皆大將軍也柳亨以下八人皆卿監惟唐臨以尚書廁其間然則唐初六曹尚書班視卿監矣自廣敬至文陵廿人其十七人皆將軍也而義元以御史大夫武榮善因以前刺史參錯其間御史大夫階三品上州刺史亦三品也義府元超儀皆學士官未登三品故敘於文武三品之下韓鄧趙曹四王官

或刺史或大將軍或併無官而列敘於太尉無忌司空勣之下開府儀同三司敬德之上然則唐時諸王班在眞三公之下開府之上也元嘉官遂州刺史福官鄜州刺史儀官太子洗馬學士新舊書皆不載而洗馬學士之名百官志亦未之及

元 潁川定公韓仲良碑 永徽六年三月

右潁川定公韓仲良碑于志寧撰王行滿書仲良新舊書俱附見於子瑗傳所書歷官甚略碑敘次頗詳文雖剝落尚多可辨今具書之曾祖演魏征虜將軍恆州刺史祖褒魏侍中周使持節開府儀同三司原涼二州總管□□少

保三水貞伯父紹周昌樂郡守隨隋字儀同三司驃騎將軍
衛尉少卿金崖縣開國公公由國子學生仁壽中被舉授
吏部朝散郎大業元年除河東郡司功書佐唐高祖授銀
青光祿大夫馮翊郡丞加左光祿大夫授大理少卿三年
奉使入蜀勑便宜從事尋授陝東大行臺左丞五年判天
策府從事劉黑闥反除元帥府長史策功授上柱國復攝
天策府司馬又攝吏部侍郎九年轉陝東大行臺戶部尚
書又除安州大都督貞觀元年詔授戶部尚書三年改刑
部尚書授右光祿大夫秦州都督府長史總檢校王府事
封穎川縣開國公貞觀十二年薨于安興里第春秋五十

七詔贈兵部尚書謚曰定公永徽五年贈太子少保唐書宰相世系表以紹與仲良列于一行似仲良爲紹之弟誤矣歐趙諸家俱未載此碑近三十年來碑估訪求得之始行于世

元 三藏聖教序并記　顯慶二年十二月

右三藏聖教序并記門下錄事王行滿書今在河南之偃師縣碑末云奉勅弘福寺爲招提寺蓋避太子名而改也字與褚本異者象爲像蜀爲蠲並同懷仁本此書耨爲褥懷仁本又轉从禾旁猶蘭亭序書禊作稧也民仰德而知遵褚改民爲人以避廟諱此與懷仁本却不避蓋緣太宗

御製之文故可不改爾高宗所撰記褚本題云述三藏聖教序記此但云述聖記亦異

唐金紫光祿大夫張嗣碑

右金紫光祿大夫張嗣碑嗣以儒學顯隋唐間太宗微時嘗從受左氏傳其卒也陪葬昭陵贈官予謚可謂極儒臣之殊遇矣新舊史俱稱張後嗣碑惟云張嗣殆字後嗣而以字行乎碑云行鄷王府文學而史不書葢史家之漏舊史云贈禮部侍郎新史作禮部尚書碑額亦云故禮部尚書與新史合

唐王居士塼塔銘 顯慶三年十月

右王居士塼塔銘古今志墓之石類小而薄不能耐久歐趙所見誌石今無一存者此銘出土纔百餘年已裂爲三矣說文廛从广从里从八从土詩胡取禾三百廛兮釋文廛本亦作堙又作厘厘本廛之省文故唐碑纏瀍躔字旁多有从厘者張敬詵墓志葬于瀍澗之陽後周石幢曰躔南斗隋舍利塔銘俱免蓋纏唐孔泰師碑門人議服俱纏至極之哀鴻慶寺碑痾纏膝理李思訓碑憂纏家國陸東之蘭亭詩適足纏利害此銘亦有離蓋纏字廣韻以纏爲纏字之俗其實乃省文爾

亭 鄂公尉遲敬德碑 顯慶四年四月

右鄂忠武公尉遲敬德碑止存下截可辨識者約五百字趙子函遊九嵕記云碑自額以下埋土中掘而出之了無一字今去趙氏作記時又百五十年而碑字可辨識者尚多則知子函所云非其實矣碑文許敬宗撰文苑英華錄其全文以石本校之間有異同當以石本爲正如貞觀四年授襄均鄧淅唐五州都督襄州刺史石本均作鄀攷唐書地理志均州貞觀元年廢八年復置又云武德四年置鄀州貞觀八年州廢敬德除都督在貞觀四年其時有鄀州無均州也顧寧人云凡數字作壹貳叁肆捌玖等字皆武后所改此碑立於顯慶中有云贈絹布壹千伍伯段米

聚壹阡伍伯石則不始於武后矣

刻蘭陵長公主碑 顯慶四年十月

右蘭陵長公主碑金石錄不著書人姓名據寳刻類編則駙馬都尉竇懷哲所書也碑稱懷哲太穆皇后之孫銀青光祿大夫少府監上柱國德素之子按太穆皇后祔武公竇毅女而德素爲毅曾孫於太穆屬孫行也史稱德素南康郡太守而碑云少府監宰相世系表懷哲武威郡都督公主傳稱兗州都督而碑云慶州刺史皆與史互異碑誌例書某郡縣人以表族望所出若親王公主天家肺附其姓望世所共知何必拘此成例而沈約撰安陸昭王碑任

昉撰竟陵王行狀皆稱南蘭陵人此碑亦稱隴西狄道人似未通乎尊王之義矣荀粲字奉倩碑作奉蒨

[illegible]道因法師碑 龍朔三年十月

右道因法師碑中臺司藩大夫隴西李儼字仲思製文奉義郎行蘭臺郎渤海縣開國男騎都尉歐陽通書其云中臺司藩大夫者通鑑龍朔二年二月改尚書省爲中臺胡三省注謂二十四司郎中皆改爲大夫主客爲司蕃杜岐公通典所載同惟司蕃作司藩以是碑證之則通典爲正唐書百官志武德三年改司藩郎曰主客郎中龍朔二年改禮部曰司禮祠部曰司禋膳部曰司膳獨不及主客之

爲司藩皆轉寫漏脱爾儼書郡望書字而通獨否未詳其故蘭臺郎即祕書郎亦龍朔所改也碑有具禍以藎語今本毛詩作燼攷說文無燼字火餘之燼當作㶳方言藎餘也自關而西秦晉之閒炊薪不盡曰藎則藎㶳本一字馬融長笛賦藎滯抗絕李善注藎與燼同陸元朗詩釋文亦作藎藎唐初諸儒傳授之本如此釋文雖云或作燼然㶳已从火不應更著火旁疑流俗所加故陸氏不從之也實軌傳封贊皇縣公宰相世系表書酇公此碑稱贊國公蓋由贊皇縣公進國公而傳失書耳軌父恭仕周封酇國公故軌亦承父封酇省邑旁作贊古字通用也

元濟度寺尼法願墓誌　龍朔三年十月

右濟度寺尼法願墓誌法願俗姓蕭氏梁武帝之六葉孫唐故司空宋國公瑀之第三女桉漢書諸侯王功臣外戚諸表玄孫之子即爲六世瑀爲梁武帝之元孫而其女稱六葉孫蓋從漢表之例也瑀好浮屠法嘗請于太宗欲捨家爲桑門自度不能爲乃止而其女及女孫相繼出家于濟度寺可謂宗風不墜矣

刑定公碑　麟德元年四月

右定公碑八分書予得之繡谷蔣氏蓋裝潢之本而失其前半其敘事可見者云恩詔矜遂以龍朔二年歲次癸亥

二月乙酉朔二十六日庚戌遘疾薨于隆慶里之私第春秋七十有七其年五月癸丑朔二十日壬申葬于三原縣萬壽鄉謚曰定公嗣子前荊州大都督府録事參軍武州司馬護軍昶末一行云大唐麟德元年歲次甲子四月戊寅朔八日乙酉建此豐碑攷唐初大臣謚定者豆盧寬韓仲良于志寧各有豐碑此定公未詳何人金石家未有著録者畢中丞撰關中金石記搜羅最富亦未載此碑不審世間尚有全本否文稱稟滎河之純綷綷卽粹字烝相高明烝卽丞字束髮肆業肆卽肄字

予蓄此碑有年後讀陳氏寶刻叢編載有越州都督于

德芳碑從弟志寧撰蘇季子分書麟德元年四月八日建在三原計其立碑年月日與此碑正合又係分書而在三原當即德芳碑也唐會要隴州刺史會稽郡公于德方謚曰定亦是一證會要及唐書宰相世系表俱作德方獨陳氏作德芳表不載其子而碑有嗣子昶疑表有脫文

贈泰師孔宣公碑乾封元年

右贈泰師孔宣公碑說文太即泰之古文故此碑太師太宰皆用泰字碑云荷蕢微者翻嗟擊磬之心又云岱畎泗濵採怪石而喧浮磬皆以罄代磬字案左氏傳室如懸罄

國語作懸磬韋昭謂府藏空虛但有榱梁如懸磬也禮記石聲磬磬注云磬當爲罄字之誤也予謂鐘磬皆以聲得名釋名磬罄也聲堅罄罄然古文磬作硜史記樂書石聲硜硜以立別是磬罄卽硜硜也磬罄同物康成以爲字誤者失之新舊唐書霍王元軌傳不載爲兗州都督事可據以補史之缺

唐于志寧碑 乾封元年十二月

右燕公于志寧碑碑稱所著文集勒成七十卷而舊唐書本傳云有集二十卷經籍志又云志寧集四十卷皆誤也新史藝文志與舊志同志寧罷相後嘗爲岐州刺史此新舊書本傳

所失載而趙氏金石錄亦未之舉故爲表而出之

紀國先妃陸氏碑 乾封元年十二月

右紀國先妃陸氏碑妃河南洛陽人年十有三歸于紀國貞觀十七年詔冊命爲紀王妃生東平郡王續等六男江陵縣主等八女麟德二年六月廿六日薨于澤州之館舍春秋卌有五詔陪葬昭陵以乾封元年景寅十二月壬辰朔九日庚子葬于陵南二十二里唐書紀王慎七子續琮叡秀獻欽證宗室表有續琮遜庄叡秀獻欽曠澄十人傳作證表作澄字形相涉而訛耳碑惟云六男其餘非妃所生也河南陸氏本出代北步六孤氏後魏太和中改爲陸

氏與望出吳郡者源流各別妃之父奭官尚書庫部兵部二曹郎中隋時有太子洗馬陸爽其子法言撰切韻爲後世所宗與此非一人也

碧落碑 咸亨元年

右李訓等造大道天尊像記世所稱碧落碑也篆書奇古小儒咋舌不能讀賴有鄭承規釋文稍可句讀至其假借之原好古者猶或昧焉有以聲相轉而借者窒之爲空凥之爲伏盾藍古文之爲廉是也有以同音相借者顈之爲宣頪之爲規瓔之爲柔是也有以偏旁相同而借者蒪之爲敦檇之爲端藻琛之爲深壥之爲纏驉之爲號雖之爲維

齧之爲烈宬之爲誠衕之爲同塿之爲度禉之爲猷抲之爲何是也依本沉溺字故借爲強弱之弱蜀本目眴字故借爲元妙之元彥本啚客字故借爲文章之文廣疋筵西皆訓席故以逌爲筵飌見周禮麃韋見石鼓文徦見漢書罄褤戀泉箕大栗兵之爲古文蕤戴融之爲籀文皆見於說文略舉一隅亦足見古人精於小學非不知而妄作也

刪 釋文 咸通十一年

右碧落碑釋文咸通十一年鄭承規所書距造像時已二百年矣承規書名不甚著而楷法遒整釋文未審即出承規之手或別有傳授否要非精研六書博涉古今者不能

辨也自宋以來篆書家奉此釋爲金科玉律莫敢易一字顧藹人始糾其誤者數字然如直書心事句碑本釋爲書而顧謂其誤釋爲言則又太不檢照矣予習是碑有年乃覺承規所釋尚有未當者而前人皆未及舉正如瓔嶬鄭釋爲瓊儀攷說文本有瓔字讀若柔从玉夓聲瓔與猱同說文有夓字無猱字故瓔有柔音不當釋爲瓊也嘄闇鄭釋爲嘷闇按玉篇嘂古弔切聲也亦作叫又嘄五弔切叫也嘄與嘂皆叫之異文不當釋爲嘷也碑中蓮字兩見鄭前釋爲逮後釋爲建並誤按說文蓮古文及字碑前云敬立大道天尊蓮侍眞像後云貪蓮餘漏皆當釋爲及宋書范蔚宗徐

經之兩傳並有貪及覘息之語則貪及二字固有本矣鄭讀爲逮顧讀爲逮所謂楚失而齊亦未爲得也

唐 汶江縣侯張阿難碑 咸亨二年九月

右張阿難碑文殘缺阿難嘗爲謁者監內給事封汶江縣開國侯食邑六百戶左監門將軍銀青光祿大夫行內侍知其爲宦者也碑末云咸亨二年九月廿日瑤臺寺僧口似是普字口書而以咸亨爲咸亨則下筆之誤也書法遒逸似王知敬褚登善

唐 三藏聖教序幷述聖記幷心經 咸亨三年十二月

右三藏聖教序幷記弘福寺沙門懷仁集王右軍書玄奘

以貞觀元年遊西域十八年始還得經典六百五十七部奉勑于弘福寺翻譯玄奘表求御製經序凡再請乃許焉二十二年序成命弘文館學士上官儀於明月殿對羣僚讀之元奘奉啓陳謝賜勑褒答已而皇太子復爲撰記玄奘啓謝東宫亦賜教荅褚王所書惟序與記尔此復附以答勑及教并心經於後蓋右軍眞跡世不多有而集古人書愈多則愈難此懷仁之以多自誇也舊唐書玄奘傳顯慶元年高宗令左僕射于志寧侍中許敬宗中書令來濟李義府杜正倫黄門侍郎薛元超等共潤色玄奘所定之經國子博士范義頵太子洗馬郭瑜弘文館學士高若思

等助加翻譯此碑列潤色諸臣名獨無杜正倫不知何故也

元薛公阿史那忠碑上元二年十二月

右薛公阿史那忠碑醴泉縣志云存七百餘字予所藏本僅存二百餘字所書事跡與本傳略同惟突厥傳稱太宗立阿史那思摩爲可汗詔左屯衛將軍阿史那忠爲左賢王左武衛將軍阿史那泥孰爲右賢王相之而其後又云右賢王阿史那泥孰蘇尼失子也始歸國妻以宗女賜名忠及從思摩出塞思慕宗國見使者必流涕求入侍許之又併忠與泥孰爲一人前後自相牴牾則其誤也

貞孝敬皇帝叡德紀　上元二年八月

右孝敬皇帝叡德紀高宗御製幷書書法與晉祠銘相似孝敬皇帝者高宗之第五子皇太子弘也上元二年從幸合璧宮遘薨新唐書以爲武后酖之是年追加謚號葬於緱氏縣景山之恭陵宋熙寧八年省緱氏縣入偃師今爲偃師縣地矣孝敬字宣慈新舊史皆失載

亨棲霞寺明徵君碑　上元三年四月

右棲霞寺明徵君碑徵君者南齊處士僧紹朱錫鬯以爲梁處士山賓蓋承舊唐書明崇儼傳之誤山賓仕梁通顯没贈侍中非處士也據碑捨宅爲寺乃僧紹第二子臨沂

公仲璋而崇儼傳以爲山賓故宅皆誤也碑稱僧紹祖玩晉建威將軍而南史云州中從事父略宋平原太守中書侍郎而南史云給事中未知孰是碑稱移居鬱洲攝揄山而史作弇榆攝弇本一字金陵在明代有南京之稱此碑云乃届南京似先爲之讖矣

貞李万通造彌勒像記 儀鳳三年六月

右李万通造弥勒像記虞山張子恂遊中州歸得以貽予其文云大唐儀鳳三年歲在戊寅六月乙卯朔十七日辛未弟子李万通及妻徐合家等敬造弥勒像一軀上爲天皇天后又爲亡父見存母賈及七祖先靈存亡眷屬法界

蒼生俱登正覺其書戊作戍后作若蓋宅碑所未有

元 天后御製詩及書　永淳二年九月

右天后御製詩一首御製書一首后從駕幸少林寺覩其母楊營建之所追慕作詩復遣其姪三思賫金絹等物續成功德而以書遺寺僧也唐書后妃傳后母楊再封代國夫人以后故寵日盛徙封榮國又徙鄭衛二國咸亨元年卒追封魯國謚忠烈俄又贈士䕶太原郡王魯國忠烈夫人爲妃此所以有先妃之稱乎外戚傳榮國卒后出珍幣建佛廬徼福不云徙封鄭衛未知孰是又攷永淳元年三月立重照爲皇太孫開府置官屬有太子而立太孫非禮

之正妆有自我作古之語知敬以司門郎中爲太孫諮議諮議參軍事乃王府官之稱而東宮無之然則當時太孫府所設官屬其名略與王府同史傳不載其詳不可得聞矣

刓 贈太常卿褚亮碑

右贈太常卿褚亮碑凡廿八行下截已失每行僅存廿一字其篆額云大唐褚卿之碑與它碑式異褚字左从禾右从老省耆不通六書者所作也亮卒於貞觀廿一年十月碑之立在高宗朝其時遂良已得罪貶死故祇述襲封陽翟侯遂賢一人

終

潛研堂金石文跋尾卷五

錢大昕著

唐二

新息令口君墓誌　奉先觀老君像碑　王徵君臨終口授銘　美原神泉詩幷序　梁府君幷夫人唐氏墓誌　乾陵述聖紀　宣州刺史陶府君德政碑　邛州刺史狄知愻碑　敬善寺石像銘　右虞候副率乙速孤神慶碑　榮德縣丞梁師亮墓志　馮善廓浮圖銘　河東州刺史王仁求碑　明堂令于大猷碑　王璿造石龕像記　姚元之造像記　共

元新息令某君墓誌光宅元年十一月

右新息令某君墓誌今在沙河縣無撰書人姓名題目及首二行並磨泐故失其姓氏名字其文敘述先代有云飛鉗辨士威六國而騰英握節忠臣□□□□□□□疑其姓蘇也君以文明元年四月廿五日終夫人張氏以文明元年五月廿四日終郎以光宅元年歲次甲申十一月二日合窆於嘉泰鄉之平原攷之史是年正月中宗改元嗣聖二月被廢立睿宗改元文明九月改元光宅則新息君實未踰年而葬故云郎也唐書地理志新息縣武德四年置

息州貞觀元年州廢以縣屬蔡州史無隸鄭州之文此誌云宏道元年加君鄭州新息縣令疑當時必有改隸之事而史失載爾其云地樵膏肿者膏腴之誤也書極爲樵後魏石刻往往有之

【利】奉仙觀老君像碑　垂拱元年十二月

右奉仙觀老君像碑沮渠蒙遜史稱盧水胡智烈亦自署瀘水瀘與盧通殆蒙遜之裔歟智烈以書名金石錄所載尚有少姨啟母二廟碑予所見獨此爾

【元】王徵君臨終口授銘　垂拱二年四月

右王徵君臨終口授銘弟紹宗甄錄并書唐書儒學傳紹

宗兄元宗隱嵩山號太和先生傳黃老術即徵君也紹宗長于書當時以虞伯施比之紹宗自言聞虞褚中畫腹與予正同其自負亦不淺矣今觀此碑楷法圓勁結體似褚河南而鋒穎不露殊得永興三昧洵唐刻之極佳者趙德甫去唐未遠藏弆石刻至二千卷之多此碑近在嵩少閒乃未著于錄何也

刻 美原神泉詩并序 垂拱四年四月

右美原神泉詩韋元旦製序賈言淑及無名氏詩各一篇刻於碑之正面徐彥伯序尹元凱溫翁念李鵬詩各一篇刻於碑之背面元旦元凱史皆有傳而失載其字彥伯史

稱名洪以字顯據碑乃名彥伯而字光也李至遠史稱初名鵬以大父素立奉使因名至遠按素立卒於高宗朝此碑立於武后初尚仍初名而以至遠爲字則非初名鵬而後改至遠矣葢後來以字行其字或出於素立所命史家傳聞失其實爾温翁念彥博之孫官至太僕少卿見宰相世系表其字敬祖表亦未載

梁府君并夫人唐氏墓誌 垂拱四年十一月

右澤王府主簿梁府君并夫人唐氏墓誌四品孫義陽朱賓撰文五品孫滎陽鄭莊書其云四品孫五品孫者唐書選舉志三品以上蔭曾孫五品以上蔭孫孫降子一等此

朱賓鄭莊二人法當蔭敘而尚未得官故以四品孫五品孫署銜他碑所未有也碑文云父柱皇朝奉義郎考唐書百官志有奉議郎無奉義郎蓋二字可通用也府君以出貲助轉餉永隆二年恩詔授上柱國上柱國爲勳績之最而官止王府主簿攷之杜佑傳佑上議曰魏置柱國當時宿德盛業者居之貴寵第一周隋閒授受已多國家以爲勳級纔得地三十頃耳可見唐時勳級甚濫雖階視正二品人猶輕之故選舉志凡勳官選者上柱國正六品敘梁府君以朝議郎正六品階而任王府主簿從六品職職卑于階故云行也明嘉靖中大學士嚴嵩辭加上柱國疏謂

上之一字非人臣所宜居國初始設此官亦不輕授乞特免此官仍著爲國典以昭臣節詔允所辭而以其子世蕃爲太常寺卿當時君臣相率爲諛佞如此曾不知攷唐宋故事殊可嗤也然詔而不學終不免於及禍君子以是知詐忠之無益矣

利 乾陵述聖紀　文明元年八月

右乾陵述聖紀武后撰文碑已斷爲數段今惟存兩段亦多曼滅文有云㖶㖶齊萌齊萌者齊民也㖶卽喋字改世爲云亦以避太宗諱故也今禮記曲禮篇蔥𣻛處末玉藻篇爲已𠊓卑𣻛當作渫𠊓當作偞唐人刻石經避廟諱改

易本文後來琹板者因其字稍僻不能訂正遂相沿到今矣肯庭之肯卽胥字譌赫胥大庭氏也

刻 宣州刺史陶府君德政碑 永昌元年二月

右宣州刺史陶府君德政碑前數行漫漶不能讀以寶刻類編證之知府君名大舉撰文者僧靈廓書之者陶德甄也大舉以弘道元年刺宣州垂拱四年改刺相州明年始立此碑其時猶未改唐爲周碑中詔字亦未回避也王象之云碑在當塗縣東六十里丹陽鎮南之禪那院今石故無恙而地僻左知之者尠頃歲朱學士竹君視學安徽始訪得之而沈太守方穀拓本貽予二君皆予同年也碑書

藝作藝與顏魯公書李含光碑同

貞邛州刺史狄知愻碑

右邛州刺史狄知愻碑其家世歷官可辨識者曰曾祖叔湛魏平西將軍□邑子曰父孝緒唐行軍總管大將軍金紫光祿大夫尚書左丞使持節汴州諸軍事曰公即臨潁公之第五子也曰起家國子明經擢第補東宮內直曰鄭州司兵參軍兼鄭王府兵曹參軍曰梁州都督府錄事參軍俄除越州剡縣曰華州鄭縣令曰夔州都督府長史曰贈使持節邛州諸軍事邛州刺史曰嫡子故中書令尚書右僕射贈司空梁國文惠公蓋仁傑之父也碑下截剝落

不見建立年月趙氏金石錄以爲載初元年正月未審然否趙錄題稱周邛州刺史狄知愻碑今案此碑額及題皆冠以大唐字不當作周或校書者妄以意改爾

貞 敬善寺石像銘

右敬善寺石像銘宣德郎守記室參軍事李孝倫撰石像爲紀國太妃韋氏所造則孝倫殆紀王府之記室參軍矣此刻不署年月而書法頗似虞永興當是高宗朝所刻

元 右虞候副率乙速孤神慶碑 載初二年二月

右右虞候副率乙速孤神慶碑文云龍朔元年歲次癸亥二月戊午朔案癸亥乃龍朔三年非元年也又以通鑑目

錄攷之龍朔元年二月丙寅朔三年二月乙酉朔俱非戊午朔碑版之文所紀年月宜得其眞而牴牾如此殊不可解然此碑决非後人所能僞作也神慶嘗爲右衛勳二府郎將桉唐書百官志親衛之府一曰親府勳衛之府二曰勳一府曰勳二府翊衛之府二曰翊一府曰翊二府凡五府每府中郎將一人右左郎將一人是其職也神慶祖安爲周右武侯右六府驃騎將軍父晟唐右武候右廿府左車騎將軍六府廿府之名於史無考

元 榮德縣丞梁師亮墓誌 萬歲通天二年三月

右珍州榮德縣丞梁師亮墓誌元和郡縣志珍州貞觀十

六年開山洞置并置夜郎麗臯樂源三縣别無榮德之名惟溱州有榮懿縣溱與珍接壤而德懿字形亦相似豈榮懿即榮德之誤而榮德又嘗改隸珍州乎然無他文以証之矣唐書地理志謂元和二年珍州廢縣皆屬溱州攷元和郡縣志珍溱各自爲州尚未改併吉甫薨於元和九年十月故志所載有八年九月事而珍州之廢志無其文則唐志以爲元和二年廢者又未可信也師亮以出貲助轉餉承隆二年授上柱國與澤王府主簿梁君同又云起家左春坊别教醫生攷百官志左春坊藥藏局有郎丞侍醫典藥藥童無云别教醫生者惟大醫署有醫博士及助教

掌教授諸生然則師亮殆以醫助教入侍宮坊者歟又云調補隱陵署丞攷唐六典隱章懷懿德節愍惠莊惠文惠宣七太子陵署各令一人丞一人又唐書儒學傳亦云隱章懷懿德節愍四太子並建陵廟分八署置官列吏卒是知隱陵者隱太子建成之陵太子陵不別立名以謚爲名也此胡三省通鑑注所闕

貞 馮善廓浮圖銘 萬歲通天二年四月

右馮善廓浮圖銘文稱大周萬歲通天二年歲次景申肆子景濱朔拾肆乙己卯景濱者丙寅也月日用大壹貳字宅碑所罕有碑書夫人沉氏即沈字今俗浮沉字多作沉

欲與沈姓之沈示區別益失之矣文云陰魄陽魂如風似燭按古詩百年未幾時儵若風吹燭陸倕思田賦感風燭與石火嗟民生其若寄庾信傷心賦一朝風燭萬古埃塵唐汝南周君墓志亦云風前失燭知此語相傳久矣

貞 河東州刺史王仁求碑 聖曆元年正月

右河東州刺史王仁求碑同年王逑庵侍郎任雲南方伯時所贈向來收藏金石家皆未著錄其額云大周故河東州刺史之碑而題稱唐朝故使持節河東州諸軍事河東州刺史上護軍王府君碑銘者仁求卒於高宗朝其長子善寶襲職至武后聖曆元年始爲樹碑相距已二十五年

仁求固唐臣非周臣也攷河東州本唐羈縻州隸黎州都督府史但言開元前置據此碑知高宗朝已有是州矣仁求卒於咸亨五年八月十五日是月改元上元未改号以前仍稱咸亨碑刻紀年之例如此明史稿昆陽州唐置河東等州沒於南詔元置昆陽州其所領三泊縣北有河東故城今三泊縣亦省入州矣善寶出於蠻夷而書法淳古可愛當是華人游其幕者代爲之耳

利 明堂令于大猷碑 聖曆三年十一月

右明堂令于大猷碑唐制京縣令正五品上輦轂之地職務要劇大猷雖歷任德州司馬汾州長史隨州刺史而改

任京縣當時不以爲左降也唐書于志寧傳云京兆高陵人碑云東海郯人者葢舉其族望此碑乃大猷之兄兗州刺史辯機所立攷世系表本名知微字辯機碑于祖父皆稱名不應獨書兒字竊意辯機本知微之名明皇之世避嫌名改以字行如劉知幾之改爲子元耳碑云風儀磊落天骨昂藏磊卽磊字昂卽昂字唐人謹于家諱此爲大猷立碑乃不避猷字

王璿造石龕像記 長安三年七月

右王璿造石龕像記璿字希瑑武后長壽元年八月辛未自營縣大匠遷夏官尚書同鳳閣鸞臺平章事九月癸丑

流嶺南在相位歷卌三日耳史家不爲立傳不知其後事以此刻攷之知其後又入爲殿中監檢校奉宸令而封瑯邪縣子也予所藏易州刺史山亭記建中二年易州司士參軍王璿撰此别是一人葢唐有兩王璿矣王無惑書法在王知敬諸葛思禎之間而評書者不及焉予爲表而出之

姚元之造像記 長安三年九月

右姚元之造像記末題長安三年九月十五日銀青光祿大夫行鳳閣侍郎兼檢校相王府長史姚元之造按唐書姚崇傳崇字元之始名元崇以與突厥叱刺同名武后時

以字行至開元世避帝號更以今名宰相表自長安四年八月以前皆稱元崇九月以後始改稱元之今據此記則元之以字行久矣元之時爲同鳳閣鸞臺平章事而不入銜葢當時猶未以平章爲正官也

刻 共城縣百門陂碑 長安四年九月

右共城縣百門陂碑題云辛怡諫文張元琮記葢辛製銘而張撰序與宗聖觀尉遲迥蘇許公諸碑同例魏書地形志共縣有柏門山柏門水柏與伯通伯又與百通也碑爲縣令曹懷節禱雨有應而作尉升卽尉斗漢隸斗作升行書蟬聯而上與升幾無别矣憶壬申歲在都下見此碑於

邵刑部闇谷所訪之三十年未得頃嚴公子子進購一本餉予爲之訢然而闇谷已墓有宿艸矣

中興三藏聖教序　神龍三年五月

右中興三藏聖教序在長清縣四禪寺碑亦斷裂文字可辨者不及二百名首行云大唐中興三藏聖教序中興二字鑿去餘七字及次行御製二字尚完好金石錄載此碑在濟南長清縣界西禪寺西禪當作四禪乃轉寫之譌碑爲唐奉一書結體在隸楷之間益都李素伯云寺在靳家莊官道旁距靈巖寺甚近

滎陽縣令盧公清德文　神龍三年五月

右滎陽縣令盧正道淸德文前中書舍人内供奉劉瑒之篹題云大唐洛州滎陽縣頭陁逸僧識法師上頌聖主中興得賢令盧公淸德之文碑爲識頭陁及鄉人劉虔獎王虔福等所立而以頭陁之名特標於題唐人之崇釋氏而不知大體如此適足取笑後世爾舊唐書中宗紀神龍三年二月改中興寺觀爲龍興内外不得言中興碑立于是年五月未嘗諱中興字葢其時主昏於上而公議自在大書深刻近在畿甸三思崇訓之威力不能禁也碑有云鴻漸于磐鷽遷于木桉詩鳥鳴嚶嚶鄭氏訓兩鳥聲與鷽字義異然唐人以鶯出谷爲詩題此碑以鷽遷對鴻漸則固

皆以爲烏鳴矣正道仕至鄂州刺史見唐書宰相世系表

亭□部將軍功德記　景龍元年十月

右□部將軍功德記唐時并州置天兵軍□部珣以右金吾衛將軍爲天兵中軍副使因造三世佛像於太原之天龍寺碑文八分書而首行郭謙光文及書六字則篆書金石文字記闕謙光之名今據石本補之珣妻黑齒氏燕國公常之之中女常之百濟西部人而此碑亦有本枝東海之語金石文字記作京海誤疑珣亦系出百濟與常之同降唐者爾碑末題景龍元年歲在鶉首鶉首於十二次屬未是年太歲在丁未也

老子道德經　景龍二年正月

右老子道德經兩卷上卷曰道經下卷曰德經分兩面刻之其額云大唐景龍二年正月易州龍興觀爲國敬造道德經五千文碑末題觀主張眘行名案河上公注本道可道以下爲道經卷上上德不德以下爲德經卷下晁説之跋王弼注本謂其不析道德而上下之猶近於古不知陸德明所撰釋文正用輔嗣本題云道經卷上德經卷下與河上本不異晁氏所見者特宋時轉寫之本而翻以爲近古亦未之攷矣予家藏石刻道德經凡五本惟明皇御注本及此本皆分道經德經爲二蓋漢魏以來篇目如此而

此本爲初唐所刻字句與宅本多異如無作无愈作俞芸作云譽作豫荒作忙佐作作噏作翕之類皆從古字又如故能蔽不新成石本作能弊復成師之所處荊棘生下石本無大軍之後必有凶年二句上將軍居右下石本無言以喪禮處之句夫唯病病是以不病聖人不病以其病病是以不病石本但云是以聖人不病以其病病是以不病此類皆遠勝宅本聊舉一二以見古石刻之可貴也

元 法琬法師碑 景龍三年五月

右法琬法師碑法琬中宗之三從姑太祖景皇帝之玄孫女也父臨川公德懋嘗官宗正卿兵部尚書謚曰孝皆史

所不載史稱永徽二年襄邑王神符薨而碑云六年薨與史不合據碑法琬以襄邑王薨之歲奏請出家時年十有三垂拱四年卒春秋卌有九今以永徽六年年十有三推之祇四十六歲耳竊意神符薨于永徽二年史文未必誤其年德懋請捨所愛女爲亾父祈福奉勑聽許而法琬之出家則在其明年年始十三也碑以二年爲六年特書者之誤爾碑爲左衞翊壹府翊衞劉欽旦書翊一府者五府之一以壹代一唐時公牒已多用之矣

長安縣丞蕭思亮墓誌 景雲二年二月

右雍州長安縣丞蕭思亮墓誌文云景雲二年歲次丁亥

攷是年乃辛亥書者之誤也思亮曾祖翹梁貞毅將軍邵州刺史新興侯梁書南史俱不載其爲梁宗室與否不可攷矣顏惟貞者魯公之父嘗從舅氏殷仲容授筆法以艸隸擅名此誌楷法秀逸疑即惟貞所書文猶沿唐初駢偶之習有云孔門之鯉幼即聞詩楊氏之烏童而擬易屬對殊可喜也

利 司空蘇瓌碑 景雲二年三月

右司空蘇瓌碑首行漫漶篆額唐故司空文貞公蘇府君之碑十二字特完好其文云惟唐景雲元年歲在庚戌太子少傅許國蘇公薨于崇仁里之私第粵明年三月己酉

葬我公于武功之先塋趙德甫金石錄題爲景雲元年十一月蓋未校其全文也文苑英華所載此文以石本校之頗多異同如曾祖隋尚書右僕射開府儀同三司雍州牧諱威石刻作邳國公不作雍州牧大父隋職方郎中石刻無中字攷隋文帝父諱忠故改中書爲内史諸曹郎皆去中字不當稱郎中蘇威亦未爲雍州牧皆石本之可信者又碑稱中書侍郎同中書門下平章事范陽張公石刻平章事之下又有昭文館學士兼修國史皇太子侍讀十四字攷唐史中宗朝張說以兵部侍郎兼修文館學士至是爲宰相仍領學士昭文館即修文改名也宰相世系表蘇

氏魏都亭剛侯則第三子遁八世孫綽此碑述其先世有魏侍中則晉尚書遜遜與遁古字通碑稱瓌有子七人銘詞亦有七子令德之語今攷世系表止有六人葢史之漏

亭 景龍觀鐘銘 景雲二年九月

右景龍觀鐘銘并序凡一十六行二百六十八字後題年月二行云辛亥金癸酉金丁亥土以納音言之也睿宗御製文既典雅而字亦奇古金質堅久無剝蝕可稱三絕序云耶溪集寶麗壑收珍銘又云傾巖集寶竭府收珍未免重複之病

利 孝子郭思訓墓誌 景雲二年十二月

右孝子郭思訓墓誌無撰書人姓名思訓始應吏職清白舉及第再應孝悌廉讓舉及第攷唐制諸州歲舉孝廉益郎碑所云孝悌廉讓舉也吏職清白舉則馬端臨所述唐制科名目未之及焉

元田義起石浮圖頌 太極元年四月

右碑題大唐易州石亭府左果毅都尉薊縣田義起石浮圖頌太極元年四月八日建爲文者歷陽丞王利貞也攷唐書地理志易州軍府有古亭無石亭蓋字相涉而誤爾府兵之制唐中葉已廢地理志所載諸府名已不能詳雍州置府百三十一志止得其十一餘皆逸之此碑未載義

起弟義沖雍州興國府右果毅都尉於是又知有興國府之名故史家不可以不博聞也碑以薊爲薊亦異文

附亳州錄事參軍馮本紀孝碑 先天元年十一月

右亳州錄事參軍馮本紀孝碑在高陵縣碑已斷中央損五十餘字撰文者名朝隱而闕其姓攷唐書文藝傳閻朝隱先天中爲祕書少監此碑文云朝隱竹簡舊游蓬山遺老題銜書少二字可辨祕字亦存其半知爲閻朝隱無疑也馮君卒於咸亨四年以久視元年葬先天元年樹碑距葬時已十三年矣碑爲嗣子銀青光祿大夫留直昭文館敦直所書歐趙諸家俱未收錄顧氏記金石文字始錄之

又別出亳州錄事參軍一碑其實卽此碑之上半誤分爲二耳碑書瓞作𤓰敦作㝅皆別體

涼國公契苾明碑　先天元年十二月

右涼國公契苾明碑明卒於鍪壁卽證聖字元年臘月以萬歲通天元年八月葬肅政御史大夫婁師德爲製碑文文稱長子左豹韜衛大將軍兼賀蘭州都督涼國公名已漫漶然上半從字猶依稀可辨據唐書本傳云子聳襲爵則是聳字但此碑前云授長男嵸三品而次子嵩崇等名皆從山又疑當爲⿱從山字蓋卽嵸而移其山於下耳末題先天元年十二月十六日孤子息特進上柱國涼國公嵩蓋立石

距製文之時已十有六年長子没而更以嵩襲公爵亦史所失載也碑用武后新製字惟府君之君聖人貞觀之聖仍書本字

利 周公祠碑 開元二年十二月

右周公祠碑朝議郎行偃師縣尉賈□義撰文多漫漶不見書人姓名詳其文義葢以河南尹隴西李行正少尹彭城劉禎偃師令彭城劉體微等禱雨周公祠有應立石頌之也攷舊唐書本紀開元二年正月關中自去秋至于是月不雨人多饑乏遣使賑給名山大川並令祈祭以此碑證之則東都亦苦旱也是時明皇親政姚元之當國民隱

不壅於下而守令亦能勤於民事祈禱之誠如響斯答良
足稱已

利巂州都督姚懿碑 開元三年十月

右巂州都督姚懿碑碑云公後娶劉氏今紫微令崇故宗正少卿景之母也以唐表攷之則懿有三子曰元景曰元之曰元素元素官宗正少卿而元景乃潭州刺史且論其次第元景似元之之兄與碑皆不合碑立於元之爲相時又奉勑撰必無有誤其單稱景則以避明皇尊號故耳懿葬于硤石而劉夫人別葬萬安山碑述夫人遺令云昔邴根矩沐德信並通儒達識咸以同窆爲非實獲我心當從

其議無改吾志爾惟孝平按三國志邴原女早亾太祖愛子倉舒亦沒太祖欲求合葬原辭以合葬非禮乃止竊意根矩此言特不欲蹈嫁殤之失非眞以同穸爲非禮與德信終制戒後亡者不得入藏固有別也德信事見裴松之魏志注碑立於開元三年十月金石錄作七月誤

唐淨域寺法藏禪師塔銘 開元四年五月

右淨域寺法藏禪師塔銘田休光撰文正書無姓名法藏姓諸葛氏蘇州吳縣人吳郡太守蘇州刺史詟之曾孫隨閬州刺史頴之孫唐少府監丞禮之第二子也武后時嘗奉勑於東都大福先寺及化度寺檢校無盡藏以開元二

年十二月卒而建碑於四年五月其書率堵波作𡐨睹波則它刻所未見也碑稱隨信行禪師撰三階集錄數十卷隋經籍唐藝文志皆未載予又攷隋書文學傳有諸葛潁者丹陽建康人官著作郎終正議大夫未嘗爲閬州刺史其父名規梁義陽太守亦不名詮則與法藏之祖雖同時而非一人矣

利 光祿少卿姚彝碑 開元五年四月

右光祿少卿姚彝碑趙氏金石錄云撰人姓名殘闕寶刻類編則以爲崔沔撰今檢石本姓名雖漫漶其上有朝議郎檢校祕書少卿博陵字甚完好博陵爲崔之望則沔所

撰審矣彛官終於光祿少卿而宰相世系表但云鄧海二州刺史亦攷之未審碑書葉作荼避太宗諱改世爲云也其書天作兲唐人石刻多有之

利宗聖觀主尹尊師碑 開元五年十月

右宗聖觀主尹尊師碑師名文操隴西天水人遠祖緯仕後秦因家於鄠漢書地理志右扶風鄠縣古國有扈谷亭夏啟所伐是扈鄠本一字故碑云扈人也高宗以晉府故宅爲昊天觀爲文皇祈福以文操爲觀主嘗授銀青光祿大夫行太常少卿固辭不得已乃授散官葢其時緇黃之侶猶畏公議不敢輒玷淸班至開元中葉法善授鴻臚卿

大歷中梵僧授鴻臚卿宴然居之不爲怪矣員半千傳稱封平原郡公碑作平涼縣開國公傳云入宏文館爲學士碑作崇文館學士皆當以碑爲正古書虙宓二字恒相亂仲尼弟子宓不齊本當爲虙後人誤讀如密今本史記遂誤作密字此碑虙妃字亦誤爲密矣碑爲元人重摹有提點聶志眞跋今亦中斷

亭 幽棲寺尼正覺浮圖銘 開元六年七月

右幽棲寺尼正覺浮啚銘不著姓氏開元六年七月十五日建眞書時帶隸體其銘曰皎見顧高葺此臺塔妍巖疑語凝原擬業皆用雙聲而詞不工以東坡江行見月四言

較之殆有仙凡之別矣碑云入仏法海仏郎佛字黄叔璥中州金石攷云碑在汜水縣之多寳院

唐鬱林觀東巖壁記 開元七年正月

右鬱林觀東巖壁記海州司馬崔惟怦與東海縣令元�丞閻朝賓主簿孫克友尉苟抱簡上官崇素司兵竇晏游賞斯巖而惟怦子逸爲文紀之八分書鑱諸巖閒甚雄偉不著書者姓名疑即出逸手也碑惟見於趙錄近代金石家皆未寓目山陽吳山夫爲予言碑見在海州後廿年嘉善孫山尊令贛榆爲予搨致之其文云晩曁心事盡於巖閒曁郎齡字之省

兗州都督于知微碑 開元七年六月

右兗州都督于府君碑府君名知微字辯機燕國公志寧之孫也碑書志寧所歷官頗詳其云秦王友禮部尚書新舊史皆未載又云蒲岐華三州刺史新史則云出爲榮州刺史改華州以蒲爲榮又不云岐州是其缺誤也碑敘先世譜系及諸子俱與宰相世系表合碑稱知微高祖義周涇州刺史隨瓜潼兗邵四州刺史涇州總管而表云隋潼州總管碑稱曾祖宣道周儀同大將軍隨內史舍人左衞率上儀同皇朝贈涼州刺史表惟云隋上儀同舊書志寧傳惟云隋內史舍人而已是其異也碑云京兆萬年人而

史云京兆高陵人當以碑爲正金石錄以碑文爲姚崇所撰今漫滅不能辨矣

唐贈太尉王仁皎碑 開元七年十月

右贈太尉王仁皎碑在同州府大荔縣之羌白鎮仁皎明皇廢后王氏之父也唐書后妃傳稱同州下邽人碑云大原祁人者舉其族望也碑文張燕公所撰而明皇親書之額題御書二大字不審出何人筆此碑向來金石家皆未著錄歐趙諸公生於汴都全盛之日茲刻近在左馮大書深勒曾未得寓目而予生六百年後乃獲藏弆而寶之金石之顯晦殆亦有數邪

【刋】雲麾將軍李思訓碑 開元

右雲麾將軍李思訓碑文稱姪吏部尚書兼中書令集賢院學士修國史晉國公林甫攷唐書宰相表開元二十二年五月林甫自黄門侍郎爲禮部尚書同中書門下三品二十四年七月爲兵部尚書十一月兼中書令然則北海製文當在廿四年以後而金石錄寶刻類編諸書皆題爲開元八年蓋因碑文有八年六月廿八日合祔之文而不知祔葬之與立碑非一時也顧文學言唐人日曰二字同一書法惟曰字左角稍缺此碑謚曰昭公字兩見皆作曰左角亦不缺筆邕於思訓自稱從子然新舊史邕傳不言

出於宗室未知其審

亭華嶽精享昭應碑開元八年

右華嶽精享昭應碑記開元八年遣舊相尙書許國公蘇頲禱雨西嶽感應之事華陰縣主簿平陽咸廙撰殿中侍御史彭城劉升八分書不署年月刻於後周華嶽頌碑之陰攷蘇頲以開元八年正月罷相爲禮部尙書本傳不載遣禱雨西岳事略之也密邇之邇作迩蓋走辵偏旁字古人多相通代用耳碑左方又有八分書蓮華巍巍竹箭喧豗浩浩今古憧憧往來十六字則銀靑光祿大夫守兵部尙書博陵郡開國公崔漢衡所題而華陰縣令盧倣書其

時興元元年十二月也又有銀青光祿大夫檢校華州刺史上柱國李休光題額二十字驗其字體亦出盧做手蓋勒碑之後又六十餘年而始題其額耳碑前兩行下半空處有貞元元年十二月檢校水部員外郎崔頌華州司功參軍鄭齊聃華陰縣令章綬三人題名其下則宋元豐五年正月通直郎劉陶題名碑中空處又有政和壬辰二月顯謨閣直學士席旦及子奎益題名其餘明人題名不及載

潛研堂金石文跋尾卷六

錢大昕箸

唐三

題名　大智禪師義福碑　碑陰記　沁州刺史馮公碑　齊州神寶寺碑　碑側　臨高寺碑　三藏無畏不空法師塔記　濬度寺尼惠源和上神空誌　立周大師尉遲迥廟碑　御注道德經　易州鐵象頌　易州刺史田公德政碑　莒公唐儉碑　石壁寺鐵彌勒像頌　眞容應見記　金仙長公主碑　堯公之頌　告泰華府君文　眞容靈應頌　明皇御書勅　嵩陽觀紀聖德感應頌　薛良佐塔銘

唐三

鎮軍大將軍吳文碑　開元九年十月

右鎭軍大將軍吴文碑失其上半有云長𢧐棨于司宫高門聯於寺伯又銘辭云詩徵孟子相舉王稽知其爲内侍也文之祖内給事父内常侍其子或官内常侍或官内僕局丞或官掖庭局丞身爲宦者何由有兒而子孫相承至于四世蓋權勢所在必由附麗以進内侍之養子恆爲内侍謬種流傳理之所宜有者降至末季遂有以士大夫而願爲中官養子者矣其云公夫人之顧命願不合於雙棺則文妻未嘗合葬也史載高力士娶吕元晤女李輔國娶元擢女而文亦有妻李氏然則唐之宦者固多有妻以宦者而仰良家以爲牉合詎宜以同穴之禮責之也哉

唐萊州刺史唐貞休德政碑

右萊州刺史唐府君德政碑今在萊州府治文字殘缺撰書人姓名立碑年月皆不可攷貞休新舊史俱無傳以碑所載歷官攷之蓋嘗爲華州司倉參軍岐州扶風縣令雍州奉天縣令安國相王府諮議參軍比部郎中洛州洛陽縣令遷萊州刺史由刺史遷都督以去案唐書百官志景雲二年置都督二十四人察刺史以下善惡秩比侍御史貞休除都督蓋在其時碑文都督下似是潭字疑除潭州都督也宰相世系表稱貞休鄜州刺史不及萊州者據所終之官言之也趙氏金石錄有萊州刺史于府君碑沙門

垔𦔍八分書開元十年七月立此碑亦八分書以年代攷之正相近疑德甫所收卽此後人轉寫誤以唐爲于爾德甫嘗知萊州碑見在州治不應獨遺之

奉先寺大盧舍那像龕記 開元十年十二月

右大盧舍那像龕記云佛身通光座高八十五尺二菩薩七十尺迦葉阿難金剛神王各高五十尺高宗天皇大帝所建皇后武氏助脂粉錢二萬貫始于咸亨三年四月以上元二年十二月畢功調露元年八月奉勑于大像南置大奉先寺二年正月大帝書額而記文之後附開元十年十二月牒云勑旨龍花寺宜合作奉先寺葢調露賜額本

云龍花寺記作于開元中追稱爲大奉先寺爾婁機漢隸字原云漢碑凡元亨字皆作享至子孫享之之類又皆作亨攷之九經字樣凡元亨之亨享獻之享烹飪之烹說文作亯亦作亯只是一字經典相承隸省作亨者音響作享者音赫平又音魄平後人復別出烹字其實皆可通用也予初見張阿難碑書咸亨爲咸享疑其下筆之誤今此碑亦作享又唐書杜審言傳稱咸享初蓋唐時雖用楷書猶存篆隸遺法咸享即咸亨正是從古朱錫鬯跋誤作咸淳不知高宗紀元有咸亨有永淳無咸淳也記末題進士都仲容記字體頗不類左旁又有政和六年題字以筆法驗

之如出一手皆宋人所添入也

刻婆羅樹碑 開元十一年十月

右婆羅樹碑婆羅本西域之木不知何時移植淮陰士人莫之識也武后證聖中僧義淨還自西域過而名之開元中李北海始爲之記碑石久亾明隆慶壬申泗陽陳文燭知淮安府得舊搨本重刻於郡齋陳所得者裴界之本卽用横石刻之故行款皆失其舊唐人碑惟國子學九經横刻取其便於諷誦此外無横刻也余本有食遮切之音荼从余聲尒疋檟苦荼卽茶茗字也茶乃荼之省文流俗誤分荼茶爲二此碑荼毗字作荼可見唐人猶識古音也邕

官海州刺史新舊史本傳俱失載碑云州牧宗子仲康者高平王道立之孫由主客郎中出爲楚州刺史其云司馬宗子景虛則宗室表所未載也竇誠盈官至青州刺史見宰相世系表金石錄有張松質與李邕書碑所載邑宰清河張公松質卽其人也

元御史臺精舍碑　開元十一年

右御史臺精舍碑中書令崔湜任殿中侍御史日所纂至開元十一年湜得罪貶死已久而梁昇卿追書之其文章爲世所重如此文云左臺精舍者諸御史導羣愚之所作也長安初湜自左補闕拜殿中侍御史至止之日其搆適

就蓋自武氏稱制告密之法熾羅織之經行日殺無辜如刲羊豕其後周興侯思止來俊臣之徒相繼伏誅冊稍平而歲繫臺獄者猶以千計於是執法之吏於獄旁作精舍假佛法以懺之雖云導人作善追灾亦痛逝者之含寃地下不得已而爲資其冥福也若崔隱甫爲御史大夫掘去臺獄乃在昇卿書碑之後距立精舍之時已遠朱錫鬯跋以爲去臺獄而列精舍攷證亦太疎矣

元碑陰碑額兩側題名

右碑陰題名侍御史殿中侍御史監察御史各爲一列惟侍御史盧懷慎殿中侍御史崔湜監察御史陸景初三人

名亦昇卿分書餘皆正書昇卿題名凡再見亦正書也碑額空處監察御史常著崔宣皇甫衡等六人名亦八分書乃後人續題非昇卿筆其餘亦皆正書碑陰之額有天寶元載已後知雜侍御史題名碑左右側亦有題名俱正書而字體大小工拙不均先後亦無倫次

元内侍高福墓誌 開元十二年正月

右内侍高福墓誌麗正殿修撰學士校書郎孫翌字季良撰云府君諱福字延福渤海人由奚官丞秩滿遷本局令稍轉宫闈令兼謁者監以子力士有功特拜朝議大夫守内侍員外置遷中大夫正除本官開元十一年十二月卒

大歛之日天子遣中使臨弔賵絹三百疋按唐書力士傳力士本馮盎之曾孫中人高延福養爲子史不云名福者以字行也碑云頃國步多艱而守謀立順謂誅蕭岑等功也尹知章傳季良偃師人一名昱仕歷左拾遺集賢院直學士趙冬曦傳與校書郎孫季良入集賢院修撰碑稱麗正殿修撰學士者開元十三年始改麗正修書院爲集賢殿書院其時尚未改名也季良以字行故書名兼及其字

利 香積寺主淨業法師塔銘 開元十二年六月

右香積寺主淨業法師塔銘淨業姓趙氏父廸爲天馬監唐書百官志太僕之屬有沙苑樓煩天馬監開元二十三

年廢卽其職也字書無廸字葢廸之別碑書葉作枼避文
皇諱改世爲云也稟卽亶字凡卽凡字適本从啻隸省爲
商碑譌从商

元王無競墓誌 開元十二年十月

右太子舍人王無競墓誌今在萊州府東關文云公生于
齊長於魏不忘吾黨常操土風嗣子日新等奉成先志以
開元十二年歲次甲子十月丁亥朔廿三日己酉徙殯于
魏國葬于東萊之□□夫人范陽盧氏祔焉從周也康熙
閒萊人掊土得此石止存後半數行姓字官閥俱不可見
畢湖目以文苑英華攷之知爲無競墓誌其文則孫逖所

撰也文苑英華本稱嗣子某不載其名又云以開元十六年某月某日徙殯于館陶此誌作十二年且具列其月日文亦間有異同當以石本爲正

虢國公楊花臺銘 無年月

右虢國公楊花臺銘文稱輔國大將軍虢國公楊等皆天子貴臣忠義盡節虢國公楊者内侍楊思勗也書姓不書名蓋碑之變例顧氏金石文字記以爲虢國公主則大誤矣文爲亳州臨涣縣尉申屠液撰唐志亳州無臨涣縣亦史之闕也文有序無銘而題云花臺銘并序末云乃爲銘曰豈别有銘詞刻于宅石而今失之乎

元 右武衛將軍乙速孤行儼碑 開元十三年二月

右右武衛將軍乙速孤行儼碑行儼神慶之子也金石錄所載又有乙速孤晟碑今已亾矣惟神慶父子兩碑巍然獨存乙速孤氏名不見于正史而家世譜系更千百年班班可考古人欲揚其親而刻石以託不朽詎無益哉行儼以神龍二年墨制授右武衛將軍員外置同正員墨制猶云墨勑不由中書門下而出自禁中者也中宗之世政出多門後宮貴戚墨勑斜封凡員外同正試攝檢校判知官大都以賄得之行儼殆亦以賄進歟普濟興國黃城三軍府之名唐書地理志皆無之予嘗得田義起石浮圖頌始

知興國爲雍州百三十一府之一其二府則未知其在何州也

亭嵩岳少林寺碑 開元十六年七月

右嵩岳少林寺碑裴漼撰幷書新舊史皆爲漼立傳其封正平縣子則史所失載也或謂子男五等封爵之細於史傳可不書然嘗攷之唐史如魏徵嘗封鉅鹿縣男杜如晦嘗封建平縣男孔穎達封曲阜縣男又進爵爲子歐陽詢封渤海縣男歐陽通封渤海縣子韋虚心封南皮縣子吴兢封長垣縣男柳沖封河東縣男俱載於本傳未嘗從略則此之不書者難免疎漏之譏矣

元興唐寺主尼法澄塔銘 開元十七年十一月

右興唐寺主尼法澄塔銘嗣彭王志暕撰并書志暕嘗爲宗正卿唐書宗室世系所未載也志暕女彌多羅出家爲法澄弟子而法澄祖父亦皆列官于朝蓋唐時朱門世胄無不欽信佛法以帝女之貴且有出家學道者其宅固難悉數矣文云如意之歲滛刑肆逞誣及法師將扶汝南謀其義舉坐入宫掖中宗和帝知名放出蓋武后時嘗沒爲宫婢者古人命字或取三字如張天錫字公純嘏崔宏度字摩訶衍之類法澄字无所得亦三字也

貞銀青光禄大夫□憲墓誌 開元十四年十一月

右銀靑光祿大夫□憲墓誌石已損裂一角不得其姓首云公諱憲字令將平陽臨汾人其敘先世有云漢大將軍棘蒲侯武故偃師金石遺文記題爲陳憲按棘蒲剛侯陳武見於漢書功臣侯表而文帝紀以棘蒲侯柴武爲大將軍與表不同臣瓚以爲有二姓則武實以柴姓顯廣韻陳氏出潁川汝南下邳廣陵東海河南六望不聞有出平陽者此君宜是柴姓矣古書宅與擇通此碑宅乎中庯正用禮記擇乎中庸也撰書姓名俱損失不傳而分隸秀勁有梁昇卿史惟則法度

【唐】麓山寺碑 開元十八年九月

右麓山寺碑在長沙府城外嶽麓山乃李北海書之極有名者文云元徽中尙書令湘州刺史王公僧虔右軍之孫也以晉宋齊史攷之僧虔爲丞相導之玄孫於羲之爲族曾孫不當云孫也又云梁天監二年刺史夏侯公諱詳按梁書南史俱作詳古書祥詳二文恆通用

東林寺碑 開元十九年七月

右東林寺碑李北海書後題開元十九年七月十五日建攷張又新記稱李公作東林寺碑手筆一軸俾模而刊石藏於寺者凡百一十三歲釋雲皋一旦覩碑卷歎曰莫石莫刊將焉用僧遂募緣成其事會河東裴公開府鍾陵聞

臯志願亦垂信施因自染翰贊列爵秩名氏於卷末臯乃得摹而刋於碑是開元中此文初未刻石刻石乃在會昌之世正裴休刺洪州時也唐書裴休傳不云爲洪州刺史則史文之略也碑燬於元延祐七年及重紀至元之三年番陽丁信可再摹刻之

元代國長公主碑 開元二十二年十二月

右代國長公主碑碑云公主字花婉而傳作華婉又云肇開湯沐冊號永昌後乃相攸下歸于鄭錫之美邑一千四百戶開元初加崇代國長公主傳不書封邑之數而開元初加號長公主亦略之未免失之簡矣攷唐書十一宗諸

子列傳云開元後天子敦睦兄弟故寧王戶至五千五百岐薛五千申王四千邠府千八百帝妹戶千而公主傳鄎國公主開元初封邑至千四百戶此碑所載代國公主食邑亦千四百戶則公主封邑未嘗以千戶爲限也金仙長公主碑亦云邑一千四百戶

利李憕華嶽題名開元廿四年六月

右李憕華嶽題名云鄭縣尉李憕以開廿四六月六日充勑簡募飛騎使判官向陝虢州點覆其月十四日事了回便充京畿採訪使勾覆判官此過赴京其文刻於華嶽頌之左側開下脱元字余嘗論明皇仿周官修六典省臺寺

監官各有司欲去冗濫之弊而因事置使名目猥多楊國
忠以度支郎中兼領十五餘使及至宰相領四十餘使使
名之濫如此古人謂省官不如省事良有以也國忠所領
有召募劍南健兒使此簡募飛騎亦其類蓋自府兵壞而
召募之使四出然健兒身手終不能當漁陽之鼙鼓者文
具而實不至爾採訪使之下有勾覆判官唐書百官志亦
未載

䟽大智禪師義福碑開元廿四年九月

右大智禪師碑舊唐書方技傳義福以開元二十年卒有
制賜號大智禪師葬于伊闕之北送葬者數萬人中書侍

郎嚴挺之爲製碑文卽此碑也義福卒于開元廿四年夏五月而傳云二十年誤

碑陰記 開元二十九年五月

右大智禪師碑陰記河南少尹陽伯成撰亦史惟則書伯成嘗爲戶部郎中見唐書崔沔傳

沁州刺史馮公碑

右沁州刺史馮公碑文多漫漶其篆額云大唐故朝散大夫守沁州刺史馮公之碑凡四行十二字完好可讀此碑歐趙録皆無之始見於寶刻類編近世金石家題爲池州由未審篆文之故攷唐書地理志池州州武德四年以宣州

之秋浦南陵二縣置貞觀元年州廢永泰元年復析宣州之秋浦青陽饒州之至德置碑立於開元中其時未有池州也攈寶刻類編云碑以開元廿二年立今摩滅莫能辨矣

唐 齊州神寶寺碑 開元二十四年十月

右齊州神寶寺碑李寰蓋兼書李字上半漫漶或疑是子字其上更有缺文則其姓也今在長清縣靈巖山寺本沙門明公駐錫之所唐時改今名以寺北有寶山東有神谷故也古人書丹於石遇石缺陷處則空而不書此碑及景龍道德經石刻皆然

唐 碑側

右碑側刻佛說密多心經一卷行書似懷仁聖教序末一行殘缺不得書人姓名

嵩臨高寺碑 開元二十五年四月

右臨高寺碑宣義郎前懷州獲嘉縣主簿常允之撰弟文林郎吏部常選演之書碑文完好可誦歐趙諸家俱未著錄黃叔璥云今在閿鄉縣其書葺爲葺騰爲滕躔爲躔薨爲薨皆别體也閣本从臽而碑从舀蓋舀臽二文唐人已相溷矣

刋三藏無畏不空法師塔記 開元廿五年八月

右三藏無畏不空法師塔記無畏者如來季父甘露飯王

之後十三嗣王位十九讓位入道開元初至京師文苑英華第八百六十一卷載李華所撰東都聖善寺無畏三藏碑卽其人也與嚴郢撰碑之三藏不空和尚各是一人但據李碑無畏初無不空之號據嚴碑不空亦無無畏之名此記乃合而爲一一可疑也據李碑無畏終于東都聖善寺葬于龍門西山而銘詞有伊水西山冥冥元室之語則是洛陽之龍門不當塔于咸陽二可疑也且檢此記前一段稱三藏無畏後一段稱三藏不空最後又稱金剛智無畏不空爲三大士則亦未涸而爲一既係兩僧何緣同在一塔三可疑也記末題開元廿五年秋八月刊其時無畏

己歿而不空乃卒于大曆中時代乖舛四可疑也此刻昔人未有著錄者書法亦俗其爲後人妄託無疑

唐濟度寺尼惠源和上神空誌 開元廿五年十二月

右濟度寺尼惠源和上神空誌京兆府倉曹參軍楊休烈撰姪定書惠源宋國公蕭瑀之孫女父鈋給事中利州刺史宰相世系表作鉞不云爲利州刺史者脫誤也文云曾門梁孝明皇帝稱曾祖爲曾門未詳其義定官至太常卿鈋之孫也姪者對姑之稱後世昆弟之子於世父叔父亦稱姪者乃相沿之失顏魯公於伯父元孫稱姪男未免蹈俗若定之稱姪爲合于古矣浮屠之法焚骨而瘞之于塔

此獨云神空者蓋墓而不塔也誌稱惠源將死謂其門人曰身没之後于少陵原爲空遷吾神也又稱以十一月旬有二日從事于空遵理命也（理即治字）學釋氏者猶不忍焚如之慘而不用其法而民俗乃有惑于火葬者其亦無是非之心矣

亭 立周太師尉遲迥廟碑 開元二十六年正月

右立周太師尉遲迥廟碑歐陽棐集古錄目云前華州鄭縣尉閻伯璵撰序祕書省校書郎顔眞卿撰銘今驗石刻良然趙德甫但以爲顔公撰者攷之未詳爾李綽撰尚書故實稱張嘉祐開元中爲相州都督廨宇有災異郡守物

故者連累政嘉祐至則於正寢整衣冠通夕而坐夜分屏閒聞歎息聲俄有人自西廡而出衣巾藍縷形器憔悴歷階而上直至於前嘉祐因厲聲問曰是何神祇來至於此答曰余後周將尉遲迥也死於此地遺骸尚存願托有心得畢葬祭前牧守者皆膽薄氣劣驚悸而終非余所害又指一十餘歲女子曰此余之女也同瘞廡下明日召吏發掘果得二骸備衣衾棺器禮而謝之越二夕復出感謝因曰余無他能報效願裨公政節宣水旱惟所命焉嘉祐遂以事上聞請置廟歲時血食上特降詔褒異勒碑敘述即此碑也

唐御注道德經 開元二十六年十月

右明皇御注道德經開元廿三年令天下應修宫齋諸州皆於一大觀立石臺刋勒歐陽公趙德甫所收者皆懷州本久不傳邢州本歸熙甫嘗見之今未審尚存否予所收則易州本也石幢凡八面額題太上元元皇帝道德經大唐開元神武皇帝注首載開元廿年十二月十四日勅末題開元廿六年歲次戊寅十月乙丑朔八日壬申奉勑建戊字少一撇後列易州刺史田仁琬別駕周憲長史鄭景宣司馬杜欽賢諸人名懷州本經文御書注則諸王所書此幢經注皆出於一手驗其筆迹蓋蘇靈芝之書也石文閒

有殘缺亦有石本元缺者如其事好還脫好還二字用之不可既脫既字信者吾信之脫信者二字知我者希則我者貴石本止有知我者貴四字以注證之皆當與今本同

元易州鐵像頌　開元二十七年五月

右易州鐵像頌像爲刺史盧暉字子晃所造碑立之時暉已遷瀛州矣碑末云開北山通車道三所官坐鎭白楊谷兼院置縣三五廻廔亭板城每驛旁造店一百間抱陽寺造長廊一百卌間移高陽軍營入城造廳及廊宇二百間造水碾四所已上并盧君造攷元和郡縣志五廻縣開元二十三年刺史盧暉奏置在五廻山東麓因名之二十四

年刺史田琬以其險隘東遷于五公城在今易縣西五十里樓亭板城二縣元和志不載蓋天寶後縣已省也元和志又云高陽軍在州城内開元二十年置蓋亦盧暉所奏矣唐書地理志瀛州有長豐渠開元二十五年刺史盧暉自東城平舒引滹沱東入淇通漕溉田五百餘頃魏州有西渠開元二十八年刺史盧暉徙永濟渠自石灰窠引流至城西注魏橋以通江淮之貨然則盧君固當時之能吏所至皆以興建爲務者矣

亭 易州刺史田公德政碑 開元廿八年十月

右易州刺史田公德政碑今在保定府之蓮池書院田琬

以開元廿四年治州有善政廿八年遷攝御史中丞安西都護以去州人立石頌之碑云公名琬字正勤而趙氏金石錄鄭氏金石略于氏天下金石志竝題作田仁琬德政碑今易州龍興觀石刻道德經末亦題刺史田仁琬名元和郡縣志又書易州刺史田琬碑刻立於當時稱名必無差誤不知何以異同若此也唐會要凡授都督刺史階未及五品者竝聽著緋佩魚離任則停之若在軍賞緋紫魚袋者在軍則服之不在軍不在服限琬階正議大夫正四品上其結銜稱賞紫金魚袋蓋以軍功得之與賜紫借紫者有别矣唐六典諸軍各置使一人其横海高陽唐興恆

陽北平五軍皆本州刺史爲使又會要高陽軍本在瀛州開元二十年移在易州故琬以易州刺史兼高陽軍使也合黎軍府之名唐書地理志失載不知屬何州也琬嘗爲靈州刺史朔方軍節度副使押渾部落仍檢校豐安定遠及十將兵馬使攷之於史吐谷渾部落初自涼州徙鄯州不安其居復於靈州之故鳴沙縣置安樂州以居之又靈州黃河外有豐安安遠新昌諸軍安遠蓋定遠之譌故朔方節度得兼押渾部落使領豐安定遠二軍也十將兵馬使史無文以證之

莒公唐儉碑 開元二十九年

右莒公唐儉碑在醴泉縣殘缺金石錄云開元二十九年儉曾孫追立今可見者有皇唐開元廿數字耳其敘先世有云高祖岳後魏□州刺史又云邕齊□□□□□僕射尚書令錄尚書事晉下闕又云散騎常侍隋□□□□□□州刺史晉昌郡公按本傳祖邕北齊尚書左僕射父鑒隋戎州刺史宰相世系表儉父義字君明隋應州刺史安富公與傳不同此碑儉父名已闕州刺史之上亦闕一字惟碑稱晉昌郡公而表云安富公則表誤矣據表儉之高祖曰令世又不載其官位此云高祖岳北魏爲州刺史亦當以碑爲正碑雖斷裂不能讀其可識者以文義求

之與本傳事跡多合惟碑云封新城縣公尋改晉昌郡公史不載新成之封碑云加鴻臚卿史亦不載碑又云人多唐鄙惟尉遲敬德頗識事機公示之以安危告之以成敗大意述儉陷劉武周時密說敬德使降唐而新舊史俱不書者疑其非實錄也

石壁寺鐵彌勒像頌 開元二十九年六月

右石壁寺鐵彌勒像頌其文云石壁谷隨（字郎隋）隸西壽陽縣唐改壽陽爲文水先朝分置交城而立寺焉案隋書地理志文水舊曰受陽開皇十年改焉交城開皇十六年置是文水之改名交城之置縣皆在隋時碑以爲唐時改者

蓋誤而交城之由文水分則又史所未及載也又攷元和郡縣志壽陽縣本漢榆次縣地西晉於此置受陽縣卽今文水縣是也開皇十年改受陽爲文水縣又於受陽故城別置受陽縣卽今縣是也貞觀十一年改名壽陽唐志亦云壽陽貞觀十一年更名是壽陽之名寔唐初所改隋志書已改之受陽作受字別置之受陽作壽字似誤碑云隋隸西壽陽縣攷隋時兩受陽不竝置當因文水在今壽陽之西故土人稱西以別之不云受陽而云壽陽者據後所改而稱之也

眞容應見記 開元二十九年六月

右眞容應見記東武趙氏題爲夢眞容碑武功蘇靈芝書

今傳於世者有二本一在盩厔縣一在易州予皆得之文字行欵皆同惟勑内兵部尙書兼侍中牛仙客盩厔本作張九齡蓋後人惡仙客名輙磨去妄以九齡易之爾舊唐書禮樂志開元二十年閏四月玄宗夢京師城南山趾有天尊之像求得之於盩厔樓觀之側正指此事志稱二十年當作二十九年傳寫有脫文也當是時九齡去位已久諫諍之臣卷舌佞諛之言盈耳帝既夙好神仙妄念所感形於夢寐蓋求治之志荒矣卒之果有幸蜀之禍慶流万葉亭祚無窮夢中之語詎有一驗哉李咸裕唐書無傳天寶十載以宗正少卿奉命祭北嶽安天王見舊史禮儀志

元 金仙長公主碑 開元中

右金仙長公主碑公主睿宗之女以丙午歲度爲女道士其時睿宗尚爲相王王女止稱縣主也通鑑景雲元年十二月上以二女西城隆昌公主爲女冠以資天皇太后之福仍欲于城西造觀諫議大夫甯原悌上言釋道二家皆以清淨爲本不當廣營寺觀勞人費財今二公主入道將爲之置觀不宜過爲崇麗取謗四方上覽而善之二年五月更以西城爲金仙公主隆昌爲玉眞公主各爲之造觀逼奪民居甚多用功數百萬唐書公主傳太極元年與玉眞公主皆爲道士築觀京師以此碑攷之則金仙入道已

久惟築觀之舉當在景雲以後耳玉真初號隆昌唐書作崇昌者史家避明皇諱追改之也胡三省云金仙玉真二觀皆造於京城內輔興坊玉真觀本寶誕舊宅與金仙觀相對今據此碑公主薨于東都開元觀是西京東都各有所住之觀矣唐書百官志皇姑爲大長公主姊爲長公主女爲公主獨不及皇妹予攷諸碑刻代國鄎國涼國金仙俱號長公主未必皆爲明皇之姊恐皇妹亦得稱之也

亭 兖公之頌 天寶元年四月

右兖公之頌開元廿七年制追謚孔子爲文宣王贈顔子淵兖公天寶初都督李庭誨命曲阜縣令張之宏爲頌其

序云宣王既已銘焉兗公豈宜闕爾似之宏尙有文宣王頌而今不傳矣碑末列名者丞隴西牛孝麟主簿平陽霍廷玉尉廣平宋休□天水趙再良尉員外置同正員高陽許瑾邪王文學文宣公孔璲芝攷唐書宰相世系表璲芝作璲之當從碑爲是唐六典上縣尉二人中下縣尉一人曲阜爲緊縣故得員外置尉也碑云公名回字子泉易淵爲泉避高祖諱顏氏家廟碑有若子泉宏都之德行亦是也顏之推云孔子弟子虙子賤虙羲之後俗字亦爲宓或復加山今兗州永昌郡城舊單父地也東門有子賤碑漢世所立乃云濟南伏生卽子賤之後是知虙之與伏古來

通字誤以爲宓較可知矣今本史記仲尼弟子列傳作密不齊此碑亦用密賤字正之推所譏爲俗字也碑書儒作儒宴作宴亦異文

利 告泰華府君文 天寶元年四月

右告泰華府君文首稱惟廿七祀者開元二十七年也韓賞事迹不見於史而擇木書駸駸入漢人之室宜爲少陵歎賞也擇木有鄰竝以八分擅名今蔡書尚存尉遲迴麗履溫二碑擇木獨此二百餘字爾

貞 貞容靈應頌 天寶元年七月

右貞容靈應頌碑末題開府儀同三司尚書右僕射曾孫

戴伋書攷唐戴冑與至德兩世宰相至德官至尚書右僕射其卒也贈開府儀同三司則伋必至德之曾孫而唐書世系表不見其名葢史家失於採訪矣選舉志三品以上蔭曾孫五品以上蔭孫孫降子一等曾孫降孫一等贈官降正官一等僕射秩從二品開府儀同三司秩從一品伋葢承蔭而未得官者故以曾孫繫銜猶梁府君碑稱四品孫五品孫也文云禎祥荐臻妖濔不作濔卽沴字隸楷偏旁从㐱者或變从尒遂與尔相涉又變尔爲爾也說文濔滿也从水爾聲沴水不利也从水㐱聲兩字聲義俱别似無可通之理字書亦無讀濔爲沴者然漢書五行志惟金

沴木說曰沴猶臨莅不和意也如淳注讀沴爲拂戾之戾卽說文亦有水不利之訓以義求音許如當無異讀則與濔音仍不相遠或古篆沴戾字本从尒得聲尒爾元可通用未可遽以此碑濔字爲流俗妄作也

唐明皇御書勅

右明皇御書勅一道刻於裴光庭碑之陰其文云贈太師光庭嘗爲重任能徇忠節忽隨化往空存遺事其子屢陳誠到請朕作碑機務之繁是則未暇朝廷詞伯故以口卿彼之行能卿之述作宛其鴻裁因茲不朽耳凡十一行行書甚壯偉而不署年月顧氏金石文字記題爲賜張說勅

攷說卒於開元十八年光庭之卒乃在其後則奉勑撰碑者葢别一人非張說矣或云當是張九齡今姑闕之

唐嵩陽觀紀聖德感應頌 天寶三載三月

右嵩陽觀紀聖德感應頌唐宋碑刻多以撰人姓名列第一行書人姓名次之題額者又次之此碑首題開府儀同三司行尚書左僕射兼右相吏部尚書崇元館大學士集賢院學士朔方節度等副大使上柱國晉國公臣林甫上太中大夫守河南尹河南水陸運使上柱國賜紫金魚袋兼東京留守判留司尚書省事臣裴迥題額碑末始題朝散大夫檢校尚書金部員外郎上柱國臣徐浩書與它碑

式異、季海官卑不敢與林甫迴竝列故也賜紫金魚袋賜緋魚袋例書於結銜之末此獨在兼官之上碑本八分書獨題年月處作小篆亦它碑所罕有也唐書宰相表天寶十載正月丁酉林甫遥領單于安北副大都護充朔方節度等使碑建於天寶三載林甫已領朔方節度副大使疑史有缺譌矣其兼崇元館大學士集賢院學士則本傳所未載徐浩傳亦不載檢校金部員外郎皆略之也明皇本紀天寶三載二月河南尹裴敦復討吴令光此碑題額者爲河南尹裴迥迴與敦復未審即一人否

利薛良佐塔銘天寶三載閏二月

右薛良佐塔銘予所得拓本損其一角姓名不可得見首稱龍集協洽者天寶二載癸未歲也云以來年閏二月十四日塔於終南山攷温公通鑑目錄天寶三載正閏二月金石文字記云閏四月轉寫之誤爾其云痛三武之喪偉節蕤用賈彪事三武者三虎也

潛研堂金石文跋尾卷七

錢大昕箸

唐四

琵琶泖詩　逸人竇居士神道碑　北岳恆山封安天王銘碑陰　干福寺多寶塔感應碑　内常侍口志廉墓誌銘　東方朔畫像贊碑陰記　張希古墓誌　雲門山投龍詩　憫忠寺寶塔頌　張惟一祈雨記　縉雲縣城隍廟記　石門山唐人詩　邱據題名　顔魯公與郭僕射書　贈太子賓客白道生碑　怡亭銘　李寶臣紀功載政頌　峿臺銘　李

氏遷先塋記　三墳記　光祿卿王訓墓誌　張禪
師墓誌　唐廎銘　潤州上元縣福興寺碑　龔邱
令庾公德政頌　左金吾衛將軍臧希晏碑　麻姑
仙壇記　廣平文貞公宋璟碑碑側記　黃石公祠
記　文宣王廟新三門記　干祿字書　清源公王
忠嗣碑　妬神頌　同朔方節度副使王履清碑
內侍監高力士碑　解慧寺三門樓讚　無憂王寺
大聖眞身塔銘　容州都督元結表墓碑　贈工部尚
書臧懷恪碑　杭州錢唐縣丞殷君夫人碑　謙卦
碑　顏魯公象并奉使蔡州書　贈太子少保顏惟

貞廟碑 碑陰額上題字 舜廟碑 景教流行中國碑 易
州刺史張公山亭再葺記

唐四

刻琵琶泓詩 天寶五載五月

右琵琶泓詩朝議大夫高平郡別駕權瀓詞錢唐縣尉瑯邪王紓書瀓名不見於唐史文苑英華有獨孤及撰高平別駕權幼明碑卽其人也瀓字从水獨孤集本从彳乃偏旁之譌英華刊本作允則誤之甚矣獨孤碑云開元二十三年拜監察御史會監祭太廟先時同事者約相與偕赴及將赴祭約者有故不至遽不暇告公曰人約我矣豈可

先已而後信平遂不赴坐是降爲河南府法曹由新安令爲絳郡司馬高平郡別駕故其序有秉憲被讒來佐丹曲之語也石刻在澤州鳳臺縣歐趙諸家皆未載計敏夫唐詩紀事亦無澈姓名

唐逸人竇居士神道碑 天寶六載二月

右逸人竇居士神道碑李邕撰段清雲書案唐書本紀天寶六載正月辛巳殺北海郡大守李邕此碑立於是年二月則在邕歿之後當時邕有重名而死又非其罪故身歿而文猶見刻古人之重文行不重勢利如此居士之季子元禮官梨園教坊使行內侍省內侍而碑文多述其戰功

蓋以宦官董軍如楊思勗之類碑文稱元禮正議大夫後題制新加銀青光祿大夫蓋由正四品上轉正三品下也柳子厚述唐時葬令云凡五品以上爲碑龜趺螭首降五品爲碣方趺圓首居士無位而立碑於法爲僭特以其子方爲内侍故當時不以爲非雖以李北海之强直且爲製文宅人固無論矣碑末一行云其碑傾覆承事郎奉元路涇陽縣尹兼管本縣諸軍奥魯勸農事姚達禮雅飭爲重立時元後至元六年歲次庚辰四月某日

元北岳恆山封安天王銘 天寶七載五月

右北岳恆山封安天王銘文載天寶三載上元庚寅加封

中嶽三方詔書舊唐書本紀載此事在是年正月正合獨以庚寅爲乙亥則誤也明皇以垂拱元年八月生歲在乙酉納音屬水故碑云北嶽水正也乙酉水命也大君有命如彼北嶽鼎然不渝也碑稱安祿山銜曰驃騎大將軍員外置同正員兼范陽郡長史柳城郡太守平盧節度支度營田陸運兩蕃四府河北海運兼范陽節度經略支度營田副大使採訪處置使兼御史大夫上柱國柳城縣開國伯常樂安公攷唐六典武階二十有九驃騎大將軍從一品蓋武臣之最貴者文武散官不聞有定員此云員外置同正員者未正授之詞耳廣韻羌複姓有同蹄氏碑有司

功參軍汝南同琋氿同琋郎同蹄之異文葢羌種而散處汝南者也

又碑陰 天寶七載三月

右安天王碑陰金石録祗載碑陰而不及前碑止云八分書而不知撰書者姓名皆攷之未詳也碑末列郡僚以下姓名皆八分書惟岳令丁子琦獨正書者碑立於五月而子琦以七月一日到官别令宅人補書非一手齡筆也唐書地理志博陵郡領十縣無鼓城此所題有鼓城縣令攷鼓城以大曆二年改隸鎮州明皇之時縣猶隸博陵也前供奉三洞道士劉從一列名岳令之次而以合鍊百花漿繫

銜誕妄已甚君子以是徵唐政之將亂矣

元千福寺多寶塔感應碑 天寶十一載四月

右千福寺多寶塔感應碑魯公之書模楷百代獨此碑後人尤嗜之幾於家有一本矣康熙中碑石斷銘詞缺佛知見法爲五字空王可托本願同七字損歸我無空四字末行缺大夫行内侍趙思七字予所藏者尚是百餘年前搨本較之近時搨者鋒穎猶存眞可寶也

乜内常侍□志廉墓誌銘 天寶十三載六月

右内侍省内常侍□府君墓誌銘朝議郎行陝郡平陸縣尉申堂構撰文林郎行文部常選上柱國南陽韓獻之書

今在咸陽縣文字完好而府君之姓獨剝落誌文□□□之第六子亦闕三字蓋爲人椎去攷其文云吴稱帝業飛龍鬱起于江東漢辟賢臣易道超來于北海疑其族出孫氏也志廉官中常侍階止正五品下生平無他表見既没之日詔贈粟帛申之弔祭喪事人力借供於是知明皇之崇寵宦者踰越常制以啓一代閹豎之禍所由來漸矣唐六典無文部常選之名舊唐書職官志天寶十一載改吏部爲文部新書亦同斯碑立于天寶十三載故曰文部所謂常選者不知何官攷宰相世系表有吏部常選又有兵部常選意其爲選人之稱爾銘詞云堂堂雅重蓋雅量之

訛與下玉巵有當協韻否則失韻矣堂構丹徒人有詩名殷遙選其詩入丹陽集史稱其爲武進尉不云平陸尉也

元 東方朔畫像贊碑陰記 天寶十三載十二月

右東方朔畫像贊碑陰記其云河北采訪使東平王者安祿山也平冽李史魚二人名見唐書祿山傳碑建于天寶十三載季冬其明年祿山亂作矣

元 張希古墓誌 天寶十五載四月

右左衛馬邑郡尙德府折衝都尉張希古墓誌唐之府兵皆隸於諸衛左右衛領六十府諸衛領五十至四十其餘隸東宮六率此尙德府則左衛所領也尙德府領于左衛

而又稱左龍武軍宿衞者蓋番上宿衞時别有配隸非必就本衞爾唐書地理志馬邑郡無尙德府蓋史之闕佚希古子二人俱武部常選天寶十一載改兵部曰武部故也

利雲門山投龍詩 天寶七載

右雲門山投龍詩北海太守趙居貞所作金石錄不詳書人姓名驗其文乃渤海吳□書也碑稱明皇尊號云天寶聖文神武□□皇帝而天寶之上尙有闕文攷唐書天寶七載五月上尊號曰開元天寶聖文神武應道皇帝則此碑上闕開元二字下闕應道二字矣居貞以是年病月至郡辜月己巳登雲門碑首紀年處雖殘闕以史推之當即

在天寶七載其明年尊號又增至十二字矣居貞五言詩嚴重不失盛唐風格而計敏夫唐詩紀事不載其姓名葢唐人能詩者多或傳或不傳若有數存乎其間而古人伐石勒名以圖不朽非無裨也碑在青州城南五里雲門山歲丁酉李素伯拓以見贈

元憫忠寺寶塔頌 至德二載十一月

右憫忠寺寶塔頌憫忠寺今改名法源寺予在京師公事之暇輒與二三同志往遊摩挲斯碑誦其文略能上口前後有數十字類磨去重刻朱錫鬯謂碑建于思明未降唐之先降附以後命靈芝改書其說精而核矣末題至德二

載至德字載字皆磨去重刻而舊文尚隱隱可辨至似元是聖字載似元是年字改祿山以天寶十五載僭號明年歲在丁酉故頌文云歲作噩其題年月必稱聖武二年矣頌爲范陽府功曹參軍兼節度掌書記張不矜撰不云范陽郡而云府者蓋祿山僭號之後改郡爲府爾蘇靈芝署銜云承奉郎守經略軍胄曹參軍按唐書地理志幽州城內有經略軍百官志諸軍各置使一人軍皆有倉兵胄三曹參軍事故經略軍得置胄曹也

目張惟一祈雨記 乾元二年二月

右張惟一祈雨記刻於述聖頌之左側据宰相世系表惟

一望出清河東武城宰相錫之孫官至華州刺史此記正在刺華時與唐表合新舊史皆不爲惟一立傳王定保摭言載蕭茂挺父爲莒丞得罪清河張惟一時佐廉使按成之茂挺初登科自洛還莒道邀車發辭哀乞惟一涕下卽日舍之且曰蕭贊府生一賢方資天下風教吾由是得罪無憾也宋子京嘗采其事入潁士傳蓋其好賢之誠有足多者又嘗爲荆州長史見呂諲傳

縉雲縣城隍廟記　乾元二年八月

右縉雲縣城隍廟記城隍之神不見于古左傳祝宗用馬于四墉又云祈于四鄘杜預以爲墉城也城隍之有祀也

其濫觴于斯乎北史慕容儼鎭郢城城中先有神祠一所俗號城隍神隋書五行志梁武陵王紀祭城隍神將烹牛忽有赤蛇繞牛口祀城隍神始見于此至唐而益盛故張說有祭城隍之文杜子美詩有賽城隍之句然猶不列于祀典少温記文可證也歐陽公跋云今天下皆有而縣則少是宋之城隍祠又盛于唐而縣猶不皆有祠明洪武初從禮臣之請加以封爵京都城隍曰昇福明靈王府曰威靈公州曰靈佑侯縣曰顯佑伯未幾詔去封爵祗稱某處城隍之神京都歲遣太常寺堂上官行禮諸府州縣則守令主之而祀典通于天下矣碑在宋時已斷裂宣和五年

十月縉雲縣令吳延年丞史良翰主簿費季文尉周明重勒石

唐石門山唐人詩

右石門山唐人詩其一題云游石門山勅採訪大使潤州刺史徐嶠作一題云題石門山瀑布八韻敬贈吳郡守兼江東採訪使張愿作皆刻于青田縣石門洞石壁乃數百年後爲宋人大書題名於上鑱損殆盡徐詩首二行尚可辨張竟無一字存者可歎也瀑布之瀑今人多从水旁此刻獨日旁攷說文瀑疾雨也一曰沫也一曰瀑霣也詩曰終風且瀑是瀑有三義山泉自上出曰瀑布不見於尒雅

或取其疾如瀑雨其白如布則從水或取其下垂如瀑布之懸則从日於義得兩通也

貞巳據題名

右巳據題名凡六行其文云陳鄭澤潞等州節度行軍司馬殿中侍御史巳據再隋使主赴上都朝謁往來皆虔拜神祠時寶應二年六月八日記按寶應無二年据代宗紀廣德元年七月壬子大赦改元則六月以前猶稱寶應二年矣其云使主者節度使李抱玉也抱玉本陳鄭潁亳節度使代宗即位兼澤潞節度使方鎮表寶應元年澤潞節度增領鄭州又增領陳邢洺趙四州正抱玉爲帥之日德

宗以後陳鄭與澤潞各自爲鎭不復相統攝矣藝文志有
上據相國涼公錄一卷紀李抱玉事此使主爲抱玉之證
或以郭子儀當之非是

刋顔魯公與郭僕射書 廣德二年

右顔魯公與郭僕射書稿世所謂爭坐位帖也舊唐書代
宗紀廣德二年十一月丁未郭子儀自涇陽入覲詔宰臣
百寮迎之於開遠門上御安福寺待之此帖所稱興道之
會正在其時魯公年譜繫之廣德二年信矣此書前一段
言魚朝恩階雖開府官止監門將軍以班列言之應序於
十二衛大將軍之次郎欲別示尊崇只可於宰相師保座

南横安一位如御史臺知雜御史之例不當列於僕射之上後一段言僕射是二品六曹尚書並三品非隔品致敬之類不當擠排尚書使在下座所云裴僕射者左僕射裴冕也尊者爲賤所偪賤誤作賊唐會要尚書左右僕射自武德至長安四年以前並是正宰相豆盧欽望拜左僕射不言同中書門下三品不敢參議省事數日始加知軍國重事至景雲二年韋安石除左僕射東都留守不帶同三品自後空除僕射不是宰相遂爲故事英乂除僕射時已非宰相然官品最高在侍中中書令之上過此則爲三公三師非尋常人臣之職故稱百寮之師長也

元贈太子賓客白道生碑 永泰元年三月

右左武衛大將軍贈太子賓客白公神道碑，朝議郎行尚書禮部員外郎翰林學士賜緋魚袋于益奉勑撰，正議大夫行將作少監翰林待詔上柱國賜紫金魚袋韓秀實奉勑書。道生系出突厥，爲靈朔州刺史，終于左衛大將軍，以子元光貴，贈太子賓客。史但云靈朔州刺史而已，碑題左武衛大將軍，而文稱左衛大將軍，殊不可解。碑始著于京兆金石録，歐、趙諸家俱未載。予於京師琉璃廠市上購得之，文尚完好，無大漫漶，而書法亦遒整可喜。乾隆三十年正月，陪祀祈年殿，禮成，還寓舍書。

亭怡亭銘 永泰元年五月

右怡亭銘序六行二十二字李陽冰篆銘五行四十字後題年月二行皆李莒八分在武昌縣江中洲嶼削夏秋江漲則没於水故拓本稍難得王象之輿地碑目亦遺之又江夏縣有陽冰篆鄂州二字世傳初篆時鬼神泣空中士大夫爭摹以致遠謂可禦魑魅今不知所在矣廣韻裴姓伯益之後封於䢶鄉因以爲氏後徙封解邑乃去邑從衣此碑裴一從衣一从邑兩字通用也末題永泰元乙巳歲不云元年者歲年同物省文互見也裴虯字深源大曆四年爲著作郎兼侍御史道州刺史杜子美集有夾湘江宴

餞裴二端公赴道州詩卽虬也

【唐】李寶臣紀功載政頌 永泰二年七月

右成德軍節度使李公紀功載政頌王佑撰王士則書士則蓋武俊之子其署銜稱推勾官案史節度使之屬有推官有衙推此推勾官疑卽推官矣寶臣之降唐封清河郡王唐書藩鎭傳不載却有進封隴西郡王事然宰相世系表止稱清河郡王疑傳之誤也

【唐】峿臺銘 大曆二年六月

右峿臺銘後題大曆二年歲次丁未六月十五日刻次山尙有浯溪㾢廎二銘皆瞿令問篆書以地僻蘚厚難搨惟

此銘世多有之雖不著書人姓名當亦令問筆也說文只有浯字峿𢈤則次山自出新意名之書家以其形聲相應卽依偏旁而爲之篆所謂自我作古也李少温名陽冰本取木華海賦陽冰不冶之義其兄瀞字堅冰皆冰霜之冰也而少温書名亦從俗作冰蓋由楷書借冰爲仌相承已久章奏告身既用冰字篆書不便更易故爾

亭 李氏遷先塋記 大曆二年

右李陽冰書遷先塋記宋大中祥符三年吳興姚宗萼以年代寖遠字體不完率好古者數人出錢令武威安璘重開題名於首行空處今碑已中斷損二十許字矣說文攷

更字从戊己之己𢻸改字从辰巳之巳徐鉉引陽冰說謂已有過攴之卽改而此碑書改元字却从巳不从已秦詛楚文改亦从巳蓋二文可假借也垞字說文玉篇廣韻集韻俱不載惟家語執轡篇息土之人美垞土之人醜注垞秏字此少温所本矣敘說文从攴此與三墳記俱从又泉卽洎字水當在左旁變文居下

三墳記

右三墳記與遷先塋記同時立皆李季卿文陽冰書㮚光刻碑末無題開年月而字畫更明顯筆力似較弱蓋開鑿又在前碑之後也文云下土得漧上陾成賦說文無漧字

蓋用楚辭后土何時而得漧語又云僅逾強仕以講陰堂
後漢書周磐夢見先師東里先生與講于陰堂之奧旣而
長嘆其月無病忽終記葢用此事也昊當从夰而碑从天
壑當从叙而碑从谿疑翻刻之譌

元光祿卿王訓墓誌 大曆二年

右光祿卿王訓墓誌前祕書監嗣澤王溍撰并書訓字訓
光祿卿駙馬都尉同皎之孫駙馬都尉繇之子由尚輦奉
御四轉至光祿卿娶嗣紀王鐵城女後尚博平郡主而唐
書王同皎傳不載其名同皎贈太子少保繇官特進太子
詹事贈太傅亦史所未及也史稱相州安陽人而碑云琅

邪臨沂人者舉其族望爾宗室表嗣紀王澄初名鐵誠嘗從碑作城爲是

宅 張禪師墓誌 大曆三年二月

右唐故張禪師墓誌文稱香山禪師諱義琬字思靖俗姓董氏賜謚大演禪師而題作張禪師殊不可解其稱司徒尙書左僕射朔方大使相國郭公者汾陽王子儀也唐以侍中中書令尙書令爲宰相而無相國之名此碑蓋沿流俗所稱以子儀嘗兼中書令故也

利 唐廎銘 大曆三年閏六月

右唐廎銘其文自左而右篆法與唔臺銘相似而字較小

說文高小堂也或作廎讀去潁切與亭字音義各别亥山此銘本是廎字俗儒罕通六書誤讀爲㕔亭失之遠矣碑書㕔爲𦙍葢取省文但㕔當从甘此郜从凶未合六書之旨

貞潤州上元縣福興寺碑 大曆五年六月

右潤州上元縣福興寺碑首題尚書金部郎中潁川許□撰末行亦殘缺惟歲在庚戌六月字可辨葢代宗大曆五年也碑爲張從申書而歐趙諸家初未著録明顧起元金陵古今金石攷始列于目其云尚書許某文則非也許君官金部郎中金部者户部四曹之一而統於尚書省故繫

銜有尚書字唐人稱郎官例稱郎中若員外郎則稱其官如金部屯田之類其稱尚書者必是六部尚書未有以郎中而輒稱尚書者明人不通官制故下筆多誤

唐龔邱令庾公德政頌 大曆五年九月

右龔邱令庾公德政頌凡十三行題年月于碑文之前字特大宅碑所罕有也碑建於大曆五年至金貞元三年龔縣令宋佑之訪得之廳事後糞土中斷壞散亡僅存其半復訪於邑人彭鼎家得舊搨本重勒之石佑之自爲記鄉貢進士卜儒卿爲跋竝刻於碑之左方龔邱漢甯陽縣地北齊置平原縣隋以縣東南二十里有龔邱城更名宋大

觀四年避宣聖諱祇稱龔縣金大定二十九年避顯宗諱復改爲寧陽縣元明以來因之碑書荀爲荀案說文無荀字徐鉉新附有荀字廣韻荀本姓郇後去邑爲荀則荀姓當書爲郇今書作荀所未詳也

亭　左金吾衛將軍臧希晏碑　大曆五年十月

右左金吾衛將軍臧希晏碑首云有唐廣德二年八月五日朔左金吾衛將軍臧公薨於口口安邑里之私第享年五十有三大曆五年十月十五日葬於三原縣長功鄉則碑立于大曆間明矣而金石文字記以爲廣德二年八月殆未諦審其全文乎撰碑者爲銀青光祿大夫兵部侍郎

清河郡公張某其名不可辨

貞麻姑仙壇記 大曆六年四月

右麻姑仙壇記小字本黃魯直謂是慶曆間學佛者所書趙德甫亦疑其僞宋人書多放縱不守唐法尤不喜作小楷故有意抑之未可爲定論也碑題撫州南城縣攺南城漢舊縣本屬豫章郡晉宋以後改隸臨川郡唐改臨川爲撫州縣仍隸焉宋始於南城置建昌軍自是乃別於撫州耳

元廣平文貞公宋璟碑 大曆七年九月

右開府儀同三司行尚書右丞相上柱國贈太尉廣平文

貞公神道碑舊唐書本紀開元二十一年十一月尚書右丞相宋璟以年老請致仕許之碑稱開元廿一年抗疏告老正與舊紀合而新舊書本傳俱作二十年誤矣唐以黃門監卽侍中紫微令卽中書令及同三品平章事爲眞宰相開元元年改尚書左右僕射爲左右丞相雖名丞相而非宰相之職文貞以開元八年由侍中拜開府儀同三司始罷政事十七年拜尚書右丞相非再入政府也

元碑側記

右碑側記別載逸事二條又云昭義軍節度觀察使尚書左僕射兼御史大夫平陽郡王薛公嵩慕公德業乃命屯

田郎中權邢州刺史封演購石俾工刻之舊唐書薛嵩傳不稱御史大夫平陽郡王者略之也封演天寶末進士所著有聞見記古今年號錄

貞黄石公祠記 大曆八年七月

右黄石公祠記祠在東阿縣史記所謂濟北穀城山也唐天寶中郡守裴序禱雨有應布衣李卓爲文記之卓卽棲筠之初名也記成未刻至大曆八年馬炫爲郡守始勒諸石工未畢而謝病去後守郭岑實踵成之是時棲筠已爲御史大夫矣布衣之文俟貴顯而重與王播碧紗籠詩事正相類勢利之見豈獨緇流爲然哉

亨 文宣王廟新三門記 大曆八年十二月

右文宣王廟新三門記朝散大夫檢校祠部員外郎兼侍御史裴孝智撰前義王府倉曹參軍裴平下丹并篆額下丹者書丹也孝智出自東眷官至都官郎中見唐書世系表明皇子有義王玼平殆其府之屬吏乎記文有闕宮霞敝句吾友吳訓導玉搢疑敝爲敞之譌予意當是蔽字而省其艸爾集韻蔽敝二字互相通

亨 干祿字書 大曆九年正月

右顔元孫干祿字書第十三姪男眞卿書魯公元刻在湖州今所傳者宋人翻刻本在四川之潼川府頊孟吏部超

然覩學蜀中拓以貽予案唐書地理志濠州鍾離郡濠字初作豪元和三年改从濠韓退之有徐泗豪三州節度掌書記廳石記洪慶善攷退之作記在貞元十五年因據唐志以證俗本作濠之誤而吳曾能改齋漫錄駮之且引杜佑通典稱濠州北齊爲西楚州隋改曰濠州因濠水爲名而唐初因之佑上通典在貞元十年其書初不見豪字以此知韓文作濠者爲是今攷此碑元孫結銜稱滁沂豪三州刺史豪不从水旁石刻分明可以徵信又廣韻豪字下注州名古鍾離國隋改爲州廣韻本於孫愐愐撰唐韻在天寶十載足徵其時州名不从水也李吉甫元和郡縣志

亦云武德五年杜伏威附改濠州濠字中間誤去水元和三年又加水爲正與唐志相合杜氏通典偶漏不載而吳乃據以議歐志之失豈其然乎

利 清源公王忠嗣碑 大曆十年四月

右清源公王忠嗣碑元載撰文駢儷中饒有風格多作韻語葢倣漢碑式載爲忠嗣女夫故用潘誄故事碑文伉勁精練可追蹤燕許乃以胡椒八百石亾其身古人所以戒婦言是用也載封許昌縣子見於唐書本傳其進封潁川郡公傳郤失書王縉封齊國公新史亦未書也載以中書相領集賢殿崇文館大學士縉以門下相領弘文崇元館

大學士史所謂弘文集賢分隸中書門下省也崇文館置大學士則百官志所未詳吐蕃者南涼秃髮利鹿孤之後音轉爲吐蕃故碑稱吐蕃爲秃髮

元 妬神頌 大曆十一年五月

右妬神頌元和郡縣志云妬女祠在廣陽縣東北九十里澤發水源又云澤發水亦名妬女泉源出縣東北董卓壘東其泉初出大如車輪水色青碧泉傍有祠土人祀之婦人袨服靚妝必興雨電故曰妬女卽此神也碑云妬祠之水澹爲黛色所謂水色青碧者也後題大曆十一年歲次丙辰五月丁亥朔十六日壬寅建朱錫鬯跋以爲十三年

者因碑石微損而誤讀爾碑云河東節度副大使兼工部
尚書太原尹北京留守薛公兼訓兼訓以大曆五年鎭太
原十一年冬以病去鮑防代之碑立於是年五月兼訓猶
在鎭也碑在今平定州之娘子關唐時嘗置承天軍于此
亦史所未及

元同朔方節度副使王履淸碑 大曆十二年二月

右碑題云唐故同朔方節度副使金紫光祿大夫試太常
卿兼慈州刺史其下半已亾失矣其文有云府君諱履淸
字履淸京兆萬年人也王惟聖後系出田宗而銘詞稱有
嬀之後言育于姜陳宗不守命氏惟王知其人姓王氏也

葬在高陵之奉正原撰文者侯冕也歐趙諸家皆未著于錄

利内侍監高力士碑 大曆十二年五月

右内侍監高力士碑石已中斷失其下截每行止存二十餘字文稱馮盎子智戣爲高州刺史智戴爲恩州刺史智垈爲潘州刺史攷唐書盎傳惟有智戴及智彧無智戣智垈亦不云智戴爲恩州刺史皆其漏略也史稱寶應元年力士自巫州赦還見二帝遺詔北向哭歐血而卒不云卒於何所此碑云朗州龍興寺蓋其卒之地也

元解慧寺三門樓讚 大曆十二年六月

右解慧寺三門樓讚 朝請郎行稾城縣主簿李甯撰周嬴金書寺名解慧而金石録作慧解葢轉寫之譌漢書韋賢傳黃金滿籯如淳注籯竹器說文籯與笭互相訓而無籯字廣韻籯字注兼采說文笭義又云亦作籝則籯籝籝三字皆可通矣嬴金署名本不從竹近人刻金石録者輒改爲籯字雖若于義無害然人名不宜用假借字田未見石刻而以臆决之爾碑書稽顙之稽爲啓忉利天之忉爲刀皆假借也

無憂王寺大聖眞身塔銘 大曆十三年四月

右無憂王寺大聖眞身塔銘文云貞觀五年至顯德五年

葢三十霜矣顯德葢顯慶之譌書碑者稱恒農楊播而不署官攷之史楊炎父播舉進士退居求志明皇召拜諫議大夫棄官歸養肅宗時郎家拜散騎常侍號元靖先生播葢自託於逸民之流故不稱官也炎鳳翔天興人而播自題恒農者舉其族望如顏稱琅邪徐稱東海之類

容州都督元結表墓碑 大曆□年十一月

右容州都督元結表墓碑顏魯公書四面刻字與宋廣平李含光及家廟碑式相同後題大曆下闕一字據魯公行狀稱大曆七年除湖州此碑署湖州刺史必在七年以後矣唐書元結傳稱曾祖仁基𡨋塞令而碑云褒信令又稱

父延祖再調春陵丞而碑云歷魏成主簿延唐丞皆其異者

貞 贈工部尚書臧懷恪碑 大曆

右贈工部尚書臧懷恪碑不見立碑年月趙氏金石錄以爲大曆中立顧氏金石文字記據碑文載廣德元年十月贈官詔書因系之廣德元年予以魯公署銜證之而知德甫之可信也魯公麻姑仙壇記云大曆三年眞卿刺撫州其撰李含光碑云大曆六年眞卿罷刺臨川旋舟建鄴今此碑題金紫光祿大夫行撫州刺史上柱國魯郡開國公則必在大曆三年以後矣寶刻類編以爲開元十二年立

則但據其卒之年月并未讀其全文尤爲疏舛

杭州錢唐縣丞殷君夫人碑 大曆

右杭州錢唐縣丞殷君夫人顏氏碑第十三姪男金紫光祿大夫行湖州刺史上柱國魯郡公眞卿撰并書首云君號□定瑯邪臨沂人北齊黃門侍郎之推府君之系皇朝秦王記室思魯府君之曾著作郎集賢學士勤禮府君之孫文中又稱祕書監元孫府君太子少保惟貞府君自父祖以上皆稱府君而直書其名所謂臨文不諱也篇中不稱夫人而稱君亦變例也稱曾系而去孫字與漢尹宙碑同唐書殷踐猷傳族子成己晉州長史初母顏叔父吏部

郎中敬仲爲酷吏所陷卒二妹割耳訴冤敬仲得減死及成己生而左耳缺云讀此碑乃知卽魯公之姑其二妹者一爲宜芳令裴安期妻其一則殘缺不可辨矣殷君之名殘缺不見寶刻類編載顏魯公書有殷履直夫人顏氏碑開元二十六年立在洛陽疑卽此碑也夫人以開元二十五年卒明年正月祔葬此碑乃魯公爲湖州刺史時追立蓋在大曆間

亨　謙卦碑

右李陽冰書易謙卦謙字凡二十見無一同者其以嗛謟[言孫]代謙字世多疑之案漢書蓺文志易之嗛嗛一謙而四

益顔氏注嗛字與謙同大學此之謂自謙鄭氏注謙讀爲慊荀子臭之而無嗛于鼻楊倞注與慊同蓋謙嗛慊三字古皆通用也說文曆古文藍字集韻廉古作厤廉與藍聲相近故可借用碧落碑飛廉之廉作厤蓋省一屮此碑以言旁厤爲謙則借廉爲兼也謻說文多語也唐韻汝閻切與謙字音雖相近而義各殊未知少温所據

宋顔魯公像并奉使蔡州書

右顔魯公像并奉使蔡州書在同州府宋靖康元年七月祕閣修撰知同州唐重所刻題云重既摹公之像於蒲繪而祠之又訪得此石本狀貌老矣公以乾元元年自同徙

肅至奉使時垂三十年氣節不衰而狀皃非昔也乃刻石而寘之祠室俾觀者有攷焉案魯公以貞元元年乙丑爲李希烈所害時年七十六則乾元元年戊戌年止四十九故二像鬚眉不無壯老之别重字聖任眉州彭山人建炎初以天章閣直學士知京兆府與金人戰城陷死之蓋忠義得之性成宜其有慕于魯公也

贈太子少保顏惟貞廟碑　建中元年十月

右贈太子少保顏惟貞廟碑唐書稱眞卿爲師古五世從孫以此碑證之魯公乃崇賢學士勤禮之曾孫師古與勤禮爲親兄弟則魯公於師古爲從曾孫不得云五世從孫

也廣韻顏姓出琅邪本自魯伯禽支庶有食采顏邑者因而著族又邾武公名夷字曰顏故公羊傳稱顏公後遂爲氏然則琅邪顏氏出自姬姓與曹姓之顏源流各別碑稱邾武公名夷甫字顏子友別封郳爲小邾子遂以顏爲氏多仕魯爲卿大夫魏有青徐二州刺史盛始自魯居于琅邪臨沂孝悌里與廣韻異魯公自云官階勳爵並至二品子以史證之太子少師官也光祿大夫階也皆從二品上柱國勳也魯郡開國公爵也皆正二品

利 碑陰額上題字

右顏氏家廟碑陰額上題字凡十行八十五字亦魯公所

書記改堂爲廟室神廚之事爾雅四達謂之衢謂交道四出者今俗所謂十字街也然北史李庶傳劉家在七帝坊十字街南此碑亦云殷夫人居十字街西北壁第一宅則十字街之名亦古矣號本从寽今从乎亦體之别者

利 舜廟碑 建中元年

右舜廟碑韓雲卿撰韓秀實書李陽冰篆額歐趙陳三家皆未著錄王象之輿地碑目稱靜江府有虞帝廟碑唐李陽冰篆而不載撰書人姓名于奕正金石志以爲韓雲卿撰又不及書篆者皆攷之未審也明嘉靖中豐城楊銓題五言詩隸書鑱刻於石磨毀中央百餘字然雲卿秀實姓

名具在篆額上冰字亦未損瓌琰雖缺猶當與赤刀大訓並陳兩序也粤西石刻以此爲最佳而收藏家多不著錄李素伯由潮陽令遷靜江郡丞爲予搨致之

利 景教流行中國碑 建中二年太簇月

右景教流行中國碑景教者西域大秦國人所立教也舒元輿重巖寺碑雜夷而來者有摩尼焉大秦焉秋（字疑）祆神焉合天下三夷寺不足當吾釋寺一小邑之數今摩尼祆神祠久廢不知所自獨此碑敘景教傳授頗詳蓋始於唐初大秦僧阿羅本擕經像至長安太宗詔所司於義寧坊造寺一所度僧廿一人高宗時崇阿羅本爲鎭國大法主

仍令諸州各置景寺其僧皆削頂留須七時禮讚七日一薦所奉之像則三一妙身无元眞主阿羅訶也今歐邏巴奉天主耶穌溯其生年當隋開皇之世或云卽大秦遺教未審肰否後題太簇月七日大耀森文日建立所云大耀森文亦彼教中語火綄布卽火浣布也

元 易州刺史張公山亭再葺記 建中二年

右碑題云光祿大夫試太子賓客使持節易州諸軍事兼易州刺史充高陽軍使兼御史中丞符陽郡王張公再葺池亭記而額云山亭所未詳也孝忠爲太子賓客符陽郡王與本傳合舊史以符陽爲范陽誤矣碑云戊午歲公之

來也又云公剖符于兹逮今三祀而末云歲在作噩月會

鶉火則立碑在建中二年辛酉也

潛研堂金石文跋尾卷八

錢大昕箸

唐五

元魏文侯師段干木廟銘　貞元元年八月

右魏文侯師段干木廟銘前河南府伊陽縣主簿盧士牟撰陝州靈寶縣令趙彤書碑後題□州芮城縣令崔□等姓名唐時芮城隸陝州州上蓋缺陝字金元以來縣改隸解州矣士牟官至和州刺史見唐書宰相世系表

貞贈太保張延賞碑　貞元三年十月

右贈太保張延賞碑首云貞元三年秋七月壬申丞相張公薨于位又云冬十月乙酉葢其葬之日趙氏金石錄題爲貞元三年七月似未諦審其文矣文云太師又云歎異申以姻好謂苗晉卿以女妻之太師者晉卿贈官也後云

祁國夫人太師其下剝落不可識祁國葢延賞妻封號太師亦謂晉卿也前兩行曼滅不見撰書人姓名趙德甫謂趙贊撰歸登書登善分隸有名於貞元元和間延賞子宏靖碑亦登所書見於寶刻類編今不可得矣

元姜嫄公劉廟碑　貞元九年四月

右姜嫄公劉廟碑碑爲邠寧節度使張獻甫剏立新廟而作獻甫封朗寧郡王新舊史俱失載李氏自言出於伯陽而伯陽爲庭堅之裔故天寶初尊咎繇爲德明皇帝此碑敍三代承禹稷契之祚而咎繇積累在天天命乃歸於唐葢以此也都元敬金薤琳琅嘗載其文石今已損失三十

餘字前兩行空處攙入明人范文光題名

貞聖母帖 貞元九年巳月

右聖母帖不著撰書人姓名相傳以爲僧懷素書攷宣和書譜云懷素長沙人俗姓錢故自敘帖稱司勳員外郎吳興錢起爲從父此帖有從叔父淮南節度觀察使禮部尚書雖不書名以史證之則是杜岐公佑也錢與杜不同宗疑非藏眞所書如果出於藏眞則譔文必别自一人矣或以爲皇從叔父驗石刻無皇字

貞李抱眞德政碑 貞元九年

右李抱眞德政碑攷新舊唐書地理志五代職方攷磁州

字無从心者此碑𥖁字點畫分明又天祐十一年澤州開元寺神鐘記亦作此𥖁字州縣之名當從其時本稱史臣秉筆任意更易非得石刻何由決其然否此金石之有益於史學未可以玩物喪志妄加訶斥也

元上柱國梁思墓誌 貞元九年十月

右梁府君墓誌今在平遥縣府君諱思字恭蓋以一字字者敘述先世有云𩀌因才著冀以榮稱梁氏之可稱者多矣如冀之凶惡而猶亟稱之世俗之重富貴而輕道德殊可嗤也云屬荒郊有事大國用師公奮不顧身掃清邊鄙特蒙累功加上柱國錦衣綵服宗族爲榮殆以助邊餉賜

秩者歟云卜麟鳳福慶之穴得鷄犬鳴吠之辰蓋堪輿日者之説儒者所不道也

元 河東鹽池靈慶公神祠碑 貞元十三年八月

右河東鹽池靈慶公神祠碑唐書叛臣傳大曆中淫雨壞河中鹽池味苦惡韓滉判度支慮減常賦妄言池生瑞鹽王德之美祥代宗疑不然命蔣鎮馳驛按視鎮內欲結滉故實其事表置祠房號池曰寶應靈慶云又地理志安邑縣有鹽池與解爲兩池大曆十二年生乳鹽賜名寶應慶靈池以傳及此碑證之則志作慶靈者誤也舊唐書德宗紀貞元十二年九月戶部尚書判度支裴延齡卒碑云十

一年秋九月薨未詳孰是碑爲鹽池官吏所建宜不誤矣

元彭王傅徐浩碑 貞元十五年十一月

右彭王傅會稽郡公徐浩碑亾其下截每行止存三十九字其文河南少尹張式撰書石者據金石錄爲浩之次子現字畫遒勁猶能步趨家法碑稱其歷官甚詳其爲太子校書集賢殿待詔改鞏縣尉拜右拾遺又授河南府司錄代宗時再兼集賢殿學士皆史所未載傳稱越州人碑云東海郯人者舉其族望也又桉肅宗子彭王僅薨於肅宗朝子鎮爲常山郡王無嗣王彭者憲宗子彭王惕受封在大中六年距浩卒已久唯高祖子彭王元則之曾孫嗣王

志暕或其時尚存而季海爲其傳乎

貞元無垢淨光塔銘　貞元十五年

右貞元無垢淨光塔銘今在福州府梁克家三山志云石塔寺在州西南貞元十五年德宗誕節觀察使柳冕以石造塔賜名貞元無垢淨光庾承宣爲記卽此碑也碑末題福建等州都團練觀察處置等使朝請大夫使持節福州諸軍事守福州刺史史以下皆闕以三山志證之知所闕者爲兼御史中丞及柳冕姓名也次一行題監軍使朝議郎行内侍省内府局丞員外置同正員上柱國賜緋魚袋魚獻獻字剝落止存右一筆今據三山志補之志所書魚

獻結銜字多譌脫又當據碑爲正耳碑中基阯字避諱作碁與慈恩寺碁公塔銘正同

貞追樹十八代祖晉司空河東太守猗氏侯王公碑

貞元

右追樹十八代祖晉司空河東太守猗氏侯王公碑予曩見於金陵袁子才齋係裝翦之本文義多不聯屬標題顏魯公書予心知其非而無從正也項嚴子進拓得一紙貽予下截雖曼患書碑人姓名猶可髣髴蓋韋縱也予向藏縱書鹽池靈慶公碑結體正相似鄭樵金石錄載縱書不及此碑蓋宋人見此刻者尠矣後題貞元十七年歲在辛

巳十一月庚寅朔二十日己酉建較鹽池碑刻相去僅四年
耳文爲虢州刺史王顏所作其述先世云四十一代祖周
平王孫赤其父泄未立而卒平王崩赤當嗣爲叔父桓王
廢而自立用赤爲大夫及莊王朝赤遂奔晉晉用爲并州
牧自赤至寵八代代牧并州寵生裔至文釗十六代承前
八代代襲封晉陽侯文釗生叔儁叔儁生伯□伯□生毛
毛生卓卽碑所稱晉司空也太原瑯邪二譜皆祖王子晉
見於唐宰相世系表而顏皆非之今據史記周本紀平王
崩太子洩父洩與泄同蚤死立其子林是爲桓王若赤爲平王
孫則與桓昆弟行不當云叔父矣春秋之世安得并州牧

之稱晉書亦未見有司空王卓其人者以矛刺盾亦未知孰得而孰失也碑稱右丞維左相縉爲叔又譏張說越認范陽封燕國公縉越認琅邪封齊國公之失縉與顏相去不遠當得其實封氏聞見記載孔至撰百家類例品第海內族望以燕公張說近代新門不入百家之數則燕公非名族當時固有議之者越認即今人所謂通譜也

元 劍州長史李廣業碑 貞元二十年十一月

右唐劍州長史李廣業碑唐書宗室傳鄭孝王亮仕隋爲海州刺史宗室世系表則云趙興郡守此碑與傳合碑云神堯皇帝贈亮司空又稱神通爲海州牧皆新舊史所失

載也廣業父璲表稱左衛將軍而碑稱雲麾將軍亦當以碑爲正

元楚金禪師碑 貞元二十一年七月

右楚金禪師碑楚金天寶初建多寶塔置法華道場乾元二年卒中使臨弔勑驃騎大將軍朱光暉監護貞元十三年以中官竇文瑒奏勑追謚大圓禪師文瑒官左街功德使開府邠國公新舊書本傳所未載也唐自貞元四年罷崇元館大學士後復置左右街功德使東都功德使修功德使總僧尼之籍及功役大率以中官爲之其見于史者吐突承璀仇士良田令孜楊復恭見於石刻者竇文瑒梁

守謙楊承和皆是也唯復恭稱左右街功德使後題貞元廿一年七月廿五日是歲爲順宗永貞元年以八月改元故碑猶稱貞元也云七歲諷花經十八講花義謂法華經也熠燿卽熠燿真縱卽眞蹤也

亭藏眞律公二帖

右僧懷素艸書藏眞律公二帖宋時爲京兆安師孟家藏有周越馬宗誨劉摯韓忠彦趙瞻諸人題跋其云覚夫者文彦博也微仲者吕大防也穎叔者蔣之奇也沖元者許將也固者孫固也元祐八年游師雄以安氏藏本摸刻于長安漕臺之南齋元符三年孫軫龕置便廳壁間俱有題

識

貞楊岐山禪師廣公碑元和二年五月

右楊岐山禪師廣公碑廣公者乘廣也古人稱僧曰某公皆以名下一字故支道林曰林公佛圖澄曰澄公竺道生曰生公慧遠曰遠公寶誌曰誌公齊己曰己公宋元人稱僧或名字兼舉若洪覺範妙高峯柏子庭惡夢堂訢笑隱泐季潭之類亦取名下一字今世知之者尠矣此文載於劉賓客集以石刻校之不同者卅餘字皆當以石本爲正乘廣弟子甄叔亦有塔銘今集本叔作升誤之甚矣碑文之末有時宜春得良守齊□似是君字理行第一雅有護持之

功化被於邑之庶寮及里之右族咸能同向如邦君之志故偕具爵里名氏列于其陰凡五十字集本無之當是夢得編定文集時删去之耳碑云始生之辰歲在丁巳當元宗之中元終之夕歲直戊寅當德宗之後元攷明皇三改元先天開元天寶則開元爲中元也德宗亦三改元建中興元貞元則貞元爲後元也夢得自署銜云朗州司馬員外置同正員葢當時遷謫惡地不必待缺大率員外置之東坡詩云逐客不妨員外置正用唐故事

元龍泉記 元和三年

右龍泉記鄉貢進士張鑄述河東裴少微書裴勣書額令

在芮城縣平定王孝廉執信爲其縣教諭以予好金石刻乃拓一通以遺予其文爲邑令于公疏泉而作後題時順宗傳位之明年涼風至旬有五日記元和戊子月在高蔡十八日書涼風至者孟秋之月也高蔡未詳其義或云爾雅五月爲皐釋文皐或作高疑是仲夏之月姑存之以俟知者記文雖未工而書特佳顧自來搜金石文字者皆未著于錄乃嘆物之顯晦有時而嗜古好事者之難得不獨今人爲然也

貞左拾遺竇叔向碑 元和三年十月

右左拾遺竇叔向碑朝議郎侍御史內供奉上護軍太山

羊士諤撰第十一姪朝議郎尚書右司員外郎易直書易直兩字雖磨泐以筆勢求之仿佛可見趙氏金石録以爲竇公直書公直名不見於宰相世系表疑未可據唐書竇羣傳武元衡輔政薦羣代爲中丞羣引吕温羊士諤爲御史李吉甫以二人躁險持不下羣忮很反怨吉甫今按吉甫以元和三年九月戊戌罷相碑立於是年十月癸丑士諤已爲侍御史計其授官必在吉甫未罷之日則吉甫亦未能終持不下也文雖殘闕其所敍世系頗可證唐表之漏據表叔向於善衡當爲曾祖而碑稱高祖善衡又云曾祖元口兖州任城令然則表脱任城一格矣其所述諸子

官階與史不盡合史所載者後來敭歷之職此據當時見任而言非有異同也

蜀丞相諸葛武侯祠堂碑 元和四年二月

右蜀丞相諸葛武侯祠堂碑元和四年立是時武元衡以宰相出鎮西川裴度柳公綽皆爲幕僚唐書元衡傳所云開府極一時選者是也柳公綽傳稱武元衡節度劍南與裴度俱爲判官尤相引重今案裴公時爲節度掌書記公綽以營田副使兼成都少尹皆非判官特同在帥府耳碑不見于歐趙二錄王象之撰輿地碑目始載之明時碑已剥落蜀府承奉滕嵩訪得舊本鐫補其闕文巡撫四川監

察御史藍田榮華跋于右方空處其左有康熙十一年巡
撫羅森題字

元內侍李輔光墓誌 元和十年四月

右內侍李輔光墓誌尚書刑部員外郎崔元略撰史稱元
略爲京兆尹牧貸錢万七千緡爲御史劾奏詔三司雜治
元略素事宦人崔潭峻頗左右之獄具削兼秩而已此誌
云元略從事中都素飽內侍之德其暱于宦者可知誌稱
太原帥李自良薨于鎭監軍使王定遠爲亂兵所害甲士
十萬露刃相向公馳命安撫下車乃定便充監軍使前後
三易節制軍府宴如十五年閒去猶始至李自良卒於貞

元十一年三易節制謂李說鄭儋嚴綬也通鑑河東節度使嚴綬在鎮九年軍政補署一出監軍李輔光綬拱手而已裴垍具奏其狀請以李鄘代之事在元和四年自貞元十一年至此正十五年矣然則輔光之去河東亦在元和四年而是年復除河中監軍也輔光以監軍兼絳州銅冶使絳州銅冶置使亦史所未載也云自元和四年至九年元戎四換以史考之蓋王鍔張茂昭張宏靖趙宗儒也

刻使院新修石幢記 元和十二年九月

右使院新修石幢記武寧軍支度副使高瑀撰節度判官譚藩書後列金紫光祿大夫檢校尚書左僕射使持節徐

州諸軍事兼徐州刺史充武寧軍節度□□□度營田□□□□等州觀察處置等使上柱國襲岐國公食實封七百五十戶李愿元和六年十一月四日上舊唐書憲宗紀元和六年十月以前夏州節度使李愿檢校兵部尚書徐州刺史充武寧軍節度使史書除授之日碑紀到任之日故差一月其襲封岐國公新舊書俱失載其檢校尚書左僕射本傳載於除鳳翔節度之時不知在武寧時已自尚書遷僕射矣結銜有食實封而無食邑與苻璘碑同碑稱連帥大府今天下三十有九而元和二年李吉甫撰國計簿總計天下方鎭凡四十八相去不十年何以異同若此

不可解也記末有一行云大宋皇祐六年甲午歲二月二日申使乞差兵匠自金銅門外出取到舊使院碑幢二座於新使院内竪立則當時固以爲舊物而珍之今距皇祐又七百二十餘年其可寶更當何如石刻今在徐州此本爲江都汪容甫所贈攷歐趙諸公皆未著録近代藏金石家亦罕及之一紙書勝於百朋之錫矣

元安定郡王李光進碑元和十五年

右李光進碑門下侍郎中書門下平章事令狐楚撰光進以元和十年六月卒于鎮十一年二月還葬太原府東四十里孝敬原十三年春弟光顔平淮西入朝請於天子得

立碑于墓朱錫鬯云光顔請于朝葬其兄者蓋攷之未詳耳碑無建立年月攷宰相表令狐楚以元和十四年七月守中書侍郎同中書門下平章事十五年閏月爲門下侍郎七月罷以楚署銜驗之當在十五年無疑潘次耕題作元和十一年亦誤也傳云年六十五而碑作五十七當以碑爲正光進字耀卿封安定郡王光顔封武威郡開國公皆傳所未載其稱李自良爲郎寍王亦未見于史也文云蔡邕撰有道之碑自知無媿范文魌武子之墓可以與歸范文當爲趙文之誤又云贈工部尚書李奉國晉公之伯姊奉國者本傳所云舍利葛旃也

[illegible]南海廣利王神廟碑 元和十五年十月

右南海廣利王神廟碑碑首行題字與全文大小疏密不類似經後人磨改昌黎集本題中無廣利王三字此碑有之蓋磨治添入者碑左側有明嘉靖丙戌施儒題名右側則萬曆癸巳王宏誨等題名予詣觀其行間及下空處隱隱有字跡蓋昔人所題為儒與宏誨磨去可恨

[illegible]智者大師修禪道場碑 元和□年十一月

右智者大師修禪道場碑右補闕翰林學士梁肅撰台州刺史徐放書陳隋之際僧智顗說法於天台立止觀法門世所稱天台教宗也顗傳章安灌頂頂傳縉雲威威傳東

陽威以師弟同名故稱東陽爲小威小威傳左溪朗至湛然葢五傳矣肅以文章重海內乃於湛然稱門人唐世士大夫佞佛如此昌黎原道之作豈得已哉唐史文藝傳稱肅世居陸渾而碑自稱安定梁肅者舉其族望也癸卯夏予登台山由高明取道佛隴入大慈寺見此碑倚壁間屬黃太守見滄搨而藏之元和下缺一字據寶刻類編乃元和六年也攷翟元翰撰肅墓志稱貞元九年十一月旬有六日寢疾終於萬年之永樂里碑立於元和間肅已先卒矣唐史以肅附蘇源明傳云源明最稱者元結梁肅今據墓志肅卒於貞元九年年四十一溯其生年在天寶十二

載癸巳杜子美八哀詩作於大曆初其時源明已没大曆改元歲在丙午蕭纔十有四齡耳元翰志但云年十八李遐叔獨孤至之見其文稱其美不言爲源明所知然則史云源明最稱獎蕭者殆未足信因跋此碑而牽連書之

唐忠武軍監軍使朱孝誠碑 長慶元年二月

右朱孝誠碑題云唐故忠武軍監軍使寍遠將軍守内常侍員外置同正員賜紫金魚袋上柱國贈雲麾將軍左監門衛將軍朱公神道碑忠武軍節度副使朝議郎檢校尚書職方郎中兼御史中丞上柱國賜紫金魚袋蘇遇撰翰林待詔朝議郎行常州司法參軍上柱國曹鄖書并篆額

在三原縣乾隆戊子歲縣人掊土得之頭江甯嚴侍讀冬友遊秦中歸摹以遺予書法流麗可愛其文有云元和初張伯靖負固敘州嘯聚蠻落公銜命於俶擾之際撫諭於溪洞之中遂使投戈感恩歛衽向化掉三寸舌息數州兵案唐書憲宗紀載伯靖之降不言何人所招致嚴綬傳則云遣將齎檄開曉羣蠻悉降亦不言所遣者何人讀此碑乃知孝誠實銜命以行孝誠乃中人非綬部將亦足以裨史文之闕史稱伯靖叛敘州蠻碑作敘當以碑爲正孝誠爲李光顏監軍平淮西破李師道皆預有功光顏自忠武從鎮邠甯孝誠仍留監忠武軍碑云溵蔡牢落陳許瘡痍二

年之中四更節將公撫新懷舊軍郡帖然蓋紀光顏徙鎮以後事忠武軍初領陳許二州元和十二年增領溵州十三年又增領蔡州故兼舉溵蔡也其云午參之機變繆子之薦賢此用春秋傳伍參戰國策繆賢事伍參古今人表作五參說文五从二陰陽在天地閒交午也是午與五通

元 贈太保李良臣碑 長慶二年

右李良臣碑雞田李氏墓在今榆次縣之趙村良臣及其子光進光顏三碑具在唐書宰相世系表載雞田李氏世系甚略今據是碑良臣祖賀之貞觀初率部落來歸授爲雞田州刺史充定襄軍使光進碑作雞田州都督充靈武豐州定塞兵馬使父延

豐嗣襲雞田州刺史以功加開府儀同三司艮臣襲刺史
安祿山反肅宗立靈武艮臣率所部馳詣行在戰有功拜
開府儀同三司雞田州刺史充朔方先鋒左朒兵馬使遷
御史中丞寶應二年薨元和中追贈太保生三子長曰光
玼朔方都將次曰光進次曰光顔又光進碑云嗣子季元
河東衙前兵馬使檢校太子賓客兼監察御史次燧元陳
許節度押衙檢校太子賓客兼監察御史次毅元次緞元
太原府太原縣尉次宗元次吉元光顔碑云嗣子昌元鄜
坊丹延節度使檢校戶部尚書兼御史大夫次扶元左龍
武軍大將軍兼御史中丞次繼元行太常寺主簿次誠元

湖州司馬兼監察御史次建元河東節度右都押衙檢校國子祭酒兼殿中侍御史次興元衢王友兼監察御史次榮元右羽林軍統軍檢校左散騎常侍兼御史大夫次奉元太原府清源縣丞次播元河東節度押衙左門槍兵馬使兼監察御史次安元右軍先鋒兵馬使檢校右驍衛將軍李氏自賀之以下世襲刺史光進光顏諸子並有位于朝表已敘其世系不應闕如蓋歐公未見此三碑故也

元邠國公功德銘 長慶二年十二月

右邠國公功德銘右神策軍護軍中尉梁守謙於大興唐寺花嚴院寫經律戒論五千三百卅七卷立經堂三間堂

內造轉輪經藏一所既成副使右監門衞將軍楊承和爲文而書之承和一閹人耳安能工於文辭且書法精妙乃爾殆當時文士游中官之門者爲之假手也守謙以元和十三年充右軍中尉至太和元年三月始致仕以王守澄代之葢典禁軍者十年故穆宗文宗之立皆預定策功唐書宦官傳劉克明弑敬宗樞密使王守澄楊承和中尉梁守謙魏從簡與宰相裴度共迎江王發左右神策及六軍飛龍兵討之承和事見于史者惟此爾碑以尺晏爲尺鷃葛鮝爲芻豢皆異文

别中書令張九齡碑 長慶三年□月

右中書令張九齡碑大曆中文獻之猶子抗爲殿中侍御史請徐季海製文書之距文獻没已卅餘年至長慶三年抗之從子仲舉始立石今所存者宋天聖八年知韶州刁湜重刻本也碑在文獻墓前乙未夏予按試曲江募工拓而裝之文多剥落以術推之癸丑朔乃長慶癸卯之七月也湜昇州人兵部郎中衎之子登進士第官屯田員外郎史不載知韶州事

李紳題名寶曆元年二月

右李紳題名在肇慶府之七星巖其文云李紳長慶四年二月自戶部侍郎貶官至此寶曆元年二月十四日將家

累遊凡五行自左而右郭功父石室遊篇云攷二李之勁筆謂李北海石室記及此刻也唐書本傳敬宗立李逢吉乘閒言紳不利于陛下請逐之帝初卽位不能辨乃貶紳爲端州司馬攷敬宗以長慶四年正月卽位二月辛巳始聽政紳之貶官正在此時其明年改元寶曆矣

大悲心陁羅尼幢 寶曆二年二月

右大悲心陁羅尼幢在廣州府光孝寺末題同經略副使將仕郎前守辰州都督府鹽博士盧江郡何宥則敬爲亾兄節度隨軍文林郎守康州司馬宥卿造法性寺住持大德兼蒲澗寺大德僧欽造書欽造自題閬川人宅刻所未

有也予家藏唐時石幢甚多文皆右行此獨左行以今世所誦大悲咒核之無甚異同唯夜作邪蘇作素盧作路穆作目音有輕重耳其後又有陁羅尼一首石文剝落其名目不可攷矣

利李渤留別南溪詩 大和二年十一月

右李渤留別南溪詩前題桂州刺史兼御史中丞成紀李渤後題大和二年十一月十三日攷唐書本傳渤以言宦人益横帝謂其有黨出爲桂管觀察使踰年以病歸洛太和中召拜太子賓客渤官給諫在敬宗卽位之初其出爲觀察當在寶曆元年據此刻知渤在西粵不止踰年其引

病歸洛乃在大和二年傳所敘次未得其實矣史稱觀察而石刻稱刺史者唐時節度觀察團練防禦諸使例兼本州刺史刺史爲正官觀察爲差遣也唐文宗紀年本云大和予所見石刻無有作太者今新舊史通鑑皆譌作太字當據石刻正之李西平神道碑作太和此後人重刻不足據

西平郡王李晟碑　太和三年四月

右西平郡王李晟碑晟薨於貞元九年卽以其年葬後三十五年爲太和元年子聽官義成節度使疏請立碑于墓乃勑宰相裴度撰文柳公權書之碑文簡略不及史傳敘

事之詳惟云乾元初客武都值酋豪以缺守遘亂殺掠平人公與所從十數騎而射之殪其爲魁者餘黨遂遁寇所虜獲積如邱山公一無所取惟椎牛釃酒享士而去邦人具狀以聞特拜左清道率則新舊史俱未之載也晟祖思恭洮州刺史父欽左金吾衞大將軍今南監本汲古閣本唐書世系表云思恭金吾刺史欽左洮州衞大將軍乃轉寫之譌爾碑經後人重開雖間架尚存而神采頓滅如裴晉公署銜當云特進守司空今譌守爲爵俗生不通官制以臆妄改甚可笑也

元狀嵩高靈勝詩　大和三年六月

右尉遲汾詩題云府尹王侍郎准制拜嶽因狀嵩高靈勝寄呈三十韻王侍郎者王播以吏部侍郎爲河南尹也汾有自注引白武通云云卽白虎通避唐諱改之也韓文公與祠部陸員外書云有沈杞者張苰者尉遲汾者李紳者張後餘者李翊者或文或行皆出羣之材也汾遂以貞元十八年登進士第其文章雖不多見此五言詩排奡頗近昌黎眞書規撫虞永與尤精妙昌黎亟賞之不虛矣宋熙寧丁巳季春大梁王紳被詔禱雨嶽祠得是石于圮墻下移置祠壁閒

元 東郡懷古詩 大和四年六月

右李德裕東郡懷古詩二篇德裕時爲義成軍節度使治滑州州故東郡也王京兆尊守東郡河決障禦有功陽給事瓚爲宋亳遠司馬守滑臺城陷不屈死皆宦東郡有名者故德裕各爲詩懷之唐書本傳太和三年出爲鄭滑節度使義成軍管鄭滑二州史或舉州名或稱軍號如鎮冀稱成德易定稱義武之類皆是也

貞 甄叔大師塔銘 大和六年四月

右甄叔大師塔銘甄叔者乘廣之弟子也卒於元和庚寅正月至大和壬子沙門至閑爲製塔銘相距二十有三歲矣題稱塔銘而篆額作碑銘篆人爲瑯邪王周古書碑人

則僧元幽也此碑向無著錄者餘姚邵二雲侍讀爲予言在萍鄉之楊岐山訪之卄年不得頃澤州胥燕亭訪予吳門燕亭嘗宰萍鄉檢篋中乘廣甄叔二碑相贈喜海內之有同好也因書數言識之

石 龍泉記 大和六年七月

右龍泉記芮城縣令賜緋魚袋鄭澤撰姚全書後列陝虢羣牧使登仕郎行内侍省掖庭局宫教博士袁孝和羣牧使判官張積諸人陝虢之有羣牧使使之下又有判官皆唐書百官志所未載也唐制三品以上紫五品以上緋賞緋紫必兼魚袋謂之章服上縣令秩從六品而有緋魚之

賜可謂殊數矣石刻在芮城縣

刻 義陽郡王苻璘碑 金石錄云題中書侍郎同平章事李宗閔撰宗閔太和七年爲此官

右義陽郡王苻璘碑璘父令奇見唐書忠義傳碑所述與史多同璘兄弟三人同降弟琳檢校太子賓客瑯琊郡公瑶忻州別駕瑯琊縣男史皆失書其名令奇加贈左僕射璘加贈刑部尚書史亦失書璘子澈累官邠寧河東節度使檢校兵部尚書位甚顯而本傳不書何也

刻 青蓮寺碑 大和七年十月

右青蓮寺碑龍興寺上座大德道振撰前試太常卿司徒

暎書文與書法俱無足觀碑本無額姚半塘修鳳臺縣志題爲青蓮寺碑姑從之碑有素畫彌勒佛之語按説文無塑字唐宋碑刻或作塐亦俗不若作素之爲得也卒之作𡚁亦俗字

元寂照和上碑 太和七年十二月

右寂照和上碑文云將化之夕異香滿風體可折支桉孟子爲長者折枝趙氏注云折枝案摩折手節解罷枝也碑以支爲枝用孟子語寂照俗姓龎氏京兆興平人父銓灌鍾府折衝灌鍾府蓋亦雍州百三十一府之一而史之所佚也寂照卒于太和七年十二月其刻銘之年月不可攷

金石文字記題云開成六年正月文宗以開成五年正月崩武宗卽位其明年改元會昌安得云開成六年乎蓋顧氏記憶之誤也

阿育王寺常住田碑 太和七年十二月

右阿育王寺常住田碑前祕書省正字郎萬齊融撰順陽范的書的剡越閒隱士順陽其本望也唐時祕書省著作局集賢院司經局皆設正字或四人或二人階或正九品下或從九品上此碑結銜係以郎字不知何時所增也于季友撰後記及季友的贈答詩卽刻於碑之左方朱錫鬯以爲碑陰者誤

利修龍宮寺碑　大和九年四月

右修龍宮寺碑前題浙江東道都團練觀察處置等使中散大夫檢校左散騎□□□□□□□□□丞賜紫金魚袋李紳撰散騎下葢闕常侍越州刺史兼御史中十字也攷唐書李紳傳紳以太子賓客分司東都太和中李德裕當國擢浙東觀察使碑云大和癸丑自分命洛陽承詔以檢校左騎省廉察于茲所謂分命洛陽者卽分司之命也高似孫剡錄旣載此碑又云紳自宣武節度歷左散騎越州刺史似未達碑文之旨矣紳之帥宣武乃在浙東召還再領分司之後唐史所載甚明疏寮於史學甚疏道聽

塗說故多舛誤

金石文跋尾

潛研堂金石文跋尾卷九

錢大昕著

唐六

咒文　岳林寺塔記　岳林寺塔銘　吏部尚書高元裕碑　盧鄯幼女姚婆墓誌　尊勝陁羅尼眞言并讚　圭峰定慧禪師傳法碑　襄州别駕韓昶墓誌　郎官題名石柱　窣堵波塔銘　後魏昌黎王馮熙新廟碑　修曲阜縣文宣王廟記　某君墓誌

左拾遺孔紓墓志　南翔寺尊勝陁羅尼經幢

瑯邪王夫人墓銘

唐六

刪國子學石經開成二年

右國子學石經舊唐書譏其字體乖師法近儒崑山顧氏

尤謬之乎於癸巳歲取石本校勘再三乃知此經自開成初刻以後幾經後人之手乾符修改一也後梁補闕二也又有旁注字大約北宋人所作三也若明人補刊闕字則别爲一石不與本文相淆而世俗裝潢者欲經文完具乃取明刻翦割連綴之遂不復識别顧氏所舉石經之失大半出於明刻而援爲口實不知其爲裝潢本所誤也若旁注之字惟易書詩春秋論語有之其尤戾於古者如易觀卦象添日月不過四字書封比干墓式商容閭墓上閭上俱添之字詩從夏南南下添姬字上入執宫功執下添于字錫山土田錫下添之字山下添川字田下添附庸字歲

其有有下添年字詒孫子詒下添厥字春秋姜與子犯謀謀下添飲之酒三字旅弓矢千弓下添十旅二字奸絕我好我下添同字則是康公絕我好也公下添弃字我下添同字童子言焉子下添何字余狐裘而羔袖余下添猶字若不能猶有鬼神能下添掩字叔虎之母美而不使使下添視寢二字是將行而歸爲子祀行下添乎字其四國當之之下添六物之占四字今子少不颺少下添負字而告于知氏氏下添范氏二字二子之不欲戰也宜宜下添哉字多陵人者皆不在在下添矣字皆淺陋非唐刻之舊或謂鼂公武據孟蜀石經增入非也公武撰石經攷異在乾

道庚寅帥蜀之日其時長安已非宋地公武何從增改之且公武所舉經文不同者三百二科十二經皆有之而石刻旁注祇有易詩書春秋論語其非公武所作審矣惟春秋六物之古一條與武公所舉適合然孟蜀石本經文即用開成舊本公武作攷異乃以長興國學板本校勘得之而又自言石經固脫錯監本亦難盡從則公武亦非專信監本也予故謂旁添之字必是北宋人依監本增改然監本出於田敏敏經學疏淺又在唐元度之下固難深信矣太平御覽所引經文閒與旁添之文相合亦即據當時監本非別有古本也朱梁所刊惟儀禮左氏穀梁三經閒有

數段蓋經韓建築城委棄之後輦來城中偶有損失而任意補之非奉朝命故字法醜劣亦無師承所謂自鄶以下無譏者矣乾符修改與初刻本互有得失當分别觀之夫今人得宋槧本尚知寶而愛之此經刻于唐世同時儒者議其蕪累固所不免越今已及千年世間不復見有唐本而此石巋然獨存乃以繆戾譏之甚矣其惑也

刻周易

周易十卷與今本異者君子以裒多益寡裒作褎力小而任重小作少雜卦姤遇也姤作遘攷説文無裒字鄭荀諸家易皆作捊云取也褎从衣从𥝢𥝢與孚同則褎亦與捊

遁矣力少而任重章懷注後漢書亦引之今本改爲小則
與知小句重出姤字說文亦不載古文易作遘而鄭氏從
之王輔嗣改就俗體獨此一字未改此古文之僅存者石
經勝于今本正在此等而顧氏皆以爲誤葢古學之不講
久矣畧例云筌者所以在魚得魚而忘筌筌字初刻从草
後改从竹按說文無筌字筌蹏之語出莊子外物篇崔譔
注荃香艸可以餌魚則从艸者爲正後人不知而妄易之

刊尚書

尚書十三卷第三第四弟五第十一字畫似經重刻泰誓
孑有亂十人亂下旁添臣字春秋襄廿八年武王有亂十

人昭廿四年余有亂十人論語予有亂十人俱有旁添臣字陸元朗論語釋文云本或作亂臣十人者非邢昺始據誤本增入臣字故劉原父有子無臣母之疑唐以前無此說也予謂石本增加字皆北宋人所作觀於此益信說文猒訓飽厭訓笮經典多借厭爲猒飽字此經萬年猒于乃德爾雅豫射猒也皆从正體此亦石經勝於今本之一證

利 毛詩

毛詩二十卷詩以十篇爲什惟二雅周頌爲然若魯頌止四篇商頌止五篇不能成什故但云駉詁訓傳那詁訓傳相臺岳氏本與石經同今本稱駉之什那之什者誤矣予

尾翛翛石刻作脩脩脩有蕭音故中谷有蓷篇與歗叶宋高宗御書石經亦作脩說文本無翛字也賈用不售初刻作讎不遐有害初刻作瑕如彼遡風初刻作愬按說文無售遐二字晉人賦云愬流風而獨寫正用詩語此則後來改本不如初刻之善矣涼曰不可涼作諒此用鄭義訓諒爲信無此彊爾界界作介此從陸氏釋文顧皆以爲誤亦未深攷爾

利周禮

周禮十二卷牛人軍事共其犒牛石刻作槁攷說文無犒字小行人若國師徒則令槁禬之注引鄭司農說槁訓犒

師也春秋傳使展喜犒師服虔云以師枯槁故饋之飲食然則槁爲犒犒之古文也攷工記妢胡之笴注云故書笴爲笱杜子春云當爲笴笴讀爲槀按說文無笴字石刻上半雖殘闕下半从句不从可其爲笱無疑笱與筍字形相似讀笱爲槀聲尤相近也至如大司樂王大食三宥宥與侑通大宰邦甸之賦今本譌爲郊甸凡以神士者今本譌爲仕皆當依石刻正之顧氏轉以石本爲誤殊不可解若地官序官一篇遂師當承遂人之下鄙師酇長里宰鄰長當承遂大夫之下而各自跳行中川下士六人當承川衡之下中川非官名而亦跳行此則書石者之無學劉昫所譏

殆爲是歟

刻儀禮

儀禮十七卷士昏禮燕禮二篇皆後梁重刻而燕禮篇尙存元刻五六行鄉射禮重刻者三之一聘禮重刻者大半此外皆元刻也而書法較之宅經稍劣然監本毛本此經多脫文賴有石刻後人得以校補厥功亦偉矣士冠禮啐醴建柶興與士昏禮啐醴建柶興之文同今本建譌爲捷鄉飲酒禮遵者降席席東南面與鄉射禮大夫降席席東南面之文同大夫卽遵者也今本脫一席字鄉射禮閽人爲燭於門外與大射之文同今本燭上多大字少牢饋食

禮尸受同祭于豆祭與有司徹同祭于豆祭之文同今本受同譌爲同受此以前後篇參觀之而決其可信者也有司徹主婦洗於房中與少牢主婦洗于房中之文同今本洗下多爵字則與特牲文同予謂少牢有司二篇皆有主婦贊者授爵之文則洗爲洗爵可知特牲無贊者授爵一節故云洗爵此古人文字之密或疑此有脫文者失之矣喪服大夫之妾爲庶子適人者諦審石刻爲下本有君之二字按注云君之庶子女子子也則經文當有此二字大功章云大夫之妾爲君之庶子與此文正同可證君之二字不可省今本皆無之石刻亦已磨改乃知初刻之精審

乾符修改幾於不知而妄作矣

利禮記

禮記二十卷以御删定月令弟一　曲禮弟二曲禮下弟三檀弓弟四檀弓下弟五王制弟六文字與今本異者以相臺岳氏本校之多相合乃知倦翁正俗之功大也曾子問祭殤不舉今本舉下有肺字按注云舉肺脊以經文但言舉故以肺脊實之且肺脊兩物如經文言肺不言脊正義亦當申明之矣岳本及衛湜集説本皆無此字其爲後人妄增無疑也喪大記子大夫公子食粥今本公子下有衆士二字葢因上有子大夫公子衆　士皆三日不食之文相

涉而誤按下文士疏食飲水卽衆士也則衆士不在食粥之內矣學記燕辟廢其學大學人之其所親愛而辟焉之其所賤惡而辟焉之其所畏敬而辟焉之其所哀矜而辟焉之其所敖惰而辟焉石刻辟皆作譬葢用鄭義岳本皆作辟而圈去聲亦依鄭讀也緇衣章義癉惡今本義作善葢後人依尙書改之陸氏釋文引皇侃云義善也又云尙書作善可證古本不爲善矣君奭曰在昔上帝岳本在昔作昔在石刻亦作在上帝而在字之上有闕文必與岳本同閒傳柱楣翦屏今本柱作拄拄俗字岳本作柱而圈上聲用陸德明音得其正矣宅如豐耗之耗作秏廢疾之廢

作瘞鏗鏘之鏘作鎗一个臣之个作介皆當以石刻爲正

利 春秋

春秋三十卷內宣公上下俱經後梁重刻上卷尚存元刻五六行下卷重刻者僅三之一若僖公篇亦有數段似出後人重刻如僖六年面縛釋縛之縛皆譌爲縳救譌爲殺與宅卷全別定公篇亦似重刻越句踐之句宅卷从口此从厶是其證也然較之後梁刻本則字迹遠勝之矣顧氏於此經所摘誤字甚多今攷之大率明人所補或係朱梁所刻非唐本之舊隱十年宋人蔡人衞人伐載此據陸氏釋文非誤也文元年王使毛伯衞來賜公命經書錫傳書

賜故注有謝賜命之語非誤也宣三年晉侯伐鄭及延今本作郔說文亦以郔爲鄭地然地名从邑多由經師增益廪延字亦無邑旁也宣十八年凡自內虐其君曰弑今本少內字內與外相對成文似不可省成二年且辟左右石刻且作旦夢必在夜則旦義爲長昭三年少齊有寵而死今本齊作姜亦石本得之定元年榮駕鵞今本作鴐鵞字說文無之依正文當用鴚假借同音則駕亦通也哀二十六年四方其順之正義云四方諸國皆順從之是古本作順也今本作訓乃後人依詩文妄改顧氏皆斷以爲誤思孰誤而孰否乎若石刻之勝於今本而顧所未舉者襄二

十九年高子容與宋司徒見知伯今本高上有齊字子謂左氏義例至精一言不可增損此傳子太叔稱鄭以經不書游吉也華定書官不書族故稱宋以別之其餘諸卿已見于經知悼子不書晉太叔文子不書衞高子容何獨書齊乎此後人妄加而失其義者也昭元年趙孟曰天乎今本天作天天與亡相對故云鮮不五稔昭二十五年吾聞文成之世謂文公成公也史記魯世家漢書五行志皆作文成今本作文武誤矣哀元年宿有妃牆嬪御今本牆爲嬙說文無嬙字陸德明云嬙本又作廧或作牆漢隸爿旁字或變从广廧與牆實一字也哀二十六年越皋如舌庸

二十七年越子使舌庸今本舌作后以國語證之亦當爲舌又如皇戌向戌穿封戌沈尹戌皆从戊从一唯衞公叔戍从戈从人板本往往溷殽非得石本何由決其異同以是知石刻之可貴也

利 公羊

公羊十二卷與今本亦多異同如桓二年隱賢而桓賤也今本賤作賊據注云賤不爲諱則當爲賤也僖廿六年乞者卑辭也今本乞下有師字據疏云乞者至若辭則不當有師字也宣六年此非弑君如何古文如與而通當從古爲如也成二年郤克眣魯衞之使今本眣作眣說文有眣

無昳當以今本爲長然陸氏釋文音舜又丑乙莛結二反从下二音當爲眣从舜音當爲昳石刻葢據陸初音也襄廿七年攜其妻子而與之盟今本攜爲挈注云挈猶提也按上文已有挈其妻子何氏無注注于此句之下知當爲攜字注中挈字亦攜之譌提攜爲疊韻故轉相訓也襄廿九年爾弑吾君今本弑作殺按下文云爾殺爾兄兄言殺君言弑詞有輕重之别亦石刻爲長也定元年不衰城也今本衰爲蓑說文衰訓雨衣衰正字蓑俗字亦當從石刻也惟成十年經無冬十月注云去冬者惡成公今石刻依左穀增入非何義矣

【利】穀梁

穀梁十二卷襄公篇爲朱梁重刻成公篇重刻者居其半僖公篇亦似後來重刻却不避城字顧氏謂昭定哀三卷亦朱梁補刻則攷之殊未審矣隱元年貝玉曰含石本與監本同顧氏謂石經作珠玉欲以糾刻本之誤豈其然乎定元年此該郊之變而道之也今本脫郊字石刻止存郊之變而四字以字數計之郊上當有該字顧謂該誤爲郊又不然也

【制】論語

論語十卷顧東馬衣裘衣下旁注輕字此宋人妄加攷北

齊書唐邕傳顯祖嘗解所服青鼠皮裘賜邕云朕意在車馬衣裘與卿共敝葢用子路故事是古本無輕字一證也陸氏釋文於赤之適齊節音衣爲於既反而此衣字無音是陸本無輕字二證也邢疏云願以己之車馬衣裘與朋友共乘服是邢本亦無輕字三證也皇氏義疏云車馬衣裘共乘服而無所憾恨是皇本亦無輕字四證也今注疏與皇本正文有輕字則後人依通行本增入非其舊矣無求生以害人今注疏本人作仁而疏中仍有害人字葢明人依朱本校改猶幸改之未盡以石刻證之益明白矣陽貨篇子曰巧言令色鮮矣仁九字皇本無之石刻亦無此

節宋人增注于旁非唐本之舊矣至如我三人行必得我師寢不尸居不容漆雕之爲彫皆據陸氏釋文而顧氏以爲誤何也

利孝經

孝經一卷與今本無甚異同惟序文庶有補於將來石刻無於字

利爾雅

爾雅三卷文字與今本異者多勝於今本如釋詁底底止也釋文底丁禮反厎之視反後人疑其重出輒改厎爲廢不知注中替廢連文乃訓替爲廢非本有廢字也釋言楷

柱也今本皆从手㫄按說文楮柱砥古用木故从木非从
手也華皇也今本皇在華上按釋文亦先華後皇釋天四
氣和謂之玉燭今本氣作時李善注文選引此文正作氣
也釋艸孟狼尾今本孟爲盂荷芙渠今本渠爲蕖澤烏蕵
今本蕵爲蘘莩麻母今本莩爲荸蒙王女今本王爲玉釋
木味荎著今本味爲菋狄臧槔今本臧爲藏釋鳥鸉白鷢
今本分楊鳥爲二字皆當依石刻正之

亨

五經文字

右五經文字三卷國子司業張參撰成於大曆十一年洎
開成中始刻于石朱錫鬯謂參姓名僅一見于宰相世系

表一見于藝文志予攷唐書李勉傳嘗引李巡張參在幕府後二人卒至宴飲仍設虛位沃饋之又常衮傳衮始當國議增給百官俸時韓滉使度支與衮皆任情輕重滉惡國子司業張參衮惡太子少詹事趙惎皆少給之是則史于參事固不止一再見矣吾於勉傳見參之見重友朋又于衮傳見參之不阿貴近參雖無傳未爲不幸也石刻參字下从彡後人妄改從小

亭 九經字樣 開成二年八月

右九經字樣前載開成二年八月十二日中書門下牒牒尾列銜者六人曰工部侍郎平章事陳夷行曰中書侍郎

平章事李石曰門下侍郎平章事李固言曰右僕射兼門下侍郎國子祭酒平章事覃並與唐書宰相表合鄭覃以僕射不書姓唐宋故事如此曰檢校司徒平章事劉下注使字而不名者劉從諫也攷本傳太和初拜司空六年入朝明年還藩進同中書門下平章事不云檢校司徒而宦官仇士良傳稱澤潞劉從諫上書請清君側士良沮恐進從諫檢校司徒欲弭其言則傳蓋漏此事矣傳云進司空而三公表無之當是檢校司空非眞拜也表于檢校官例不書曰司徒兼中書令下注使字姓名俱不書者裴度時爲山南東道節度使也

唐東川節度使馮宿碑 開成二年五月

右東川節度使馮宿碑唐制諸王拜節度大使者皆留京師以副大使知節度事者寔正節度也碑稱充劍南東川節度副大使知節度事而新舊史但稱節度使者蓋以此舊史本傳云韓愈論佛骨時宰疑宿草疏出爲歙州刺史新史疑其未必然而刪之然碑云公爲比部郎中爲持權者所忌會韓文公愈上疏切諫佛骨忌公者誣公寔爲之出刺歙州則固有此事矣昌黎之文自後世論之固非宿所能及在當時則猶夫人爾況出于忌者之口亦何所不至哉史稱婺州東陽人而碑云冀州長樂人蓋舉其族望

然唐時冀州固無長樂縣劉知幾所譏諒哉

刻大泉寺新三門記 開成三年十一月

右大泉寺新三門記姚謩撰沙門齊操書在句容縣城内歐陽永叔趙明誠王象之陳思諸家皆未著録寶刻類編載沙門能書者甚夥亦不及齊操近有郃陽褚峻撰金石經眼録始一及之文字完好唐碑如此者亦罕矣碑稱句曲之東崙峯之陽厥生大泉寺因泉而題焉劉宋開明二年邑令顔繼祖捨宅移寺南去泉五里而遥攷劉宋無開明之號葢緇流無學傳聞多不足信而謩乃承其誤而書之斯足嗤也泉篆文作㳑象形此額从白从水誤甚

唐楊漢公題名

開成四年二月

右楊漢公題名在長興縣顧渚山之明月峽嘉慶辛酉春刑明府佺山招予游是山始訪得之其文云湖州刺史楊漢公前試太子通事舍人崔行章□事衙推馬棁州衙推唐從禮鄉貢進士鄭□鄉貢進士賈□開成四年二月十五日同游進士楊知本進士楊知範進士楊知□從行按唐書漢公傳但云除舒州刺史徙湖亳蘇三州刺史不言除授之年湖州府志題名云漢公開成三年三月自舒州移刺湖州充本道團練使此題云四年則莅任之次年也後列楊知本等三人從行當是漢公之子據本傳祗載子

籌範二人宰相世系表漢公子有思愿輝籌範諲 知章篆筠蘧篪管十一人未見有名知本者殆其子初名乎知範當即範後去一字耳漢公兄虞卿之子有知退知權而漢公子亦有知章菳楊氏羣從多以知聯名也

元大遍覺法師玄奘塔銘 開成四年五月

右大遍覺法師裝公塔銘稱曾祖爲曾父潘昂霄金石例所未聞也碑云麟德元年卒春秋六十九而舊唐書本傳稱顯慶六年卒時年五十六者蓋誤碑載永徽三年春三月造甎塔七級事其下卽云冬十月中宫方娠請法師加祐旣誕神光滿院則中宗孝和皇帝也請號爲佛光王受

三歸服袈裟度七人請洪師爲王剃髮按中宗以顯慶元年十一月生若永徽三年則其時武氏未爲后不得云中宫矣碑蓋失書其生之年爾

元 太尉李光顔碑 開成五年

右李光顔碑李程撰文甚簡略其序云相國晉公書公盛績永誌玄堂琬琰之詞傳于衆口故今之甄述得以略焉蓋有裴度之誌詳之則碑文可以從簡古人作文不相蹈襲雖它人之文亦必回避如此碑云年六十五而傳作六十六蓋誤據碑文與本傳光顔未嘗帥横海軍而宰相表云長慶四年横海節度使李光顔守司徒亦誤

京 大達法師玄祕塔碑 會昌元年十二月

右大達法師玄祕塔碑裴休撰其署銜稱山南西道都團練觀察處置等使攷唐書方鎮表建中元年升山南西道觀察使爲節度使嗣後無降爲團練使事蓋史文有脫漏爾休傳不載觀察山南西道一節亦略也

貞 處士包公夫人墓誌 會昌三年十二月

右處士包公夫人墓誌海鹽陳仲魚所贈云頃歲杭人掊土得之文字尚可辨有云行年六十有六以會昌三年十月九日奄終錢唐縣方興鄉之私第以其年癸亥十二月十二日丙申葬于履泰鄉之南原攷咸淳臨安志錢唐縣

十三鄉有履泰南鄉履泰北鄉而未見方輿之名蓋宋時諸縣鄉里之名多有更易不皆沿唐之舊也包君名字不見於誌今杭城南有包家山潛氏臨安志已載之是包亦杭之舊族矣其書銘作詺則宅碑所未有

李珏題名 會昌五年五月

右李珏題名其文云郴州刺史李珏桂管都防禦巡官試祕書省校書郎元充會昌五年五月廿六日同遊時珏蒙口移郡之任桂陽校書以京國之舊邀引尋勝男前京兆府參軍階進士潛口揩從凡九行自左而右刻於粵西之風洞甲辰歲袁簡齋游粵中搨以詒予攷新舊二史載珏

罷相後事多相抵牾舊傳云武宗即位之年九月與楊嗣復俱罷相出爲桂州刺史桂管觀察使三年長流驩州大中二年徵入朝爲戶部尚書出爲河陽節度使新傳云武宗即位爲山陵使罷爲太常卿貶江西觀察使再貶昭州刺史宣宗立內徙郴舒二州以太子賓客分司東都遷河陽節度使今據此刻珏移郴州刺史在武宗會昌五年則新史云宣宗立內徙郴者已不足信舊史并脫漏移郴一節矣通鑑會昌六年八月以昭州刺史李珏爲郴州刺史宣宗以是年三月即位與新史相應以石刻證之則新史與通鑑皆誤也據通鑑珏自桂管觀察貶昭州刺史舊武

宗紀則云貶端州司馬初無長流之事舊傳云長流驩州允謨新史云貶江西觀察使江西當爲桂管之譌因題此碑幷牽連書之

元周公祠靈泉碑大中二年十一月

右周公祠靈泉碑蘇東坡云周公廟在岐山西北七八里廟後百許步有泉依山湧冽異常國史所謂潤德泉世亂則竭者也其名潤德者大中初因崔珙之奏而賜名也碑首題鳳翔府岐山縣鳳栖鄉周公祠靈泉口幷口奏狀及勑批答次列崔珙奏靈泉狀次中書門下奏賜名潤德泉勑次答崔珙手詔次珙謝表末題大中二年十一月廿日

鳳翔隴州節度觀察處置等使銀青光祿大夫檢校尚書右僕射兼鳳翔尹御史大夫安平郡開國公食邑二千戶臣崔珙狀奏珙爲鳳翔節度使而中書門下奏内但稱觀察使者節度之職雖視觀察爲重然非軍旅之事陳奏止稱觀察唐人章奏之式多如此也

元勑内莊宅使牒大中五年正月

右勑内莊宅使牒一通牒尾列銜者曰判官内僕局丞彭□曰副使内府局令賜緋□□□行宣曰使兼鴻臚禮賓等使特進知□□□田紹宗攷唐書百官志内府局令正八品下内僕局丞正九品下皆屬内侍省而内莊宅使之

名則百官志無之蓋唐自中葉以後內侍用事所設曹局緐多史家不能悉載宋史職官志唐設內諸司使悉擬尚書省如京倉部也莊宅屯田也皇城司門也禮賓主客也雖名品可效而事任不同王旦語然宋以如京莊宅爲武臣敘遷之銜與唐制又異矣牒後述僧正言出錢𣪠造堂內綵畫兩壁修贖經藏諸事凡九行大中五年正月十五日記今石文字記以爲六年四月者誤也此文刻于大達法師塔碑之陰正言卽大達之弟子也碑銘柳誠懸書久行于世而碑陰椎拓者少予屬西安莊吉士少彭購得之

北嶽廟石柱題名

右北嶽廟石柱題名凡八面皆唐時祭嶽三獻官姓名向來金石家皆未著錄庚戌九月予游曲陽於廟中搜得之亟命工摹拓周遭讀之得文四通其一大中二年二月十三日節度使韋損爲初獻其一大中二年十二月廿一日其一大中六年九月十六日皆節度使李公度初獻其一咸通六年二月廿九日則觀察使韋絢初獻也損公度結銜皆云義武軍節度易定等州觀察處置北平軍等使獨絢稱易定等州觀察處置等使無節度及北平軍使之稱未詳其故咸通終獻官節度掌書記試祕書省校書郎椰告字口益蓋子厚之孫咸通四年以第三人登科者也下

方有元祐戊辰吳興劉燾無言題字云徧讀題刻唐人書類有楷法而二石柱尤佳是廟中石柱有二尋惟見其一耳

唐銅磬經咒文 大中五年九月

右銅磬經咒文前爲般若波羅蜜多心經十五行次佛頂尊勝總持經咒八十一行最後兩行刻皇圖鞏固帝道遐昌佛日增輝法輪常轉四句小楷端勁似魯公麻姑壇記磬口隸書皇唐大中五年九月九日造頭江甯張君復純拓其文見貽且云此磬向在天台國清寺桐鄉汪某以腴田卅畝從寺僧易得之今爲鎮洋畢尚書所有以今工部

尺度之崇尺有五寸十分寸之八口徑七寸十分寸之三經咒文於腹內周刻之

刹岳林寺塔記 大中五年

右岳林寺塔記在奉化縣之岳林寺癸卯夏予爲浙東之游舟行過寺門外始一游焉寺有東西二小塔東塔嵌石一片乃大中五載僧君長所述記文稱女弟子傅氏二娘𡟰於朱室不幸所天早喪愛子又夭惸然霜質而恪勤檀度後半殘缺不可讀矣其旁爲鐘樓縣銅鐘一元天曆三年鑄也

刹岳林寺塔銘 大中七年

右岳林寺塔銘在寺西塔佛像下隴西李柔撰首云大中七年歲在口子口月乙巳朔廿日甲子亦爲施主傅二娘而作文字尤剝落末數行書馬六娘傅二娘僧理宗等捨錢之數唐石刻存於今者尠矣此二塔記不見於王象之輿地碑目故表而出之

唐吏部尚書高元裕碑 大中六年十一月

右吏部尚書高元裕碑元裕以大中六年六月廿日薨其年十一月十日歸葬河南府伊闕縣白沙之南原碑今在洛陽縣南三官廟蓋伊闕地後併入洛陽矣碑題渤海縣開國男而新舊書本傳稱封渤海郡公蓋史之誤北史高

勣字敬德襲父爵清河王改封安樂侯樂安當作唐書世系表作樂安侯碑稱敬德改封樂安王未詳孰是或始封王而例降爲侯乎恭僖皇太后敬宗母王氏懿安皇太后憲宗后郭氏也

貞盧鄯幼女姚婆墓誌 大中七年七月

右盧鄯幼女姚婆墓誌禮十六至十九爲長殤十二至十五爲中殤八歲至十一爲下殤七歲已下爲無服之殤下殤女子於法可以無誌然韓退之爲女挐銘壙世莫以爲非者父之于子不忍其遽湮没而欲有所托以永其傳亦人之恒情乎噫自唐以來達官貴人豐碑大書不久而湮

沒者何限而姚婆一弱女越千載後乃得傳姓名於士夫之口事之有幸有不幸若此者可勝道哉

貞尊勝陁羅尼眞言幷讚 大中甲戌秋幽月

右尊勝陁羅尼眞言幷讚在元和縣甫里保聖寺吾友嚴豹人訪得搨以詒予末題大唐大中甲戌歲秋幽月中元日建進士崔澳字顥枝書幷撰讚旁有正書三行則宋皇祐五年住持沙門惟吉等重立題記也此幢不見於志乘而崔君書法精勁可觀其名右旁稍泐豹人疑是璞字今諦審之當爲澳非璞矣譯音初無定字予見石刻南無字或作南牟或作曩謨或作那謨或作納謨此又作納慕音

皆相近

【刹】圭峯定慧禪師傳法碑 大中九年十月

右圭峯定慧禪師傳法碑禪宗自神秀慧能分南北二支而曹溪之教但行於嶺外迨荷澤會公說法西京而南宗始盛荷澤傳磁州如如傳荆南張張傳遂州圓圓傳宗密密又得上都澄觀師華嚴疏而好之遂兼通禪教爲人天師所著禪源諸詮集起信論起信論鈔原人論圓覺經大小疏鈔具載唐書蓺文志卽圭峯也碑敘六祖之傳惟荷澤江西二宗而不及青原蓋其時青原之學尙未大行厥後曹洞雲門法眼出乃尊青原與南嶽竝而祧荷澤爲旁

支緇流之盛衰亦有數焉其云万行未嘗非一心一心未嘗違万行與濂溪一實萬分是萬爲一之説頗相似

唐襄州別駕韓昶墓誌 大中九年十二月

右襄州別駕韓昶自爲墓誌銘昶小字符昌黎文公之子公有符讀書城南詩注公集者意其爲昶而不敢質言由未見此誌爾云六七歲出言成文不同他人所爲張籍奇之及年十一二樊宗師大奇之宗師文體與常人不同昶讀慕之一旦爲文宗師大奇其文中字或出於經史之外樊讀不能通稍長愛進士及第見進士所爲之文與樊不同遂改體就之欲中其彙年至二十五及第昶之以文學

自負如此而當時乃有金根之誚好惡之失其實自昔然矣昔陶元亮有自祭之文而舊唐書載嚴挺之自爲墓誌非昶所叙也其云大中九年六月三日寢疾八日卒于任其年十二月十五日葬孟州河陽縣疑是後人增入不然昶既自知其死之日又預卜其葬之日亦誕矣宰相世系表昶子惟縮衮二人誌稱有男五人曰緯縮緄綺績攷字書緄與衮同音漢書多有書衮職爲緄職者則緄即衮也其三人表未及載當據此補之

貞郎官題名石柱 大中十一年

右郎官題名石柱八面如幢式自左司訖膳部皆先郎中

次員外郎姓名俱正書按唐宋之制六部皆隸尚書省吏戶禮居左兵刑工居右其敘遷則以吏兵爲前行戶刑爲中行禮工爲後行每部各領四司司名與部同者爲頭司餘爲子司二十四司之外别有左右司各置郎中員外郎皆稱郎官此柱所刻則左司及左十二曹也歐趙所載張長史書石柱記有文無題名葢别是一碑久已不存此柱雖有殘闕亦僅十之一二合之御史臺題名一代清流姓名畧備未必非攷史之一助也

貞窣堵波塔銘 咸通五年八月

右窣堵波塔銘布衣高壖述幷書案釋元應一切經音義

云寶塔諸經論中或作藪斗波或作塔婆或云兜婆或言偷婆或言蘇偷婆或言脂帝浮都亦言支提浮圖皆譌畧也正言窣覩波此譯云廟或云方墳此義翻也案元應以窣覩波爲正此又作堵譯音元無定字也窣堵波與塔即非二物此題云窣堵波塔重複無當葢唐人不知梵義者爲之耳予嘗謂古無塔字唯葛洪字苑有之云佛堂也音宅合反見一切經音義據元應所述諸文斗也兜也帝也覩也皆與荅聲相近釋教初入中國塔婆字本當爲荅後人增加土旁而稚川承之其音爲他合切者又即偷婆之轉聲也

直後魏昌黎王馮熙新廟碑 咸通八年十一月

右後魏昌黎王馮熙新廟碑蓋其十二代孫元德所述而弟元錫書之者大畧云廟爲洛北之望祀遠近里社鼓管趨赴及問王之名位爵邑皆失其傳碑板埋滅莫識何從退尋家牒攷於魏史知卽愚之十二代祖則是神之名字本無可攷特出於元德輩之傅會耳熙以外戚貴盛本無才能其在洛取人子女爲奴婢有容色者幸之爲妾號爲貪縱營塔寺多在高山秀阜傷殺人牛有沙門勸止之熙曰成就後人惟見佛圖焉知殺人牛也此其爲政豈有功德及人而能廟食百世者馮君之名不傳後代要當闕疑而闕之若執此誣妄之詞以爲左證非勸善之義矣碑末題

十一月壬子九日甲辰尤爲舛謬若壬子爲月朔日則九日是庚申非甲辰若甲辰是月之九日則朔日當是丙申且壬子在甲辰之後不應倒置若此攷温公通鑑目錄推是歲十一月果是丙申朔可據以正碑之誤

元 修曲阜縣文宣王廟記 咸通十年九月　金石文字記云十一年三月

右修曲阜縣文宣王廟記孔温裕者戣之第四子於宣尼爲三十九代孫鎭鄆日差人賫私錢就兖州修廟温裕申奏於朝詔書褒獎而幕僚賈防爲文記之石又附中書門下牒于後牒尾當列省官名押此獨無之石刻不具也唐制節度觀察不竝置故節度常兼觀察處置等使舊唐書

懿宗紀咸通六年正月制以河東節度使檢校刑部尚書孔温裕爲鄆州刺史天平軍節度鄆曹濮今刊本誤作棣觀察處置等使此表及牒止稱鄆曹濮等州觀察使不稱節度者奏請之事觀察所司故也本傳稱温裕仕爲天平節度使以節度爲重故也記云皇帝御寓之十年歲在己丑魯國公節鎭汝陽之三載則温裕之鎭鄆當在咸通八年而舊史云六年恐誤

貞 某君墓誌 咸通十一年二月

右某君墓誌蕭山汪煥曾所詒云縣人掘土新得文字尚可讀惜前數行斷裂無從得其姓名據銘詞云嗚呼公都

碩學鴻儒豈公都郎其字邪君以咸通十年四月癸十一年二月葬製文者名庠姓亦無可攷文云葬于昭元鄉昭元里祉頭村之原而空處別有一行云續改地在廣孝鄉延壽里杜湖村之原此式宅碑未之有言金石例者所當知也

元 左拾遺孔紓墓誌 咸通十五年

右左拾遺孔紓墓誌殿中侍御史鄭仁表撰并書紓曾祖岑父贈司空祖戣贈司徒父温裕檢校右僕射兼太常卿充翰林侍講學士贈司空皆史所未載紓字持卿而宰相世系表作特卿刻本之訛也紓嘗爲左拾遺有子小字鐵

婢表亦不載紓未沒前月餘書二十八字於東辰上若隱語者曰許下無言奪少年震而不雨月當弦風濤渭逆艅艎沒從此無舟濟大川及死人乃悟蓋許無言是午字震不雨是辰字紓病亟以辰日死以上弦日而歲則在甲午也唐人小說未有及此事者故聊出之僖宗以咸通十四年七月卽位至明年十一月始改元乾符故咸通得有十五年也

唐 南翔寺尊勝陁羅尼經幢

右尊勝陁羅尼經石幢二在嘉定縣南翔寺大殿前東西相對一立于咸通八年十二月一立於乾符二年八月皆

題建幢弟子莫少卿老宿僧行齊院主僧文倚名宋太平興國五年元元統二年皆嘗重脩鐫記歲月于幢上太與泰古文只是一字漢書食貨志三登曰泰平此幢題年號作泰平興國李陽氷先塋記書天寶作天寶古人於本朝年號或用古文别體書之無所嫌也寺在縣城南二十四里寺旁煙火萬家商賈所集爲吾邑大鎮予少時乘舟過此者三四皆未𦊆泊丁亥歲南歸王鶴溪爲予言寺有唐石幢乃往訪之薄暮讀其文不及搨而還己丑夏予將北行鶴溪募工各搨一紙遺予吳中少唐以前石刻此幢雖經後人重修尚是唐物顧志乘未有及之者予集録金石

刻絶遠如隴蜀閩粤及西北塞外碑碣頗有入寻錄者惟此得之獨後始知古蹟之蔽于耳目之前者不少而鶴溪之嗜古好事爲難得也

瑯琊王夫人墓銘 乾符三年二月

右瑯琊王夫人墓銘在西安府崇仁寺題云墓銘實與佛頂尊勝陁羅尼同刻一幢非埋于窀中者瑯琊字古書多作瑯邪此用唐人俗體夫人爲玉冊官内供奉强瓊之妻强氏見於史者唯宋强至及其子淵明瓊任玉冊官殆以鐫字供奉者歟文云忽染膏荒之疾借荒爲肓也

潛研堂金石文跋尾卷十

錢大昕箸

唐十

尊勝陁羅尼經　北嶽廟李克用題名　撫州寶應寺鐘文　憫忠寺重藏舍利記　道德經　吳承泌墓誌　升僊廟興功記　彭城郡王鐵券文　金剛般若波羅蜜經幢　王審知德政碑　梁府君墓志　法門寺塔廟記　張孝孫題名　趙琮墓志　介朱逵墓碣　王夫人墓誌　竇鞏等題名

後梁

崇福侯廟記　昭義軍節度使葛從周碑　佛頂尊
勝陁羅尼幢

後唐

澤州開元寺神鐘記　振武節度使李存進碑　尊
勝陀羅尼　重修定晉禪院千佛邑碑　賜冥福禪
院地土牒

後晉

贈太傅羅周敬墓誌　聖宇山崆峒巖記　吳越文
穆王神道碑　冥福禪院新寫藏經碑　義成軍節
度使駙馬都尉史匡翰碑　開化瑤巖閣記

唐七

貞 尊勝陀羅尼經 乾符五年

右尊勝陀羅尼經乾隆壬子十月張燮子恂訪于吳門寓館出此幢拓本見詒云在昭文縣梅李鎮之燕脂墩邑乘向未采錄頃始訪求得之葢唐乾符五年所鐫距今九百一十四年矣唐石幢多不列書人姓名此幢亦然玩其筆跡遒整有法度不在高岑僧无可之下

元 北嶽廟李克用題名 中和五年三月

右河東節度使李克用題名在曲陽縣嶽廟沈存中筆談載其文云太原河東節度使李克用親領步騎五十萬問

罪幽陵回師自飛狐路即歸雁門雖檃括其詞然以石刻校之殊未盡合蓋存中記憶偶誤爾唐書沙陀傳光啓元年即中和五年幽州李可舉鎮州王景崇言易定故燕趙境請取分之於是可舉攻易州下之景崇攻無極易定節度使王處存請救于克用克用自將救無極敗鎮人攻馬頭固新城鎮兵走處存復取易州此克用題名即自將救處存時也克用以二月廿一日與處存同禱嶽廟至三月十七日以幽州請和班師復謁廟賽謝然則克用之破鎮兵當在二月之末三月之初矣通鑑于是年三月書克用遣將康君立救處存又于五月書克用自將救無極敗成德兵

皆未得其眞沙陀傳稱進檢校太傅而此作檢校太保亦當以石刻爲正

撫州寶應寺鍾文 大順元年十月

右撫州寶應寺鍾文云維唐大順元年歲次庚戌拾月癸未朔拾壹日癸巳撫州寶應寺募衆緣於洪州南冶鑄銅鍾壹口重三阡斤上爲國王大臣當府司空郡主尚書次及州縣官遼將士軍人什方信男信女師僧父母然願國界安寧法輪常轉有識含靈同霑此福永充供養其云當府司空者鎮南軍節度使鍾傳也郡主尚書者撫州刺史危全諷也列名者百餘人首一行云金紫光祿大夫檢校

工部尚書使持節撫州諸軍事守撫州刺史兼御史大夫上柱國危全諷攷全諷以中和二年壬寅歲據撫州至梁開平三年己巳爲楊氏所併在州二十八年唐五代二史僅附見鍾傳傳其檢校工部尚書亦可裨二史之闕

元憫忠寺重藏舍利記 景福元年十二月

右重藏舍利記右街內講殿論兼應制大德沙門南敘述僧知常書景福元年十二月十八日記碑云隴西令公大王者朱錫鬯以爲李匡威以予攷之匡威之立在光啓二年八月歲在丙午而碑稱中和二年歲在壬寅值火災延憫忠寺樓臺俱燼又云不朞年隴西令公大王舍俸造觀

音閣則造閣之時匡威尚未建節所云令公者當是李可舉耳唐書藩鎭傳載可舉所授官甚略其稱令公而封王爵史未之及也可舉以光啓元年乙巳被殺李全忠代之明年全忠卒子匡威爲留後距壬寅已四年餘矣不當云未朞年也碑于大唐文宗及武皇及宣宗及上皆空二格其云旌麾清河公者張仲武也亦空二格書之獨于隴西令公跳行書之當時河朔之俗知有節使不知有天子久矣其云大燕者沿安史之僭稱也

利 道德經 景福二年孟秋

右道德經石刻在易州之龍興觀正書分兩面刻之碑末

題唐景福二祀歲次癸丑孟秋月中元日又有易定節度及銀青光祿大夫檢校右散騎常侍御史大夫上柱國王等字龍興觀唐人刻道德經凡三本予皆得之此則王處存爲節度日所刻也如春登臺今板本作如登春臺唐人有登春臺賦或謂明皇本始誤予以所藏石臺注本校之則明皇本亦未誤此本及元人樓觀石刻本春字亦在登字之上然則元明以後刻本始誤爾詩蔌蔌方有穀蔡邕釋誨作速速方轂轂穀古蓋通用景龍本及此本孤寡不轂之轂亦是一證

亭 吳承泌墓誌 乾寧二年十二月

右内樞密使特進左領軍衛上將軍知内侍省事上柱國
濮陽郡開國侯食邑一千户食實封一百户吴承泚墓誌
翰林學士裴庭裕撰翰林待詔閻湘書文云乾寧二年春
正月二十日薨于滻水年四十五禀君命也冬十月一日
上御札于中書門下許公昭雪十一月二十日葬于京兆
府萬年縣滻川鄉北姚村禮也承泚以景福二年由宣徽
北院使除樞密未及二載而誅誅之未久又得昭雪蓋其
時朝廷爲方鎮所制生殺之權不能自主以史攷之景福
二年鳳翔李茂貞稱兵而樞密使李周潼殺乾寧二年邠
寧王行瑜等稱兵而樞密使康尚弼殺承泚除官在周潼

之後尚弼之前中朝多故其不免于死宜矣宣徽樞密唐時爲內侍之職五代始以士人爲之而樞密之權幾在宰相上宋以樞密爲執政官而宣徽南北院使恩數亦視執政與唐時名同而實異矣

貞升僊廟興功記乾寧四年正月

右升僊廟興功記尚書禮部郎中賜緋魚袋李綽撰末行前進士鄭珏書其下有注云光化三年添前字顧氏日知錄云唐人未第稱進士已及第則稱前進士雍録引唐人詩云曾題名處添前字今讀此碑足爲添字之證顧氏曾游嵩少惜其未睹此刻也李綽有秦中歲時記一卷陳直

齋題爲唐膳部郎中其序云緬思庚子之歲洊周戊辰之年戊辰梁開平二年也按唐時六部各分四曹禮祠客膳雖云同署而禮部爲頭司祠部主客膳部爲子司資望不等綽於乾寍四年已官禮部郎中更閱十有餘歲何以轉題膳部恐直齋誤記抑或中遭罷斥而更敘復乎

列

彭城郡王鐵券文 乾寍四年八月

右彭城郡王鐵券文廿五行行十四字券重百三十二兩廣尺有一寸脩尺有八寸三分厚一分其文以黃金塡之後九行漫漶者大半今藏臨海縣白石村民錢文川家葢武肅廿九世孫也自忠懿納土其孫暄知台州有惠政子

孫因居於台世守此劵宋元之際失而復得今距賜劵幾
及九百年而文字如新遺苗猶什襲而珍之斯亦異矣鎮
海軍節度本治潤州周寶爲部下所逐奔杭州而潤遂無
節帥景福二年武肅以杭州刺史除鎮海節度使至是又
兼領鎮東軍節度仍兼潤越等州刺史以鎮海軍額在潤
州也舊唐書昭宗紀乾寧四年九月癸酉朔制以鎮海軍
節度使錢鏐爲鎮海軍節度浙江東西道觀察處置等使
杭州越州刺史上柱國吳王攷其時鏐實兼鎮海鎮東兩
鎮而紀祇書鎮海軍所領者潤州刺史而紀書杭州皆其
脫誤且八月甫賜鐵劵而九月旋有吳王之封除命頻仍

亦恐未然竊意吳王封號當在光化以後也

初金剛般若波羅蜜經幢天復三年七月

右金剛般若波羅蜜經幢在澤州府廣福寺後題云弟子李宗伏爲累遭離亂骨肉團圓發願造寶林寺一所敬畫釋迦像一鋪西方淨土一鋪維摩居士功德一鋪十王功德一鋪伏願諸佛祐護家眷安寧百病不侵時大唐天復三年歲次癸亥七月十五日葢此寺舊名寶林廣福乃金時敕賜額也天復之際汴晉尋戈澤潞爲戰場暴骨如莽而李氏一門室家無恙宜其歸功於佛祐而不惜布金之施矣

元 王審知德政碑 天祐三年閏十二月

右碑題云大唐威武軍節度福建管内觀察處置三司發運等使特進檢校太保同中書門下平章事使持節都督福州諸軍事兼福州刺史上柱國瑯琊郡王食邑四千戶食實封壹伯戶王審知德政碑銘末題天祐三年丙寅歲閏十二月一日准敕建立攷舊唐書哀帝紀天祐三年閏十二月己酉朔福建百姓僧道詣闕請爲節度使王審知立德政碑從之卽此碑也五代史閩世家乾寧四年潮卒審知代立而碑云乾寧三年僕射遘疾且付公以戎旅仍具表奏尋加刑部尚書威武軍留後俄授金紫光祿大夫

右僕射本軍節度使則審知代立在乾寧三年矣而舊唐書昭帝紀乾寧四年四月就加福建節度使王潮檢校尚書右僕射蓋誤以審知爲潮也方鎮表乾寧四年升福建都團練觀察處置使爲威武節度使似乾寧以前尚無節度之名然碑稱福建節度使陳巖又稱巖在軍病甚不能視事潮以郡委于仲弟審邽而與公偕赴因詔授節度使則福建之置節度已久惟威武軍之號則於乾寧中始賜耳唐書稱威武軍而五代史職方考及閩世家俱作武威者謬也碑又有佛齊國雖同臨照靡襲冠裳公示以中孚致其內附云云桉舊唐書天祐元年六月三佛齊國入朝

使蒲詞粟可寍遠將軍以碑證之蓋由審知招撫之力矣

貞 梁府君墓誌 天祐十年孟冬月

右梁府君墓誌文云以天祐十年癸酉歲孟冬月己巳朔二十三日辛卯於易州東北隅一里半易縣□山鄉梁村之右葢在唐亾之後七年易定節度使王處直猶用唐年號也攷後梁以天祐四年丁卯受唐禪處直奉其正朔至開平四年庚午與鎮州王鎔俱附於晉復用唐年號當稱天祐七年則癸酉歲正天祐之十年也誌載曾祖諱希幹皇祖諱甫平皇考諱重立字顯英述其事狀甚備其後云夫人武功蘇氏云云又云府君有嗣子三人而於府君之

名字行狀絶不及焉細繹之則皇考與府君竟是一人而誌文又非其子所作所謂名不正而言不順者矣

元法門寺塔廟記天祐十九年二月

右碑題大唐秦王重修法門寺塔廟記天祐十九年二月守尚書禮部郎中薛昌序撰文云秦王者李茂貞也金石文字記據通鑑後唐同光二年封岐王李茂貞爲秦王此文在同光之前以爲必茂貞所自稱以予攷之殊不然舊唐書昭帝本紀景福二年十一月制以鳳翔節度使李茂貞守中書令進封秦王蓋茂貞之稱秦王自此始茂貞自岐王封秦王故云進封其後天復三年除茂貞檢校太師

守中書令史仍稱秦王不云岐王也通鑑同光二年進岐王爵爲秦王考異云茂貞改封秦王薛史無的確年月實錄同光元年已稱秦王茂貞遣使賀收復自後皆稱秦王至二年辛巳制秦王李茂貞可封秦王豈有秦王封秦王之理必是至是時始自岐王封秦王也據此則莊宗實錄本書秦王溫公以意改之耳茂貞唐之舊藩與河東均附屬籍稱兄弟行至是始稱臣於莊宗故因其舊封授之錫以冊命實錄所載本不誤通鑑改之失其實矣五代史茂貞傳書封岐王于昭宗幸華之後通鑑則書于天復元年不知茂貞封岐王乃在景福元年以前舊唐書景福元年以岐王李茂貞爲

興元尹山南西道節度等使傳又稱梁祖卽位茂貞稱岐王開府置官屬又稱茂貞聞莊宗入洛乃上表稱臣遣其子入朝改封秦王詔書不名不知茂貞在昭宗之世稱秦王已久矣岐者一州之名秦者大國之號茂貞已受命建國曰秦必不舍秦而仍稱岐此夫人而能知者也通鑑稱唐之亾也惟河東鳳翔淮南稱天祐西川稱天復年號此碑敘述前事俱用天復紀年至二十年止碑末乃書天祐十九年與史不合五季土宇瓜分各帝其國紀元之令朝更暮改史家得于傳聞不若碑碣之可信當全忠刼昭宗遷洛改元天祐河東西川謂天祐非唐號不可稱仍稱天復岐介晉蜀

之閒與梁爲深讎必仍以天復紀年及唐既亾河東改稱天祐西川仍稱天復茂貞與西川爲鄰亦必仍稱天復也久之晉日盛强滅梁之形已久茂貞乃改稱天祐以自同于晉此事之想當然者惜乎史文闕漏賴有此碑立于當日可證紀元之異同此金石文字之有功于史學也寺在鳳翔之岐山縣唐憲宗元和十三年功德使上言鳳翔法門寺有護國眞身塔塔内有釋迦牟尼佛指骨一節上遣中使帥僧衆迎之者卽此塔也

貞 張孝孫題名

右張孝孫題名在巳據題名之後其文自左而右云銀青

光祿大夫殿中下闕將軍左金吾衛大將軍下闕節度副使元從鎮國下闕潼關節度都虞侯下闕張孝孫恭謁靈祠凡五行不署年月攷唐自明皇幸蜀肅宗卽位德宗幸奉天而從行將士始有元從之名方鎮表興元元年以華州置潼關節度使貞元九年罷潼關節度使此後別無潼關節度之稱又舊唐書李元諒傳遷華州刺史兼御史大夫潼關防禦鎮國軍節度使是鎮國卽潼關節度之軍號孝孫名雖不見於史以題銜證之當是興元貞元時人也末行下有熙寍辛亥云云乃宋人續題字體大小迥殊或疑孝孫卽熙寍間人第弗深攷尔

亨 趙琮墓誌

右趙琮墓誌前試左武衞兵曹參軍田口書文多漫滅其略曰趙氏褒郎裔字天水别口易州來水縣頃因先父海隅從軍地遠徙居青府君諱琮字光有男三人女一人乙未歲季夏月五日遇疾青州之私弟郎第字丙申年七月三日得吉夕殯益都縣南五里建口雲門山東崖郎闕字原其首行題曰唐故居士天水趙府君墓誌銘文中世字缺筆知其爲唐刻也此石今在益都李文藻南澗家

利 尒朱逵墓碣

右尒朱逵墓碣廣平程彥矩撰題云唐故銀青光祿大夫

檢校太子賓客兼監察御史柱國河南尒朱府君攷其歷官則始爲懷州軍事押衙改授山南東道節度散兵馬使改東都留守押衙而已洪容齋續筆云唐自肅代以後賞人以官爵久而浸濫下至州郡胥吏軍班校伍一命便帶銀青光祿大夫階殆與無官者等明宗長興二年詔不得薦銀青階爲州縣官賤之至矣此尒朱逵正以軍校而帶銀青階者也逵卒於江陵府無竟里私第（竟即競字）歸葬同州澄城縣武安鄉碣已損一爾有年月而不得其紀年大約在中葉以後矣江甯嚴侍讀道甫游秦中搨以見貽云石在郃陽縣西卅里朱家河自來收藏金石家所未見也

利 王夫人墓誌

右王夫人墓誌頃歲虎邱僧掘地得之殘闕僅存一片其文有云西北七里武邱山又云長子珣好事者因附會爲晉中書令王珣母墓錢唐袁簡齋以晉人不當預避唐諱疑爲贗作然驗其字迹似非宋以後所能爲當是唐人誌石王夫人未知適誰氏珣家世無可攷若以短簿實之則妄矣

貞 竇鞏等題名

右竇鞏等題名七行在青州府城門壁間李南澗郡丞搨以見贈其文左行上下俱殘闕每行厪存十數字曰州觀

察處置押新羅渤海兩蕃等使金紫曰事兼青州刺史御史大夫上柱國韓國曰部員外郎兼侍御史內供奉賜緋魚袋竇鞏曰裏行韋曾曰上柱國齊孝宏曰儀郎薛華士曰裏行源方回案唐制節度使例兼管內觀察處置等使及本州刺史淄青節度又例兼押新羅渤海兩蕃使此首兩行蓋淄青節度之銜韓國似其人封爵也舊唐書竇鞏傳云平盧薛平辟爲副使入朝拜侍御史平盧即淄青軍號此題蓋在鞏任節度副使之日則首兩行殆即薛平之銜平舊唐書憲宗紀元和十四年三月以義成軍節度使薛平爲青州刺史充平盧軍節度淄青齊登萊等州觀察

等使此題名必在元和末矣

後梁

元崇福侯廟記 開平二年

右碑題重修墻隍廟兼奏進封崇福侯記而額稱崇福侯廟之記顧盫人朱錫鬯但稱爲鎭東軍墻隍廟記者未見其額也記文吳越王鏐撰前十行後八行字大徑寸中列勅文六行字大徑二寸許此式他碑所未見麗玉嘗守越州既沒州人祀以爲城隍神至是請于朝而得封號勅文云頃因剖竹之辰實有披榛之績剏修府署綏輯吏民此其行事之略也玉之名唐書附見四世孫堅傳云嘗爲越

州都督非總管又云爲領軍武衛二大將軍召爲監門大將軍不云右衛皆與碑文小異未知孰是碑末武肅署銜云啓聖匡運同德功臣云守侍中亦五代史所未載也

【目】昭義軍節度葛從周碑 貞明二年十月

右昭義軍節度澤潞等州觀察處置等使開府儀同三司檢校太師兼侍中守潞州大都督府長史葛從周神道碑貞明二年十月建從周歐史有傳其檢校太師兼侍中則史未之載昭義者潞州軍號也唐季潞爲河東所有不在朱梁管内從周以疾致仕遥授節度令食其俸于家非眞節度也宋世節鎭在家支俸之例實昉於此周德威小字

陽五此碑作揚五文云歸葬于偃師縣亳邑鄉黄叔璥中州金石表所載偃師碑甚夥而獨遺此吾友武君虛谷始搨以遺予文雖殘損猶足爲攷史之助于思容齊乘謂荏平縣有五代葛從周墓土人名曰葛塊讀是碑始知土俗相傳之誤

元佛頂尊勝陁羅尼幢 貞明三年十一月

右佛頂尊勝陁羅尼及大悲心陁羅尼石幢幢八面其一面刻滎陽鄭義造幢記後題貞明三年歲次丁丑十一月壬子朔二十六日辛丑貞明後梁均王年號攷溫公通鑑目錄是歲十一月丙子朔自辛丑逆數至丙子恰二十六

日乃知以丙子爲壬子書碑者之誤也其云武寧軍親王者福王友璋末帝時由忠武軍節度使徙鎮武寧故也義以親王元從官于許下建幢施龍興寺新羅漢堂永爲供養今幢已斷失其下半而書法秀逸可愛乾隆己卯錢塘周君西隒以户部主事出知許州拓其文遺予西隒下世又將十年矣感良友之贈恒藏諸笥戊子冬十一月十有三日日南至題

後唐

澤州開元寺神鍾記天祐十一年七月

右澤州開元寺神鍾記首云昭義軍節度使澤潞磁邢洺

等州觀察處置等使開府儀同三司檢校太傅兼侍中潞州大都督府長史上柱國隴西郡開國公食邑一千五百戶李嗣昭新鑄澤州開元寺神鍾記末題天祐十一年七月十三日葢唐莊宗繼鎮河東仍用天祐紀年於梁爲乾化四年也唐時昭義節鎮本領五州季年汴晉交兵澤潞屬晉邢洺磁屬梁此鍾晉人所刻邢洺磁三州久不在昭義管内而結銜猶仍唐舊史載五州次第皆列磁於邢洺下此獨移磁在邢上然則方鎮下支郡初無一定之次矣此銘鐫於鍾上字畫亦秀整不失唐人規矩宋以後鍾欵多隱起作陽文非古製也歐史載嗣昭歷官甚略其檢校

太傅兼侍中隴西郡公皆例所應書而史失之唐制方鎮加中書令侍中平章事者謂之使相記文稱嗣昭爲府主侍中蓋舉其重者稱之三師三公秩雖正一品尚不如使相之榮也

振武節度使李存進碑 同光二年十一月

右振武節度使李存進碑前幽州節度判官呂夢奇撰夢奇蒙正之大父也五代史存進傳敘其歷官本末甚略且多舛誤傳云太祖攻破朔州得之賜以姓名養爲子從太祖入關破黃巢以爲義兒軍使今以碑攷之國昌帥振武時存進已在帳下及從克用立功爲節度押衙左廂衙隊

威雄第一都副兵馬使奏授銀青光祿大夫檢校太子賓客兼監察御史大順元年遷殿中侍御史景福二年五月始賜姓名補充右廂義兒第一院軍使其時距入關破巢幾及十年攻破朔州又在其前安得卽有賜姓名爲養子之事乎傳云歷慈沁二州刺史據碑則存進在太祖時已嘗權知汾石二州軍州事莊宗時眞授石州刺史再知汾州軍州事又授慈州刺史又權知沁州軍州事葢未嘗眞授沁州刺史也通鑑載晉王在魏時以沁州刺史李存進爲天雄都巡按使攷異云莊宗實錄稱軍城使存進傳稱都部署莊宗列傳及薛史存進傳皆云天雄軍都巡按使今從

之子攷碑文本云天雄軍都部署巡檢使宅書作巡按者訛巡檢之譌或云都部署或云都巡檢各就省文似異而實同也碑又云劉鄩在莘縣與主上對壘經年公在都城每切嚴備有日私謂人曰此賊固險不戰必有多謀俾于南門多排弓弩以待之其夜果有鄩黨攻城南門弓弩齊發死傷者甚衆遂令輕騎潛報主上于東寨于是王師盡出及旦兩軍相遇于中途五萬兇口剿戮將盡惟鄩遁而獲免此事可補五代史及通鑑之闕存進字光嗣年六十有八皆史所應載而失之者也通鑑同光元年追尊祖國昌曰獻祖文皇帝五代史則云國昌諡文景此碑正作獻

祖文皇帝可正歐史之譌矣楊劉鎮碑作陽留

刹尊勝陀羅尼 天成三年四月

右尊勝陁羅尼石刻在澤州乾明寺後題大唐澤州晉城縣建興鄉砂城里柒撿管義興邑都維那劉紹等伏爲一值戈鋋二十餘載仰賴冥靈覆護皆獲安康遂去天祐十四年丁丑歲開墾荒田重修此院功德裝塑已畢慶讃表歎週圓上願國祚遐昌四塞寧謐先亾眷屬承此聖因見存生靈普獲安泰按唐僖宗文德元年戊申李罕之自河陽奔澤州據澤者十載日以寇鈔爲事及昭宗光化元年戊午罕之叛附于汴汴晉交兵日無寧晷戈鋋相尋者幾

及三十年迨天祐丁丑晉王已并魏博駸駸有吞梁之勢而後澤民稍得息肩至後唐明宗天成三年距丁丑又十餘年矣唐時諸縣以縣領鄉以鄉領里以里領管其稱義興邑者社會之名碑末所列都維那維那邑老人邑皆主此會者非郡邑之邑也𡨋即冥字郍即那字橃即撥字茍即苟字

完重修定晉禪院千佛邑碑 天成四年九月

右磁州武安縣定晉山重修古定晉禪院千佛邑碑天成四年九月九日建沙門崇仁撰文有云金枝黃鉞掌鉅鏕之山河帝子親王秉邢臺之旌節攷五代史唐明宗家人

傳明宗有姪從温嘗爲安國軍節度使封兗王當卽其人也廣韻一屋部收鏕字注鉅鏕郡名漢尹宙碑分趙地爲鉅鏕亦作鏕此字由來古矣又云東魏黄初三年高歡帝所造黄初乃曹魏紀年而誤以爲東魏僧流不通古今而妄說故事往往如此千佛邑者合千人出錢布施之名亦曰千人邑此碑稱邑首都維那三人次維那十人共稱艮圖互相勉導逐處鄉邑次立維那舉其万法之門結會千人之數當時剏立邑會其制大略可見遼金之世諸寺各立千人邑見於碑刻者未易更僕數讀斯文乃知濫觴于五代也

宣賜冥福禪院地土牒長興四年九月

右碑額云特賜冥福禪院地土之記首行云敕中書門下宣賜冥福禪院產業地土次十四行字較小敘地土四至分十段末行云右付冥福禪院准此此八行與首行大小相等下書長興四年九月二十三日牒月日之上鈐以中書門下印後兩行字又大于首行曰樞密使檢校太傅平章事駙馬都尉趙曰樞密使檢校太傅平章事范皆姓而不名以史攷之蓋趙延壽范延光也官職同而次行樞密字獨高二格者延光先入樞密故也兩人皆有押押上各用一印顧氏金石文字記謂此牒無押者覗之未審爾又

後兩行曰樞密使檢校太傅平章事范封曰中書門下牒冥福禪院亦用印鈐于字縫凡五處此非牒文乃牒外之封識獨以班首一人列銜當時文書之式略可見矣方是時馮道李愚劉昫官同中書門下平章事乃眞宰相之職延光延壽特以樞密使加平章事耳此牒出于中書門下而押行者惟趙范二人道等皆不與蓋五代之際政由樞密其居相位者無過頑鈍伴食之流朝政不由己出雖尋常文書亦不復關白名爲宰輔寔同庶僚李愚所謂吾君延訪鮮及吾輩者是也上既不以臣鄰相期而下亦不以廉恥自立世徒譏馮道視喪君亾國未嘗以屑意詎知道

在相位固未嘗一日得行其志也哉五代史范延光傳遼史趙延壽傳俱不云爲檢校太傅平章事略之也牒署九月二十三日又明日延壽罷樞密至十月延光亦去二人方握政柄故思家難之作而乞出鎮以避之如馮道輩雖在政府絶不奉行文書何避之有然千載而下非見此牒烏能知當時情事石刻之有裨於知人論世如此碑之下方刻奉符縣公據一道後題阜昌三年二月某日給蓋僞齊劉豫年號也前云據崇法院主僧海巖後云右給公據付崇法禪院收執照會准此蓋冥福院時已改名崇法矣後列知縣事劉主簿高尉張三人皆有押字而不名前後

鈐奉符縣印凡三方書法視後唐牒文較劣而鐫勒如出一手蓋賜牒後又二百年而始勒之石也冥福寺今在泰安縣城內

後晉

貞贈太傅羅周敬墓誌 天福二年十月

右贈太傅羅周敬墓誌近洛陽人掊土得之吾友偃師武虛谷始著於錄昨常熟張子恂游中州寄僕石刻四通此其一也周敬者梁天雄軍節度使中書令紹威第三子義成軍節度使周翰之弟歐史雖附見紹威傳而事迹不詳此誌文尚完好所述除授官職月日具備可裨史家之闕

其母秦國夫人劉氏故兗州節度使太師公之女當是劉鄩也用敬以世胄尚梁公主十歲節鎮滑州十二移鎮許州入唐及晉歷掌環衛唯唐明宗時曾一出鎮同州年才卅三身歷三代殷鵬作誌唯書晉天福年號前代但紀干支頗爲有法而中有梁乾化初一語則又自亂其例矣誌文云葬于洛陽縣之原而銘詞後有洛陽縣淸封鄉積閏村九字宅碑未見此例也倜儻不郡郡當作羣壁田來暮壁當作璧此下筆偶誤或偏旁同者可假借互用乎

利　聖字山崆峒巖記　天福五年七月

右聖字山崆峒巖記在澤州之鳳臺縣後晉天福初僧善

閑居此級造重閣三間廚舍兩間并塑觀自在菩薩一尊爲文記之其云寶陁落山者卽補陁落迦也碑末列邑老人邑人都維那赤白施主斗木施主地主石匠姓名其書與作与洞作洞那作郍匠作近延作延皆俗體閒架之閒與寬閒之閒皆當从月此碑三間兩間人間字竝从日俗體相承匪一朝一夕矣

【元】吳越文穆王神道碑　天福八年四月

右吳越文穆王神道碑前半剝裂幾無一字惟首行題大晉故天下兵馬都元帥守尚書十三字尚存字特大徑三寸餘較于正文幾大三倍宅碑無此式也後半文字可讀

者十之七八而銘詞獨完好吳任臣嘗采其詞入十國春秋矣十國春秋載文穆王十四子碑文雖缺以次第推之大略多同弘佾爲文穆養子時已得罪故碑不及也最後一人其名不可辨而下云爲國披緇法號□悟蓋卽弘信十國春秋失載其法號耳碑文備列中朝奉使之臣以十國春秋校之頗多牴牾碑稱戸部侍郎張文寶吏部郎中張絢爲守中書令使十國春秋則以絢爲封吳王使文寶爲宣諭使碑稱甲午歲給事中張延兵部員外郎馬義爲册封吳王使乙未歲右常侍孔昭序駕部員外郎張□爲册封越王使十國春秋則以孔昭序等奉使在甲午正月

張延雍（碑無雍字）等奉使在甲午六月俱稱冊吳越王碑稱刑部尚書李懌膳部郎中薛鈞充天下兵馬元帥官告使十國春秋則誤以薛爲崔以膳部爲禮部皆當據碑爲正惟碑書冊使年月較十國春秋牽後一年或數月蓋一書奉命之時一書至杭之日故有不同也碑稱忠獻王起復鎮軍大將軍十國春秋作鎮國大將軍亦誤撰文者中書門下平章事和凝立碑年月則天福八年四月也

元 冥福禪院新寫藏經碑 天福八年九月

右東嶽冥福禪院新寫藏經之碑朝議大夫行殿中侍御史周元休撰文駢儷可誦在五代時足稱作者其以覆簣

爲覆匱與虞伯施孔子廟堂碑同碑末列銜者十餘人首云興邦佐命忠亮功臣泰寧軍節度兖沂密等州觀察處置等使檢校太師同中書門下平章事使持節都督兖州諸軍事行兖州刺史武威郡開國公食邑口口食實封三百戶安審信審信者金全之從子也五代史不爲立傳又未附見于金全傳惟晉本紀天福八年泰寧軍節度使安審信捕蝗于中都卽立碑之年也唐本紀清泰三年先鋒指揮使安審信叛降于石敬塘通鑑亦云張敬達奏西北先鋒馬軍都指揮使安審信叛奔晉陽此興邦佐命功臣之號所由賜歟五代之際名爵冗濫藩鎮加公師宰相銜

者多矣史家不能悉載王溥會要載晉出帝朝使相二十八人審信居其一此碑署銜云同中書門下平章事正與會要合其稱檢校太師則他書所未見也

義成軍節度使駙馬都尉史匡翰碑天福八年六月

右晉義成軍節度使檢校司徒駙馬都尉贈太保史匡翰碑文尚完好惟每行之首損去五字匡翰建瑭之長子也碑於建字下空文以避晉諱而建瑭父敬思獨不避蓋當時著令止避下一字也建瑭死贈太保其祖懷清任安慶九府都督皆五代史所不載而敬思爲九府都督亦當有安慶字史省文爾朱錫鬯云史稱歷鄭州刺史而碑不書

按五代史本云鄭州防禦使不云刺史此朱氏記憶之誤予讀碑文有云圃田待理漢殿掄才功臣旌佐國之名出守奉專城之寄又云齋壇峻而金鼓嚴麻案宣而油幢出控梁苑之西郊殷乎威望撫國僑之遺俗綽有政聲藎臣翰由鄭州防禦使拜義成節度而鄭州元在義成軍管内碑固未嘗不書也陶穀之文排比鋪張頗爲親切而闔光遠書法圓美五季石刻如此者亦罕矣

元 開化瑞巖閣記 開運二年七月

右蒙山開化瑞巖閣記觀察判官將仕郎檢校尚書戶部郎中兼侍御史賜紫金魚袋蘇禹珪撰觀察支使朝請郎

試大理司直兼殿中侍御史蘇曉書兼篆額開化寺者剏于北齊在隋爲淨明寺唐高祖始賜今額會昌中寺廢李克用鎮太原復而新之乃建斯閣凡五年而成未幾閣復隳至是河東節度使北平王劉知遠舍俸錢重修禹珪曉皆知遠幕僚故云奉命也碑末列知遠銜與五代史合史不云檢校太師者略也方是時唐之亡久矣碑猶稱唐朝爲皇朝於北齊唐後唐諸帝皆跳行超一格書之其書北平王亦跳行超一格蓋其時方鎮之權重而僚屬貢諛幾儗於帝制矣五代史漢本紀天福十二年觀察推官蘇禹珪爲中書侍郎同中書門下平章事不知禹珪前一年已

爲判官判官在推官之右也碑後書大元至正八年十月
轉華嚴大經僧福敬等重立石前參議樞密院事内臺監
察御史郭彥亨膾書蓋經元人重書故字體軟弱亦有譌
字如庾作庚之類

潛研堂金石文跋尾十一

錢大昕著

後漢

父母恩重經

後周

衛州刺史郭公屏盜碑　濟州刺史任公屏盜碑

陽城縣龍泉禪院記　中書侍郎平章事景範碑

祇園寺舍利塔題字　大佛頂陁羅尼幢　匡國軍節度使贈太尉白延遇碑　尊勝陁羅尼幢

吳

大安寺鐵香爐題字　尊勝陁羅尼眞言

吳越

新建風山靈德王廟記　僧統大師塔銘　吳越國

王造塔記　崇化寺西塔基記　竹林寺石幢

閩

崇妙保聖堅牢塔記

南漢

黄蓮山銅鐘題字　拓路記　龔澄樞造鐵塔記

雲門山匡聖宏明大師碑　造千佛寶塔記

北漢

天龍寺千佛樓碑

南唐

祈澤寺殘碑　龍興寺鐘銘　本業寺記　元寂禪

師塔碑

後蜀

石經左傳殘字

南詔

大禮國鐘題字

後漢

[illegible]父母恩重經　乾祐三年

右父母恩重經石刻前題大漢國兖州龔邱縣剛城村孤子孟知進造及妻李氏名上方有乾祐三年及孤子孟進字一人而或云進或云知進蓋名進而字知進爾唐人好刻尊勝經名山古刹所在多有不若此經足動人慈孝之心也五季惟漢祚最促石刻流傳者尠予家收藏金石幾二千卷獨以未得後漢刻爲慽癸卯歲曲阜孔戶部葒谷搨此刻見貽忻然如百朋之錫乃報書未達而葒谷奄爲古人展讀此卷不知涕之何從矣

後周

衞州刺史郭公屏盜碑 顯德二年五月

右衞州刺史郭公屏盜碑宋史郭進傳云周廣順二年遷登州刺史會羣盜攻刼居民進率鎭兵平之部内淸肅民吏千餘人詣闕請立屏盜碑許之顯德初移衞州衞趙邢洺閒多亾命者以汲郡依山帶河易爲出沒伺閒椎剽吏捕之輒逃去故累歲不能絶其黨類進備知其情狀因設計發擿之數月閒翦滅無餘郡民又請立碑記其事改洺州團練使有善政郡民復詣闕請立碑頌德詔左拾遺鄭起撰文賜之進先後莅三州三州之民皆請於朝立碑頌德其治行必有過人者此碑乃衞州所立右補闕杜韡奉勅撰文而待詔孫崇望書之者也進是時官止刺史而階

至金紫光祿大夫勳至上柱國檢校司徒兼御史大夫封太原縣開國男賜推誠翊戴功臣之號可見五季名爵之濫而史家所不詳者多也

貞濟州刺史任公屏盜碑　顯德二年閏九月

右濟州刺史任公屏盜碑在鉅野縣久墮水中姚半塘始募人舁出搨一紙貽予文甚完好金石家都未著錄也題云大周推誠奉義翊戴功臣特進檢校太保使持節濟州諸軍事行濟州刺史兼御史大夫上柱國西河郡開國公食邑二千三百戶任公屏盜碑銘并序朝議郎行左拾遺充集賢殿修撰臣李昉奉勑撰翰林待詔朝議大夫行司

農丞臣張光振奉勑書碑末題軍事判官朝議郎行大理司直兼殿中侍御史張穆篆額以非奉勑篆故不稱臣而退居後也任公名漢權蜀國人以武略事梁朝初牧於丹移治於趙後乃治濟以武夫而有政績良未易得而新舊五代史不見其姓名經八百餘年此碑復顯於世斯亦能吏之報矣予初見郭進衞州屏盜碑證以史傳歎登洛二州之碑不可復得今覩此碑乃知當時諸州立石頌德者不止進一人而光振書法遒媚亦不在孫崇望下也

陽城縣龍泉禪院記　顯德三年九月

右陽城縣龍泉禪院記前記澤州司法參軍徐綸撰紀僧

順慜擲興此院及乾寧元年賜額之事後題云大周開基之二載歲直壬子蓋廣運二年也後序鄉貢進士王獻可撰述顯德初毀廢佛寺此院以乾寧敕賜額得存之由按五代會要顯德二年諸州供到僧帳見存寺院二千六百九十四所廢寺院凡三萬三百三十六當時琳宫梵宇什不存一斯院之不見毀幸矣獻可書修整有唐人法度釋氏書以周莊王十年四月夜恒星不見爲釋迦降生之祥故記有周禎載驗之語本述前代而碑於周字輒跳行書之豈以郭氏自稱虢叔之後與姬周同出故邪眠郎眦字

元中書侍郎平章事景範碑　顯德三年十二月

右中書侍郎同中書門下平章事贈侍中景公神道碑下半已磨滅顧藹人金石文字記謂剝落者十之一二今距顧氏又百年十去其五六矣碑本行書而顧以爲正書碑首題翰林待詔朝議郎守司農寺丞孫崇望奉勑書而顧亦失載其姓名以顧氏攷證之審且嘗親至碑下猶不免疎漏如此紀載可盡信哉五代史不爲範立傳惟周本紀書範拜相月日而不書其罷之月日亦缺漏也

【貞】祇園寺舍利塔題字 顯德五年十一月

右祇園寺銅舍利塔題字海鹽張燕昌芑堂嘗爲予言在蕭山之祇園寺乾隆丙申殿前方浮圖爲水所圮寺僧拾

壞甎得小方塔一高七寸博五寸其製似錢忠懿王金塗塔芑堂嘗與邑人汪進士輝祖煥曾蔡秀才英雲臼同往觀之癸卯歲予過蕭山入祇園寺訪僧雛詭言在縣令所悵然而返丙辰秋煥曾始搨其文貽予凡五十九字周圍刻之云弟子夏承厚并妻林一娘闔家眷屬捨淨財鑄眞身舍利塔兩所恐有多生罪障業障並願消除承茲靈善願往西方淨土戊午顯德五年十一月三日記蓋吳越忠懿王嗣位之十一年奉中朝正朔也蔡君記作夏承原今審視之當是厚字

元 大佛頂陁羅尼幢 顯德五年

右佛說大佛頂陁羅尼石幢後題下元甲子顯德五載龍集戊午日躔南斗高陽許氏建在虎邱山之劍池五代之際蘇州在吳越錢氏管内吳越奉周正朔故以顯德紀年實吳越忠懿王嗣位之十一年也予二十年前寓居吳門徧游伽藍古刹訪唐以前石刻皆無有此幢建於吳越有國時楷書猶有唐人筆法雖無書人姓名亦堪寳愛孜王象之輿地碑目未載此幢近人修虎邱志亦遺之虎邱近在郭外游人日肩摩其側莫有過而問者椎拓著錄自予始其書躔爲[illegible]與王居士塔銘蕭思亮墓誌纏作緾同

周匡國軍節度使贈太尉白延遇碑 顯德六年七月

右𠑽國軍節度使贈太尉白延遇碑瞿墒中溶於圓妙觀市買得之碑凡卌七行行七十五字首題大周故推誠奉義翊戴功臣𠑽國軍節度管内觀察處置等使光祿大夫檢校太傅使持節同州諸軍事行同州刺史兼御史大夫上柱國南陽郡開國公食邑二千戶贈太尉白公神道碑銘將仕郎守右拾遺臣楊嶽之奉勑撰翰林待詔將仕郎試祕書省校書郎何光瀚書公諱延遇字希望太原人事晉祖補弓箭庫使歷控鶴都虞候興□都指揮使鄴都□步軍都指揮使以功超轉□□第六軍都指揮使領萬州刺史又轉第二軍都指揮使綿州刺史漢興以平鄴功授

護聖左廂都指揮使　檢校司徒領□州州防禦使少主嗣位
授汾州防禦使罷任　授復州防禦使加檢校太保太祖討
兗州充馬步軍先鋒　兗州平授齊州防禦使加檢校太傅
皇上臨御授兗州防禦使進封開國公南征之始以公充
淮南道前軍先鋒都指揮使四年春奉詔歸任未幾授武
國軍節度使加食邑至二千戶是年秋復充淮南道前軍
先鋒都指揮使兼招安巡檢使統兵濠州冬十月靈旗載
舉公已寢疾以十一月四日薨于濠州師次享年四十三
詔贈太尉賻賵有加門人故吏護喪歸東京至五年正月
二十七日己酉葬于西京河南縣□□鄉張封村西張里

按延遇以軍功擢節鎭未到官而卒史不爲立傳故撮其歷官本末以裨史氏之闕皇甫暉之就擒史但歸功于宋太祖而此碑云皇甫暉口口滁州深謀堅壁獸猶困鬬狐但首巨率衆先登生擒以獻朝廷嘉賞功實居先碑爲嶶之奉勑撰述當必不誤嶶之仕周官右拾遺與宋史本傳合碑云葬于西京河南縣而畢氏中州金石記未著于錄不識碑石今無恙否也

尊勝陁羅尼幢

右尊勝陁羅尼幢在廣德州城北廿里鎭山寺甲寅歲瞿塤鏡濤游桐川手拓其文歸以眎予文稱將仕郎守尉金

峻將仕郎守尉孔擢 將仕郎守尉殷湘文林郎守主簿周拭攝丞文林郎守文學孔詣鎮遏使兼監察御下闕又稱募衆緣造佛頂尊勝陁羅尼幢一隻於安國寺殿前豎立奉爲國王帝主州縣衆寮及諸助緣弟子四恩三友法界有情同霑下闕字畫有唐人法度而不見年月按鎮遏使唐季五代往往有之此幢疑楊氏承制時所刻陸子静跋信州雄石鎮帖稱官名有鎮遏使唐龍紀元年刻矣

大安寺香爐題字 大和五年七月

右大安寺香爐題字在南昌府大安寺山陰徐壁堂知南

昌縣揭以遺予字皆陽文首云吳大和五年歲次癸巳七月乙亥朔十五日己丑鑄此香爐重一万二千斤於大安寺大殿永充供養上爲國王□□府尊令公州縣文武官寮云云又一面云尙用工胡德蕭道昂丁從□寺造大殿上用釘二万口與香爐上共緣化得鐵及錢收買共計用鐵一千四伯斤打造上殿使用並足永充供養秀水朱氏跋略載此文頗以意更其次第於鑄此香爐下增入收買鐵仄錢打造七字今驗前後別無鐵仄錢之文殆誤以及爲仄爾此爐重一萬二千斤後云緣化得鐵及錢收買共計用鐵一千四伯斤者乃指打造鐵釘所用之數牽合爲

一失其實矣朱氏所見拓本得之上元燈市故疑此寺當在金陵不知其在南昌也

尊勝陁羅尼真言 天祚二年閏十一月

右尊勝陁羅尼真言後題右街右南廵贊賢坊市北界清信男弟子周從今捨淨財建造佛頂尊勝陁羅尼碑子一所捨於井畔永充供養意者爲亾妻丁氏二娘子於天祚二年四月內染患時疾之時不知誤落井中爲伏字郎復固意投井致於身殀從緣此時亦在床枕昏迷不知端的自從殁化已來未知生昇伏彫字郎願亾魂不昧承此功德早生淨土見佛聞法莫似今生愛别離苦云云時天祚二年

歲次丙申閏十一月庚子朔一日□□建天祚者楊溥年號其二年即晉天福元年也據温公通鑑目錄是歲十月丙辰朔十二月乙酉朔閏在十月此碑云閏十一月葢當時南北分土司天置閏先後或差一月固無足怪但依温公所推則閏十月當丙戌朔十一月當丙辰朔江南置閏即在十一月後其朔亦當是乙卯丙辰兩日不應差至半月餘石刻作庚子未可據也

吳越

貞新建風山靈德王廟記 寶正六年

右新建風山靈德王廟記後題寶正六年重光單閼歲爲

相之月二十有三日記最後一行題天下都元帥吴越國
王九字字較大而不署名讀其文自稱寡人知爲武肅王
所撰字體與崇福侯廟碑相似殆出一手寶正兩字磨泐
不甚可辨蓋忠懿納土後鑱去尒雅釋天云七月爲相此
題爲相之月必七月矣吴氏十國春秋載寶正六年冬十
一月重建防風山靈德王廟成王勅撰廟記郎謂此碑但
記文明言丙戌年八月二十四日起首至其年十一月畢
功丙戌者寶正元年以八月興工十一月告成洎辛卯歲
立碑相距已五載吴氏誤以立碑之年爲廟成之年又誤
以相月爲十一月皆攷之未審爾史記汪罔氏之君守封

禺之山裴駰引韋昭曰封封山嵎禺山在吳郡永安縣又云駰案晉太康元年改永安爲武康縣今屬吳興郡今風山在縣東二十里廟在山下風封同音殆即韋君所謂封山也予收藏金石刻二千餘通吳越刻亦有十餘獨未得天寶寶大寶正之刻常以爲憾丙辰春錢唐何夢華購此寄贈令我手腳輕欲旋矣

僧統大師塔銘 應順元年五月

右僧統大師塔銘在臨安縣功臣山淨度寺向來金石家皆未著録頃錢唐何夢華訪得手拓一通見詒文二十四行行六十四字首題吳越國故僧統慧因普光大師塔銘

而篆額但云吳越國故僧統大師塔銘蓋以統攝爲貴不以美號爲榮緇流之尙勢利與仕途如一轍也文云大師俗姓錢氏法號令因即今天下都元帥吳越國王第十九子攷十國春秋載武肅王三十八子不言有出家者是吳氏未見此碑矣師年始十三於梁乾化三年四月對佛披剃寶大元年八月十三日圓寂享年二十有四即以其年十二月歸窆撰文者鎮東軍節度掌書記徐其名則不可辨矣書人名益剝泐似有沙門字末行云時唐應順元年歲次甲午五月庚子朔十九日戊午建應順者唐閔帝紀年也是歲四月潞王篡立改元清泰此碑建於五月猶書

應順者洛都與吳越隔遠又爲淮南所阻使命皆由海道得達潛王改元之詔吳越無由知之也碑文用梁乾化貞明龍德年號而特書寶大紀年不用唐同光之號此不可解

吳越國王造塔記 乙卯歲

右吳越國王造塔記凡四行文云吳越國王錢弘俶敬造八万四千寶塔乙卯歲記卽周晉仙所謂金塗塔也晉仙詩云錢王納土歸京師流落多在西湖寺納土本忠懿王事惟詩中太師尚父尚書令一語偶誤蓋忠懿未嘗有尚父之稱也竹垞檢討直以爲武肅王造由於未見拓本故

尓宋史吳越世家忠懿單名俶蓋避宋諱去上一字塔造於乙卯歲在宋受禪之前固無所避也

貞崇化寺西塔基記 戊午七月

右崇化寺西塔基記文云吳越王長舅鄭國公吳延福載輿塼塔二所香泥木石爲此鎡基厚二丈餘其固若山他日製爲請無疑也按宋史吳越世家建隆元年俶舅寍國軍節度使吳延福有異圖左右勸俶誅之俶曰先夫人同氣安忍寘於法但黜延福於外終全母族史不言鄭國公之封略之也後題唐下元戊午七月二十八日戊午爲周世宗顯德五年乃稱唐下元者遯甲三元術以唐興元元

年甲子爲上元會昌四年甲子爲中元天祐元年甲子爲下元戊午乃下元甲子之第五十五年泝其始而言故云唐下元也虎邱石幢題下元甲子顯德五載龍集戊午雖以顯德繫年仍冠以下元甲子亦同此例且當時方鎮割據世守其土雖奉中朝正朔不肎加大周大宋之稱如祇園寺塔稱顯德而不稱大周南唐龍光寺碑稱開寶而不稱大宋皆其證矣

貞 竹林寺石幢

右竹林寺雙石幢在臨安縣東西相向制極雄偉皆吳越錢武肅王所立東幢刻佛説守護國界主陀羅尼經西幢

刻千手千眼大悲心陁羅尼經後有跋語數行皆儷語末題寶大元年歲次甲申五月一日天下都元帥吳越國王鏐建則兩幢皆同其云七帝酬恩者謂唐懿宗僖宗昭宗哀帝梁太祖末帝後唐莊宗也甲申者後唐同光二年王順伯復齋碑錄搜錄吳越紀元石幢甚多而此兩幢獨未之及王象之輿地碑目亦遺之頃歲何夢華始訪得椎拓其文頗完好可誦予因與寓目焉亦晚年一快也風山碑寶正字頗磨泐而此幢寶大字未經鑱損吳任臣十國春秋於建塔修廟皆大書於世家此幢獨不著錄今距吳氏著書又百餘年而予乃得見之斯亦足以儆前賢矣

闕

元崇妙保聖堅牢塔記　永隆□年

右崇妙保聖堅牢塔記林同穎撰僧无逸書碑文稱王曦尊號爲後人磨去然猶仿彿可辨葢睿明文廣武聖光德隆道大孝皇帝十四字也通鑑載曦被弑之後謚曰睿文廣武明聖元德隆道大孝皇帝與碑所稱尊號略同惟睿明文廣武聖六字先後互易及以光爲元小異皆當以碑爲正曦以永隆三年稱皇帝卽上此尊號旣没遂以尊號爲謚其時篡奪相仍諒無暇别議謚矣通鑑失載曦上尊號一事五代史并謚亦略而不書毋乃太簡乎題首似有

大闕二字亦爲後人磨去塔建于永隆三年十一月至告成之年月上俱空一字末行題年月日亦空其文蓋撰書之時塔尚未成故空其月日及立石鐫勒後遂不復補塡偏閏之世事多艸艸類如斯也

南漢

【高】黄蓮山銅鐘題字 大寶二年七月

右黄蓮山銅鐘題字凡四行文云粤惟大寶二年太歲己未七月甲辰十九日壬戌樂昌黄蓮山寶林禪院住持長老明嶽大師賜紫沙門義初召衆緣鑄造銅鐘壹口重肆伯斤勸首弟子給事郎守内侍省内府局令都監樂昌防

遏諸都并監樂昌縣事賜紫金魚袋鄭敬賛以七月卄八日設齋慶讚永充供養攷韶州府志樂昌縣有寶林寺宋嘉祐三年僧圓祐建無所謂寶林禪院者至黄蓮山則志乘失載訪之樂昌人亦尟能舉其名矣此鐘不知何時移至韶州府學乙未歲四月予按試至韶謁先聖祠見此鐘卧儀門旁問之校官荅以方撤葢甍舍委置于此既手摸其文并屬校官仍懸之明倫堂云

貞拓路記 大寶三年

右拓路記其文云以大寶三年庚申歲月在仲冬開拓此路爲留題記凡三行二十字行書頗縱逸在潮州府西湖

旁大石上金石家未有著錄者益都李南澗知瀏陽日赴郡游斯湖始見而拓之

剎龔澄樞造鐵塔記大寶六年五月

右龔澄樞造鐵塔記塔在廣州光孝寺其文云玉清宮使德陵使龍德宮使開府儀同三司行内侍監上柱國龔澄樞同女弟子鄧氏三十二娘以大寶六年歲次癸亥五月壬子朔十七日戊辰鑄造丞充供養凡七行世所傳者惟西一面文乾隆甲午夏益都李文藻素伯諦觀東南北三面鐵繡中隱現有字募人錐出搨之文皆與西面同而每行字數有多寡葢非一笵也素伯又爲文記塔之形製云

塔自石趺以上高丈有九尺六寸石趺四重刻獅獸鐵趺四重一作瓦檐形二作龍戲三珠縮其地廉外爲四人首戴第三重如贔屭狀三重亦刻花紋四重周作蓮花四面各闊四尺六寸爲瓣九中一瓣刻文於上自蓮花瓣以上凡七層以次而狹皆鑄佛像最上闊不過二尺又上爲蓮花頂每層大佛一衆小佛環之每面七層計二百五十佛四之則千佛矣下二層佛旁有字梯而覩之第一層東曰釋迦佛西曰彌勒佛南曰彌陀佛北曰藥師佛藥師佛者釋家謂之功德佛其造塔者自況乎第二層東盧遮那佛南盧舍那佛西牟尼佛北毗舍浮佛宅佛名皆刻佛左而

此獨刻佛右塔頂似有字勢甚危不可梯也

雲門山匡聖宏明大師碑　大寶七年四月

右雲門山匡聖宏明大師碑西御院使集賢殿學士御前承旨太中大夫行左諫議大夫知太僕寺事上柱國賜紫金魚袋陳守中奉勑撰列聖宮使甘泉宮使秀華宮使翫華宮使開府儀同三司行內侍監上柱國李托玉清宮使德陵使龍德宮使開府儀同三司行內侍監上柱國武昌縣開國男食邑三百戶龔澄樞承旨建右街大乾亨寺內殿供奉講論兼表白意法大師賜紫沙門行脩奉勑書今在乳源縣之雲門山　文偃唱道雲門與臨濟溈仰曹洞法

眼並稱五宗而此碑前人著錄無及之者偃初住雲門之光泰禪院劉龔賜號匡眞大師劉鋹大寶中追謚大慈雲匡聖宏明大師五燈會元述師謚稱大慈雲匡眞宏明蓋誤合前後謚號爲一又以光泰爲光奉亦轉寫之譌也睿聖文武隆德高明宏道大光孝皇帝蓋鋹所上尊號當據以補十國春秋之闕守中文詞博贍行脩書亦不俗而十國春秋不錄其名氏蓋志伊亦未見此碑也

刱造千佛寶塔記 大寶十年四月

右造千佛寶塔記在光孝寺之東院寺僧以灰塡其文而塗金於外謂之金塔記在塔之西面凡八行文云大漢皇

帝以大寶十年丁口歲敕有司用烏金鑄造千佛寶塔壹所七層并相口蓮花座高二丈二尺保龍口有慶祈鳳歷無疆萬方咸使於清平八表永承於交泰然後善資三有福被四恩以四月乾德節設齋慶讚謹記其北面西隅題名二行云內殿大僧錄教中大法師金紫光祿下缺檢校工部尚書曉眞大師法門臣道口東隅題名二行云教中大法師內供奉講經首座金紫下缺夫檢校工部尚書寶法大師沙門臣下缺南面東隅題名二行云教中大法師內下缺大夫檢校工部尚書口法大師沙口臣下缺西隅題名三行漫漶不能讀其可辨者造塔字軍營字陽宮使

字秀字宫使字指撝字宫門字點檢字將軍字開國伯食邑七百戶臣字東面南隅題名二行可辨者教中大法師字大夫檢校字西面兩隅及東面之北隅皆無刻文予所藏者李素伯手搨之本覩宅家特爲完善故紀其文以正向來紀載之譌寺之西院有龔澄樞所造鐵搭先於此塔四年亦非奉敕所造朱錫鬯謂劉鋹所鑄二塔並立一屋中一作記一題名者誤也此塔題名六人惟所謂宫使者似是內侍之職餘皆沙門爾朱以爲皆宦者亦誤

北漢

天龍寺千佛樓碑廣運二年八月

右天龍寺千佛樓碑推誠佐命保祚功臣特進行尚書左僕射兼中書侍郎平章事上柱國隴西郡開國公食邑三千戶臣李惲奉勅撰翰林書令史劉守淸書翰林書令史王廷譽篆額惲以宰相奉勅撰文列名碑文之前守淸廷譽則列名于碑末年月一行之下不稱臣亦不云奉勅微之也吳任臣十國春秋載此碑頗多闕文今得石本校之可識者尚廿許字舛誤者又數字始歎博聞之家又以審核爲難爾

南唐

利祈澤寺殘碑　保大四年十月

右祈澤寺殘碑寺在江寧通濟門外三十里地屬上元縣戊戌十月予以訪碑至此山高五十丈石骨森立詭異萬狀前望土山後接青龍山左招天印右引長干頗據登臨之勝且在官道旁而游屐顧罕到者碑已碎裂僅存中間一段有云保大三年起首迄於四載興功又云昇元歲末保大惟新知其爲南唐碑也予初見碑中有宋代字疑爲宋初刻及讀元僧伯元所撰記云寺建于宋營陽王義符景平元年始悟碑云宋代乃追敍之詞謂劉宋非趙宋也覩碑文匡字並未回避其爲南唐石刻無疑碑載會首姓名有嚴二娘張十六娘夏八娘戴五娘張八娘嚴四娘吳

四娘薛六娘等錯列于男子之中與大安寺鐵香爐題名
正同使秀水朱氏見之又嘗譏爲丁口無别矣

龍興寺鐘銘 乾德五年二月

右龍興寺鐘銘在南昌府城内百花洲西鐘樓首題安邊
忠武功臣宣猛將軍前守池州刺史池州團練使寍化軍
節度副使在城馬步都軍使知揚州軍府事武信軍節度
使鎮海軍節度使寍國軍節度使建武軍節度使守左
衛軍統軍本軍都軍使國城都城修開城濠都檢校使武
昌軍節度使兼營口使靜江軍節度使知南都留守檢校
太尉兼侍中南昌尹開國侯食邑一千戶林仁肇捨俸重

鑄龍興寺銅鐘一口永充供養蓋仁肇在南昌所鑄結銜并敍前所歷官與宅刻異陸氏南唐書本傳但云爲潤州節度使徙鄂州又徙南都留守而已鎭海軍潤州也武昌軍鄂州也寧國軍宣州也建武軍揚州也皆在南唐管內若武信軍之爲遂州静江軍之爲桂州則非江南所有意者遥借其名以寵勳臣乎或曾別置鎭於境內而史失載乎寧化軍則史傳別無可攷意亦李氏所置也

刹本業寺碑　乾德五年七月

右本業寺碑僧契撫撰東山任德筠書石已中斷而文義猶連屬可讀李氏三世好文學金陵又其都會之地石刻

見於陳思所錄者甚夥今惟存此爾寺在麒麟門外以僻左人跡罕到嚴公子子進募工搨數本以其一遺予其書梁天監舊蹟轉湊爲畾蔣嶠爲篛也蔣山闕作闢恩作息皆宅碑所未有

元寂禪師塔碑 開寶二年五月

右上都右街龍光禪院故元寂禪師塔碑朝議大夫守中書侍郎充光政殿學士承旨南陽縣開國男韓熙載撰朝議郎守中書舍人充集賢殿學士知院事徐鍇題額將仕郎試右千牛衛倉曹參軍直尚書禮部張藻書後題開寶二年不稱大宋蓋其時雖用中朝正朔而未嘗以宋號冠

之文中稱楊吳順義太和唐保大紀年至去帝號以後但稱歲辛酉王戌幷不用建隆之號熙載豈甘心事小朝廷者纔聲伎自汚辭相位而不居良有以也熙載官中書侍郎光政殿學士承旨與宋史合其稱金陵爲上都則宅書所未載也禪師名隱微預章新淦人葬于吉州吉水縣仁壽鄉太平里元帥鄭王時任保釐捨財傳管塔廟攷之宋史後主弟從善嘗封鄭王意卽其人歟予家藏石刻千餘通獨未得南唐碑頃盆都朱進士廷基出宰吉水搨此本見貽喜而跋之

後蜀

子也夫子韓起君子有信其有以知之矣為十年齊欒施高彊來奔張本自齊聘於衛衛侯享之北宮文子賦淇澳淇澳詩衛風美武公也言宣子有武公之德宣子賦木瓜木瓜亦衛風義取於欲厚報以為好夏四月韓須如齊送女須韓起之子送少姜齊陳無宇送女致少姜少姜有寵於晉侯晉侯謂之少齊為立別號所以寵異之謂陳無宇非卿欲使齊以適夫人禮送少姜執諸中都中都晉邑在西河界休縣東南少姜為之請曰送從逆班班列也畏大國也猶有所易是以亂作韓須

公族大夫韓無忌上大夫言齊畏晉改□□禮制使上大夫送致此執辱之罪甚少姜謙□□宗議

叔弓聘於晉報宣子也此春韓宣子來聘晉侯使郊勞聘禮賓至近郊君使卿勞之辭曰寡君使弓來繼舊好固曰女無敢為賓徹命於執事敝邑弘矣徹達也敢辱郊使請辭辭郊勞致館辭曰寡君命下臣來繼舊好好合使成臣之祿也得通君命則於己為榮祿敢辱大館敢敢不叔向曰子叔子知禮哉吾聞

中間闕一行脫正文十四字注二字

主也辭不忘國忠信也謂稱舊好先國後己卑

讓也始稱敝邑之弘先國也次稱臣之祿後己也詩曰敬慎威儀以近有德夫子近德矣詩大雅秋鄭公孫黑將作亂欲去游氏而代其位游氏大叔之族黑爲游楚所傷故欲害其族傷疾作而不果前年游楚擊傷創駟氏與諸大夫欲殺之駟氏黑之族子產在鄙聞之懼弗及乘遽而至遽傳驛使吏數之責數其罪曰伯有之亂在襄三十一年以大國之事而未爾討也務共大國之命不暇治女罪爾有亂心無厭國不女堪專伐伯有而罪一也昆弟爭室而罪二也謂爭徐吾犯之妹薰隧之盟

按伯有死在襄三十年注衍一字

女嬌君位而罪三也謂使大史書七子有死罪三何以堪之不速死大刑將至再拜稽首辭曰死在朝夕無助天爲虐子產曰人誰不死凶人不終命也作凶事爲凶人不助天其助凶人乎請以印爲褚師印子晳之子褚師市官子產曰印也若才君將任之不才將朝夕從女女罪之不恤而

右春秋左傳殘本三百九十五字注二百六十七字吳門陳芳林所藏皆昭二年傳左氏之第二十卷也曾宏父石刻鋪敘云春秋左氏傳二十八冊三十卷序一千六百一

十七字經傳十九萬七千二百六十五字注十四萬六千
九百六十二字蜀鐫至十七卷止此殘字在十八卷以後
或疑宋人續刻今攷成都志但云公穀田況所刻不及左
傳此殘字中遇宋諱初不缺筆其出于孟蜀無可疑者宏
父雖云春秋三傳則皇祐元年九月訖功而兼采成都志
之言則固不以左氏傳爲況刻也詩書禮記周禮皆有書
人姓名而無刊石年月儀禮則并無書人姓名與左傳同
大約諸經書石本同一時而卷帙有多寡故鐫成有先後
之殊工成或在宋代字畫實皆蜀刻左傳於諸經中文字
最緐鐫成亦最在後非蜀亾之日尚有未經繕寫者留待

宋人續補也唯公穀二傳廣政中未有寫本旋遇國亾此事遂輟直至皇祐初田況作郡始續成之耳攷蜀之亾在乾德三年乙丑距皇祐元年己丑八十有四年使左傳果刻至十七卷止僅存後十三卷何至遷延八十餘載始告成耶南宋時蜀石經完好無恙曾宏父趙希弁輩述之甚詳而元明儒者絕無一言及之殆亾於嘉熙淳祐以後近錢塘厲太鴻曾見毛詩左傳殘字作詩紀之予訪求四十年不可得蓋流落人間者希矣

南詔

刋大禮國鐘題字

右大禮國鐘題字文云維建極十二年歲次辛卯三月丁未朔廿四日庚午建鑄及唐書南詔傳宣宗崩使者告哀是時豐祐亦死坦綽酋龍立恚朝廷不弔卹遂僭稱皇帝建元建極自號大禮國唐宣宗以大中十三年己卯歲崩明年庚辰懿宗改元咸通而酋龍之僭號亦在是年其稱建極十二年即咸通十二年也據温公長曆是年三月恰是丁未朔通鑑以酋龍僭號繫之大中十三年蓋失其實矣鐘之四周刻六天王五波羅蜜像曰天主帝釋曰大梵天王曰增長天王曰廣目天王曰多聞天王曰持國天王曰大輪波羅蜜曰勝業波羅蜜曰慧響波羅蜜曰金剛波

羅蜜曰智寶波羅蜜刻畫古朴非後人所及今在大理府感通寺汾陽曹編修受之視學雲南拓以寄予滇中無古金石刻此猶唐時所鐫得之亦足以豪矣

潛研堂金石文跋尾卷十二

錢大昕箸

宋一

大悲閣序　涇州回山重修王母宮記　偏旁字源

撿校太保廣平郡公程德玄碑　勑修文宣王廟

牒　頒行莊子詔　陳總等題名　景德寺中書門

下牒并澤州帖　登泰山謝天書述二聖功德銘

禪社首壇頌　祀文宣王廟題名記　重刊旌儒廟

碑　棣州防禦使撿校太保石保興碑　元聖文宣

王贊并加號詔　中嶽中天崇聖帝碑　北嶽安天

元聖帝碑　敎興頌　靈祐觀中書門下牒　增修

中嶽中天崇聖帝廟碑　王瀆題名　涇州回山王

母宮頌　蕭山縣夢筆橋記　王質等題名　朱巽

等題名　澤州龍堂記　護國寺碑　長城葆光等

題名

宋一

篆書千字文 乾德三年十二月

右石刻千字文南岳講華嚴法界觀賜紫沙門夢瑛篆并古文題額前攝涇州節度巡官袁正已隸書推誠奉義翼戴功臣永興軍節度管內觀察處置等使特進檢校太尉同中書門下二品行京兆尹上柱國濮陽郡開國公食邑二千七百戶食實封八百戶吳廷祚建案宋敏求春明退朝錄云唐大帝時始有同中書門下三品其時中書令侍

中皆正三品大曆中竝升爲二品晉天福五年升中書門下平章事爲正二品國初樞密吳廷祚以父諱璋加同中書門下二品用升品也以此碑證之良然曾子固隆平集吳廷祚傳云宋興加中書門下三品宋史亦同皆傳寫之誤夢英字从玉旁亦惟見於此

三體書陰符經 乾德四年四月

右郭忠恕三體書陰符經三體者古文篆隸也大書篆體而古文與隸旁注於下雖兼三體實以篆爲主忠恕書法方駕陽冰實在同時二徐之上夢英已下遠不逮矣族子獻之云此經刻于唐實際寺懷惲禪師碑之背面

利 嵩山會善寺重修佛殿碑 開寶五年閏二月

右嵩山會善寺重修佛殿碑翰林學士朝請大夫尚書兵部郎中知制誥柱國賜紫金魚袋王著撰前攝大理評事王正已書宋初有兩王著一爲單州單父人字成象官翰林學士一爲京兆渭南人字知微官翰林侍書宋史皆有傳此碑撰文之王著職居學士非太宗時模勒閣帖者也著傳云開寶二年卒而碑立於五年閏二月著巳先卒矣正已書法亦孫崇望之流而不通文義碑文有隋開皇字誤於皇字上空二格

元 新修周武王廟碑 開寶六年十月

右新修周武王廟碑翰林學士尚書兵部員外郎知制誥盧多遜撰翰林待詔太僕寺丞孫崇望書宋史禮志太祖命李昉盧多遜王祐扈蒙等分撰嶽瀆祠及歷代帝王碑遣翰林待詔孫崇望等分詣諸廟書于石此其一也文稱應天廣運聖文神武明道至德仁孝皇帝攷東都事略載開寶元年八月戊辰羣臣上尊號與此正同宋史本紀聖文作大聖誤史又移上尊號于十一月恐亦誤

元 新修唐太宗廟碑 開寶六年十月

右新修唐太宗廟碑殿中侍御史分判度支公事李瑩撰亦孫崇望書宋史太祖紀開寶三年九月詔西京鳳翔雄

羅氏州周文成康三王秦始皇漢高文景武元成哀七帝後魏孝文西魏文帝後周太祖唐高祖太宗中宗肅宗代宗德順文武宣懿僖昭諸帝凡二十七陵嘗被盜掘者有司備法服常服各一襲具棺槨重葬所在長吏致祭碑云啓舊塋所以極衣冠之飭正指此事也

元新修嵩嶽中天王廟碑 開寶六年十二月

右新修嵩嶽中天王廟碑亦盧多遜撰孫崇望書結銜與周武王廟碑同宰輔編年錄開寶六年九月己巳盧多遜參知政事多遜自翰林學士兵部員外郎遷中書舍人除此與周武王廟碑一立於十月一立於十二月猶稱翰林

學士尚書兵部員外郎者撰文時猶未執政也

元新修商帝中宗廟碑 開寶七年四月

右新修商帝中宗廟碑右拾遺梁周翰撰翰林待詔太子率更寺主簿司徒儼書其文云案商本紀帝太戊契二十一代之孫帝雍己之弟攷史記契子昭明昭明子相土相土子昌若昌若子曹圉曹圉子冥冥子振振子微微子報丁報丁子報乙報乙子報丙報丙子主壬主壬子主癸主癸子湯湯子太丁外丙中壬太丁子太甲太甲子沃丁太庚小甲雍己太戊太戊實契之十六世孫若兄弟各爲一世則爲二十二世太丁未立故稱二十一世也

利龍興寺碑 開寶八年四月

右龍興寺碑在同州府字畫完好獨不署撰書人姓名讀其文知撰人名岵而已文稱府主連帥太師又云門下平章之命禁殿宣麻攷之宋史則馮繼業時爲定國軍節度使史不云檢校太師及加中書門下平章事也宋初沿五代之制藩鎮之權尚重繼業在周已歷節鎮名位久顯寵以三公使相之號不足爲異然本傳章不一書未免失之太畧繼業在同州吏民嘗爲立遺愛碑今不復傳矣

利福嚴院牒 太平興國三年五月

右福嚴院中書門下牒在澤州鳳臺縣之硤石山本青蓮

寺上院宋太平興國中賜額敕尾列銜者三人中書侍郎平章事盧者盧多遜也右僕射兼門下侍郎平章事者沈倫也左僕射兼門下侍郎平章事者薛居正也三人皆宰相薛沈官至僕射故不書姓凡中書門下牒宰臣皆署押年月上鈐以印此碑無印與押者刻石時但錄其全文未將錄黃鈎摹也鉅野姚半塘游澤州搨以遺予且言同時法輪院亦有賜額敕牒與此刻相同附記於此

宋夢英書夫子廟堂記

右夢英書夫子廟堂記自跋云此記刊石元在湖州臨安縣案湖州有歸安縣無臨安縣臨安乃杭州屬縣自唐至

今未聞改隸英公何不攷乃尒其末題壬午歲六月廿五日葢太平興國七年也碑末列銜者四人承奉郎守太子右贊善大夫陜府西南路諸州水陸計度同轉運賜緋魚袋祖吉通直郎行左補闕陜府西南路諸州水陸計度轉運副使賜緋魚袋趙戭兩人爲一列朝散大夫行殿中侍御史通判永興軍府事師頏朝散大夫行尚書考功員外郎權知永興軍府事柱國李凖兩人爲一列轉運爲監司官故列於郡官之上其序則以後爲尊也宋史職官志轉運司有使副使判官而不載同轉運之名今攷李氏長編太平興國七年有西川同轉運范祥東川同轉運卜倫荆

湖同轉運孫日新此碑亦有同轉運祖吉則是宋初曾置是官不知省於何年志所載特熙寧以後之制耳師頏宋史有傳刊本或譌作頑當據碑正之傳云太平興國初遷監察御史通判永興軍坐秦王廷美假公帑緡錢左授乾州團練副使尋復舊官六年改殿中侍御史通判邠州據此碑則以殿中侍御史通判永興軍乃在七年恐史有誤也

宋重修兖州文宣王廟碑　太平興國八年十月

右重修兖州文宣王廟碑起復翰林學士朝散大夫尚書都官郎中知制誥呂蒙正奉勑撰宋史孔宜傳太平興國

八年詔修曲阜孔子廟宜貢方物爲謝詔褒之卽立碑之年也起復者未除喪而起視事所謂奪情是也父母之喪法當免官非有詔起之不得任職故有起復之名後世乃以服闋就官爲起復失其義矣宋史禮志凡奪情之制文臣諫舍以上牧伯刺史以上皆卒哭後恩制起復其在切要者不俟卒哭內職遭喪但給假而已願終喪者亦聽惟京朝幕職州縣官皆解官行服亦有特追出者而大中祥符九年殿中侍御史張廓言京朝官丁父母憂者多因陳乞與免持服望自後並依典禮三年服滿得赴朝請則京朝官并有乞免行服者矣居喪奪情古人所譏然唐時名

公卿已多行之宋則侍從以下亦有起復者當時風俗相沿不以爲怪蘇明允與歐陽內翰書云二子軾轍竟不免丁憂今已到家然則二蘇當日亦在可起復之例而不果行也五代史匡翰碑以起復入銜至宋世益多矣

補新譯三藏聖教序 端拱元年

右新譯三藏聖教序太宗御製蓋爲西域僧天息災等譯經而作攷宋史雍熙二年十月丙午以天竺僧天息災施護法天並爲朝請大夫試鴻臚少卿蓋奬其譯經之勞也碑爲沙門雲勝書後列涪州觀察使知永興軍府事柴禹錫等名則李邈所書然隸法如出一手宋史鄭文寶傳授

陝西轉運副使內侍方保吉出使陝右頗恣橫且言文寶與陳堯叟交游爲薦其弟堯佐驛召令辯對上書自明太宗察其事坐保吉罪厚賜文寶而遣之此碑末有祗候高斑字郎班內品提點酒稅方保言次文寶之後豈即其人乎吉言字形相近當是轉寫之譌禹錫官檢校太保史亦失書

宋鐵佛寺塔柱文 淳化元年

右鐵佛寺塔柱文上鐫上生皈依發願文及往生內院眞言潭州管內觀察判官李思明發心鐫寫下鐫千臂千眼觀世音菩薩陁羅尼大身眞言末題進士董護書開福禪

寺傳法沙門道崧鐫經宋淳化元年庚寅歲李昇鐫字在長沙府鐵佛寺金石家未有著録者今春錢唐梁侍講山舟以家藏本見貽蓋其弟沖泉侍郎爲湖南按察使日適有修塔之役拂拭得之并賦詩紀其事五金唯鐵易壞鐫刻淺入匪易古鐵文之存於今者唯南漢二塔及此柱皆陰識淺刻點畫有法非近代鐫工所及若楊吳之大安寺香爐則陽文隱起字亦攲斜難以模楷後世矣

善才寺觀音院記 淳化元年五月

右善才寺觀音院記宣補鎭遏使陽晙撰梁文素書碑末列名自陽翟縣令主簿尉而外有内品監許州陽翟縣鹽

麴商稅鄭延遇殿前承旨監許州陽翟縣鹽麴商稅董□

供奉官前監許州陽翟縣鹽麴商稅李繼□三人攷宋史

百官志內品乃內臣敘遷官而東西頭供奉官則武臣敘

遷官也殿前承旨之名不見于史疑即所謂內殿承制者

視供奉官差貴爾然一縣之小而監當鹽稅者不一其員

又以內侍武夫充之民其不堪命乎陽翟縣今爲禹州隸

開封府

元徐休復禱先聖文 淳化二年四月

右徐休復禱先聖記休復時爲給事中奉命禱嶽祠還過

曲阜孔子廟設奠而作其文無可取者而彭辰分書殊有

唐人風度史稱休復假塋親之名乞知青州到官但殖貨終不言塋事又以私憾誣人謀反陷之重辟其素行如此而禱於先聖願子子孫孫長遵乎聖教生生世世不離于儒門何其謬邪夫今生後代之說儒者固所不道而其所望于子孫習儒者乃出于利祿之私非眞有志于道德也則亦不得謂之義方矣

宋重修北嶽安天王廟碑 淳化二年八月

右重修北嶽安天王廟碑先時契丹入塞縱火焚嶽廟太宗出帑儲令有司重新之工成勅王禹偁撰文禹偁時以左司諫知制誥故也予家藏小畜集有此文以石刻校之

當改正者凡十餘字集本恆山作常山恆文作星文乃是
避眞宗諱追改者非誤也碑末列名者忠果雄勇宣力功
臣定武軍節度定州管内觀察處置北平軍等使金紫光
祿大夫檢校太保使持節定州諸軍事定州刺史兼御史
大夫上柱國兼駐泊馬步軍都部署清河郡開國公食邑
四千二百戶食實封陸伯戶張訓按宋制諸州置知州軍
事一人無刺史之稱節度使但爲加銜未有授本鎮者此
以定武軍節度持節定州刺史猶沿唐五代之舊葢沿邊
州郡設官與内地異且其時去開國未久或間有因仍而
未革者歟

[宋]龍興寺鑄金銅像菩薩并蓋大悲閣序

右龍興寺鑄金銅像菩薩并蓋大悲閣序僧惠演所撰云開寶四年七月下手修鑄而不詳畢工之年月據其文稱太祖皇帝廟号則當在太宗改元太平興國以後矣而末題乾德元年歲次五月八日記攷乾德紀元在開寶之前書歲次而不書干支亦無此例碑當時所立不應如此紕繆當是翻刻時年号剝落而以意妄改耳

[宋]涇州回山重修王母宮記 咸平元年

右涇州回山重修王母宮記翰林學士承旨刑部尚書知制誥判吏部流內銓事陶穀撰推誠宣力翊戴功臣彰化

軍節度涇渭等州觀察處置押蕃洛等使光祿大夫檢校太師兼御史大夫上柱國清河郡開國公食邑三千戶食實封八百戶張鐸建其文云太師清河公受脤建牙三臨安定歲戊辰春二月公介圭入覲天子設庭燎以延之奏肆夏以寵之臨軒絕席以綏懷大輅繁纓以錫命禮成三接詔還舊鎮攷宋史張鐸傳但云復鎮涇州其三任年月史無文以證之矣戊辰歲入覲詔還鎮及清河郡公之封皆本傳所未載戊辰則藝祖開寶元年也碑立于開寶二年以書有誤咸平元年請南岳宣義大師夢英重書碑末列知涇州軍州事柴禹錫等名距立碑之日蓋三十年矣

地理志涇州安定郡太平興國元年改彰化軍節度今鐸建碑在開寶之初已稱彰化軍節度則涇之建節鎮不始于太平興國矣

元偏旁字源 咸平二年六月

右篆書目錄偏旁字源五百四十部其建首立爲一端畢終于亥南岳宣義大師夢英所書也以說文校之多一孑部少一丶部又部序先後閒有小異郭忠恕答英公書云見寄偏旁五百三十九字按說文字源唯有五百四十部孑字合收在子部今攷說文孑字御在了部非在子部亦不可曉碑後題名有推忠宣力翊戴功臣建武軍節度觀

察留後知永興軍府事兼都提轄永興軍華耀乾商兵甲
捉賊公事光祿大夫檢校太傅兼御史大夫上柱國彭城
郡開國公劉知信推誠宣力翊戴功臣鎮寧軍節度澶州
管內觀察處置河堤等使金紫光祿大夫檢校太傅使持
節澶州諸軍事行澶州刺史兼御史大夫知涇州事兼管
界都巡檢使上柱國平陽郡開國公柴禹錫二人宋史柴
禹錫傳至道初制授鎮寧軍節度知涇州入謝日上謂曰
由宣徽罷者不過防禦使爾今委卿旌節兼之重鎮可謂
優異矣然則宋時節鎮雖祇空銜亦未嘗輕以予人也功
臣之號惟中書樞密得賜推忠字知信以庶僚得之蓋殊

數也職官志稱京兆府兼安撫使馬步軍都總管此惟帶都提轄兵甲提賊公事不兼安撫蓋官制沿革非一史家不能盡書也

元檢校太保廣平郡公程德立碑景德二年

右檢校太保廣平郡開國公程公碑御書院祇候王坦書撰文者磨滅失其姓名矣碑所載歷官先後與本傳略同其檢校官由司空司徒至太保封由廣平郡開國男至開國公史皆略而不書其卒在景德元年而以明年歸葬子繼宗右侍禁繼忠右侍禁寄班祇候繼勳繼英繼隆繼明皆右班殿直繼昇三班奉職史惟載繼宗繼忠二人爾史

家之例貴乎謹嚴子孫名位不大顯而無言行可述者原可從略然有書有不書則轉難免罣漏之譏矣

元勑修文宣王廟牒　景德三年二月

右勑修文宣王廟牒其略曰中書門下牒京東轉運司資政殿大學士尚書兵部侍郎知通進銀臺司兼門下封駮事王欽若奏諸道州府軍監文宣王廟多是摧塌及其中修葢完葺者被勾當事官員使臣指射作磨勘司推勘院欲乞特降勑命指揮令諸道州府軍監文宣王廟摧毁處量破倉庫頭子錢修葺仍令曉示今後不得占射充磨勘司推勘院及不得令使臣官員等在廟内居住候勑旨牒

奉勑宜令逐路轉運司遍指揮轄下州軍監依王欽若所奏施行□至准勑故牒景德三年二月十六日牒牒尾列刑部侍郎叅知政事馮拯尚書左丞叅知政事王旦二人名攷宰相表是歲二月戊戌寇萊公始罷政事是月之二十六日也判牒之日萊公尚在相位而牒無萊公名何邪欽若立朝不爲君子所許此奏不載于本傳然尊崇先聖之心亦有可取所當表而出之未可以人廢也

亭頒行莊子詔 景德三年八月

右頒行莊子詔文云中書門下牒奉勑莊叟玄言理歸于沖漠郭象爲注義造于精微既廣玄風實資至治朕仰崇

古道俯勸烝民言念此書盛行于世尚多踳駁已命校讐將承煥于縑緗宜特滋于雕鏤牒至准勑故牒景德三年八月五日右諫議大夫參知政事趙兵部侍郎參知政事馮工部尚書平章事王皆不書名以史攷之葢王旦馮拯趙安仁也

【宋】陳捴等題名 景德四年十一月

右陳捴等題名文云大宋景德四年仲冬月二十有二日知軍州事陳捴前知軍州事劉起與新授知新州吳有鄰洎司理參軍章堯臣高要縣主薄劉均同遊是室起凡四至并題凡六行其文左行翁學士方綱錄七星巖宋人題

名多至卅餘通而此刻獨未之及劉起陳捴二人攷廣東通志牧守題名亦遺之吳有鄰通志作有璘皆可據石刻以證其闕譌也

利 景德寺中書門下牒井澤州帖 景德四年十二月

右景德寺中書門下牒井澤州帖在澤州丹水山本名慈善寺景德四年敕賜景德寺爲額牒尾書押者曰右諫議大夫參知政事趙曰兵部侍郎參知政事馮曰工部尚書平章事王以宋史宰輔表考之蓋王旦馮拯趙安仁也拯以景德二年自工部侍郎參知政事其由工部轉兵郎則表畧之牒以十一月下而澤州帖以十二月下帖尾知軍

州事石判官葉推官趙錄事參軍王司戶參軍孫五人皆有押其序自左而右知州列銜獨高判推僅及其半錄事司戶又下之牒上有中書門下印一方帖上有澤州印三方宋世公文之式蓋如此碑末有金泰和八年十一月僧善雲立石字

亨登泰山謝天書述二聖功德銘大中祥符元年十月

右登泰山謝天書述二聖功德銘眞宗御製御書大中祥符元年十月二十七日御書院奉勑模勒上石宋史禮志載玉冊玉牒文而未及此銘畧之也碑在泰安府城南門外五石合成高九尺廣二丈三尺一寸額高二尺八寸廣

五尺五寸碑北向明巡按吳從憲篆刻其陰曰泰陰碑俗謂之陰字碑泰安人聶劍光爲予言此碑有二一勒山下所謂陰字碑也一勒山上在唐磨厓碑之東字徑二寸明嘉靖間俗吏鄞人汪坦大書題名又汝南人翟濤題名及書德星巖三字竝鑱蓋于上每行毀三四十字不等尚有字句可讀篆額登泰山謝天書述二聖功德之銘十三字完好如初文獻通攷王欽若言唐高宗玄宗二碑之東石壁南向平峭欲鉋厓成碑以勒聖製上曰朕之功德固無所紀若須撰述不過謝上天敷佑叙祖宗盛美爾命勒石北向以荅天眷元好問東遊略記云嶽頂封禪壇下有唐

宋磨厓據此則眞宗述功德銘先經磨勒岱巔後又立碑城南也乃後人第知有城南之碑不復知有岱頂之碑矣

〔宋〕禪社首壇頌 大中祥符元年

右禪社首壇頌王欽若撰其結銜稱天書儀衛副使封禪禮儀經度制置等使禮部尚書知樞密院事與宋史本傳合其封太原郡開國公傳所未載也碑文首云涒灘御歲應鍾旅月國家建號之四十九禩皇帝肇統之十有二載眞宗以至道三年丁酉即位至大中祥符元年戊申寔十二歲上距太祖建隆元年庚申蓋四十九歲矣又云履端之月成魄之辰仰蒼龍之内闕覩黃素之奇文謂是年正

月三日天書降左承天門也又云巍然岱嶽峯迴毖泉頒綠字之文述蒼元之意謂六月乙未天書再降于泰山醴泉北也又云升北辰魄寶之座創先蠶壽星之祭按本傳欽若嘗請置先蠶并壽星祠升天皇北極帝坐於郊壇第一龕故述其事於碑刻也

元　祀文宣王廟題名記　大中祥符元年十一月

右祀文宣王廟題名記首云皇宋膺天命之三葉大中祥符紀號之元年　封于岱嶽慶成廻蹕錫宴兖州十有一月朔皇帝躬謁元聖文宣廟特以太牢致祭詔舊相吏部尚書張齊賢攝太尉行禮按眞宗紀十一月戊午幸曲阜縣

謁文宣王廟鞸袍再拜加謚孔子曰元聖文宣王遣官祭以太牢史書曰不書朔闕文也張齊賢傳不載遣祭孔子亦闕文也陪祭者太常少卿陳象與以下凡十五人以中貴監祀事毋乃瀆神而失禮乎

元 重刊旌儒廟碑 大中祥符三年五月

右重刊旌儒廟碑按唐書地理志昭應縣有旌儒鄉有廟故坑儒明皇更名碑本唐兵部侍郎賈至撰都官郎中徐珽書在昭應縣西南二里今公谷即秦坑儒之所也大中祥符初知昭應縣事張緯以碑年久剝落重書勒石移置城中至聖廟并記其顛末于碑左方宋史地理志臨潼縣

唐昭德大中祥符改此碑立于大中祥符三年五月縣名尙未改史以昭應爲昭德傳寫之譌爾碑末知永興軍府張秉結銜云同管勾駐泊兵馬公事兼提轄乾耀商華坊丹同等州巡檢捉賊公事與咸平二年劉知信結銜又異此皆史家所未詳也

宋棣州防禦使檢校太保石保興碑 大中祥符四年十二月

右棣州防禦使檢校太保石公碑翰林學士楊億撰文待詔尹熙古書并篆額碑下截多剝落名字不可見以史攷之蓋守信之子保興也所述歷官先後與史略同惟保興由銀夏綏麟府州都巡檢丁內艱起復澶州駐泊都監而

傳書除澶州都監于巡檢銀夏綏之前又失書母喪起復事傳又云淳化五年爲永興軍即京兆府鈐轄改夏綏麟府州鈐轄據碑保興自京兆府兵馬鈐轄徙延州路鈐轄無再任夏綏事皆當以碑爲正碑云公初名貞太祖改錫今諱傳云本名保正者史家避仁廟嫌名易貞爲正也守信追封衛王累封秦王保興封西安郡公追贈貝州觀察使史皆當書而不書可據碑以補之碑云歸葬河南洛陽縣平樂鄉宣武村梓澤原之先塋近時黃觀察叔璥撰中州金石攷搜羅洛陽碑碣甚富獨不及此碑何也

【宋】元聖文宣王贊并加號詔 大中祥符

右元聖文宣王贊并加號詔碑　分上下層上刻御製贊下刻詔書末三行云大中祥符元年十月十四日東封禮畢十一月一日車駕幸曲阜縣謁奠先聖文宣王命刑部尚書温仲舒等分奠七十二弟子先儒禮畢幸孔林是日詔先聖加號元聖文宣王御製贊　又詔吏部尚書張齊賢等次日以太牢致祭詔兖公顏子　進封兖國公十哲閔子已下進封公曾子已下進封矦先　儒左丘明已下進封伯五年八月二十二日奉勑諸道州　府軍監各於元聖文宣王廟刻御製贊并詔十一月日奉　勑改謚曰至聖文宣王碑未見建立年月蓋在大中祥符　六年以後也碑在南雄府

學明倫堂前當時各路州府依勅刊勒宜處處有之今皆不存而五嶺以南留此片石以備文廟掌故居然魯靈光矣翁氏粤東金石略未收此刻予爲表而出之

元 中嶽中天崇聖帝碑 大中祥符七年九月

右中嶽中天崇聖帝碑文云皇帝登封岱宗之四年有事于汾陰后土親奠黃玉對越柔祇乃並洪河抵太華經塗温洛望秩維嵩言旋上都誕受丕祉無德不報靡闕不思於是尊五嶽之祠備加等之禮分命近列祇薦徽稱詔遣册禮使攝太尉右諫議大夫龍圖閣直學士陳彭年副使攝司徒光祿少卿沈繼宗奉玉書衮章加上中嶽中天崇

聖王曰中天崇聖帝申殊典也又云壺闈之式像設攸存懿號未彰羣黎安仰思慕正名之典用昭作合之崇象服有加褘衣允穆卽以其年十二月遣使致告特尊爲貞明后其稱封岱之四年謂大中祥符四年也五嶽自唐時已加二字王號眞宗東封岱宗加仁聖二字親謁西嶽加順聖二字中嶽南嶽北嶽史無加號之文然此碑云加上中天崇聖王曰中天崇聖帝則崇聖二字固已先加此時特易以帝號耳中嶽后稱貞明而文獻通考宋史禮志俱作正明者蓋避仁宗嫌名也宋史陳彭年沈繼宗傳不云爲中嶽册禮使亦史之略也

元 北嶽安天元聖帝碑 大中祥符九年四月

右北嶽安天元聖帝碑文云粤以靈文申錫之四年鄭邸歆至之十月詔曰北嶽安天王可增號北嶽安天元聖帝桉宋史眞宗紀大中祥符四年五月乙未加上五嶽帝號作奉神述十月戊申御朝元殿發五嶽册碑稱十月者據奉册之日也説文鄭河東臨汾地即漢之所祭后土處此云鄭邸歆至謂汾陰祀后土禮成也册禮之使爲攝太尉尚書工部侍郎馮起攝司徒太僕少卿裴莊通鑑長編紀事具載東嶽南嶽西嶽中嶽奉册使副官職姓名獨遺北嶽當據此以補其闕宋史裴莊傳大中祥符祀汾陰遷太

僕少卿爲北嶽加號冊禮副使撰北行記三卷以獻卽其事也職官志定州兼安撫使馬步軍都總管碑後列知定州軍州事劉承宗結銜稱充鎭定等路駐泊兵馬鈐轄蓋其時定州尙未設安撫司也

元教興頌 天禧三年五月

右教興頌題云虛儀先生撰而不著其名序云月者文表起戎保權告難北軍爰整南服乂口頌云洞庭漣漣巴陵遷遷億萬斯年蓋叙宋初平湖南事也宋史文苑傳有馬應者薄有文名多服道士衣自稱先生開寶初儆元結中興頌作勅興頌以述太祖下荆湖之功欲刊石于永州繙

頌之側縣令惡其夸誕不以聞此頌三句一轉韻與中興頌同格署先生而不名知其爲馬應所撰也碑後題年月云皇帝嗣明离之三葉歲在未月建午日丁卯山陽吳玉搢以爲開寶四年辛未予攷開寶四年五月乙未朔無丁卯日其時宋有天下十二年爾雖三改元不當云三葉且太祖開㓜之主不得云嗣明离也碑末書攝太常寺太祝李夢徵傳本則勒石之時去開寶初已遠矣宋自太祖至眞宗有天下者三世葉者世也云三葉其在眞宗之世乎眞宗景德四年丁未五月丙申朔無丁卯日惟天禧三年己未五月丁巳朔丁卯乃月之十一日也故定以爲天禧

三年云

亨靈祐觀中書門下牒　天禧五年十月

右靈祐觀中書門下牒今在吳縣之洞庭山林屋洞旁文稱蘇州重修林屋洞神景觀奉勑宜賜靈祐觀爲額案松陵集皮陸唱和有曉次神景宮及三宿神景宮詩是唐時本名神景宮而此牒稱神景觀豈宮觀之名可通稱歟抑宋初嘗改宮額爲觀而志吳郡者偶失載歟牒尾列銜者四人曰吏部侍郎參知政事王者王曾也曰工部尚書參知政事任者任中正也曰左僕射兼中書侍郎平章事者馮拯也曰守司空兼門下侍郎平章事者丁謂也謂拯二

人不書姓者周必大二老堂雜志云祖宗朝宰相官至僕射敕後乃不著姓他相階官自吏部尚書而下皆著姓此敕拯官左僕射謂守司空階又在僕射之上故皆不著姓也

元 增修中嶽中天崇聖帝廟碑 乾興元年六月

右增修中嶽中天崇聖帝廟碑後題乾興元年六月十六日建按乾興元年二月眞宗崩仁宗卽位碑文稱崇文廣武感天尊道應眞佑德欽明上聖仁孝皇帝則眞宗天禧三年以前所上尊號也蓋修廟之役始事于祥符六年癸丑畢功于八年乙卯知徽奉敕撰文亦在此時更數年而

後勒之石耳王曾中嶽廟碑陳彭年北嶽廟碑所書尊號欽明二字在上聖之下宋史東都事略並同獨此碑欽明在上聖上不可曉

真 王瀆題名 天聖元年九月

右王瀆題名正書自左而右在虎邱劍池石壁文云大宋天聖元年癸亥九月十□日太常丞同判福州王瀆與泉州同安尉林太易男緯侍行書于石紀年祀其云同判者通判也天聖初章獻太后臨朝避其父諱凡官名地名通字皆易之如通州爲崇州通利軍爲安利通判爲同判是也后崩後卽復其舊王瀆應天府人參知政事堯臣之父

見宋史隱逸傳天聖九年爲審刑院詳議官殿中丞坐弟沖事責監蔡州稅見續通鑑長編

利 涇州回山王母宮頌 天聖三年三月

右涇州回山王母宮頌凡兩本一爲南岳宣義大師夢英行書一爲度支員外郎知軍州事上官佖篆書予皆得之其文無一字異也長編紀事本末載乾興元年七月戶部判官度支員外郎上官佖坐丁謂黨知晉州此碑立於天聖三年蓋由晉州徙涇州矣

利 蕭山縣夢筆橋記 天聖四年三月

右蕭山縣昭慶寺夢筆橋記在縣城覺苑寺宋初寺名昭

慶後改爲覺苑也相傳寺爲江淹故宅橋在寺門外故有夢筆之名記文爲太常寺奉禮郎簽署蘇州觀察判官廳公事葉清臣撰宋史本傳云簽書蘇州觀察判官事蓋治平以後史臣避英宗嫌名改署爲書爾京兆小學規碑亦有大理寺丞簽署觀察判官廳公事李綖名碑不稱大宋而稱巨宋與它刻異

貞王質等題名

右王質等題名八行在虎邱石壁其文云太原王質子野武都章佚進之姪岷伯鎮口陵馬宗誨口口天水趙圭龍雲卿梵才大師長口己巳九月廿日同識己巳者仁宗天

聖七年其時質以集賢校理同判蘇州岷則節度推官也
吳郡圖經續記云平江節度推官廨舍昔甚隘陋天聖中
章岷伯鎮居幕府始廣而新之伯鎮之弟伯瞻及今太守
朝議公同侍親居此記所云太守者名岵字伯望伯瞻官
至太常少卿按漕廣東其名則不可攷矣岷名位亦顯治
平元年八月以刑部郎中奉使契丹見宋史英宗紀治平
二年八月以光祿卿直祕閣知越州四年五月移福州見
嘉泰會稽志

貞 朱巽等題名 天聖八年八月

右朱巽等題名行書自左而右凡七行文云給事中新知

揚州朱巽集賢校理同判蘇州王質集賢校理同判杭州錢仙芝大理寺丞知長洲縣事部飾廣州支使知吳縣事馮允成節度推官試校書郎章岷天聖八年八月十二日同遊朱巽者天長人子壽昌見宋史孝義傳姑蘇志稱明道元年二月以給事中集賢院學士知揚州改任蘇州八月以工部侍郎致仕據此刻則巽於未任揚州之前已到蘇州但未知其居何職耳

利澤州龍堂記　天聖九年七月

右澤州龍堂記記爲知州事王世昌亮采禱雨有應而作文云高都郡西南二里有古潭其廣百尺唐刺史溫璠因

歲旱詢於耆艾云此實龍泉遂命開鑿致禱而雨澍由是建祠於側則龍泉之祠始於唐矣宋初巡檢爲在外典軍要職故郭進以西山都巡檢使立功邊境此碑末列名有西頭供奉官兵馬監押兼在城巡檢楊德政左班殿直澤州管界并連太行山一路巡檢何懷德一州置兩巡檢官冗而權輕武功之不振有自來矣

利 護國寺碑 天聖九年七月

右護國寺碑癸卯夏予游天台宿此寺遥望穹碑仡立野田間亟往觀之惟碑額天台山護國寺碑銘八篆字尚完好餘俱漫漶不能讀太息久之周視碑陰有熙寧九年晁

美叔題名意此碑必宋初物頃台郡守黄見滄拓其文見貽諦審之有天聖九年歲次辛未七月字碑首列銜武勝軍節度同中書門下平章事判河南字仿佛可辨以史考之知爲錢文僖所撰無疑也文僖典懿集三十卷今已不傳此碑雖巋然獨存亦幾於安没字矣

長城葆光等題名 明道二年六月

右長城葆光等題名其文云長城葆光高平希文師古潁川天經太原子融子野陳留商叟天水元甫子淵滎陽天休清河子思昌黎稚圭廣平子京河東伯垂錢南陽道卿出守嘉興於鉅鹿介之兆軒明道二年六月十七日晏卿

晉希文者范文正公也稚圭者韓忠獻公也子京者宋景文祁也天休者鄭文肅戩也子融者王曾之弟皡子思者張知白之嗣子道卿者葉清臣也曼卿者石延年也此刻當在汴都久已不傳慶元初新安朱晞顏轉運廣西重刻於龍隱洞之石

潛研堂金石文跋尾卷十三

錢大昕箸

宋二

山陰縣新建廣陵斗門記　二體石經周禮殘字
文彥博宿少林寺詩　余藻題名　孫宣公神道
碑　晝錦堂記　周茂叔題名　重修南海廟記
蕭山大悲閣記　周茂叔題名　康衛再經舊遊詩
并陳惇和詩　瀧岡阡表　張琬題名　劉莘老題
名　程師孟等題名　敕祠南海廟記　許彥先藥
洲詩　吳中復題名　會眞宮詩題跋　蘇子瞻題
名　米黻五言絕句

宋二

元孔道輔祖廟祭文　景祐二年六月

右孔道輔祖廟祭文首云維景祐二年歲次乙亥六月癸丑朔九日辛酉四十五代孫龍圖閣直學士朝請大夫右諫議大夫知兗州軍府事兼管內勸農使及管勾仙源縣景靈宮太極觀提舉兗鄆濮齊州清平軍兵馬衣甲巡檢公事上輕車都尉魯郡開國侯食邑一千五百戶食實封弍伯戶賜紫金魚袋道輔謹以清酌庶羞之奠敢昭告于祖聖至聖文宣王兗州稱軍府者大中祥符元年升州爲大都督府故也章邱縣景德中嘗升爲清平軍見宋史地理志祭文首云道輔早持邦憲黜典淮壖方數月間遷守徐域攷道輔以明道二年十二月爭廢后事出知泰州其

徙徐州蓋在景祐元年故云方數月也又云道輔位爲大夫權任方面嚴父慈母不能歸養因西鄉拜章天從其欲詔守故魯攷本傳止云徙徐州又徙兖州未載道輔乞養事得此可裨史家之闕碑末列名者曰將仕郎前守徐州彭城縣主簿艮輔曰將仕郎守將作監主簿彥輔曰將仕郎守國子監主簿龔封文宣公宗愿曰朝奉郎行太常寺太祝宗亮曰宣德郎行太常寺奉禮郎宗翰曰通奉大夫守祕書監分司南京主管祖廟事上柱國會稽縣開國伯食邑八百戶賜紫金魚袋勗宗翰者道輔之子見本傳艮輔彥輔當是諸昆弟宗愿宗亮當是其子行也勗爲道輔

之父故又别爲一行書字特大尊之不與子姓伍也宗愿襲封文宣公宋史儒林傳失載以東都事略証之疑是孔佑之子矣

刻 延慶禪院舍利塔記 景祐三年六月

右延慶禪院舍利塔記前題應賢良方正能直言極諫科奉直郎守殿中丞騎都尉賜緋魚袋馬元穎撰碑末又列奉直郎守殿中丞知河陽濟源縣事兼兵馬都監騎都尉賜緋魚袋馬元穎名前以撰文故標制科後以立石故書縣職所謂言各有當也宋人由制科入等得官者甚多以應科繫銜獨元穎一人爾書石者爲江陵楊處己自云習

晉右將軍王羲之書與汧陽縣普濟禪院碑同

宋陳述古題名 寶元二年九月

右陳述古題名左行十六行文云太平興國六年先祖太師中令秦國公宰邑茲土時孟父中令大人太尉相公季父太尉康肅公並肄業精舍祥符九年孟父中令公引罷樞府相國出判三城天聖六年述古倅白波漕此下似與是發字仲弟殿省丞求古師之同遊今忝運局使領之任卛前淮安從事尹宗濬載之前三堂盧川令韓襄紹先專謁靈祠復此憩止稚子祝史知雄知方知白守芸校知十已下六人待行時寶元己卯登高前五日尚書金部員外郎陳述

古行之題其下有小字二行云後治平丙午歲重五日男將仕郎守孟州濟源縣尉知素立石秦國公者陳省華也中令者堯叟也太尉相公者堯佐也太尉康肅公者堯咨也宋史於堯叟書贈侍中不云中書令堯佐書贈司空兼侍中不云贈太尉中令班侍中之上太尉班司空之上蓋後來加贈而史失之爾歐公撰堯佐神道碑以述古求古爲堯佐子與石刻合而史於堯咨傳末乃云子述古太子賓客致仕博古館閣校勘似述古博古爲堯咨子則誤之甚矣祝史謂太常寺太祝芸校謂祕書省校書郎皆以蔭叙入官者

重刻栖霞寺碑 康定元年三月

右重刻栖霞寺碑本江總持文韋霈書唐會昌中碑毀今所存者宋康定元年沙門懷則重書也按總持自序稱年二十餘入鍾山就靈曜寺則禪師受菩薩戒暮齒官陳與攝山布上人遊欵深悟苦空更復練戒故題銜有菩薩戒弟子之稱霈官翊前會稽王行參軍世未解翊前爲何語予考陳書後主之第八子莊封會稽王禎明二年除翊前將軍揚州刺史則霈卽莊之屬吏當時皇子封王者必除都督刺史加將軍號乃得開府置官屬故加翊前於會稽王之上也梁時置翊左翊右翊前翊後四將軍在第二十

班令人知其名者尠矣

石氏世表康定二年八月

右石氏世表石介撰士建中書歐陽公撰介墓表稱丈丙官至太常博士而此表云仕至太子中舍與歐表異歐表介有子師訥此云介生彭哥川哥徠哥蓋各舉其小字未審誰爲師訥也孫明復寄范天章書云今有大名府魏縣校書郎士建中南京留守推官石介二人者其能知舜禹文武周公孔子之道者也非止知之又能揭而行之者也執事若上言於天子次言於執政必能恢張舜禹文武周公孔子之道以左右執事敎育國子丕變於今之世矣建

中學行與介齊名當亦奇士而學於明復者仕至兵部員外郎史不爲立傳後世無述焉驗其書法亦自不俗

【利】周湛等題名 慶曆二年三月

右周湛等題名在肇慶府七星巖其文云提點刑獄周湛同提點刑獄錢聿知郡事包拯同至慶曆二年三月初九日題按宋史周湛傳提點廣南東路刑獄初江湖民畧良人鬻嶺外爲奴婢湛至設方畧捕又聽其自陳得男女二千六百人給飲食還其家則湛固有德於嶺海者今人但知包孝肅之治跡而罕識湛姓名故表而出之

【亨】朱顯之題名 慶曆二年十二月 三年二月附

右朱顯之題名其一云慶曆壬午歲臘月郡守將朱顯之同監軍麥仲珣獄掾楊仲卿攝宦梁撰鄉秀崔宗周合浦貢士梁立本游兹勝境顯之謹題男諷捧硯詢詠侍立凡四行其文左行其一云轉運使尙書郎馬尋子正慶曆三年癸未歲二月二十二日游斯勝槩春宫吏知端州朱顯之從晦新賀州幕杜偉士遜新建昌邑佐許竒彦伯參陪顯之謹題凡八行竝在七星巖洞其書臘作臘參作叅皆俗體也

貞 葉淸臣題名

右葉淸臣題名在華陰縣嶽廟文云翰林侍讀學士尙書

戸部郎中知永興軍府事本路安撫使兵馬都部署吳興郡侯葉清臣慶曆丁亥秋赴官便道恭欵神祠明年四月蒙恩召還再經宇下時通判永興軍府劉紀駐泊都監王仲平管勾機宜韓鐸知涇陽縣施邈同州觀察推官李孚佑從行丁亥者慶曆七年也攷清臣傳云入翰林爲學士丁父憂服除郎除翰林侍讀學士知邠州道由京師因請對改澶州進尚書戸部郎中知青州徙知永興軍會河決商湖北道艱食復以爲翰林學士權三司使此題乃由永興軍內召尚未授職時宋初遣大將出征則稱兵馬都部署仁宗朝置諸路安撫使兼本路馬步軍都部署以守臣

領之故安撫有帥臣之稱其後避英宗嫌名改部署曰總管而職任如舊其云駐泊都監則武臣管軍者隸於都部署司所謂路分都監也安撫例兼都部署故史家略而不書南渡以後列傳間有書兼馬步軍都總管者則史臣失於撿勘故也列傳又有但書知某州而不言兼安撫者此史之省文非委任有輕重之殊元明以後士大夫讀史能知其義例者罕矣

利 重修北嶽廟記 皇祐二年正月

右重修北嶽廟記推誠保德功臣資政殿大學士光祿大夫行給事中充定州路都部署兼安撫使兼知定州軍州

事及管內制置營田勸農使上柱國南陽郡開國公食邑三千戶食實封肆伯戶韓琦撰并書朝奉郎太常博士通判定州軍州兼制置營田及管內勸農事上騎都尉借緋錢貽範篆額按文獻通考慶曆八年詔置河北四路安撫以韓琦王拱辰賈昌朝等充諸路使四路謂魏瀛鎮定四州也定州置安撫蓋昉於此宋初節度使領馬步軍都部署其後守臣帶一路安撫使者皆帶馬步軍都部署故有帥臣之稱英宗以後避御名改爲都總管宋史職官志定州兼安撫使馬步軍都總管據後改名書之也此碑結銜內已有制置之名而馬端臨謂安撫帶制置自建炎三年

游西康允之始考之似未審矣

〔宣〕同遊泐溪石室記　皇祐二年三月

右余靖遊泐溪石室記後題今天子親享明堂之歲以史玫之蓋皇祐二年也泐溪在樂昌縣西北五里江夏黃昌齡予京知縣時靖以光祿少卿分司南京居韶暇日同遊因作斯記而昌齡書之宋史靖傳但云改將作少監分司南京居曲江不言轉光祿少卿亦漏也

〔利〕祖無擇題名　皇祐二年孟秋

右祖無擇題名在南海廟韓碑之陰其文云皇祐二年孟秋庚寅偕陸仲息子強丁寶臣元珍李嶽之休甫王逢會

之劉詠予上謁廣利王夕宿廟下祖無擇擇之記彈琴道士何可從鐫字僧宗淨同行考宋史祖無擇嘗爲提點廣東刑獄廣南轉運使故嶺南多擇之題名而此刻尤爲完好廟中又有皇祐三年十月無擇與李樞李徽之田聿柳淇等題字在元延祐祀海碑之側翁學士嘗疑之以爲宋人不應題於元碑之側予謂此必唐宋舊碑爲元人磨去惟兩側偶未毀爾丁寶臣晉陵人皇祐初以太常博士知端州見王介甫所撰墓志王逢當塗人嘗爲南雄州軍事判官見宋史文苑傳

利 崇教寺辟支佛塔記 皇祐二年八月

右崇教寺辟支佛塔記在江寧之牛首山記刻於皇祐二年長干圓照大師普莊爲文都元敬遊牛首山記謂不著撰人者考之未審爾山有辟支洞相傳辟支迦佛宴坐之所辟支迦唐云緣覺也碑書揷爲插濬爲潛无爲旡皆宋時俗體

宋 永通監記 皇祐二年十月

右永通監記宋史食貨志慶曆末韶州天興銅大發歲采銅二十五万斤詔卽其州置永通監今以此碑攷之韶州置監之議始于三司使葉淸臣宋祁而轉運使傅惟口知韶州蘂温故成之宋史淸臣祁本傳略不及此事未免失

之闕漏記又云初郡之銅山五歲共市七萬前大守潘君一歲市百萬及欒君繼之乃市三百萬明年又差倍之歲運羡銅三百萬以贍嶺北諸冶則歲采之數亦不止二十五萬斤矣王象之輿地碑目載余襄公所撰碑在韶州者凡五今惟泐溪石室記猶存而此記則象之所未著録也

貞 旌賢崇梵院牒 皇祐二年九月

右旌賢崇梵院牒首一行云中書門下牒旌賢崇梵院牒尾列銜三人曰工部侍郎叅知政事高曰兵部侍郎平章事宋曰吏部侍郎平章事文蓋文彥博宋庠高若訥也中載右諫議大夫天章閣待制勾當三班院王子融奏臣亡

兄嘗於鄭州新鄭縣安塋墳側修到僧院已奉勅賜号崇梵院欲乞依吕夷簡等墳所僧院例每年撥放剃度行者并臣亡兄神道碑昨蒙御篆賜名旌賢崇梵院欲乞賜号旌賢崇梵院候勅旨奉勅宜特賜旌賢崇梵院爲額每年乾元節與剃度行者壹名按春明退朝録皇祐中王侍郎子融守河中還以唐明皇所題裴耀卿碑額上之仁宗遂御篆賜沂公碑曰旌賢其後踵之者吕許公懷忠李壽長編亦云王曾家請御篆墓碑帝因惻然思夷簡書懷忠之碑四字以賜之蓋御篆碑額本是夷簡依曾例而僧院歲剃度行者一人則又曾家援夷簡爲例也子融本名皞

寶元中嘗奉勑撰唐餘錄六十卷其時尙未更名厥後以與元昊同音請改以字行

宋 陶翼嵩臺石室文 皇祐五年仲夏

右陶翼書端州嵩臺石室文後題炎宋皇祐五年者宋以火德王仁宗康定初復因集賢校理胡宿之請於商邱爲壇祀大火以閼伯配故有炎宋之稱矣文稱與前郡守丁寶臣元珍今郡守江東之唐公乘公之休縱游爲樂元珍歐陽文忠公之友也唐公之名蓋取唐相張柬之翁氏釋作東之蓋沿廣東通志之譌

宋 京兆府小學規 至和元年四月

右京兆府小學規後題忠武軍節度使特進檢校太尉知軍府事文而不名者潞公彥博也潞公以前宰相知府事故題銜較通判以下特大而不署名凡節度使必帶檢校官宋史彥博傳不云檢校太尉者畧之也宋史職官志慶曆四年始置教授委運司及長吏於幕職州縣內薦或本處舉人有德藝者充蓋其時諸州教授皆由本路薦辟不奉朝旨故胡瑗教授蘇州不見於本傳據此碑蒲宗孟嘗爲京兆府教授本傳亦未之及也宋時有崇政殿說書及王府說書據此刻則府學亦有說書矣裴袗書學顏清臣而得其形似其書於作於則它碑無之

元 狄武襄公神道碑 嘉祐七年十一月

右狄武襄公神道碑翰林學士王珪奉勅撰文三司度支判官宋敏求奉勅書其額則仁宗御書賜之碑文之上方別題御篆賜額四大字它碑所未有也碑文首云至和三年八月上以樞密使護國軍節度檢校太尉河中尹天水狄公拜同中書門下平章事出判陳州明年三月感疾于州未幾以薨閱攷宋史本傳嘉祐中罷靑爲同中書門下平章事出判陳州明年二月疽發髭卒仁宗以至和三年九月辛卯改元嘉祐靑之罷樞密在是年八月故碑猶稱至和也傳當云嘉祐初而云嘉祐中其卒在二年三月而

誤云二月皆史家之失也碑叙所歷官與傳小異者傳稱
爲秦州刺史碑作秦州傳稱爲保大安遠二軍節度觀察
留後碑止書保大軍碑稱青年五十而傳不書亦缺漏也
儂知高他書多作智高古字通用

補 李師中詩　嘉祐七年十一月

右李師中詩石刻在粵西龍隱下巖其序云師中嘉祐三
年九月受命來嶺外七年十一月得請知濟州感恩顧已
喜不自勝留詩四章以志歲月以史考之蓋自提點廣西
刑獄攝帥事除知濟州時作也第三章云乞得衰身出瘴
煙一麾仍許覲于藩注云蒙恩理作轉運使考宋制提刑

資序在轉運之下知州又在提刑之下若大州輔郡則侍從以上亦得差遣以爲優賢佚老之地非尋常知州可比濟州地近京邑名爲知州恩數實視轉運使故云許視于藩也

韓愷墓志 嘉祐七年十一月

右韓愷墓志愷字和仲殿中丞公彥之次子年二十而卒忠獻公琦銘其墓前列銜云叔祖開府儀同三司行刑部尚書同中書門下平章事昭文館大學士監修國史上柱國儀國公攷宋史宰輔表嘉祐三年六月韓琦自樞密使工部尚書依前官同平章事六年閏八月自工部尚書同

平章事加昭文館大學士監修國史其轉刑部尚書封儀國公則表闕之續通鑑長編嘉祐七年九月以明堂赦書加恩宰相韓琦封儀國公八年四月加門下侍郎兼兵部尚書進封衛國公此皆可補表之闕而自工部轉刑部究未詳何年月也

貞福津縣廣嚴院牒 嘉祐七年十二月

右福津縣廣嚴院牒首行題中書門下牒階州福津縣廣嚴院十三大字次行細書階州福津鎮弥陁院八字蓋本名弥陁院至是賜額廣嚴也而上云福津縣下云福津鎮名目不同初疑由鎮升縣及檢太平寰宇記則福津縣唐

末已有之初非嘉祐所改此疑終不能釋又攷元豐九域志階州治福津縣縣有安化利亭石門角弓河口故城六鎮然後豁然省悟蓋碑所稱福津鎮者卽九域志之故城鎮耳寰宇記魏大統五年於今縣東北置覆津縣屬武階郡隋廢武階郡縣屬武都郡自唐景福元年再置縣却爲福字然則故城者西魏及唐初之縣若宋階州附郭之福津縣則景福所置蓋在故城西南縣與鎮判然兩地矣寰宇記于階州下又云唐武德元年置武州領將利建威復津盤堤四縣覆津卽復津當有一誤牒尾署銜者四人禮部侍郎叅知政事趙者趙槩也禮部侍郎叅知政事歐陽

者歐陽修也吏部侍郎平章事曾者曾公亮也刑部尚書平章事韓者韓琦也

貞 石林亭詩 嘉祐七年十二月

右石林亭詩翰林侍讀學士尚書禮部郎中永興軍路安撫使兼知軍府事劉敞作次其韻者將仕郎守大理評事簽書鳳翔府節度判官廳公事蘇軾也額題京兆唱和四篆字嘉祐七年十二月十五日將仕郎守縣尉兼主簿事李卻書登仕郎試祕書省校書郎守鳳翔府麟遊縣令郭九齡建按簽署改爲簽書本是避英宗嫌名嘉祐七年之冬英宗尚未即位無緣先爲改易殆刻於次年三月以後

也宋時文臣出莅節鎮例書知某州某府不書軍額獨京兆稱知永興軍不云知京兆府大名或稱知天雄軍

山陰縣新建廣陵斗門記 嘉祐八年

右山陰縣新建廣陵斗門記將仕郎守許州許田縣尉張燾譔并書將仕郎守越州山陰縣尉李公度篆額碑末列文林郎守主簿王沖朝奉郎守太子右贊善大夫知縣事兼提舉鑑湖武騎尉吴安朝奉郎尚書屯田員外郎通判越州軍州兼管內堤堰橋道勸農同提點銀場公事騎都尉賜緋魚袋張詵立石宋史列傳有兩張燾其一字子公仕南渡孝宗朝相距年代已遠其一字景元仕英宗神宗

朝當郎其人傳不言爲許田尉者略也熹楷書極似唐人其書患作患庸作庸堰作堰則宅碑所未見公度篆亦有法廣陵斗門乃後漢會稽太守馬臻所立三大斗門之一曾子固序越州鑑湖圖亦載此名與漢之廣陵國初不相涉秀水朱氏因元時江浙行省鄉試賦有以錢唐江當枚乘七發之曲江者遂援此以證廣陵去錢唐不遠然枚乘生于文景之世不可以後證前

[illegible]二體石經周禮殘字 嘉祐

右二體石經周禮殘字凡六列每行十字一行篆書一行正書大宗伯八十八字小宗伯六十字肆師一百五十字

司尊彝六十六字司几筵八十字典瑞廿三字典命一百廿字典祀十八字守祧五十三字世婦七十字職喪九字大司樂一百字并標題十四字共八百五十一字其中文字曼滅者篆百有六眞百廿五餘皆完好可讀以今本校之無一字不合篆文涖爲竦佐爲左續爲繪皆合正體畀爲祼昨爲酢依爲扆襃爲纀則依正體不依經文通用字此其去取之得當者蹕當从걒藏當去艸說文無祧字當从故書作濯而書碑者皆不能知也至於矦禳之禳眞从示而篆从示不攷鄭注小祝云禳卻凶咎則从示不從禾灼然無疑楊南仲輩号精於小學何竟紕繆乃爾玉海引書

目石經七十五卷楊南仲書周易十書十三詩二十春秋十二禮記二十獨不及周禮或是章友直張次立輩所篆不出南仲手耶據標題職喪以上爲卷五大司樂以下爲卷六知周禮當十二卷與唐石經同也黃叔璥中州金石攷言此碑今在陳留縣文廟凡二面每面六排各三十行上下不相屬一天官惟王建國至宮正徒四十人止凌人至掌舍府二人止九嬪至縫人女御八人止五日保庸至八日山澤之賦止凡邦之小治至小宰三日以敘作其事止六日廉辨至不用灋者止一春官大宗伯若王不與祭祀至小宗伯辨吉凶止牲繫于牢至類造止享祼用虎彝

至加莞席紛純止共其玉器至典命凡諸侯之適子止司隸而役之至世婦有擽事于婦人止大司樂掌成均之灋至大合止予所收僅其一面耳

宋文彥博宿少林寺詩 當在嘉祐間

右宿少林寺詩保平軍節度使同中書門下平章事判大名府兼北京留守司事潞國公文彥博所作保平陝州軍額太平興國中賜名也潞公嘉祐三年罷政以河陽三城節度使平章事判河南府後改保平軍節度判大名府詩有西來未悟禪師意北去還馳使者車之句自注予方受命移守北都蓋移守之命已下而未離河南也宋之盛時

大臣進退以禮潞公以故相在外而恩遇不替無憂讒畏譏之心又州郡守臣更代之際登臨山水觴咏如平日蓋上之察吏不苛以簿書期會之細而事亦未嘗叢脞而不治眞可謂太平之象矣

刻 余藻題名 治平元年仲冬

右余藻題名凡九行刻於龍隱下巖文云大宋治平元年仲冬廿七日同轉運判官孔延之長源前安撫司勾當公事姚原道彥聖新知龔州丁錞希聲自壽盥院抵慶林觀少休風洞上登栖霞洞卻下漾檝泊龍隱巖肴觴嘯詠日薄西渡提點刑獄余藻質夫因書遊覽之勝刻於崖右考

東坡集有孔長源挽詩施元之注以爲長源名延世查氏據曾子固所撰墓志以爲名延之今以此刻證之知施氏考之未審矣

孫宣公神道碑 治平二年三月

右孫宣公神道碑撰書人姓名已殘闕而結銜尚可辨其云推誠保德崇仁守正忠亮佐運翊勳功臣鳳翔節度管內觀察處置等使開府儀同三司檢校太師行尚書左僕射兼侍中鳳翔尹判大名府兼北京留守司事畿內河堤勸農同羣牧使充大名府路安撫使駐泊馬步軍都總管上柱國魏國公者賈昌朝也文中亦有昌朝兩字其爲賈

所撰無疑其云門生翰林侍講學士朝散大夫右諫議大夫上輕車都尉南陽郡開國侯楊者以史考之當是楊安國安國以宣公薦爲國子監直講故有門生之稱其云翰林學士朝散大夫守尚書吏部郎中知制誥兼侍講充史館修撰判國子監同提點集禧觀事上騎都尉祁縣開國男王洙則篆額者也宣公卒年七十二封樂安郡公贈太尉皆史所應載而失載者

宋 晝錦堂記 治平二年三月

右晝錦堂記文稱大丞相衛國公按韓忠獻於皇祐中封南陽郡開國公嘉祐中入相進封儀國公英宗嗣位改衛

國公後又改魏國公碑立于治平二年三月猶稱衛國則魏國之封當在其後宰相表于治平元年閏五月已書魏國公者誤也此記俗本亦誤作魏蓋後人不知忠獻嘗封衛公而以意改之耳

貞周茂叔題名 治平四年

右周茂叔題名在永州澹山巖其文云比部員外郎通判永州軍州事周敦頤治平四年二月一日沿牒歸春陵鄉里展墓三月十三日廻至澹山巖將家人輩游姪立男壽燾姪孫蕃侍凡七行五十四字宋史道學傳叙元公歷官頗詳獨不及通判永州得此可以補史之闕史容注山谷

外集云濂溪二子壽字季老後改元翁於熙寧五年黄裳榜登第終司封員外郎燾字通老後改次元於元祐三年李常寧榜登第終徽猷閣待制本傳但云燾終寶文閣待制而不及壽官位亦爲漏略兹因題名而牽連及之

重修南海廟記 治平四年十月

右重修南海廟記章望之撰記府帥尚書左丞集賢院學士某修廟事望之以古文名宋史入之文苑傳蘇子瞻正統論稱章子者即其人也第史稱望之建州浦城人而此碑題武寧章望之未知其審宋時諸州守臣帶安撫使者謂之帥廣州守例兼經略安撫使品卑者則稱主管經略

安撫司公事故云府帥宋史職官志廣州帶安撫使兵馬鈐轄又云建炎初分置帥府以諸路帥臣兼其後廣州牧以都鈐轄爲稱今攷之石刻廣州諸守臣結銜如治平之呂居簡熙寧之程師孟已稱兵馬都鈐轄而南渡以後若乾道之陳輝咸淳之陳宗禮則又稱馬步軍都揔管此類皆史之所不及載也

利蕭山大悲閣記 熙寧元年十一月

右蕭山大悲閣記題云錢唐沈遼撰不言何人所書叡達以書名家此碑筆力整勁必叡達自書矣碑末題云朝散大夫守光祿卿直昭文館知福州軍州事兼管內勸農使

兼福建路屯駐駐泊兵馬鈐轄護軍永安縣開國男食邑三百戶賜紫金魚袋程師孟立考宋史師孟傳但書直昭文館而不書光祿卿蓋其時以館職爲重寄祿官爲輕故有寍登瀛不爲卿寍抱槧不爲監之諺然諫議給事亦皆寄祿官也師孟知廣州日轉諫議大夫見於石刻傳亦不書及召還判都水監時爲給事中則又仍舊文而不删此則義例之踳也

【草】周茂叔題名 熙寍二年正月

右周茂叔題名在肇慶府之七星巖文云二年正月七日其上四字漫滅以朱文公所撰事實攷之蓋熙寍己酉任

廣南東路轉運判官時也後有淳祐壬子吕中續題距濂溪題名已百有八十四歲矣上方横刻濂溪周元公筆蹟七字當亦吕中所題也宋史藝文志有吕中國朝治迹要略十四卷未知即此人否元公不以書法名而心畫端勁頗似顔平原聞德慶之三洲巖陽春之銅石巖連州之巾山竝有元公題字予所見者獨此爾廣韻鄺姓出廬江讀古晃切今此姓盛於楚粵間讀若曠此刻有鄺夢得一人必粵士也

宋康衛再經舊遊詩并陳懌和詩 熙寧二年三月

右康衛再經舊遊詩并陳懌和作刻於七星巖洞洞中有

兩刻行欵無纖毫異其一爲元豐末劉靜叔等大書題名所歷毀去什之六存者亦多漫漶其一尚完好而字迹蔽遯殆後來翻刻之本也別有題名十行云提點刑獄尚書郎康衞寳臣同提點刑獄文思副使王咸服叔平熈寧二年己酉歲三月初六日同遊郊祀齋郎康聿侍郡牧守殿中丞陳懌題勒上石康陳二人行事它書罕見以詩意推之衞又嘗知康州它不可知矣

元 瀧岡阡表 熈寧三年四月

右瀧岡阡表歐陽修撰公自署銜曰推誠保德崇仁翊戴功臣按文獻通考及宋史職官志文武臣僚功臣號無推

誠而有推忠然史又稱中書樞密則推忠協謀親王則崇仁佐運餘官則推誠保德翊戴則推忠之號惟兩府專之其餘文武諸臣但當爲推誠耳通考及史文作推忠者誤也歐公嘗任執政此所賜功臣號止稱推誠保德者宋制中書樞密所賜若罷免或出鎮則改之予又記狄武襄公神道碑稱推誠保德守正翊戴功臣狄公由樞密使出鎮故所賜功臣號亦用餘官之例也表作于熙寧三年四月時公以觀文殿學士知青州按宰輔編年錄是年四月除宣徽南院使判太原府方作表之時除命尚未下也

貞張琬題名　熙寧四年十月

右張琬題名十二行行七字左行其文云熙寧辛亥冬十月十日琬以受代客遡蒙致政祕監劉公几伯壽侍禁陳天錫伯祥藍山令董清臣眞甫登封縣尉魯君弼鄰右進士王袁口損之會飲天封觀和眞庵劇談雅懽步月引退大理評事知登封縣事張琬公玉燭下題按東坡集有次韻張琬詩施元之注云是時有兩張琬一韓城人父昇樞密使歸老嵩少元祐初琬自齊州倅求便養親兩易衞尉丞以才擢知秀州崇寧間爲廣東轉運副使移京東西路又一鄱陽人治平二年登第詩中有臨淮自古多名士之句臨淮乃泗邑疑自有一張琬而二人者皆非也愚謂治

平登第之張琥據趙堯卿云字德父而此刻自署公王其爲韓城之張琥無疑矣但施氏謂兩人歷官亦恐有誤攷韶州碧落洞有題名云權發遣轉運副使番陽張琥德甫游後題崇寧三年二月則崇寧任廣東轉運者實鄱陽人非韓城人也

亨 劉莘老題名 熙寧五年

右劉莘老題名在衡州府石鼓山之西溪云劉摯莘老來遊跂蹈侍凡九字其右方小字題云後百八十三年六世孫震孫𧰼恩來持庾節拂拭舊題不任感愴寶祐二年秋九月旦凡三十三字按寶祐二年歲在甲寅上溯熙寧五

年壬子實百八十三年莘老以論新法謫監衡州倉嘗在是時矣袁桷述其父師友淵源錄云劉震孫東平人忠肅公元孫文清公之子魏文靖公之壻晚歲爲宗正少卿兼中書舍人丁大全之貶新州也震孫以太常少卿權直舍人院繳奏乞移徙海島可謂剛鯁有祖風惜乎宋史不爲立傳未得詳其立朝顛末也跋蹈皆元豐元年進士跋字斯立宣德郎自號學易老人蹈婺源丞

貞 程師孟等題名 熙寧

右程師孟等題名正書八行行三字文云程師孟金君卿李宗儀許彥先同遊藥洲熙寧甲寅上元日題在廣東學

署之九曜石又一石亦題此四人姓名而不署年月皆予
視學時晨夕摩挲而手拓其文者也以它碑參攷之師孟
時以右諫議大夫知廣州充經略安撫使君卿以度支郎
中爲轉運使宗儀以司封郎中提點刑獄兼提舉常平彥
先以太子中舍爲轉運判官四人者唯師孟名列宋史循
吏傳又吾吳人也當熙寧之世新法紛更流毒海內師孟
列任方面不失循良之譽可謂難矣宋史既入之循吏而
列傳第九十　卷復有專傳讀之終篇竟無異同當時刊
修校對諸臣其失職如此柯維騏撰新編亦不能改正豈
不貽笑千古也哉宗儀南康人檢溯溪石室題名知之

目 勅祠南海廟記 熙寧甲寅

右勅祠南海廟記首稱熙寧皇帝而末題甲寅正月二十三日蓋熙寧七年也程師孟以守臣主祭記文極其贊揚故碑末敘銜不言初獻若亞獻終獻官姓名記文旣未敘人故特書於結銜之上此亦一例也陳之方文拖沓無法而字畫端重頗似顏平原未知出何人之手碑在南海廟大門外翁氏記粤東金石獨遺之潮陽令李南澗訪得喜甚搨兩本寄京師一以遺予一以遺翁學士云

亭 許彥先藥洲詩 熙寧七年

右許彥先藥洲詩後題彥先再遊移穮稛稸穥侍彥先字

覺之元祐丁卯知隨州得漢碑于州之舜子巷徙置後圃刻詩一篇於碑額蓋嗜古而好事者也王荆公集有送許覺之奉使東川詩

吳中復題名 熙甯七年

右吳中復題名在西安慈恩塔八分書甚有法其文云資政殿大學士知越州趙抃度支郎中轉運使皮公弼太常少卿知同州毋沆太常博士提點常平倉章楶同登慈恩塔過杜祁公家廟遂會於興慶池館熙甯七年仲冬二十有二日龍圖閣直學士知軍府事吳中復題按趙閱道以熙甯三年四月自政府乞罷改資政殿學士知杭州後改

青州召見以大學士再知成都乞歸知越州此題乃由成都移越道經京兆時也中復知永興軍資提舉陝西常平俱見宋史本傳公弼任陝西轉運使亦見食貨志杜祁公衍家越之山陰晚年退居南都即今之歸德府也似不當立家廟於長安且北宋大臣罕有立家廟者或别是一人非衍也

利 會眞宮詩題跋 熙寧十年丙午月

右會眞宮詩題跋詩爲种明逸所作題於後者二十餘人或眞或行或篆或隸或飛白胡宗回李宗諤宋綬韓退李孝昌邵餗唐巽蘇子美魏閑范仲淹王洙歐陽修蔡襄程

戡梅堯臣韓琦沈遘張伯玉楊傑皇甫遘皆當時鉅公其云越者周越也曼卿者石延年也祕演則曼卿之友而僧者也才翁者蘇舜元也不疑者邵必也廣淵者王廣淵也熙寧丁巳譚逑叙而刊諸石今种書已亡惟題跋二石尚存李南澗云石舊在泰安之會眞宮今移東嶽廟環咏亭壁間

蘇子瞻題名 熙寧

右蘇子瞻題名在諸城縣學其文云禹功傳道明叔子瞻游不署年月攷蘇公年譜熙寧七年甲寅秋自杭州通判除知密州九年丙辰十二月移知徐州諸城在宋爲密州

此刻在甲寅以後丙辰以前無疑矣禹功者喬太博叙傳道者章教授傳明叔者趙教授杲東坡集中並有唱酬之作此刻不言何人所書而予決其爲坡書者是時喬爲寓公章趙爲校官以班資言之皆宜在郡守之下惟出於公自書故可謙退居後它人則嫌於僭矣東坡分隸世所罕見此九字可謂文豹之一斑也

[墨]米黻五言絶句　熙寧八年十月

右米黻五言絶句在祁陽縣之浯溪後題米黻南官五年求便養得長沙掾熙寧八年十月望經浯溪凡廿八字攷元章生於皇祐辛卯至是纔二十五歲筆力縱勁已有顏

平原風格故知小技亦由天授也

金石文獻叢刊

潛研堂金石文跋尾

附金石文字目録

二

【清】錢大昕 撰

上海古籍出版社

潛研堂金石文跋尾卷十四

錢大昕著

宋三

宋三

利

右曾布等題名在廣東學院公廨後圃九曜石上予以甲午冬奉使到此每公事小暇即徙倚其間摩挲題字徘徊徉復不知日之移晷因歎曾子宣爲子固之弟風流儒雅煇映一時不幸附和紹述致位宰相史家遂入之姦臣之列所得幾何乃蒙千載詬病然子宣雖不爲公論所與而能與章惇蔡京立異亦張天覺之流也天覺既可列傳曾獨不可列傳乎若史彌遠之姦邪甚於侂胄而轉不在姦臣之數史家於此未免上下其手讀史論世者所以不可無識也宋史曾布傳元豐初以龍圖閣待制知桂州據此則知廣州日已遷待制矣題稱廣東經畧安撫使而不稱

知廣州者以使職爲重起居舍人其寄祿官也轉運副使二員其寄祿官一爲都官外郎一爲屯田外郎稱外郎而去員字它刻所罕見也

表忠觀碑 元豐元年

右表忠觀碑碑凡八片今存四片又失其下截每行止十一字然筆法方整俊偉比之蔡君謨有過之無不及坡公最用意之作也石在杭州府學乾隆辛酉歲掘地得之湖上錢王祠有明人重刻本文雖完好特優孟之衣冠耳

曾布題名 元豐二年

右曾布題名文云南豐曾布已未上巳盡室泛舟歷覽東

龍品穴之勝遂游雉山凡四行篆書刻於龍隱下巖已未者元豐二年其時子宣由廣州移知桂州矣

宋 勅封順應侯牒 元豐二年七月

右勅封順應侯牒元豐初知齊州韓鐸祈雪龍洞山有應奏請加賜封爵因有此勅前列太常禮院奏十一行後列勅文五行皆正書而首行中書門下牒五字牒文內兩勅字行書勅字特大而縱蓋宋時勅牒之式如此末行押勅三人曰右諫議大夫參知政事蔡曰禮部侍郎平章事王曰工部侍郎平章事呉以史攷之蓋呉充王珪蔡確也碑在濟南府龍洞山之壽聖院又有元人重刻本亦在院中

韓忠獻公祠堂記 元豐三年正月

右魏國韓忠獻公祠堂記潁州團練推官將仕郎試祕書省校書郎知太平州繁昌縣事充定州州學教授郭時亮撰將仕郎守將作監主簿新充監瀛州倉草塲滕中書并篆額案文獻通攷謂元豐未改官制之先大率以職爲階官以宰執言之如吏部尚書同中書門下平章事尚書禮部侍郎參知政事之類是也然所謂吏部尚書禮部侍郎者未嘗專有所係屬治其事則以爲職不治其事則以爲階官猶云可也獨選人七階則皆以幕職令錄之屬爲階官而幕職令錄則各有所繫屬之監司州縣遂至有以京

西路某縣令爲階官而爲河北路轉運司勾當公事者有以陝西路某軍節度判官爲階官而爲河東路某州州學教授者有以無爲軍判官而試祕書省校書郎者其叢雜可笑尤甚今時亮任定州州學教授而帶潁州團練推官又帶知太平州繁昌縣事正馬氏所譏爲叢雜可笑者也

初韓魏公守中山五年遺愛在民元豐元年十月潁川韓絳以建雄軍節度自河東移知定州民以其與魏公同姓也乃請於絳立廟圖像春秋祀焉碑在定州儒學

補陳倩等題名 元豐三年十二月

右陳倩等題名文云元豐三年十二月初五日權本路轉

運使朝散大夫直集賢院陳倩君美權荆湖南路轉運使朝奉郎直集賢院朱初平仲隱權發遣提舉本路常平等事光祿寺丞劉誼宜父同游曾公巖時仲隱誼父瓊筦體量安撫囘歸任會此凡十一行刻於粤西之曾公巖其云本路者廣南西路也宋史職官志言官人受授之別有官有職有差遣官以寓祿秩叙位著職以待文學之選而别爲差遣以治内外之事此刻所云轉運者差遣也朝散朝奉者寄祿官也直集賢院者帖職也宋初省臺寺監之官但以寄祿而無職守元豐三年九月改定寄祿格以階易官由是六曹九寺各還其職此刻陳朱二人題銜已遵新

格獨劉誼不稱宣義郎而稱光祿寺丞豈帶職事官而出使邪宋史食貨志元豐三年中書言廣州市舶已修定條約宜選官推行詔廣東以轉運使孫迥廣西以陳倩倩乃倩字之譌當據石刻正之朱初平之名見於宋史蠻夷傳又食貨志熙寧中有湖南提點刑獄朱初平蓋由提刑遷轉運也

貞 眞身瑞像歷年記 元豐四年五月

右東京啓聖禪院眞身瑞像歷年記不詳何人所撰元豐四年長洲竇臨模刻其上爲栴檀佛像今在蘇州府婁門內小關帝廟胡生鼎衡爲予搨得之隋書經籍志釋迦當

周莊王之九年四月八日自母右脇而生王簡栖頭陀寺碑文云周魯二莊親昭夜景之鑒李善注魯莊公七年夜明佛生之日也又引史記周桓王崩子莊王佗立左氏傳莊公三年葬桓王然則周莊王魯莊公爲同時予攷春秋桓十五年天王崩卽桓王也莊王嗣位當於次年改元則魯莊公之七年實周莊王之十年隋志云九年者或傳寫偶誤爾此記云佛誕於周昭王二十四年甲寅則梭春秋恆星不見之歲又先三百四十年與隋志及王碑皆相矛盾據萬斯同紀元彙攷甲寅是昭王二十六年此云二十四亦未合元程鉅夫栴檀佛像記稱像居西土一千二百

八十五年龜茲六十八年涼州一十四年長安一十七年江南一百七十三年淮南三百六十七年復至江南二十一年汴京一百七十六年此記則云佛涅盤一千三百零五年龜茲國住七十八年西涼　十四年長安十七年江南一百九十二年廣陵三百五十七年從開寶乙亥歲到東京至嘉祐二年丁酉八十三年年數多寡互異又無復至江南之事

刹 時仲等題名　元祐丙寅季春

右時仲等題名在九曜石米書之左三人皆稱字而無姓名予見九曜池中又有一石石上有李之紀仲明吳荀翼

道張升卿公詡蔣之奇穎叔四人名乃元祐二年三月所題則此刻稱公詡者升卿也又攷中吳紀聞稱孫載字積中神宗時除廣東路常平哲宗卽位諸路常平官廢赴京師授通判陜州遷廣東轉運判官此刻稱積中者載也惟時仲無可攷孫公吾鄉先正登治平進士第好汲引士類晚歲以嘗薦元祐黨人乞祠歸而宋史不爲立傳茲得其題名因表而出之

蔣之奇武溪深詩 元祐二年十一月

右蔣之奇武溪深一篇篇首用馬援辭而續其後凡二百九十言蓋知廣州日所作書法亦疏爽可喜又題其後云

李君以神漢周府君功勳紀銘見示歐陽永叔集古目錄跋云碑石缺亡其名李君嘗往詣碑辨之乃是煜字永叔但得墨本故莫能攷也案歐公集古錄有兩跋後一跋云有國子監直講劉仲章爲余言前爲樂昌令因道府君事云名憬問何以知之云碑刻雖缺尚可識也趙洪諸家皆據歐公後跋定爲憬字穎叔未見此跋故以爲莫能攷爾李既親詣碑所似得其實然隸書憬煜兩字本相近究難定其然否也後有元祐三年眞陽貢士李修跋碑額題寶文蔣公武溪深詩八字亦修所書修自稱門生蔣所稱李君者蓋卽修矣碑左旁一行云右朝散郎知韶州軍州事

譚粹元祐季秋六日自延祥禪院移立武溪亭今在韶州之九成臺

利游師雄題名　元祐三年五月

右游師雄題名二通俱在同州府褚書聖教序碑陰其一題元祐三年五月而不著官職以宋史本傳推之當是任陝西轉運判官時也其一題元祐甲戌中和節後一日稱權發遣轉運副使公事甲戌者元祐九年也阿房宫賦石刻有師雄跋立於元祐八年亦稱權發遣轉運副使公事本傳云爲陝西轉運使蓋脱副字宋時外任差遣資淺者加權字尤淺者則稱權發遣某官公事史家皆畧而不書

惟石刻一一書之章粢時以直龍圖閣知同州故有章龍圖之目白時中官同州學教授亦史傳所未及

貞 王定民題名 元祐三年

右王定民題名其文云元祐三年戊辰秋八月十有六日提點刑獄朝散郎張公綬拜宣聖孔子于石鼓之學遂登文會閣燕太守大口口公仲孫宣德郎衡陽令王定民檢法判官王詢新息主簿陳知元知元以是年自學徒登科羅公欲以槳激諸生招口席末定民嘗兼教職口口焉既飲與賓客下合江亭謁韓伯留題按元祐三年禮部試蘇子瞻實知舉是科省元章援狀元李常寍知元蓋亦蘇公

門下士矣新息主簿蓋其階官乃選人七資之最卑者熙豐間大興學校然諸路設教授者僅五十三員荆湖南路僅潭州一員元祐初諸州相繼增教授而衡猶未預故定民得以縣令兼教職也文獻通攷載崇寧詔諸州生員不及八十人罷置教授官以存州有科名官兼莅學事則定民必有出身者

利 王評題名 元祐三年八月

右王評題名在西安府慈恩塔文云承議郎新通守清江郡事瑯琊王評漢卿奉使岐雍展先塋回登慈恩塔元祐三年秋八月上澣題按漢制公卿以下皆五日一休沐唐

會要永徽三年上以天下無虞百司務簡每至旬假許不視事以優百僚休沐則唐時十日一休沐矣休沐亦謂之休澣唐書劉晏傳質明視事至夜分止雖休澣不廢是也宋時百官旬假循唐故事故有上澣中澣下澣周益公撰光堯丁亥本命道場滿散朱表有日踰中澣之句攷其日乃十月二十一日又撰四月十八日丁亥本命道場朱表亦云日近中休然則每月之二十日爲中澣日上澣必月之十日矣一旬之中止一澣日今人以上澣中澣下澣當上旬中旬下旬既失其旨又休澣惟有官人乃可用之不當通之士庶也漢卿當是駙馬都尉誂之昆弟

宋郭祥正石室遊元祐四年二月

右郭祥正石室遊後題云宋元祐戊辰二月廿有八日當塗郭祥正功父來治州事明年以其日上書乞骸骨作石室遊一首刻之崖間記其姓名與山俱盡按宋史本傳云知端州蓋即端州之譌南渡後避穆陵嫌名始改筠州爲瑞州此時不得有瑞州也祥正字功父此碑自題字功猶劉原父亦稱仲原也

宋鄆州州學新田記元祐五年九月

右鄆州州學新田記宋史滕甫傳哲宗登位除龍圖閣直學士復知鄆州學生食不給民有爭公田二十年不決者

肯曰學無食而以良田飽頑民乎乃請以爲學田遂絶其訟碑云先是汶水之陽東山之下有美田畝一金宜桑柘麻麥官與大豪而薄其賦口根深牢旁小民歲歲訟不解公曰吾學適貧不若盡以與之郎爲奏請得田二千五百畝有奇與民耕之歲輸錢百万是爲新田正與史合記爲尹遷所撰簡質有法度而李侃分書方整古雅甚得漢人筆法宋世言分隸者未能或之先也

亨 韓魏公祠堂繪畫遺事記 元祐五年九月

右韓魏公祠堂繪畫遺事記左朝奉郎充龍圖閣待制權知開封府兼畿內勸農使王巖叟撰左通直郎充集賢殿

修撰提舉西京嵩山崇福宫劉安世書左朝散郎試中書舍人韓川篆額三人皆元祐黨籍中人也記略云慶曆中朝廷有北顧憂始詔魏瀛鎮定竝用儒帥而公以資政殿學士帥定武天子倚公以安六年乃得去去後三十年民相與立祠于郡庠之西自康國韓公中國吕公爲帥旣釋奠夫子常率賓佐及諸生以一獻之禮祀焉元豐末巖叟爲邑于安喜州之耆舊請繪公遺事于祠堂之兩廡未暇成而被召以去越明年公之子忠彦由禮部尚書以樞密直學士出帥定人喜曰吾家資政之子也因相與成之所云韓吕兩公謂韓絳吕公著也

宸奎閣記 元祐六年正月

右宸奎閣記東坡知杭州日所書其結銜云龍圖閣學士左朝奉郎知杭州軍州事兼管內勸農使充兩浙西路兵馬鈐轄兼提舉本路兵馬巡檢公事武功縣開國子食邑六百戶輕車都尉賜紫金魚袋臣蘇軾撰宸奎爲藏仁宗御書之所此記雖非奉敕經進而言必稱臣昔賢之謹慎如此鈐轄與巡檢皆掌兵之職而各爲一司宋史職官志云臨安府舊爲杭州領浙西兵馬鈐轄不云兼本路兵馬巡檢則失之太畧矣唐宋人結銜勳官在封爵之上此獨在爵邑之下與它碑異碑久失傳明萬曆乙酉温陵蔡學

易知寧波府訪范侍郎欽得舊榻本雙鉤重刻然范所藏亦是元時翻本予登天一閣曾寓目焉

利 黃履金陵雜詠 元祐

右黃履金陵雜詠凡一十九首題銜稱左朝請郎充天章閣待制知江寧軍府事而不署年月其首一篇題云閏八月十日同運使正仲大夫提刑若愚司封運判全玉朝奉遊雨花亭考景定建康志履以元祐六年八月到官是年恰閏八月與詩題合又有和運判張德父燈夕不赴詩則次年春所作也予向意上澣爲月之十日而未有據今讀履詩云閱月稍豐暇淸晨適逢休則十日爲休澣之期信

矣永慶寺觀陳井詩有龍沈景陽井欄刻惟存戒之句此辱井所在之證今城西北有永慶寺未審卽其故址否王象之輿地碑目謂陳景陽宮井欄石刻唐人書今在行宮南渡之行宮卽舊江寧府治也或者元祐以後守臣之好事者移永慶之石欄置之郡治歟惠烈廟祀蔣子文本在孫陵岡故有山北迢迢十里餘之句明初改立廟於雞鳴山而故廟遂廢紫極宮今之朝天宮也中有鍾阜軒則郡志所未載華藏此君亭未詳所在周汭字潮宗蘇州人元祐三年李常寧榜進士

刻 曾布雲門山題名　元祐六年閏八月

右曾布題名在雲門山南壁佛龕上其文云龍圖閣學士知青州魯郡侯曾布右朝奉大夫通判青州事胡之邵崇儀使管勾南京鴻慶宮董佶左承議郎東路提刑司檢法官陳銑左承議郎簽書節度判官高昌庸左奉議郎知益都縣李植觀察推官賀大成州學教授劉章元祐辛未閏八月望遊此遂至石子澗是日魯侯六子繰紆絢紱絣孫悆盡室奉益昌君從行凡十一行趙秋谷謂是紆所書特以意度之爾予在粵東見布九曜石題名筆意與此相似紆字公袞號空青居士布封魯郡侯宋史本傳失書

貞 劉蒙等題名 元祐七年九月

右劉棠等題名六行在永州朝陽巖其文云臨川劉棠資明原武邢恕和叔河東安惇處厚元祐七年九月二十一日泛舟渡江同游朝陽巖此三人者惟棠不見於宋史恕惇皆在姦臣之列恕本程門弟子爲温公所知而險佞反覆遂與章蔡爲欸黨惇西蜀名士東坡送詩有舊書不厭百回讀熟讀深思子自知之句當亦矯矯自好者其後章惇與同文獄兩人甘心爲之鷹犬欲追廢宣仁誣元祐諸賢以惇逆可謂喪心病狂者矣惇一入樞府恕僅終侍從生前所得幾何乃令後人見其姓名詬罵不置小人之無忌憚可惡亦可悲也恕坐蔡確事責監永州酒史有明文

惇傳但云哲宗初政罷爲利州路轉運判官歷夔州湖北江東三路不知何由至永當攷惇廣安軍人而自署河東蓋舉郡望而言恕自題原武而史作陽武恐是史誤

【眞】顏魯公新廟記　元祐七年

右顏魯公新廟記今在沂州府費縣顏公祠左承議郎尚書職方員外郎雲騎尉賜緋魚袋曹輔撰明州定海主簿祕書省校對黃本書籍秦觀書輔字子方華州人元祐中與蘇黃秦諸公游而宋史無傳攷山谷年譜引實錄元祐三年九月太僕寺丞曹輔權發遣福建路轉運判官此碑稱尚書職方員外郎蓋由運判召入郎署而秦淮海集有

送曹虢州詩序云譙國曹子方自尚書郎出守又述子方之言云待罪司勳初無稗補是子方由職方又改司勳而出知虢州也予又見粤西會公巖有提點刑獄曹輔子方題名後題紹聖乙亥季秋是又由知州遷廣西提刑其後事則不可攷矣秦少游結銜稱定海主簿者選人階官非正授之職據續通鑑長編元祐六年六月以秦觀爲祕書省正字八月罷正字依舊校對黃本書籍故此碑仍稱主簿雖在館職猶未脫選籍也近秦氏輯淮海年譜以除正字繫之元祐四年證之石刻可決其誤揮麈錄元祐中重寫御前書籍又置校對黃本以館職貧淺者爲之又置重

修晉書局不久皆罷去此職之罷大約在紹聖以後也

宋左中散大夫徐師閔墓誌 元祐八年十一月

右左中散大夫徐師閔墓誌宋世士大夫宦成之後多不歸故鄉閩人如南北章氏皆居吳中師閔建州建安人而居於蘇列吳中十老之一其葬在吳縣蒸山龍窩塢當時風俗皆然不以爲異也師閔父奭大中祥符五年進士第一官翰林學士師閔官亦不卑而史皆無傳有歌詩二十卷雜文十卷藝文志亦未載入蔣堂字希魯與師閔父同年故有同年丈人行之稱予初得此碑疑元祐四年寄祿官初分左右此碑署銜黄履稱左朝散大夫章衡稱左朝

議大夫當矣師閔非進士出身何以得稱左將之寄官太中大夫何以不帶左右洸思積日夜臥不寐忽若有悟寤檢琴川志引哲宗舊實錄云元祐四年十一月三省言承務郎以上至朝請大夫欲分左右進士加左字餘官加右字從之中散大夫班在朝請之上固不在分左右之例矣王明清揮麈前錄言官制後惟光祿大夫及中散朝議三大夫分左右增磨勘而已初非以科第也今攷元豐改官制時光祿中散朝議三階元不分左右哲宗朝始分之碑云上郎位改中散大夫其時尚未分左右也後以子貴進左中散大夫蓋自右轉左不係有出身與否也太中大夫

本無左右之分於是兩疑頓釋而章衡之左朝議亦由磨勘叙進與師閔同

利 王詵題名 元祐癸酉

右王詵題名在西安府慈恩塔其一云駙馬都尉王詵再遊元祐癸酉凡十二字筆勢縱逸似黃山谷其一云[redacted]題晉卿凡八字晉卿宋初功臣全斌之裔全斌子審鈞爲承興軍駐泊都監因家京兆晉卿於審鈞爲曾孫則京兆乃其故鄉又攷王評題名有展先塋之語則晉卿之屢游慈恩殆亦以展禮先塋之便歟

貞 唐太宗昭陵圖 紹聖元年

右唐太宗昭陵圖宋紹聖元年端午日武功游師雄景叔所刻肅宗建陵附見左方元和郡縣志昭陵在醴泉縣東北二十五里此圖云縣北至昭陵五十里蓋宋之醴泉非唐故城矣碑云諸蕃君長貞觀中擒伏歸和者琢石肖形狀而刻其官名凡十四人今依其所列數之曰突厥頡利可汗左衛大將軍阿史那咄苾曰突厥利可汗左衛大將軍阿史那什鉢苾曰突厥乙沴泥孰俟利苾可汗右武衛大將軍阿史那祢尔曰薛延陁眞珠毗伽可汗吐蕃贊普曰新羅樂浪郡王金眞德曰吐谷渾河源郡王烏地拔曰勒豆可汗慕容諾曷鉢曰龜茲王訶黎布失布失畢于闐

信曰焉耆王龍突騎支曰高昌王右武衛將軍麴智勇曰林邑王范頭利曰婆羅門帝那伏帝國王阿那順止十二人耳予以新舊唐書及文獻通攷再三推校乃知吐蕃與薛延陁本非一部而于闐信當爲于闐王伏闍信亦不當承龜茲之下析此二國恰合十四之數此又當據史以糾石刻之誤者也

貞 祠山鐵像題字

右祠山鐵像題字甲寅歲瞿增鏡濤游廣德州謁祠山廟拓其文見貽且言兩像甚鉅東西相對署間左右若蔽膝者各二一皆有文字一爲紹聖二年乙亥正月廟祝陳述明

金石文跋尾

題一爲紹聖丁丑三月胡庶題皆有緣化急脚子李文晏名丁丑者紹聖之四年葢閱兩年有餘始蕆事也字畫端整極有唐人法度但陽文隱起不如陰識之易拓耳周秉秀祠山事要載胡庶靈濟王碑云元豐元年春有詔取士庶將赴試國學而進止未決夜夢王語庶曰汝來年登第矣二年春果如其夢庶廣德人嘗爲南陵縣主簿碑立於元豐三年鐵像題字又在立碑後十八年也秉秀誤據湯景仁記以爲當在崇寕因議編年之譌又謂不當添胡庶姓名然此像字畫分明秉秀何竟不一寓目而輒以肊斷耶

胡宗回等題名 紹聖乙亥季秋

右胡宗回等題名其文云朝請大夫直龍圖閣知桂州兼經畧安撫胡宗回醇夫朝奉大夫轉運副使程節信叔朝奉郎提點刑獄曹輔子方朝請郎轉運判官程邁彥之邵承議郎提舉常平徐常彥和紹聖乙亥季秋甲辰同游凡十行刻於曾公巖洞左壁宋時轉運提刑常平皆爲監司之官據此刻知轉運副使班在提刑之上運判在提刑之下常平又在運判之下也知州本在監司之下若大州兼安撫使者多以侍從貴臣充之資望又在監司之上故列名在前乙亥紹聖二年也攷哲宗紀紹聖二年四月詔職

事官罷帶職朝請大夫以下勿分左右此刻朝請朝奉上不加左右字蓋用新制宗回以知州得帶直龍圖閣皆外任差遣與在京職事官不同也曹子方海陵人元祐中嘗任福建轉運判官與蘇子瞻唱和宋史列傳有曹輔字載德南劍州人此別是一人同姓名爾宋史又有程之邵字懿叔仕哲徽兩朝史不言其曾官廣西此程遵彥亦字之邵一字一名偶爾相同猶陳襄字述古而同時別有陳述古也東坡集中有送簽判程朝奉新茶及送程之邵簽判赴闕詩施元之注程朝奉名遵彥舉進士簽書杭州節度判官在東坡幕府二年公再入翰林薦之於朝擢宗正丞

後使廣西入爲祠部郎提點兩浙刑獄

仇公著墓誌 紹聖三年十月

右仇公著墓誌公著字晦之其先滄州人曾祖華以尚書駕部員外郎爲青州牧終而家焉後贈工部侍郎祖丞尚書屯田員外郎父諒國子監丞王文安公公著姑之子也文安公由進士第一參預大政封其妣爲徐國太夫人而報其外族者甚渥嘉祐三年文安薨於位遺奏補公著太廟齋郎從宦四十許年終於定州觀察判官塟在青州丞固鄉雲門里王文安者堯臣也誌銘柳子文撰晁端禮篆其蓋而王同老書之同老即堯臣之子字體似東坡其書

參爲彖罨卷爲喪則俗體之甚者李南澗語予碑近出都城西關口村南有陽水中今在村人楊士良家

貞關山月關山雪詩　紹聖丙子

右關山月關山雪詩在隴州大佛寺題云成都宋構承之紹聖丙子歲按部過隴山偶題按宋史不立構傳而東坡集有送宋構朝散知彭州迎侍二親詩施元之注宋彭州名構紹聖間爲金部員外郎是時都大提舉川茶事陸師閔移漕陝西謀代之者曾子宣李邦直僉曰宋某可遂使權都大管勾成熙寧中設成都茶司其後改名都大提舉茶馬司凡市馬於蕃夷以茶易之此刻於紹聖間構雖管

勾川茶而市易常於秦隴故有按部隴山之語

章聖皇帝御製詩記　紹聖四年十月

右章聖皇帝御製詩記碑分三層上刻眞宗賜賀蘭栖眞詩中刻栖眞像下刻張闇記宋史方技傳栖眞始居嵩山紫虛觀後徙濟源奉仙觀景德二年遣入內內品李懷贇召赴闕既至眞宗作二韻詩賜之號宗元大師即此詩也記稱章聖皇帝即位之七載聞栖眞道術甚高發使者詔至京師則當爲景德元年相校差一年史稱號宗元大師而記作宗眞蓋後來避聖祖諱追改也眞宗嘗問栖眞人言先生能黜化黃金信乎對曰陛下聖德睿明富有四海

可謂真天子矣臣願以堯舜之道點化天下方士僞術不足爲陛下道也此語當載入本傳其壽百一十三歲亦史所未及

[illegible]游師雄墓誌 紹聖四年十月

右游師雄墓誌題云宋故朝奉郎直龍圖閣權知陝州軍府兼管內勸農事兼提舉商虢等州兵馬巡檢公事飛騎尉賜緋魚袋借紫游公墓誌銘朝請郎直祕閣知潭州軍州兼管內勸農事兼判湖南路安撫充本路兵馬鈐轄驍騎尉賜紫金魚袋張舜民撰朝散大夫直龍圖閣權知秦州軍州兼管內勸農事兼權發遣秦鳳路經略安撫使兼

馬步軍都總管公事騎都尉賜紫金魚袋邵䚵書端明殿學士中散大夫充涇原路經略安撫使馬步軍都總管兼知渭州軍州事管內勸農使上柱國賜紫金魚袋章楶篆蓋陝州稱軍府不云軍州者陝爲大都督府故也文獻通攷大中祥符六年詔龍圖閣學士直學士結銜在本官之上此碑惟章楶以學士結銜在散官上師雄舜民䚵皆直閣故結銜在下宋史職官志安撫總一路兵政以知州兼充太中大夫以上或曾歷侍從乃得之品卑者止稱主管某路安撫司公事楶以侍從故得充經略安撫使䚵但稱權發遣安撫使公事亦不正授之稱也潭秦渭三州守臣

並帶安撫使舜民繇以知州而兼安撫槩以安撫使而兼
知州結銜前後互異亦正授不正授之分也

仁壽縣君蘇氏墓誌 紹聖四年十月

右仁壽縣君蘇氏墓誌湖北轉運使祕閣校理趙揚揚字不全之妻廣西轉運使贈禮部侍郎蘇安世之女也慶曆中歐陽永叔以孤甥事爲言者所訐安世爲三司戶部判官直其寃以是知名而史不爲立傳王荊公爲安世墓誌云女子五人其適單州魚臺縣尉江山趙揚者卽仁壽君也劉次莊元祐中御史嘗模刻閣帖於臨江軍又爲釋文十卷行世顧其書世不多見此誌特完好文與書法皆可觀在

江甯城外祈澤寺壁間

[illegible]施縝墓誌　紹聖四年十一月

右施縝墓誌在宣城縣左朝議大夫充寶文閣待制知杭州軍州充兩浙西路兵馬鈐轄兼提舉本路兵馬巡檢公事上柱國隴西縣開國子食邑六百戸賜紫金魚袋李琮撰朝奉大夫知洪州軍出兼管內勸農事充江南西路兵馬鈐轄上護軍借紫張綬書朝散大夫管句洪州玉隆觀護軍文安縣開國子食邑六百戸賜紫金魚袋顧臨篆蓋縝以父蔭補太廟齋郎嘗知鄆州壽張縣改簽書鎮南軍節度判官加奉議郎賜緋魚葬仁義鄉響山之原琮字獻

甫臨字子敦宋史皆有傳臨爲管勾玉隆觀則史所不載也誌文完好如新書法亦佳宣城孫生元珝以予嗜金石文手搨一本見貽攷陳魯南南畿志不載縝墓故表而出之

程閎中等題名 元符己卯

右程閎中等題名凡七行文云程閎中點青田常役廖君憲漕臺校試還攝永嘉管勾邂逅遊己卯閏月二十三日去年何夢華自青田石門山拓以見贈并貽書詢己卯係何年号予攷漕司校試起于宋時若今之鄉試此題當是宋刻南渡後避高宗嫌名易管勾爲幹辦而此刻稱管勾

則必北宋刻矣熙寍新法以後始重役法閤中差點常役其在元符二年乎是歲歲在己卯又閏九月與石刻正合

重修鳩摩羅什塔亭記 元符三年六月

右重修鳩摩羅什塔亭記潞州上黨縣令寗祖武撰表白僧宗嶬書後列奉議郎知京兆府鄠縣事兼兵馬都監武騎尉李援名崇寍初編類元符臣僚章疏以附和紹述者爲正持正論者爲邪各分三等祖武名在邪中等援在邪下等葢亦當時有志之士矣其云內翰蔡公者謂蔡京元祐中嘗知永興軍也

三十六峯賦 建中靖國元年九月

右三十六峯賦知登封縣四明樓异試可所作僧曇潛書曇潛一名道潛與東坡倡和所謂參寥子者也朱昂續骫骳說參寥住西湖智果院能文章尤喜爲詩坡南遷素不快者摭詩語謂有譏刺得罪反初服建中靖國元年曾子開爲翰林學士言其非辜詔復祝髮紫方袍師號如故碑書于建中靖國元年九月正參寥初復師號時也

貞 劉晦叔等題名 崇寧元年季春

右劉晦叔等題名行書五行文云崇寧元年季春十七日汝口劉晦叔東平畢公叔三封宋仙民莆陽蔡元長同來元長者京之字也攷宋史姦臣傳徽宗即位出知江寧頗

怏怏不之官御史交論其惡奪職提舉洞霄宮居杭州童貫以供奉官留杭州累月京與游不舍晝夜附語言論奏至帝所由是帝屬意京起知定州崇寧元年徙大名府韓忠彥與曾布交惡謀引京自助復用爲學士承旨此題名在盱眙縣之玻瓈泉蓋由杭赴闕所經之地雖兩除大郡皆未到官而其月即有承旨之命又兩月遂登政府矣兹回之進退乃宋祚存亾所關故攷而論之

亨 鄭敦義題名 崇寧元年

右鄭敦義題名云上自端王即位升潛藩爲節鎮開府之初叨奉明命辛巳夏末到官壬午暮春暇日攜家來遊眞

守鄭敦義凡七行行六字其文左行宋史徽宗紀元符三年十月乙卯升端州爲興慶軍宋時州有四等曰節度曰防禦曰團練曰軍事即刺史端州本軍事以徽廟潛邸升節鎮賜興慶爲軍額辛巳爲建中靖國元年壬午則崇寧元年也敦義蓋元符三年冬被命次年夏到官又明年而題名於石室爾

刻 蕪湖縣學記 崇寧

右蕪湖縣學記米元章書自署無爲守而不列官與它碑式異宋史元章傳稱年四十九卒而蔡肇撰墓誌云年五十七卒於淮陽郡齋其說互異予按元章跋晉謝安眞蹟

帖云余生年辛卯又有辛卯米芾四字小印則以仁宗皇祐三年生至哲宗元符二年己卯巳四十九年矣如史所云卽不及徽宗朝而元章𨚫在徽廟時始以工書顯其知無爲軍當在崇寧三年明年始擢禮部員外郞再出知淮陽而歿於官則墓誌云五十七者爲不誤葢其卒以大觀元年歲在丁亥也爰書此以糾史之謬

利 崇寧癸未獎諭敕書 崇寧二年五月

右崇寧癸未獎諭敕書其文云敕程節省廣西經畧司奏安化三州一鎭蠻賊結集八千餘人於地名鉬甲嶺吳村爨家寨等處作過黃忱等部領兵丁等二千九百九十餘

人與賊鬭敵斫到五百四十八級陣亾一十八人賊兵大敗奪到孳畜器械三萬餘數得功人乞推恩候敕旨事具悉蠻猺興兵爲郡邑害維子信臣克奮威畧選用材武提兵格鬭斬首捕虜厥功著焉除惡靖民嘉乃之舉故茲獎諭想宜知悉春暄卿比平安好遣書指不多及凡十一行行十五字行書按宋史徽宗紀崇寧二年二月辛亥安化蠻入寇廣西經畧使程節敗之又蠻夷傳撫水州在宜州南大中祥符九年詔以撫水州爲安化州崇寧二年其酋蒙光有者復嘯聚爲寇經畧司遣將官黃忱等擊卻之郎其事也宋時守臣監司有治績輒降敕獎諭其勤於石者

不多見故錄之以存當日之式程節史不爲立傳殆亦生事邀功之流歟

貞耀州靜應廟牒及妙應眞人告詞 崇寧三年十月

右耀州靜應廟牒及妙應眞人告詞同刻一石上層首行題尚書省牒耀州靜應廟後題崇寧二年八月二十一口其云右正議大夫守右丞吳者居厚也云左銀青光祿大夫守左僕射而無姓者蔡京也下層首行云勑耀州華原縣孫眞人勑後列銜者中書令 闕 中書侍郎臣趙挺之宣奉曰中書舍人臣慕容彥逢行奉勑如右牒到奉行曰侍中 闕 曰尚書左僕射兼門下侍郎京曰門下侍郎將曰給

[illegible]彥崇寧三年二月二十九日戍時日都事康繼隆
吏曰左司員外郎方會付吏部日尚書令闕日尚書左僕
射京日尚書右僕射闕日尚書左丞闕日尚書右丞居厚
日吏部尚書執中日吏部侍郎洵仁告妙應眞人奉敕如
右符到奉行日主事李孝恭郎中矜令史李遵書令史張
應三月五日下蓋三省例由中書取旨門下錄黃而後尚
書奉行其次弟如此中書省承旨之地故省官稱臣具姓
名門下尚書兩省官有名無姓亦不稱臣都事主事令史
等以畢故具姓名此當時案牘之式非睹石刻不能知也
許將何執中鄧洵仁史皆有傳致宋時寄祿官分左右始

於元祐四年而其中又有兩等自承務郎以上至朝請大夫皆進士爲左任子爲右此以流品分者也若朝議若中散若正議若光祿若銀青光祿亦分左右則以元豐官制遷轉太易故增其階級以便磨勘不係乎有出身與否也紹聖二年罷朝請大夫以下分左右而中散以上五階猶仍左右之名此碑左銀青光祿大夫蔡京右正議大夫吳居厚是也洎大觀二年始以奉直易右朝議中奉易左中散通奉易左正議正奉易右光祿宣奉易左光祿而右銀青光祿正爲光祿而盡去左右字終宋之世因之矣宰輔編年錄崇寧二年正月蔡京自右僕射授右光祿大夫尚

書左僕射七月克復湟州除左銀青光祿大夫與碑正合吳居厚以是年四月自戶部尚書除中大夫尚書右丞不知何時轉右正議大夫想亦以湟州之功例轉三官乎王[illegible]書秀逸可喜而世罕知之者

太原府帖 崇寧二年九月

右太原府帖帖後列銜者八人權河東節度推官石檝太原府觀察判官鄭宣義郎監在府稅務權節推張承事郎簽書河東節度判官廳事王朝散郎通判太原軍府事蔡朝奉大夫通判太原軍府事陳龍圖閣學士朝奉大夫知太原軍府事范皆書押而不名最後一行云皇兄河東山

南西道節度使守太師開府儀同三司太原牧兼興原牧
陳王蓋徽宗之兄仳封申王者也宋時諸王外戚領節度
使者皆不之鎮而府帖猶存其銜旁注在京字此一代典
故見于石刻攷官制者所宜知也帖首一行云太原府帖
壽陽縣方山昭化禪院帖中載是年八月三省同奉聖旨
摩騰賜号啓道圓通大法師法蘭賜号闡教揔持大法師
傅大士賜号等空紹覺大士李長者賜号顯教妙嚴長者
定應大師賜号定光圓應大師其婺州雙林寺并太原府
壽陽縣方山昭化禪院西京白馬寺汀州武平縣南安巖
均慶禪院今後每遇聖節各許進奉功德疏內雙林寺回

賜度牒貳道餘叁處各壹道今唯方山尚存此帖餘莬有聞矣山南西道節度例兼興元尹皇子或稱牧此帖作興原牧未審其由

（宋）黄庭堅題名

右黄庭堅題名在浯溪東厓文云余與陶介石游浯溪尋元次山遺跡如中興頌峿臺銘右堂銘皆衆所共知也與介石裴回其下想慕其人實深千載尚友之心最後於唐亭東崖披翦榛穢得次山銘刻數百字皆江華令瞿令問玉筯篆筆畫口口優于峿臺銘也故書遺長老新公俾刻之口壁以遺後人山谷老人書凡十有六行不題年月以

山谷年譜攷之當在崇寧三年三月蓋自鄂州赴宜州謫所道所經也介石名豫長老名伯新黃㽞撰年譜唯載磨崖碑後題名而不及此題故具錄之予鄉跋唐廎銘據說文謂廎與高同訓小堂不當仍作亭字今山谷題已作亭又陳衍題浯溪圖云元氏始命之意因水以爲浯溪因山以爲峿臺作屋以爲唐亭三吾之稱我所自也歐陽公集古錄亦作唐亭頃於何君元錫齋見所拓磨厓大字有云唐亭磴道者有云唐亭銘者驗其筆蹤似唐人所題則讀廎爲亭沿譌已久六書之不講豈獨近代爲然哉

潛研堂金石文跋尾卷十五

錢大昕箸

宋四

詩　高逸上人詩　季季及梵仙詩　少蘊等題名

權邦彥遊百門泉詩　蘇過題名　武佑廟尙書

省牒　越州城隍廟牒　嘉惠廟牒　似槼等題名

董令升題名　汪藻題名　向子諲題名　吳郡

重修大成殿記　連南夫等題名　張浚登列秀亭

題名　紹興十八年進士題名記　高宗御書石經

宣聖及七十二弟子贊　妙喜泉銘

宋四

眞元祐黨籍碑崇寧三年

右元祐黨籍碑徽宗朝元有兩本崇寧元年九月已亥蔡

京籍文臣執政官文彦博等二十二人待制以上官蘇軾等三十五人餘官秦觀等四十八人内臣張士良等八人武臣王獻可等四人謂之姦黨請御書刻石于端禮門二年九月臣僚乞以御書刊石端禮門姓名下外路州軍於監司長吏廳立石刊記從之此初本也崇寧三年六月戊午詔重定元祐元符黨人及上書邪等者合爲一籍通三百九人刻石朝堂文臣曾任宰臣執政官司馬光等二十七人待制以上官蘇軾等四十九人餘官秦觀等一百七十七人武臣張巽等二十五人内臣梁惟簡等二十九人爲臣不忠曾任宰臣王珪章惇二人御書刊石置文德殿

門東壁又詔蔡京書頒之州縣令皆刻石此再刻本也崇寧五年正月以星變除毀朝堂石刻如外處有姦黨石刻亦令除毀而元刻無有存者今世所傳乃南宋人所翻三百九人之本一在靜江府有慶元戊午饒祖堯跋一在融州有嘉定辛未沈暐跋饒本字畫較大於諸臣身故者名下注一故字與沈本異沈本末一行爲臣不忠曾任宰臣王珪章惇兩人饒本有惇無珪饒本內臣有王化臣一人沈本無之衮公適饒本誤衮爲兖馮百藥沈本誤馮爲洪龔夬饒本誤作史饒本額元祐黨籍四字八分書沈本額元祐黨籍碑五字正書按崇寧詔書云三百九人以兩碑

所列姓名數之皆闕其一當於饒本增入王珪一人沈括增王化臣一人乃得其實餘官內湯馘以下四十八人當移於衛鈞之前則兩本皆誤當依宋史新編正之嗟乎是非之心人皆有之也而姦臣欲以紹述之說奪之紹述爲孝則更改爲姦人主聽之亦若近理雖然忠孝者一家之私也是非者萬世之公也文武之子孫以紹述爲孝幽厲之子孫亦可以紹述爲孝乎神宗所用之人所剏之法海內皆以爲非獨其臣子是之又以議論之不能勝而假威力以勝之而人心終不服也人主之權能行於一時不能行於萬世讀黨籍之碑崇寧君臣幾大快於心矣豈知人

心所不服即天心所不祐向以入此籍爲辱者後且以不得與此籍爲恥矣若夫曾布張商英楊畏之翻覆無特操者蔡京雖抑之而後世終不能揚之此又由乎其人之能自立而非可僥倖以取名也予嘗讀新定續志知淳安縣學亦有元祐黨籍碑縣尉司馬逖所刊不審今尚存否

利王祖道等題名 崇寧五年八月

右王祖道等題名大字正書在龍隱下巖其文云顯謨閣待制經略安撫使王祖道若愚權發遣轉運副使公事張莊正民提舉常平等事索逑宗理權發遣轉運判官公事陳遘亨伯崇寧五年八月十有九日游此祖道莊遘三人

宋史俱有傳莊字正民則史失之史稱莊由荆湖北路提點刑獄進龍圖閣直學士廣南西路轉運副使據此刻則除轉運副使時尚未加學士也

宋米元章書藥洲二字

右米元章書藥洲二字在廣東布政司後堂東石上郎九曜石之一也其旁有元祐丙寅時仲公詡積中三人題名或疑亦元章所書予攷元章少時官含光尉往來粵東西藥洲之題當在此時至元豐乙丑米年三十五官于杭明年歲在丙寅改元元祐不聞更入粵也九曜石在仙湖中即所謂藥洲今學使公廨後池上諸石林立多有宋人題

字皆九曜之遺迹也此石不知何時移入藩廨項翁學使兩鈎摹米書嵌石西齋壁間幾欲亂眞然延平神劍終須會合鐔苞移致不煩百夫力也

貞富口榮題名　大觀二年六月

右富口榮題名文云大觀二年戊子六月十二日朝奉郎富口榮緣宗室財司事至青社因過石子澗來雲門山讀伯父文忠公慶曆八年題石今已六十一年感念徘徊向晚之昌樂凡五行正書在青州雲門山字畫完好唯名上一字曼患不可辨按富鄭公諸子第一字皆用紹字此君之名疑是紹榮也

運使中奉詩　大觀三年十二月

右運使中奉遊七星巖詩額題運使中奉詩五字其詩云三四奇峯傍短亭一巖清絶紀圖經四時吞吐西江水萬古森羅北斗星日月餘輝通碧落煙霞微徑上青冥嶺南惟此與王地好與邦人作畫屏後題予□歲□自龍江舍舟入端道由七星巖留此詩于石大觀己丑十二月初六日江陵宋逑□攷廣東通志失觀間有轉運使宋逑蓋卽其人中奉大夫則其寄祿官也翁氏粵東金石略稱詩詞不可辨予到斯巖命工洗苔蘚精搨而諦視之猶歷歷可識也

补 張莊題名 大觀四年六月

右張莊題名文云轉運判官周元吉寵遷近部副使唐夢傳餞别游此提舉學事戴質夫提舉常平陳芝道預焉大觀四年六月十六日權知州事張莊正民題時自妙樂來從風峒轉魁龍隱以歸凡十行刻於曾公巖洞口左壁宋史職官志提舉學事司掌一路州縣學政崇寧二年置宣和三年罷据此刻知提舉學事班在常平官之上也兵志大觀二年詔熙寧團集左右江洞丁十餘萬衆自廣以西賴以防守今又二十萬衆來歸已令張莊依左右江例相度聞奏志不言莊爲何官据此知其時權知桂州也

宋朝奉郎孫覿墓誌 政和六年十月

右朝奉郎孫覿墓誌朝奉郎行祕書省校書郎兼國史編脩編脩六典檢閲文字賜緋魚袋許翰撰并書承議郎祕書省著作郎編修六典檢閲文字李敦義篆蓋覿字明之兗州泗水人其長孫傅字聖求以辭學兼茂高選爲祕書省正字攷宋史列傳有孫傅字伯野海州人登進士第中詞學兼茂科兩人籍貫既異字亦不同而同時中詞學兼茂科兗海亦相接壤未審其爲一人與否也宋時宮觀名目略見於職官志皆熙甯所定之制至崇甯三年添宮觀十政和三年添宮觀三十雖見文獻通攷而未詳其名今

據此碑有提點南康軍逍遥觀元祐黨籍碑跋有提點杭州集眞觀而游酢嘗提點成都府長生觀楊時嘗提點成都府國寧觀又提點均州明道觀此殆崇寧政和所添置者其銜稱提點殆下于提舉一等矣頃讀吳虎臣能改齋漫錄載政和八年五月戸部幹當公事李寛奏欲望凡以聖爲名字者並行禁止奉聖旨依乃知孫傅改字出於當時避忌實非兩人覲墓今在泰安則傳爲兗州人無疑也

宋政和御製五禮記

右政和御製五禮記今在大名府城西八里舊府城内宋金元之故治也碑甚大而字亦雄偉惜石已斷裂題署年

月不復可攷矣按玉海政和元年三月一日議禮局請以御書政和新修五禮序摹勒于太常寺從之蓋五禮始刻石于東京開封府久已失傳陸務觀老學庵筆記云北都有魏博節度使田緒遺愛碑張宏靖書何進滔德政碑柳公權書皆石刻之傑也政和中梁左丞子美爲尹皆毁之以其石刻新頒五禮新儀趙德甫跋何進滔碑亦云政和中大名尹建言磨去舊文別刊新制好古者爲之嘆惜今大名之五禮碑當即梁子美所刻也緒進滔之事固無足道然唐賢書法之工後人所當寶愛祐陵改修五禮意在粉飾太平而牧守建言輒爲毁人自成之舉上亦不以爲

非也君侈而臣諂識者知宋祚之不長矣

利 范致明題名 政和元年

右范致明題名宋史禮志天禧初詔以大中祥符元年四月一日天書再降內中功德閣爲天貺節尋以仁宗嫌名改爲天祺節此題云天祺節後一日葢四月二日也

利 韓城縣河瀆靈源王廟碑 政和二年正月

右韓城縣河瀆靈源王廟碑宋史禮志祀河瀆于河中府今蒲州之永濟縣也大觀初韓城河水清詔遣尚書郎張勱徙祭卽舊廟而修之廟在今韓城縣之東王村非河瀆之常祀也碑稱洪河自大觀以來變濁爲清者畧有三焉

乾寧保平率以累日維二年冬見於同州之韓城郃陽其
袤百里其久彌月今攷五行志祗載乾寧軍及同州二事
不及保平蓋大觀政和之間郡國言瑞者多志不能盡書
然未久遂有五國城之禍粉飾太平何益於國是哉碑末
列名者直龍圖閣陝府西路轉運使陳邁直龍圖閣轉運
副使趙口轉運判官郭倫凡三人陳降授朝散郎趙降授
朝議大夫郭降授奉議郎皆列於銜此它碑所未有宋史
邁傳但云爲河北轉運使加直龍圖閣徙陝西不知其降
官之由也

郭先之等題名

政和壬辰季秋

右先之等題名二通一在龍隱巖一在曾公巖洞口皆李南澗官廣西日所贈先之李朴字也史稱其嘗爲肇慶府四會令又爲廣東安撫司主管機宜文字不知何時入粤西也二刻皆題政和壬辰季秋實政和改元之二年

亨御製八行八刑條 政和三年七月

右御製八行八刑條宋史徽宗大觀元年三月甲辰立八行取士科所謂八行者蓋取周禮大司徒之六行而益以忠和謂知君臣之義爲忠達義利之分爲和也八行之中以孝悌忠和爲上睦婣爲中任恤爲下是歲六月庚午令諸州學以御製八行八刑刻石從江東轉運副使家彬奏

請也八月庚午資政殿學士中太一宮使兼侍讀鄭居中
乞以所賜御書八行八刑模刻于石立之學宮從之予所
收者崑山縣學刻本政和中奉議郎知縣事蓋璵立石府
學生陳克庭所書也史載崇寧三年詔諸路知州通判增
入主管學事四字此碑末知縣丞尉結銜亦帶管句學事
未審昉于何年按文獻通攷載紹興九年知建昌軍李長
民奏宣和以前准知通令佐階銜並帶主管學事所云知
通者知州通判也令佐者知縣丞尉也疑令佐帶銜與知
通同時增入而史未之及耳碑稱管句而文獻通攷稱主
管者南渡後避思陵嫌名追改之也丞簿尉皆縣佐此碑

主簿一人獨不帶管句未審其故

穆氏先塋石表 政和三年九月

右穆氏先塋石表其一云有宋君子河南穆君庭秀諱賓熙寧元年二月五日卒穆氏世爲河南人君挈其孥占籍于齊州之章邱縣殁葬女郎山之陽後四十有五年當政和癸巳九月既望刻石表墓以著不朽其一云章邱有隱居篤行長者河南穆君卒于熙寧丙辰後三十七年孫渙始錄其先人宣德手跡君遺善委洛陽王壽卿以爲墓表君諱端字伯初宣德君諱翬蓋君冢嗣云二表皆王壽卿撰并篆書伯初庭秀之子也後有黄山谷跋稱杜元凱左

氏之忠臣王魯翁李監之上嗣蓋其傾倒如此穆氏四世皆無他表見徒以王魯翁篆法之妙得藉以不朽世之欲表揚其先而壽之金石者可不擇所托哉

利 神應王扁鵲廟記 政和四年

右神應王扁鵲廟記董作文康修立書攷宋史文苑傳醫許希以鍼愈仁宗疾拜賜已西向拜扁鵲曰不敢忘師也帝爲封扁鵲神應侯立祠城西其進封爲王則史所不載

元 勑賜升元觀牒 政和八年六月

右泰山升元觀牒題政和八年六月十四日攷徽宗以是年十一月改元重和故猶稱政和也後列尚書省長官曰

起復太中大夫守左丞王者王黼也曰特進少宰者余深也曰起復少保太宰者鄭居中也皆有押字曰太師魯國公而不押者蔡京也碑前載泰寧軍狀稱兖州奉符縣其右旁書政和八年閏九月二十一日襲慶府權措置升元知觀事賜紫道士李冲　立石按徽宗紀是年八月乙亥升兖州爲襲慶府故先稱兖州後稱襲慶府矣陸游老學庵筆記云自唐至本朝中書門下出勅其勅字皆平正渾厚元豐後勅出尚書省亦然崇寧間蔡京臨平寺額作險勁體來長而力短省吏始效之相誇尚謂之司空勅亦曰蔡家勅蓋妖言也京敗言者數其朝京退送及公主改帝

婉之類偶不及蔡家勅故至今勅字蔡體尚在此碑勅字正所謂蔡體也

元 御筆付李邦彥詔 政和八年六月　御筆記李邦彥撰在是年十月

右徽宗御筆付李邦彥詔其略云朕崇經術設學校興賢能以待天下之士宜有豪傑特立之材忠信志義之士比肩相望焜燿一時而比年以來懷僭亂之異謀干殊死之極憲者如趙諗儲倅王寀劉昺之徒或賢科異等勳閥世冑或出入禁闥侍從之領袖爲搢紳士大夫之大辱其故何也豈利心勝而義不足以動之歟抑勸導率勵之方有所未至歟卿當師儒之任以學行致大官其思所以勸勵

興起俾知尊君親上之美無復暴戾邪僻之行以居德而善俗以化天下與後世稱朕意焉保和殿直學士蔡儵題其額而李邦彦述記刻於下方書法俱可觀碑今在濟南府學度當時刻石必不止一處未審它州尚有存者否宋史本紀及李邦彦傳俱不及此詔邦彦官大司成傳亦失載語曰其身正不令而行其身不正雖令不從觀徽宗之詔可謂有志于化民成俗矣而人才日衰國遂以亾何哉蓋徽宗之所好者道教也其臣如蔡京王黼輩皆姦邪諛佞重以元祐黨籍之禁上書邪等之分士氣沮抑已甚所立學校三舍法不過習介甫諸經說便于空踈儌倖之流

而豪傑特立者固未嘗出其中也邦彥輕薄浪子領袖師儒乃亟稱其學行此豈眞能知人育才者區區十行手詔欲使天下風移俗易僨矣是故有國家者務寔而不尙文

利 又

右御筆付李邦彥詔予初得濟南本意當時刻石必不止一處乙未夏按試韶州復得此本行款與濟南本不異又攷景定建康志知江寧府學亦嘗刻石今久亾失矣詔所稱趙諗儲倖王宷劉昺皆祟寧大觀間以惡逆坐誅者儲倖謂吳儲吳倖也宋史徽宗紀大觀元年五月朝散郎吳儲承議郎吳倖坐與妖人張懷素謀反伏誅李璧注王荆

公詩引國史云舒州人張懷素以幻術游公卿間於元祐六年說朝散郎吳儲云公福似姚興可爲關中一國主儲云儲福弱豈能及姚興懷素云但說有志不說福紹聖四年懷素入京又與儲結約儲以語侔崇寧四年事敗獄成懷素吳儲吳侔並淩遲處斬卽其事也詔中但稱名而不稱姓與趙諗諸人並列不知者必疑其人姓儲名侔矣此亦代言者之失也

亨古革題名 政和八年八月

右古革題名十行行十字正書云政和丁酉暮春程江古革遂史初自新昌移守興慶是年仲夏眞陽馮齊荀祖道

起於祥除來貳府政相與咨詢有請於朝次年春乃被旨

陞作大藩按宋史地理志肇慶府本端州軍事元符三年

升興慶軍節度重和元年賜肇慶府名仍改軍額徽宗以

端王入承大統踐祚之始升端州爲節鎮而州名猶仍舊

至是因守臣之請改州爲府故云陞作大藩是年仲冬改

元重和故石刻猶以政和紀年也徽宗紀政和三年十一

月升端州爲興慶府重和元年十月改興慶軍爲肇慶府

似政和三年已有府名與志自相抵牾以石刻證之知本

紀爲誤矣周必大梅州貢院記太宗皇帝端拱元年放進

士二十八人有古成之者與焉雖家廣之增城後徙于梅

其四世孫革遂登紹聖進士第此刻題程江古革其爲梅人無疑而廣東志以爲河源人亦誤

元 錢伯言題名 宣和元年十月

右知襲慶軍府事錢伯言題名在泰安縣東嶽廟伯言宋史無傳此題有云過青帝觀觀文僖丞相遺刻當亦吳越王之後矣文僖嘗語人曰吾平生不足者惟不得于黃紙上押字耳言未入中書也此稱丞相者宋制節度使加中書門下平章事謂之使相侍中尚書令中書令雖不恆除亦眞宰相也文僖生爲使相没贈侍中亦得通稱丞相矣

亭 長者龕記 政和八年十月

右長者龕記在壽陽縣之方山相傳李長者故居也何蓮春渚紀聞言張無盡丞相爲河東大漕日于上黨訪得李長者古墳爲加修治且發土以驗之掘地數尺得一大磐石石面平瑩無它銘款獨鐫天覺二字故人傳無盡爲長者後身今按此碑即張天覺所撰文稱予元祐戊辰奉使河東行太原壽陽縣詣方山瞻李長者像於破竹經架中得長者修行決疑論四卷十元六相論一卷十二緣生論一卷梵夾如新從此遂頓悟華嚴宗旨予去彼三十年有住持僧宗悟來言於長者造論處發見龕基以磚石甃砌云云　蓋李長者龕在壽陽不在上黨而天覺亦無掘地得

石之事傳聞之多失實如此

刻 劉豫題蘇門山泉詩 宣和四年正月

右劉豫題蘇門山泉詩後有楷書題字六行漫漶不能讀其可辨者有知府殿院劉公字葢由殿中侍御史出知衞州也宋金二史豫傳皆云景州阜城人而石刻自題濟南劉豫其詩有云我居東秦濟水南無限泉池日親炙是豫雖生景州實居濟南矣豫僭僞不足道然元遺山采其詩入中州集今觀其筆札政自不惡其知衞州亦史所未及載

刻 高逸上人詩 宣和四年四月

右高逸上人二詩其一題云同雲叟道人季西弟宿祈澤寺晨起示以此詩其二云雲叟道人自夫子林騶款叚先我而歸口占一詩戲之詩後不署名後有雲叟題稱自三茅還來觀高逸上人二詩乃知詩僧之號後又有趙孟逵題稱壁間得仲藏詩筆仲藏蓋高逸之字也孟逵名晌郎仁壽縣君之子以展墓到此後又有五言絶句一首亦不署名未審何人所作石刻在祈澤寺所云夫子林者訪之山僧莫能言其所在矣

刻 季季及梵仙詩 同上

右季季及梵仙詩前二首後題大觀戊子暮春季季季下

著二點似是其人之字其詩云官南官北添身累年去年來換鬢青何日歸來閑歲月掃山廬墓過餘齡則亦仕於朝者矣詩又有廬墓之語或卽趙孟逵之昆弟乎又一詩題云政和癸巳四月廿四日將去此趨闕自署梵仙亦不知其姓名也此與高逸上人詩碣書法皆俊爽並宣和中祈澤寺沙門道昇所刻葛寅亮金陵梵刹志所失載也

貞少蘊等題名 宣和癸卯四月

右少蘊等題名在長興縣丁氏邢佺山明府拓其文寄予字畫甚完好文云少蘊無言慧覺道人宣和癸卯四月辛亥同來凡三行十八字少蘊葉夢得也無言劉燾也高璉

卞山志云予見異石于丁氏曰孔耳石高可四尺形如人耳色黑而水紋甚細鐫曰致虚無言夢得道人宣和癸卯渡江同來蓋葉石林故物也今此石尚無恙而題名與志異者六字乃知前人紀述之疏石林題名石上未必即爲石林故物亦想當然耳

權邦彦遊百門泉詩　宣和五年七月

右權邦彦遊百門泉詩二篇其一和彦由殿院韻彦由者劉豫也宋金二史皆云豫字彦游此作彦由葢取易由豫大有得之義石刻當不誤矣邦彦以宣和二年使遼故詩有塞垣奔馳厭長道之句其落句云暮歸穿邑驚市人應

笑新邊二千石蓋其時已除知易州尚未赴任也黃氏中州金石攷失載劉權倡和詩黃所錄多訪諸僚屬未能親至其地故絓漏者不少

【貞】蘇過題名　癸卯九月

右蘇過題名在定州天寧寺大殿壁間正書六行行九字文云大帥延康陳公邀廉訪梁公飯素天寧仍率其屬游企盛侖蘇過王執中趙奇韓楫同來孫仲舉王昭明劉用之皆與癸卯九月七日過題其文左行宋時定州守臣例帶本路安撫使兼馬步軍都總管故有大帥之稱陳公蓋以延康殿學士知定州者其名則不可攷矣癸卯蓋徽宗

宣和五年也叔黨書勁挺有家法而流傳絶少乾隆庚戌秋予以祝釐入都還過定州聞天寧有叔黨石刻親往訪得之

貞 武佑廟尚書省牒 宣和三年六月

右武佑廟尚書省牒今在蕭山縣牒尾列銜者三人其云少保太宰不書姓者王黼也通議大夫守左丞張者張邦昌也中大夫守右丞王者王安中也最後小字一行云建炎二年正月朝奉郎知越州蕭山縣事賜緋魚袋曾愿立石曾君南豐人文定公鞏之孫見宋史忠義傳建炎三年金人陷越爲其帥所執不屈全家被害史但稱通判溫州

須次于越而失書知蕭山縣今以碑文參攷蓋由蕭山推升通判未及到官猶在越耳

宋 越州城隍廟牒 紹興元年五月

右越州城隍廟勅牒首行尚書省牒越州顯寧廟昭祐公十二大字次三行小字乃太常寺奉聖旨擬定封號申尚書省狀也次六行大字乃尚書省牒文具載勅詞文皆正書惟三牒字二勅字皆草書而勅字獨大後題紹興元年五月日牒鈐以尚書省印後押勅者二人曰參知政事張而不名曰尚書右僕射同中書門下平章事姓名俱不書以史攷之蓋張守范宗尹也自元豐官制行而平章參知

之名久廢南渡初詔尚書左右僕射並帶同中書門下平章事改門下中書侍郎爲參知政事而宰輔之名又一變矣碑末一行題少傅鎮潼軍節度使判紹興軍府事兼提舉學事兼管內勸農使充兩浙東路安撫使馬步軍都總管信安郡王食邑口千二百戶食實封三千四百戶孟忠厚立石忠厚隆祐太后兄子見宋史外戚傳史作鎮海軍節度蓋鎮潼之誤又攷高宗本紀紹興元年十月己丑升越州爲紹興府碑前云越州後云紹興軍府蓋立石在升府之後矣

嘉惠廟牒 紹興二年十一月

右嘉惠廟牒紹興二年江東轉運司奏建康府靈澤夫人祠祈禱有應勅賜額嘉惠廟牒後宰執押字者四人自左而右曰尚書左僕射同中書門下平章事者呂頤浩也曰尚書右僕射同中書門下平章事者朱勝非也曰叅知政事孟者孟庾也曰簽書樞密院事兼權叅知政事權者權邦彦也後九十四年寶慶改元知上元縣趙時僑始以所賜敕黄刻於石記其事於下方

似槩等題名　紹興五年閏二月

右似槩等題名在廣西省城之疊綵山益都李南澗官郡丞日搨以遺予似槩者李彌大字也攷宋史本傳彌大嘗

知靜江府此刻蓋在守郡日也棨古矩字傳作似矩蓋从俗體此刻乃篆書故佀棨兩文悉合於正可見無礙居士之精於小學矣

貞董令升題名 紹興乙卯

右董令升題名篆書十二行首云青社董令升龍官廣西還過零陵來遊淡山令升名弅徽猷閣待制逌之子兩世皆有文學令升以不肎禁程氏學被黜亦南渡人士之卓卓可稱者而史不爲立傳不知其在廣西居何職也末題紹興乙丣歲春三月戊寅依篆體丣卽酉字而紹興紀號卅二年間不值乙酉歲當是紹興五年乙卯丣丣篆形相

似摹刻時容有差譌爾攷李心傳繫年要錄紹興六年并
自起居舍人遷中書舍人兼權禮部侍郎七年正月以集
英殿修撰知衢州五月改提舉江州太平觀閏十月轉徽
猷閣待制九年知嚴州以殿中侍御史周葵論劾落職與
宫觀廿二年復以徽猷閣待制提舉台州崇道觀尋落職
廿六年以左中大夫知婺州卅二年提舉洪州玉隆觀引
年告老詔復敷文閣待制復爲言者所論降集英殿修撰
然則孝宗隆興乙酉在仝升告老後三年無緣遶宫嶺外
此題名爲紹興五年可無疑也據繫年錄紹興五年閏二
月有廣西提點刑獄事董弅名與碑稱罷官廣西相合故

定以爲鐫刻之譌

貞汪藻題名 紹興戊午中春

右汪藻題名亦在顧渚山明月峽其文云龍圖閣直學士前知湖州口口汪藻新知無爲軍括蒼口口祖知長興縣安肅張琮前歙縣丞汝陰孟處義前監南嶽廟吳興劉唐稽紹興戊午中春來游右承務郎汪悟汪恪從行戊午者紹興八年也湖州府志題名汪藻紹興元年十一月到任四年九月移撫州宋史本傳於湖州貶秩停官之後亦有起知撫州語而後述紹興六年奉詔修書八年書成事似戊午歲不當在湖州又不云前知撫州而云湖州亦似可

疑今按藻本以湖州未經寇亂公私文書完備故欲就州置局後雖有移撫州之命卽爲御史論罷仍留湖州及六年仍命復卒前業賜史館修撰餐錢聽辟僚屬其在湖州不問可知撫州既未到任則宜稱前知湖州矣鮑延祖孟處義二人卽藻所辟屬官此刻括蒼下所脫必鮑延兩字也劉唐稽字林宗樞密玨之子藻在翰林日嘗薦諸朝故並在同游之列汪悟汪恪卽藻之二子浮溪集有悟硯恪硯兩銘可證宋史本傳子六人有恬無悟蓋轉刻之譌當據石刻正之

貞向子諲題名 紹興八年十二月

右向子諲題名在虎邱石觀音殿壁間其文云子諲秋八月壬申到郡冬十月庚午乞還印綬章上屢却十二月癸丑詔許歸薌林乘泛宅艤虎邱而去紹興八年河内向子諲伯恭父題攷宋史本傳子諲以徽猷閣直學士知平江府金使議和將入境子諲不肯拜金詔乃上章言自古人主屈己和戎未聞甚於此時宜卻勿受忤秦檜意遂致仕正其時也樓大防薌林居士文集序云建炎初元罷六路漕明年歸臨江紹興八年起知平江力辭不克次年三月復歸自是不出優游十五年以壽終據石刻是年十二月已去郡其歸薌林當在次年矣序又云公卜居臨江多植

巖桂又素慕香山自號曰薌林有船曰泛宅高宗親書四大字及企疏堂以寵其歸此紹興壬子歲事故述懷詩云我與淵明同甲子歸休已恨七年遲其時薌林年四十有八至是再歸行年五十有四矣子諲敏中之元孫史子敏中傳稱開封人子諲傳稱臨江人此題河内者舉族望言之猶蘇子瞻世居眉州而自署趙郡也

吳郡重修大成殿記 紹興十一年四月

右吳郡重修大成殿記右宣教郎翟耆年篆額右朝散郎提舉兩浙西路茶鹽公事米友仁書左廸功郎新差充太平州州學教授鄭仲熊撰碑版之例撰人題銜在前書丹

者次之篆額者又次之此碑正與相反蓋它碑題銜在前以右爲上此題銜在末以左爲上也吳郡志友仁以紹興十一年五月初四日到提舉任此碑以四月己巳朔建蓋友仁未到官之前所書爾梁汝嘉以寶文閣直學士再知平江府而宋史本傳不載亦其闕漏也

貞連南夫等題名　紹興九年二月

右連南夫等題名凡七行刻於九曜石文云紹興九年歲在己未二月初吉藥洲春水新漲小舟初成連南夫鵬舉口正明甫周利見公遇王勳上達鼂公邁伯咎載酒同游以廣東通志攷之南夫嘗官廣東轉運使後知廣州利見

官轉運判官公邁官提舉常平餘二人不可知矣直齋書錄解題有連寶學奏議二卷寶文閣學士安陸連南夫鵬舉撰紹興初知饒州扞禦有功及和議成南夫知泉州上表曰不信亦信其然豈然又曰雖虞舜之十二州昔皆吾有然商於之六百里當念爾欺由是得罪則南夫乃鯁直之士也公邁詠之之子所著歷代紀年十卷今猶有傳本又號傳密居士見直齋書錄利見官左朝請郎贈金紫光祿大夫即益公必大之世父見渭南文集

張浚列秀亭題名　紹興十七年

右張浚列秀亭題名文云張浚紹興丙寅秋被命謫居陽

山姪衦男栻侍行重陽口口抵郡境授館濯纓堂因晴夕必登列秀亭周覽風物少釋懷親之思眉山史堯弼自星沙偕來表弟臨邛計孝偁以秦國意繼至省問丁卯寒食日題秦國者魏公之母計氏封號也魏公謫居連州甚久唯此刻與紹興已巳清明前一日游燕喜亭題名尚無恙耳張杅字介仲嘗知廣德軍刻史記于郡齋

亭 紹興十八年進士題名記

右紹興十八年進士題名記第一甲王佐等十人第二甲甘焯等十九人第三甲索楊等三十七人第四甲孟致誠等一百卅二人第五甲戴幾先等一百四十四人案文獻

通攷是牓進士三百三十人省元徐履狀元王佐四川進士二十三人今以石刻證之寔三百三十二人宋䂓南省第一人殿試唱過三名不及則越衆抗聲自陳必得升等范蜀公避不肎言後遂以爲故事此榜徐履以省元而殿五甲未詳其故後讀張茎翁貴耳錄稱淳熙間省元徐履因功名之念太重遂有心恙之疾殿試卷子寫一枝竹題曰畫竹一竿送上試官朝廷亦優容之以省元身後一官與其子乃知履之殿甲蓋因心疾所致然履乃紹興進士而茎翁以爲淳熙間則記憶之誤爾又攷新安志是榜徽人登進士者鄭之純汪端彥俞舜凱與朱子凡四人端彥

與朱子皆籍婺源今檢此錄朱子貫建州建陽縣端彥貫
饒州德興縣葢宋世士大夫仕宦而去其鄉當時不以爲
非而功令亦無寄籍之嫌也舜凱係特奏名第一人今附
在第五甲之末宋史邱崈江陰軍人隆興元年進士第三
人此錄第五甲亦有邱崈貫建州甌寧縣葢別是一人也
宋登科錄今已不傳此榜以朱文公故特存石刻在滁州
之歐梅亭明人張明道跋

貞 高宗御書石經　紹興十三年九月

右高宗御書石經王應麟玉海紹興十三年二月内出御
書左氏春秋及史記列傳於祕書省宣示館職是年六月

內出御書周易九月四日御書尚書終篇刊石頒諸州學十四年正月出御書尚書十月出御書毛詩十六年五月又出御書春秋左傳皆祕省宣示館職觀畢進詩上又書論語孟子皆刊石立于太學首善閣及大成殿後三禮堂之廊廡今杭州府學卽宋太學之舊石刻諸經散佚不完僅存易二書六詩十春秋四十中庸一論語七孟子十一凡七十有七石每石分四層刻之毛詩論語卷末皆有紹興癸亥歲九月甲子尚書左僕射同中書門下平章事兼樞密使秦檜題記思陵小楷結體整秀有晉人法論孟字體較大而勢稍縱逸結體在眞行之間其中避諱缺筆如

殷爲般恒爲恒又爲恒貞爲貞敬爲敬佶爲仕之類皆不改字論語欽事而信温良恭儉遜商因於夏禮得見有常者孟子無辭遜之心揞克在位則有責用下欽上則并改字矣然如言不篤敬事君敬其事之類仍不盡改葢一時隨筆所作無義例也經文大率與今本同唯詩鴟鴞予尾脩脩竹竿遠兄弟父母園有桃不我知者謂我士也驕不我知者謂我士也罔極左傳焉用亾鄭以陪鄰不闕秦焉取之少齊有寵而死武王有亂十人皆與開成刻同勝於它本孟子無唐以前石刻此碑文王事混夷有小民之事亦較今本爲善

元宣聖及七十二子贊 紹興二十六年十二月

右宣聖及七十二子像贊高宗御製并書其像則李公麐所畫也史記載孔子之言曰受業身通者七十有七人其姓名具于列傳家語所載亦七十七人無公伯僚秦冉鄡單而有琴牢陳亢縣亶惟文翁禮殿圖作七十二人而圖亦罕傳林放蘧瑗二人史記家語不載而禮殿圖有之其它不可知矣攷舊唐書禮儀志載開元二十七年制贈公者一人侯九人伯六十七人與史記七十七人之數合然杜氏通典載諸賢封號則贈伯者實七十二人文獻通攷云通典所載除十哲外自計七十三人係增入蘧瑗林放陳亢申棖琴牢琴張六人按琴牢琴張本一人通典於琴張云贈南

陵伯於琴牢但云贈伯而無地名蓋重出也蓋十哲之外別有七十二賢本於史記家語禮殿圖所互見者而數之也宋大中祥符二年追封閔子以下九人爲公曾子而下六十二人爲侯并兖國公爲七十二弟子大觀二年追封公夏守等十人侯爵預祀典則仍別七十二賢于十哲之外矣思陵撰七十二子贊較之祥符所追封多廉潔秦商后處欒欬少公良孺句井疆顏何公西輿如不知又何所據諸賢在宋時已經加封而所書仍唐之爵號朱文公嘗言之矣夫治國固有緩急思陵偏安兩浙稱臣于仇讐正復崇儒重道亦何足掩不孝之名則數典而忘祖又在所不足責而如秦檜之姦

邪無學亦豈能援引典故以證人主之誤哉碑立于紹興二十六年十二月明宣德二年巡按浙江監察御史吳訥磨去檜跋自爲文識其本末

利 妙喜泉銘 紹興丁丑三月

右妙喜泉銘張無垢撰後有宗杲說偈一首皆無垢書也宗杲說法徑山無垢數與往來嘗論大學格物杲曰公祇知有格物不知有物格無垢言下有悟因題不動軒壁曰子韶格物妙喜物格欲識一貫兩箇五百杲深許可秦檜恐其議巳令司諫詹大方論劾竄杲衡陽安置張於南安軍檜死乃復杲師號住四明育王寺而張亦起知温州此

泉正宗杲在育王所鑒也杲少爲無盡居士張天覺所知
名其庵曰妙喜遂以妙喜自號孝宗嘗書妙喜庵三字賜
之故茲泉亦有妙喜之目碑刻於唐范的書常住田碑之
陰

潛研堂金石文跋尾卷十六

錢大昕著

宋五

宋五

完四十二章經　紹興二十九年十一月

右四十二章經石刻在杭州之六和塔特進尚書左僕射同中書門下平章事吳興郡開國公沈該左正奉大夫守尚書右僕射同中書門下平章事縉雲郡開國公湯思退左中大夫知樞密院事陳誠之左中大夫參知政事陳康伯左太中大夫同知樞密院事王綸左太中大夫權吏部尚書賀允中左朝請郎試尚書吏部侍郎兼史館修撰兼侍講葉義問左朝請大夫試尚書兵部侍郎兼侍講兼直學士院楊椿左朝散郎試給事中兼直學士院兼同修國

史周麟之左朝散郎試中書舍人兼權樞密都承旨洪遵左朝散大夫充敷文閣待制提舉佑神觀楊倓左朝奉大夫權尙書吏部侍郎沈介左中奉大夫權尙書戸部侍郎趙令詵左朝奉大夫權尙書禮部侍郎兼侍講孫道夫左朝請郎權尙書工部侍郎王晞亮左朝請郎權尙書刑部侍郎兼權詳定一司勑令黃祖舜左宣教郎試起居舍人兼權中書舍人張孝祥左朝請大夫太常少卿兼權中書門下省檢正諸房公事宋棐左朝奉大夫守宗正少卿金安節右朝請郎守大理少卿李洪右朝議大夫司農少卿董苹右中大夫行太府少卿錢端禮左朝奉大夫將作監

張宗元左朝請大夫軍器監張運左朝請大夫尚書吏部
郎中楊朴右朝奉郎守尚書戶部郎中兼權金部郎中莫
濛右奉直大夫尚書刑部郎中路彬左朝散郎守尚書工
部郎中張庭實左奉議郎守尚書吏部員外郎兼權尚書
右司郎官周操左朝奉郎尚書吏部員外郎兼國史院編
修官兼權樞密院檢詳諸房文字葉謙亨左朝奉郎尚書
吏部員外郎兼國史院編修官胡沂左朝散郎尚書司勳
員外郎陳俊卿左宣教郎守尚書司封員外郎䶉彪左朝
請郎尚書考功員外郎陳棠左朝散郎尚書禮部員外郎
楊邦弼左朝奉郎尚書祠部員外郎兼權國子司業張洙

右承議郎尚書刑部員外郎黃子淳左朝請郎尚書都官員外郎兼玉牒所檢討官兼權戶部員外郎楊倓左奉議郎守尚書比部員外郎沈樞左朝請大夫行尚書屯田員外郎韓彥直左承議郎祕書丞兼國史院編修官兼權兵部員外郎虞允文左奉議郎祕書省校書郎兼國史院編修官兼權尚書駕部員外郎洪邁凡四十二人人各寫一章字體大小疎密不等唯允中端禮朴操四人行書餘皆眞書後有西蜀布衣武翊跋題紹興己卯十一月以史攷之是歲六月沈該罷左相陳誠之亦罷樞密其七月賀允中自吏部尚書參知政事矣此經蓋書於五月以前至仲

冬始勒之石也自紹興己卯至今六百餘年字跡完好如新惟思退名爲後人磨去南渡石刻工妙若此者亦不易得矣

崑山縣校官碑 乾道二年正月

右崑山縣校官碑左朝奉郎提舉荊湖南路常平茶鹽公事吳郡范成象撰左朝請郎新知興化軍主管學事江夏黃萬頃書碑末列右朝散大夫直祕閣知平江軍府主管學事東陽沈度右宣教郎知崑山縣主管學事河陽李結左宣教郎丞主管學事閤封趙善待左從政郎充平江府府學教授三山陳驥右脩職郎主簿主管學事清河張道

之右廸功郎尉主管學事太原王齊輿諸人名成象乾道五年爲工部郎時從弟成大除禮部員外郎援故事乞班兄下一時榮之萬頃隸書有法度碑額及題欵略仿漢人之式

利　行在尙書戸部帖　乾道二年七月

右行在尙書戸部帖後題乾道二年七月十一日上有印文云尙書戸部右曹之印其後列銜者五人曰祕書省祕書郎兼權沈曰員外郎韓曰侍郎曾曰侍郎方曰尙書方曾沈三人俱有押字韓下注差字尙書下注闕字攷宋史職官志戸部郎分左右曹此帖當是左曹所行細審篆

文却是右轄字或摹刻者之譌乎宋自南渡後諸轄尚書不常置此帖尚書亦闕員惟有侍郎二人又有員外郎無郎中別有他官兼權者一人攷食貨志是年曾懷爲戶部侍郎餘三人未能攷其名矣先是隆興元年詔江浙寺院宮觀除天慶報恩寺觀係崇奉祖宗外其餘物力與民間一例科敷至是台州崇道觀道士蔣允崇狀言本觀建造徽宗本命寶殿朝拜崇奉並依天寧萬壽寺觀體例今天寧萬壽改賜報恩光孝爲額已降指揮免非時科配乞依宣政萬例蠲免科敷故有此帖石刻在天台之桐柏宮即宋崇道觀遺址也

利 白雲昌壽觀牒 乾道四年五月

右白雲昌壽觀牒牒尾押字者二人曰尚書右僕射同中書門下平章事者蔣芾也曰參知政事陳者陳俊卿也本崇道觀西之白雲庵以道士曹葆逵領衆崇奉皇帝本命香火特賜今額王應麟玉海台州白雲庵乾道四年五月二十六日賜名白雲昌壽觀其後建本命殿賜名洪慶殿卽此觀也碑之下方刻尚書省劄付二道一爲乾道四年撥賜江州廬山田產事一爲乾道六年本觀道士石葆璋奏前撥賜江州田產三千餘畝往來收租費耗極大所得無幾欲望聖慈行下台州於沒官田產內兌撥一千五百

欽奉聖旨依年月之下俱有花押前一行大書右劄付台州白雲昌壽觀十字與今時劄式大略相似

刹 皇子節度使魏王詔書 乾道七年二月

右皇子節度使魏王詔書石刻在金華府魏王愷者孝宗之次子初封慶王莊文太子薨愷以次當立上以恭王愷英武越次立之而進愷封魏王判寧國府加施武保寧軍節度使保寧者嫠州軍號也宋時節度使雖不之鎮當除拜日例有敕書諭本鎮官吏軍民僧道耆壽等其式見於平園制稿當時刻於石者必不止一處予所收獨此爾

貞 王光祖題名 乾道八年十月

右王光祖題名文云乾道八年冬十月二十有五日知衡陽縣睢陽王光祖仲顯適攝郡事燕新進士王居仁鄧友龍友口于石鼓州學是年三人皆自郡庠登科用以榮激諸生教授建安虞口司戶廬陵口景先學正劉渥學錄董正之預焉酒半下合江亭游西谿觀石門元祐三年王公定民留題適與今日相符云云按范至能合江亭詩序云合江亭卽石鼓書院今爲衡州學宮韓文公所謂淥淨不可唾者卽此處故碑有石鼓州學之稱也范集中與王仲顯唱和之作甚多其題仲顯讀書樓詩云使君靑箱家文史裝懷抱平生名教樂雙旌不滿笑忽乘雪溪興來檥秦

淮棹郵亭客漂泊夜夜短檠照人云大癡絶我自斲輪妙今朝倚笻起昨夢繞閣阜云有百尺樓歸寄北窗傲滴露細朱黄拂塵静緗縹意仲顯家於江西者歟此與元祐王定民兩刻皆在衡陽縣石鼓山之西谿儀徵江于九合清泉爲予拓致之

寂通證誓大師碑　淳熙三年八月

右寂通證誓大師碑唐時僧道廣居韶州之仁壽臺有道行南漢追謚輔聖大師又加謚證眞寂照名其寺曰光運宋元豐五年賜今謚寺故有余襄公靖所撰塔銘今不存此碑乃淳熙初贛州免解進士孫時敏所撰并書文林郎

知梅州程鄉縣事主管學事張槩題額

亭趙𩿨七星巖詩并題名　淳熙四年十月

右趙𩿨七星巖詩五言二十五韻疎岩有奇氣刻於巖洞中每句爲一行凡五十行其後題名三十二行字疎密不等云浚儀趙𩿨和仲以淳熙二年乙未來守肇慶適當殫乏之後以拙直理郡事日不暇給逮丁酉孟秋秩滿府儲僅給不積軍士廩餉如期尤幸聖澤遠被雨暘時若歲事豐穰訟平盜弭後使君過庾月未至於待與郡官同遊茲巖因賦詩命刻諸崖以紀時歲[illegible][illegible]之夢錫節度推官權倅許通亭之錄參傅壽次[illegible][illegible][illegible]沈念祖德脩司法孫

穆斡臣四會簿尉尉權司理林奉先紹德高要簿李朴師悅尉黃輔季全兵馬都監李濟巨川監押趙口沖大和同巡檢許浚少清前巡檢宮艮弼彥輔寄寓前東莞邑宰孟恬口臣同來實十月惟前教官林致覺之戎官趙彥漈口口以數十日前離任不與此行先是郡守之子潚曰伯清湜曰伯正泌曰伯淵浹曰伯廣洽曰伯潤汲曰伯升女曰淑口淑儀淑懿曾奉其母劉來游劉氏光烈之子光世之姪宋人題名稱攜家同遊者多矣此刻敘子女及妻詳而有法字跡亦佳翁氏金石略所錄與予釋文小異翁所得拓本脫去後二行搨手亦不精故也

利 韶音洞記 淳熙四年十月

右韶音洞記張敬夫知靜江府日所作宋史本傳未詳到官年月攷朱文公所撰虞帝廟碑知敬夫以淳熙二年二月到官也敬夫貴公子篤志道學不欲以文藝見長然書法端方藴藉望而知爲有道之士

貞 蘄忠武王韓世忠碑 淳熙

右蘄忠武王韓世忠碑在吳縣靈巖山之麓予少時偕王琴德吳企晉曹來殷輩爲上沙之游屢摩挲焉歸田後從吏有力者拓其文輒以架木縣梯爲難頃陽城張古餘攝守吳郡與予同嗜募工搨十餘紙分其一見貽縣置壁間

數十年訪求之勤藉一慰亦晚年快事也其額云中興佐命定國元勳之碑下題選德殿書蓋孝宗御筆碑文首尾萬餘言則禮部尙書趙雄奉勑撰石刻頗有曼患以杜大圭名臣碑傳所錄全文細校無甚異同碑云娶白氏秦國夫人梁氏揚國夫人茆氏秦國夫人其下空六字以名臣碑傳校之則周氏蘄國夫人也朱錫鬯詩蘄王墓近古梧宮暨六夫人祔葬同與碑不合未識何據濟次耕詩碑高三丈字如掌帝製鴻文盛褒獎則誤仍碑文爲御製失之甚矣碑云紹興二十一年八月四日薨享年六十有三與宋史同而元大一統志延安人物傳云紹興十七年卒年

六十二蓋修志之時宋史未出志家得諸傳聞故多誤耳碑末未見建立年月而碑首云上纘祚之十五年孜孝宗受禪在紹興壬午次年癸未改元隆興至淳熙四年丁酉恰十有五年此碑必立於丁酉歲也

范至能題名 淳熙戊午孟冬

右范至能題名在包山暘谷洞石壁予以丁酉秋游林屋訪得之未及推搨嘉慶丁巳十一月再游始命工搨其文凡五行行七字云范至先至能張元直同游林屋洞天至先之子葳及現壽二長老俱淳熙戊戌孟冬朔孜宋史宰輔表淳熙五年戊戌四月丙寅范成大自禮部尚書兼直

學士院遷中大夫除參知政事六月甲戌范成大罷參政以資政殿學士知婺州本傳但云拜參知政事兩月爲言者所論奉祠不及知婺州事蓋婺州之命雖下未到任而卽奉祠也此刻題孟冬朔正石湖奉祠里居時以水月洞銘較之筆蹤相似其爲石湖書無疑至先名成象紹興五年汪應辰榜進士官工部郎中石湖之從兄也玉峯志以爲石湖弟殊誤石湖詩集卷廿六有再贈壽老詩云澹齋寂寞澹庵空玉柱金庭一夢中我病君衰猶見在莫嫌俱作白頭翁自注頃與澹齋兄游洞庭林屋并澹庵現老眉庵壽老偕今十年矣壽老見過話舊事二澹已爲古人正

紀戊戌題名事澹齋卽至先也

賀史彌大等題名 淳熙辛丑季秋

右史彌大等題名文云四明史彌大方叔山陰賀錫叔況淳熙辛丑季秋廿有六日以迓客同來凡四行八分書在盱眙縣之第一山蓋自乾道與金通和以後兩國交聘必取道盱眙凡宋臣使北及接伴北使而至者皆題名崖石間此其一也孝宗以十月廿二日生號會慶節此所迓者蓋賀生辰使以金史交聘表攷之則宗室胡什賚鄧儼也彌大浩之長子乾道五年進士官至禮部侍郎

宗趙善擇等題名 淳熙十五年正月

右趙善擇等題名正書十二行行十二字題於七星巖洞首云淳熙十五年上元前五日玉牒善擇智老伯杤景茂趙庚□□徐世亮正顯黄執矩才用羅□寵仲葛嶠景高徐盈謙夫□□臣夏卿陳飛英子聲陸□□□鄭公表若儀吴□□□□□國瑞聯轡來遊宋時宗室署名往往稱玉牒而不繫姓趙庚書姓者非宗室故殊之也攷宗室世系表漢王房有善擇商王房又有兩善擇皆太宗七世孫未審題名者何人也伯杤太祖七世孫系出燕王左朝請大夫子伋之子

亨太平州瑞麻贊 淳熙十六年八月

右太平州瑞麻贊鄱陽洪邁知州日近郊民於顯國得異麻以獻合數幹爲一若靈芝若如意若鳳垂頭邁以爲瑞圖其狀而贊之今在太平府學文云太歲在酉者淳熙十六年己酉歲也宋史本傳敘邁歷官極疎舛其知太平州傳亦失載予攷中興學士院題名邁以淳熙十五年四月由翰林學士差知鎮江府此贊作於己酉八月云予假守十閱月是移知太平郎在十五年之冬也其明年改元紹熙乃以煥章閣學士知紹興府除授次第班班可攷史於拜翰林學士之後郎書進煥章閣學士知紹興府似未嘗有外補事又誤書紹熙爲淳熙皆失之甚者

劉平江府學御書閣碑淳熙十六年

右平江府學御書閣碑淳熙末平江守臣趙彦操建閣以藏光堯御書詩書易春秋論語孝經孟子石刻而鄱陽洪文敏邁爲文記之其結銜云敷文閣直學士宣奉大夫知太平州軍州事兼管内勸農營田使焞煌郡開國公食邑二千二百戸食實封貳伯戸宋史洪邁傳失書知太平州一節其封焞煌郡公史亦遺之易敦爲焞者避光宗嫌名其時光宗已受内禪矣文敏以博洽爲當時所稱而書法端整亦不減蔡忠惠此碑尤其得意之作石刻完好如新殊可喜也

元朱文公書

右朱文公書易有太極一段蔡元定刻在常德府學明正德乙亥吉水鄧璞爲嘉定縣儒學教諭復摹勒于吾邑之尊經閣下今移置明倫堂西南向刻手不精遜原本遠甚海隅士大夫罕見文公書得重刻本猶珍而祕之予在都門琉璃厰書市得此本葢猶常德元刻筆法險勁精采四射殊可喜也

元張安國書

右張安國書盧坦對杜黄裳語石刻在衡州府學昔蔡行夫問朱子云張于湖字何故人皆重之答云也是好但是

不把持愛放縱此帖却以不放縱而益工也此帖亦刻于
蘇州學但蘇刻横行此則直行耳

同年讌唱詩　紹熙元年二月

右同年讌唱詩紹熙改元正月五日提點浙西刑獄建安袁說友起巖提舉浙西常平茶鹽浦城張體仁元善會同年之在吳下者於姑蘇臺與集者胥臺成欽亮仲鄰胥臺唐子壽致遠胥臺胡元功國敏浚儀趙彥衞景安浚儀趙彥璲中玉浚儀趙彥貟從簡期而不至者浦城章溉仲濟胥臺王藝文卿三山陳德明光宗桐川周承勛晞稷凡十二人人各賦七言律詩一篇皆隆興元年木待問榜進士

也於是石湖范成大爲之序郡人龔頤正書而刻之石范公以資政殿學士奉祠家居集中多與起巖唱和之作起巖以淳熙十六年七月到任是年三月除直祕閣知平江府故范公集中始稱提刑後稱知府也宋史詹體仁字元善建寧浦城人登隆興元年進士第光宗即位提舉浙西常平除戶部員外郎湖廣總領即此碑之張體仁也史作詹而吳郡志及此碑俱作張未知其審據吳郡志章澥爲吳人而此碑稱浦城蓋浦城之章居于吳者本有南北二族粲稱北章惇稱南章但未知澥出何房耳碑載宋時進士登第既朝謝揆日集貢院奉賜第錄黃於香案列拜庭

下禮畢更以齒班立四十以上東序西鄉未四十西序東鄉推年最長若最少者各一人升堂長者中立南鄉少者北鄉春官吏贊拜少者拜又贊答拜長者洎兩序皆再拜謂之拜黃甲敘同年宋史雖有拜黃甲之名而語焉不詳故表而出之

龍圖梅公瘴說 紹熙元年

右龍圖梅公瘴說梅摯於景祐中知昭州作此說紹熙初新安朱晞顏刻於粵西龍隱巖併跋於後晞顏宋史無傳新安志但云休寧人隆興元年進士亦無事迹惟談鑰撰行狀敘其歷官甚詳蓋淳熙中由知吉州轉朝奉大夫除

廣西轉運判官改直祕閣京西轉運判官紹熙四年進直煥章閣知靜江府慶元初召赴行在除軍器監尋除太府少卿淮東總領三年升太府卿四年遷權工部侍郎五年兼知臨安府轉大中大夫六年三月辭免四月卒此碑刻於任廣西轉運時其跋云予將漕來南行矣二年然則以淳熙十五年被轉運之命也

黃由等題名 紹熙辛亥

右黃由等題名四行文云黃由張宗益以使事同來憑高望遠爲之慨然紹熙辛亥冬至前一日按宋史光宗紀紹熙二年九月遣黃由等使金賀正旦金史交聘表明昌三

年正月乙巳朔朱煥章閣學士黄申明州觀察使張宗益賀正旦即是此事但宋史紀差遣之日金史紀入賀之日故年月各殊耳黄由字子由蘇州人淳熙八年進士第一人及第官至寶謨閣學士刑部尚書直學士院兩史皆譌由爲申當據石刻正之

【宋】勑靈濟五龍侯封爵告詞　紹熙四年五月

右勑靈濟五龍侯封爵告詞凡五篇分五層刻之五侯之號曰東靈侯西誠侯中應侯南平侯北寧侯其告詞則一字不易也五龍皆封侯爵而告詞首稱第壹位龍王等蓋龍王者土俗相尊之稱當以出於朝命爲尊以王封侯義

無所嫌宋時禮官猶知大體如此

[illegible]張釜游山七詠 慶元丙辰正月

右張釜游山七詠七詠者曾公洞棲霞洞龍隱洞訾家洲水月洞慈氏閣千山觀每題各一絕句丹陽張釜君量任廣西轉運日所作慶元初張改帥廣州其門下士維陽滑懋和仲以其手書鑱諸龍隱巖石隨齋者釜自號也攷宋史宰輔表嘉泰元年七月甲子張釜自禮部尚書除端明殿學士簽書樞密院事八月甲申罷在政府僅兩旬無事跡可見史但附其名於大父綱傳而歷官本末未之詳焉寧宗紀載慶元四年右諫議大夫張釜請下詔禁僞學五

年刻劉光祖附和僞學及請窮治趙汝愚事今證以石刻
乃知𨨏以紹熙四年任廣西漕司慶元元年知廣州未幾
召入爲諫議也予視學嶺南見九曜石上亦有𨨏題名字
跡殊不惡然狂諫垣興僞學之禁專與正人爲仇雖風濤
好事奚足取乎𨨏爲量名故以君量表字宰輔編年錄作
君亮誤

宋蘇唐卿竹鶴二篆字　慶元丙辰孟夏

右蘇唐卿竹鶴二篆字字徑二尺許修倍之慶元二年臨
川何異同叔以朝請郎提點浙西刑獄刻石立于憲治今
在蘇州府學凡二石其陰皆張安國書亦同叔所刻一爲

疏廣傳中語一爲盧坦對杜黃裳語

貞 張釜等題名　慶元丙辰季冬

右張釜等題名在盱眙縣第一山其文云丹陽張釜開封耿與義被命肅客未題慶元丙辰冬季四日蓋以接伴金國賀正旦使而至也釜以慶元元年乙卯知廣州次年春猶在粤而其冬已有接伴使臣之命則被名即在是年但未審此時任何職耳慶元丙辰即金承安元年所肅客爲完顔崇道其副使則無可攷矣

貞 御書通神庵三字　慶元二年九月

右通神庵三字孝宗御書後題賜通神先生鈐以御書之

寶而不署年月其下方有通神先生蓑衣何真人事實一篇承直郎胡褒撰以宋史方技傳校之無甚異同而史較詳史文蓑作莎莎蓑同音而義别莎艸不聞可製衣也碑云慶元三年五月二十二日夜端坐解化史云慶元六年卒者誤碑云是歲九月十一日葬於長洲縣金鵝鄉里燕塘之原今俗傳庵中像爲眞身亦妄也甲寅六月與段若膺袁又愷戈小蓮瞿鏡濤及羽士袁月渚閲道藏於圓妙觀月渚導予往觀此石搨其文見詒因題識而弆之

利 江西諸公題名　慶元戊午正月

右江西諸公題名十行行十五字其文云江西諸公仕於

廣會桂林者十有八人慶元戊午正月八日集松關之翛然亭既而拏扁舟延緣過龍隱爲水石更酌及暮登新橋以歸董山儀子羽王琨德貢熊思遜謙甫呂大信不約曾三畏無過武居仁滎叔王琳子林饒祖述古揚桐魏翁劉鼂習季占楊汝明仲藻魏璋廷圭劉正之子正余棣叔華高正臣治表趙善欽欽之趙師撫聖從范行閎景騫喜而來與者趙彥緜仲止字畫縱逸似黃山谷未識何人筆也諸人姓名多不甚著祖堯卽重刊元祐黨籍者三趙皆宋宗室也

宋萬壽山修觀音祠記 慶元五年六月

右萬壽山修觀音祠記末題承議郎宜差通判階州軍州兼管內勸農營田事賜緋魚袋劉震書幷篆蓋古者墓有兩石一書誌銘一書某官某府君墓覆於誌石之上故有篆蓋之稱若宋游師雄墓誌全用碑式其篆即刻于額而尚沿篆蓋之名已失其義此祠記當稱篆額而亦云篆蓋此古聖所識觚不觚者也宜差者帥臣便宜差遣未奉朝命之稱予向讀景定建康志卷首題承直郎宜差充江南東路安撫使司幹辦公事周應合修纂或疑爲宣差之譌予細檢志中或稱宜差或稱宜特改差者不一而足則當時必有是銜今讀此碑亦有宜差之稱字畫分明可證其

非誤矣碑在階州金石家未有著錄者今長興宰邢君佺山搨以貽予甘肅少南宋刻而震書法頗似唐人尤難得也

貞修長洲縣主簿廳記 慶元六年三月

右修長洲縣主簿廳記長樂黃士特文山陰孫應時書浚儀盧瑢隸額攷宋史藝文志孫應時有燭湖集十卷今集已不傳王厚齋困學紀聞載其讀通鑑詩二絶云爲朱文公所稱不知其行楷整逸尤可喜也記文云主簿廳在縣治少西宋時縣治在州治東北今州縣治皆遷徙此碑不知何時移置長洲縣學瞿堦鏡濤搨一本眎予文尙完好

唯黃君名上一字漫漶據府志補之士特字仲誼見嘉泰元年靜江府隱山題名宋時福州人每自稱三山或稱長樂故彼云三山此云長樂也

刻 龔大雅義井題記 慶元六年十二月

右龔大雅義井題記吾邑南翔寺九品觀後廢圃中有八角井周遭皆刻字大小不等驗其文乃宋慶元庚申歲沙堤里人龔大雅甃井題記此井在龔氏祖墳之旁具列高曾祖翁婆及伯翁叔翁伯婆叔婆亡男亡弟媳婦外翁外婆丈人丈母諸名氏以資冥福其墳今不知所在

刻 靈應廟牒 嘉泰二年二月

右靈應廟牒本嚴州分水縣嵓山土地之神相傳姓方氏里俗呼通天太保慶元六年臣寮奏請乞行下諸路闕雨州縣於靈應神祠守令親行精禱果有驗效郎具奏聞禮寺議封詔從之由是嵓山土神亦得賜廟額矣牒尾署押者三人其云右丞相不書姓者謝深甫也參知政事陳者陳自强也參知政事張者張巖也

虞泉銘　嘉定庚午七月

右虞泉銘莆田方信孺撰劉後村爲信孺行狀稱公爲文未嘗起草初若不入思細視皆平夷妥帖無斧鑿痕今觀此銘良然眞孺當是信孺昆弟八分書亦有法而書史不

載其名

貞詩境二字 嘉定辛未九月

右詩境二大字陸放翁爲方信孺作也書於開禧丁卯三月翁年已八十有三而腕力遒健不減少壯時又四年爲嘉定辛未信孺守韶州乃摸而刻之翁已不及見矣宋史陸游傳云嘉定二年卒年八十五陳氏書錄解題則云嘉定庚午年八十六而終今攷劒南續藁最後一篇云嘉定三年正月後不知更醉幾春風則是庚午正月放翁尚无恙伯玉所言蓋得其實信孺字孚若莆田人朝請大夫京西轉運判官崧卿之子崧卿撰韓文舉正朱文公攷異實

取之宋史不見其名於信孺傳亦闕漏也

利忠烈廟碑　嘉定五年二月

右忠烈廟碑廟在江寧之冶城祀晉卞忠貞公碑文胡邦衡所撰詞義正大凛然有生氣文成於紹興卅二年至嘉定四年樓大防始書而刻之元石已亾此爲明人重書筆法亦不惡周禮大宗伯以實柴祀日月星辰注故書實柴或爲賓柴此碑正作賓字從古文也忠簡子澥爲江東轉運判官本傳失載其名

利古相思曲　嘉定八年二月

右古相思曲後題嘉定八年二月朔莆田方信孺書刻於

韶音洞攷宋史本傳信孺自知韶州累遷淮東轉運判官兼提刑知真州不著除授之年予以韶州虞泉詩境二石刻證之知信孺以嘉定三年四年在韶州任又連州有信孺觀張魏公遺墨題記刻於五年十月其時尚在廣南又曾公巖有信孺餞別鍾大鳴題記刻於六年六月其時已到粤西此刻題嘉定八年蓋在知韶州以後淮東轉運以前不知信孺當時居何職也

【亨】南翔院觀堂記 嘉定九年季冬

右南翔院觀堂記僧居簡撰攷北澗集中爲南翔寺作者有懺院記僧堂記大殿碑陰記與此凡四今惟此記石刻

猶存而文多漫滅可辨者才十之三與集本亦間有異同如集本稱昭文錢公象祖石本作昭文錢相國之類記末題嘉定九年季冬既望而碑首題平江府嘉定縣縣建於嘉定紀元之十年蓋撰文之次年始書而刻之石爾予嘗見台州錢氏譜及常熟譜俱載端平二年理宗御製序序首云致仕大師左丞相錢象祖上疏今據此碑象祖卒於嘉定四年至理宗即位已隔十餘年矣又歷寶慶紹定而至端平年代更遠邈不相涉故知錢氏譜序亦後人僞託

鄒應龍等題名 嘉定丁丑孟秋

右鄒應龍等題名文云嘉定丁丑立秋後五日昭武鄒應

龍景初南海吳純臣德粹温陵曾煥文卿同游凡七行刻於龍隱下巖應龍官至執政宋史爲立傳而失其里居據此可補本傳之闕但未審此時任何職爾

亭 徐寵年題名 嘉定十一年二月

右徐寵年題名云嘉定戊寅春二月望郡守嘉禾徐寵年率權高要令錄參趙汝襲勸耕於星巖凡五行行六字正書徑二寸五分後有題名四行云後二日汴人趙汝襲挈家來遊弟汝附子崇（崇下一字左从火右从華）侍温陵謝廷玉莆陽阮時孺偕行字大徑一寸五分汝襲太宗八世孫系出商王房汝附其從父昆弟也

刻胡槻等題名 嘉定十四年季冬

右胡槻等題名文云右文殿修撰經畧安撫廬陵胡槻伯圖提點刑獄吳興芮及言子及轉運判官括蒼沈實茂揚嘉定十四年季冬十有四日同遊龍隱時茂揚已有星郎之命凡七行在龍隱下巖伯圖忠簡公之冢孫史附名忠簡傳末而不著其字其知靜江府亦史所未及宋制安撫使皆以守臣充廣南東西路又加經畧字此題名不書知軍府事者以使職爲重也稱經畧安撫而不言使者宋時安撫使雖例以守臣兼領其資淺者但稱主管安撫司公事而不加使名胡殆主管經畧安撫公事而未正授者爾

刋建康府教授西廳記嘉定癸未十六年上元日

右重建建康府教授西廳記景定建康志天聖建學置教授一員紹興九年因左丞葉公奏照西京例增置一員分東西廳東廳在學之左西廳在學之右宋史職官志但載列郡各置教官而京學教授有二員畧不之及亦其踈也篆額者爲宣義郎江南東路轉運司幹辦公事趙與懃攷宗室世系表未見與懃名惟秦王德芳九世孫有與勤或即其人乎

亨處州重刋孔子廟碑嘉定十七年閏八月

右處州重刋孔子廟碑唐元和十三年刺史李繁修廟成

韓退之爲文記之越十有二年爲太和三年始勒石蓋任廸所書趙明誠金石錄嘗列其目矣南渡以後唐碑已亡於是朝議大夫直龍圖閣提舉建康府崇禧觀賜紫金魚袋陳孔碩重書朝奉郎權發遣處州軍州兼管內勸農事借緋王夢龍立石廸本行書孔碩易以小篆頗有法度惜經明人鑿補少生動之致耳宋時在外宮觀之名略見於徐氏却埽編馬氏文獻通攷而建康之崇禧獨不及焉攷乾道臨安志紹聖元年八月丁丑除知杭州王存提舉江甯府崇禧觀則此觀之設官久矣觀在句容縣茅山

利 鄭起沃題名 寶慶元年 正月

右鄭起沃題名凡二道皆在高要縣之七星巖其一題諸陽鄭起沃汝說以寶慶改元正月五日同來其一題寶慶丁亥二月既望古端守鄭起沃勸農於郊因訪星巖攷劉後村集有送鄭端州起沃詩云海有沈珠戸巖無斲硯工他年循吏傳要雜古人中今觀丁亥留題勸農愛民之意溢於行間後村推許爲不虛矣

【目】提舉常平司公據 寶慶元年八月

右提舉常平司公據在蘇州府雙塔寺前提舉常平司五字後右今出給公據付雙塔寺 仰收執照寶慶元年六月日給廿二字字皆大最後一行使字更大下有押而不署

姓蓋當時公牘之式如此宋時平江府爲兩浙西路提舉治所則此爲浙西提舉司之公據也寺在宋爲壽寧萬歲禪院提舉司建祝聖道場于此向例每日納官醋錢壹伯肆拾文是歲知事僧德齊狀乞照萬壽承天開元永定四處體例蠲免而提舉司給與公據俾爲異日左驗給據在是年六月又兩閱月而刻于石最下一層則住山僧師哲跋也酒醋民間日用所需而宋元禁百姓私造官取其息卽一寺計之每歲合輸數萬錢則人戶之抑配可知今郡城有醋坊橋有醋庫巷猶沿宋名知醋之累民甚矣宋時唯御史稱臺而寺僧狀稱提舉爲使臺蓋里俗相沿之詞

如轉運曰漕臺提刑曰憲臺提舉名倉臺此類見于牋啟者不能悉數也

嘉定縣學記 紹定二年八月

右嘉定縣學記宣教郎知平江府嘉定縣主管勸農公事兼鹽場兵馬監押弓手寨兵軍正沈璞記并書先是嘉定十二年知縣高衍孫𠜂立學宮落成十餘年璞始爲文記之其文有云異時來學之士將有躡魁躔躋顯仕以光耀其里閭者豈若鄭鄉校徒議其執政而已哉予嘗誦其言而疑之夫縣之有學將使人士通經學古致力于聖賢之道以淑其身也立德立功立言皆吾儒分內之事舍此而

以魏科膴仕誇耀里閈有志者羞稱之先正黄蘊生先生成進士與其弟書謂傳臚第一人觀者莫不稱羡士不爲千百年中一人而爲三年中一人識趣卑陋已甚蘊生之識勝于璞遠矣禮居是邑不非其大夫士君子忠厚之道固然身爲長吏正當釆輿誦以鑑己得失若之何惡之政而無失何恤乎人言若其有失安能禁人之議堯設謗木而聖周任衛巫而亡人主何不可監謗區區令長而惡人之多言可乎一言以爲不知此之謂夫

貞梅隱庵記　紹定二年十二月

右梅隱庵記紹定　初道人陳　所建四明樓治書梅隱

二字榜之新慶元府鄞縣主簿范元衡爲記新知江州德化縣趙緋書宗學諭方萬里篆其額却自稱題蓋攷唐人誌墓用兩石相覆一書誌文一大書某官某君墓誌故不云額而云蓋其云題額題蓋則别于篆而言之此記與額無二石又作小篆體而襲題蓋之名兩失之矣昔黄山谷言庵字當从艸以从广爲俗體此篆額菴从艸蓋依山谷説予謂庵菴兩字説文皆無之菴閭雖見相如賦本是奄字後人增加艸旁已非相如之舊釋名云艸圓屋爲蒲又謂之庵廣雅云庵舍也是庵字漢人已有之吾未見菴古而庵俗也如依説文正當作奄或取屋舍義則當爲闇或

通作陰耳影亦葛溟字苑所收俗字萬里淺人固未可與言六書之正矣蘇州府志不載梅影菴未知遺址所在獨此碑嵌瑞光寺大殿壁間前人亦無著録者趙綝嘉泰二年進士方萬里嘉定二年進士並見吳郡志

貞 袁肅簡華老詩 紹定五年二月

右袁肅簡華老二詩華老者雙塔住持僧普華也石刻今在寺中篆額兩行文云提舉祕丞郎中袁公詞翰碑分三層上兩層分刻兩詩下一層則普華跋也前詩在華老未至之時佛慧當是華老師故兼簡之欲促其行耳後詩則華已到雙塔矣吳郡志提舉題名止于寶慶故不及肅名

宋史亦無肅傳攷中興館閣續錄知爲鄞縣人也

享南雄州新建四先生祠記　端平元年三月

右南雄州新建四先生祠記四先生者周元公程純公正公朱文公也寶慶三年祠成州教授三山陳應龍請眞西山爲文應龍以故去未及入石端平初毗陵張友知州事始命法掾田圭書之而教授盧自明篆其額焉頃歲翁學士方綱提學廣東搜羅石刻甚夥而南雄儒學宋元碑各一獨未之及予始訪得而搨之

享趙崇垓曾純唱和詩　端平二年十二月

右趙崇垓曾純遊七星巖唱和詩七言律各一首左方題

名十一行行八字云端平乙未嘉平朔後二日權郡貳羊石趙崇垓德暢侍母偕權理曹新興盥令清源曾純景亮法掾三山趙彥皤源叔權糾高要簿清源趙錚夫君玉寓公提屬清源莊世雄仲傑攜家同遊源叔子㴬夫德暢子必鉼侍聊紀歲月云以宋史表攷之崇垓太宗九世孫系出漢王房彥皤則魏王廷美七世孫系出廣陵郡王房皆宗室也㴬夫史作洴夫字之譌彥皤於崇垓爲大父行以班秩退居於後其子侍行當論行輩故彥皤子列崇垓子之前也廣東通志崇垓南海人嘉定十六年蔣重珍牓進士蓋以宗子寓居於粵者此刻前題淺儀舉東都舊居後

題羊石以南海有五羊石也景亮稱趙爲同年當是同榜進士

潛研堂金石文跋尾卷十七

錢大昕著

宋六

理宗賜杜範勅　徐清叟等題名　直龍圖閣曾三聘神道碑　黄朴題名　理宗道統十三贊　經筵薦士章槀　白雲山慈聖院圓通殿記　桂林撤戍記　天文圖地理圖帝王紹運圖　邕州重建學記　御書放生池勅　李艮等題名　蔡杭題名　四明程振父等題名　帶御器械張塤壙刻　太白脱韡圖　太學士地封勅告　山谷返棹圖　吳郡鄉

舉題名　逸老堂記　賀知章像贊　賜忠顯廟牒

廣州光孝寺大鑒禪師殿記　金剛般若經　卞

忠貞墓碣文　衆樂亭詩　陳塏采石磯詩　建康

府甎　閤門寄班祗候洪公墓碣　姑孰帖　留忠

宣帖

僞齊

華夷國

遼

白川州佛頂尊勝陀羅尼石幢記　憫忠寺觀音菩

薩地宮舍利函記　易州興國寺太子誕聖邑碑

玉石觀音像唱和詩碑　釋迦佛舍利鐵塔記　安

德州郛建靈巖寺碑　釋迦定光二佛的身舍利塔

記

宋六

貞理宗賜杜範勑　嘉熙三年七月

右理宗賜杜範勑凡七行首行勑字上鈐書詔之寶後題二十六日不署年月末行一勑字極大又有勑杜範三字亦鈐書詔之寶外周有長方界似是封皮也下方有杜範跋後題嘉熙三年七月日朝奉郎右文殿修其下皆闕唯存拜手稽首謹書六字以本傳攷之云嘉熙二年差知寧

國府明年至郡四年還朝則嘉熙三年正範在郡日也宋時差遣以帶職爲榮故史於寄祿官多不書範官朝奉郎固可不載其除右文殿修撰亦不書則史之闕漏矣勑文云肆命相臣肇開督府聯合吳蜀表裏江淮謂史嵩之以右丞相督視兩淮四川京湖軍馬兼督江西湖南軍馬也碑在寧國府署前宣城張惺齋搨以遺予

利 徐清叟等題名 嘉熙已亥

右徐清叟等題名文云嘉熙已亥重九日帥守建安徐清叟直翁繡使稽山黃自明明仲同游凡七行刻於曾公巖攷宋史清叟嘗爲集英殿修撰知靜江府廣西經畧安撫

使宋時稱安撫使爲帥知府知州爲守故有帥守之稱清叟應龍之子宋史有傳而失其里居讀此刻乃知爲建安人史稱清叟字直翁據石刻乃是直字石刻之有裨於史學如此綉乃繡之俗體綉使未知何官俟攷

利 贈直龍圖閣曾三聘神道碑 嘉熙四年

右贈直龍圖閣曾文節公碑在粵西龍隱上巖題云有宋特贈正奉大夫直龍圖閣謚忠節曾公神道碑中大夫參知政事同提舉編修經武要畧同提舉編修勑令南充郡開國侯食邑一千六百戶食實封四百戶賜紫金魚袋游侣撰攷宋史宰輔表嘉熙三年八月戊戌游侣自簽書樞

密院事除參知政事四年閏十二月丙寅除知樞密院事
則游公製文當在三年八月以後碑末題明年孟夏必是
四年事矣曾三聘以嘉定三年十月卒越二年而塋墓本
在江西嘉熙中其子宏正任廣西漕運判官以三聘嘗被
廣西提刑之命因鑱是碑於巖石碑載三聘兼考功郎爲
右正言黄艾論罷旋起知郢州中丞何澹論丞相汝愚不
遵壽皇成法經論罷者未得祠乃徑與郡改主管武夷山
沖祐觀秩滿再知郢州將奏事諫官陳自强等論三聘爲
汝愚腹心詔追兩官嘉泰元年皇子生復元秩久之予祠
又久之差知郴州改廣西提刑未赴改湖北力辭又主管

沖祐觀卒年六十有七較之本傳爲詳游佀傳但云封南充縣伯進爵郡公中閒嘗進封縣侯史亦未之及佀稱其父爲太師忠公而游仲鴻傳亦不載贈太師事

黄朴題名嘉熙庚子孟秋

右黄朴題名正書七行在廣東提學署後圃九曜石上其文云嘉熙庚子孟秋長樂黄朴成甫約同郡唐璘伯玉莆田劉克莊潛夫泛舟仙湖予嘗讀後村集譜其歷任歲月蓋嘉熙元年丁酉由侍右郎官免歸主管成都玉局觀二年戊戌除知袁州三年已亥改主管華州雲臺觀其九月除提舉江西常平以從弟嫌辭十月改除廣東提舉四年

庚子春到廣東任又權郡事其秋遷廣東漕明年辛丑改元淳祐其秋以言者論列改提舉建康府崇禧觀此刻題庚子孟秋蓋在提舉任尚未得遷運判之命黄唐兩君當是同官於粤者惜乎志乘未之載也是歲後村年五十有四

剟理宗道統十三贊 淳祐元年孟春

右理宗道統十三贊紹定三年製淳祐改元孟春謁先聖就賜國子監宣示諸生前有庚寅御書印後有辛丑御書之寶印今在杭州府學即南宋之國子監十三贊者伏羲堯舜禹湯文王武王周公孔子顏子曾子子思孟子玉海

所謂淳祐聖賢十三贊也

【貞】經筵薦士章藁　淳祐元年七月刻

右經筵薦士章藁熙甯中樞密直學士尚書右司郎中兼侍讀陳襄上進所薦者端明殿學士右諫議大夫集賢院修撰提舉西京嵩山崇福宫司馬光端明殿學士翰林侍讀學士尚書吏部郎中知許州韓維翰林侍讀學士寶文閣學士尚書戶部侍郎提舉西京嵩山崇福宫吕公著秘書監集賢院學士知杭州蘇頌右司諫直集賢院孫覺尚書祠部員外郎祕閣校理知齊州李常尚書兵部員外郎直集賢院知和州范純仁尚書祠部員外郎直史館權知

河中府蘇軾尚書祠部員外郎集賢校理權知洪州曾鞏尚書祠部員外郎集賢校理同修起居注孫洙祕書丞集賢校理史館檢討王存太子中允館閣校勘判武學顧臨祕書省著作佐郎集賢校理知太常禮院林希太子中允館閣校勘簽書應天府判官廳公事劉摯太常博士崇文院校書句當宗正丞公事虞太熙太子中允監西京洛河抽稅竹木務程顥太子中允權發遣淮南西路轉運判官公事劉載殿中丞新差充秦鳳熙河路措置邊事司句當公事兼催督軍須薛昌朝祕書省著作佐郎前崇文院校書張載權興國軍節度掌書記見磨勘蘇轍前台州司戶

參軍召試館閣孔文仲新差歙州軍事推官吳賁前潤州
延陵縣令吳恕尚書屯田郎中知開封府太康縣事林英
尚書都官員外郎監泗州河南轉般倉孫奕祕書省著作
佐郎監揚州糧料院林旦太常博士新差監衡州在城鹽
倉鄒何尚書右司郎中分司南京李師中尚書兵部員外
郎傅堯俞太常博士新差河東路提點刑獄公事胡宗愈
前祕書省著作佐郎王安國太子中允降授大理評事唐
坰前光州司法參軍監安上門英州安置勒停鄭俠凡三
十有三人李心傳繫年要錄紹興元年十一月壬子手詔
內外侍從各舉所知三人限五日以聞舉得其人當受上

賞毋以先得罪於朝廷及蔡京王黼門人爲嫌先是上得陳襄薦司馬光等三十三人奏章大善之故有是詔宋史藝文志所載紹興求賢手詔一卷卽此也此碑上層有紹興手詔中二層爲襄薦稾末一層則襄五世從孫塏跋也塏在淳祐元年以直龍圖閣提點浙西刑獄因刻石於平江憲治不知何時移置府學予嘗讀牟獻之集言古靈薦草皆親筆塗改勾注其旁蓋此稾眞迹猷之猶親見之今久不存卽此碑近在吳中亦無過而問者甚矣好古之難得也

利 白雲山慈聖院圓通殿記 淳祐四年仲冬

右白雲山慈聖院圓通殿記承議郎新權知邵武軍兼管內勸農事借緋樓扶撰併書少保觀文殿大學士醴泉觀使兼侍讀衛國公鄭清之篆額扶从木旁宣獻公鑰之孫延祐四明志載扶所撰鮑君廟碑周公謹絶妙好詞載扶水龍唫菩薩蠻二詞皆从手旁傳寫之譌也

刹 桂州撤戍記 淳祐六年三月

右桂州撤戍記刻於龍隱下巖大略言淳祐乙巳天子以蒙古侵大理預戒不虞詔京湖大制閫調兵戍廣以十月二十六日抵桂林邊境肅清警報不至次年春得旨撤戍以三月初十全師言旋并列出師主兵官姓名文尚完好

惟姓名多刓落攷其時孟珙爲京湖制置使宋史珙傳樞密調兵五千赴廣西珙移書執政言大理至邕數千里部落隔絶聞風調遣空費錢糧無補於事不聽卽其事也神勇軍勇信軍獅子崖義士軍湖南飛虎軍皆南渡後置不在禁廂兵之數宋史兵志畧不及之

刻天文圖地理圖帝王紹運圖　淳祐丁未仲冬

右天文地理帝王紹運三圖皆在蘇州府學其地理圖旁有東嘉王致遠跋語四行云右四圖兼山黄公爲嘉邸翊善日所進也致遠舊得此本於蜀司臬右浙因摹刻以永其傳攷宋史黄裳傳遷嘉王府翊善作八圖以獻曰太極

曰三才本性曰皇帝王霸學術曰九流學術曰天文曰地理曰帝王紹運以百官終焉裳字文叔兼山蓋其自號致遠所刻四圖其一久失不知爲何圖矣文叔劍州人故其圖流傳於蜀致遠爲浙西提刑治吳中因刋石郡學也

〔刻〕邕州重建學記 淳祐辛亥春季

右邕州重建學記賓州軍事推官權邕州通判鄧容撰爲教授梁應龍重建州學而作容與應龍蓋同年進士唐宋人重同年而年弟之稱見於石刻者惟此爾篆額出蔡推宋諲之手邕字當从巛从邑此从水紕繆之甚

〔亨〕御書放生池勑 淳祐十年正月

右御書放生池勑初仁宗景祐三年有詔乾元節諸州軍設宴毋得多殺物命至是理宗申明故事御書勑旨令於所在放生池刻石今崑山縣之清眞觀故宋放生池也石刻尙存下方有知縣項公澤跋惜經明人翻刻神采已失宋時知縣結銜例兼弓手寨兵軍正石刻訛弓手爲巴、王明人之不學如此理宗又嘗製訓廉謹刑二銘戒飭中外計江以南必尙有摹勒上石之本惜予未之見也

貞李艮等題名 淳祐丁未

右李艮等題名在杭州之天竺山其文云淳祐丁未立秋二日天台李艮夏紹基武夷翁孟寅金華何子舉嘉禾葉

隆禮宛陵吳　來遊喜雨凡十行隆禮郎撰契丹國志者而宋史不見其名爵里遂無攷讀此刻知爲嘉興人檢嘉興志隆禮淳祐七年進士則丁未正隆禮登第之歲也是歲六月癸巳賜進士張淵微等五百二十七人及第出身淵微等以闕雨請免瓊林賜宴故此題有喜雨之語李艮諸人殆皆新進士與隆禮爲同年生歟

貞 蔡杭題名　淳祐辛亥仲春

右蔡杭題名十一行文云蔡杭自江左移憲浙東便道過家泛舟九曲積雨新霽山川呈秀哦咏而歸同游者謝元龍藍簡子蔡勳吳載詹復子公亮侍時淳祐辛亥仲春誌

按宋史列傳有兩蔡抗此則西山先生之孫官參政謚文肅者也予細審此刻抗字从木旁與東都蔡抗从手旁者不同攷癸辛雜識兩載杭事一从木旁一作杬郎杭之譌與石刻正合又其兄模名亦從木旁則宋史作抗者爲誤本傳云官江東提點刑獄加直祕閣特授尚書司封員外郎進直寶章閣尋加寶謨閣移浙東此刻亦云自江左移憲浙東似相符合但南宋時諸曹郎皆爲職事官外任未有兼帶者杭何以特授司封之職殊不可曉仲節家於建陽非自江赴浙經由之路而云便道者宋制外任差除有云塡見闕者例當疾速之任有云替某人成資闕者前任

貣歴未滿交代之期尚遠不妨便道過家也浙東提刑司置于紹興府攷會稽續志抗以江東提刑除浙東提刑淳祐十一年五月到任卽辛亥歲也仲春過家仲夏到任先後正合

四明程振㕛等題名 淳祐辛亥春分

右四明程振㕛等題名在虎邱試劒石之右其文云淳祐辛亥春分四明程振㕛天台趙必巽方甫眉山蘇囦同以東餉檄委在吳直暇載酒來游此山甫弟來侍予弱冠時郎摩挲此石未審東餉之語頃乃知東餉卽淮東總領司總領專司屯駐御前軍錢糧故有餉名淮東淮西各置總

司故稱東餉但不識其時淮東總領爲何人耳

貞帶御器械張塤壙刻

右帶御器械張塤壙刻塤字伯和世居會稽之蕭山其妻長興縣主爲榮文恭王之妹即理宗姑也初授承信郎紹定六年從銓曹注盜國府監税端平六年召除閤門看班祗候轉承節郎嘉熙三年二月丐外特添差揚州兵馬鈐轄仍釐務帶行閤門祗候淳祐元年九月差兩浙東路兵馬鈐轄衢州駐劄帶閤職如故二年轉保義郎六年四月差兩浙西路馬步軍副總管臨安府駐劄待次十一月詔入爲帶御器械兼幹辦皇城司七年十二月轉成忠八年

二月轉忠翊十二月御帶因任十年十月轉忠訓十一年十二月以皇城親從陞諸班直汾賞起轉修武十二年八月屬疾乞掛衣冠上不允轉訓武主管佑神觀疏再上轉武翼郎致仕終于寢得年六十有九以癸丑歲十一月甲申合葬於邑之夏孝鄉越王山之原碑末題孤哀子萊孫稱孫識從事郎資善堂檢閱劉仰祖填諱南宋墓誌存于今者罕矣此刻獨完好悲其爲穆陵至戚而名不登于史冊又可藉以攷見武臣遷轉之法故具錄之

刱太白脱韡圖

右太白脱韡圖知太平州牟子才刻石有贊宋史子才在

太平建李白祠自爲記又寫力士脫韡之狀爲之贊而刻諸石屬有拓本遺薑宋臣宋臣大怒持二碑泣愬於帝此碑卽其一而祠記久不存矣碑在學宮牆傍明成化六年提學御史張敷移置集賢門內作亭覆之知府施奇記其事於左方其下又有康熙癸丑寇明允題字

宋太學土地封勑告 寶祐四年九月

右太學土地封勑告二通一淳祐六年五月封正顯昭德文忠侯其云右丞相侶者游侶也知樞密院事兼參知政事葵者趙葵也同簽書樞密院事兼權參知政事韡者陳韡也一寶祐四年八月封正顯昭德文忠英濟侯其云右

丞相元鳯者程元鳳也參知政事似道者賈似道也參知政事抗者蔡抗也前載勑詞次列宰執及給事中中書舍人銜次書某月某日某時都事某受左司某付吏部次再列宰執及吏部尚書侍郎銜不著姓名次大書告某封號奉勑如右符到奉行鈐以尚書吏部之印次列主事令史書令史姓名次書某年某月某日下蓋當時文書之式如此宋自元豐以後臣僚除官勑出於尚書省付舍人院撰詞經門下錄黄付吏部乃書告行下觀此刻知諸神加封亦然矣南渡太學土地相傳以爲岳忠武飛葢紹興時以

忠武故宅改建

刻山谷返櫂圖

右山谷返櫂圖亦牟子才所刻子才之孫應復元時爲歸安縣尹承行省命督海漕至太平路題字左方子才以資政殿大學士致仕史但稱學士其謚清忠亦史所未載也應復以重紀至元戊寅歲留題云於今八十三年則二圖以寶祐四年刻石矣

刻吳郡鄉舉題名

右吳郡鄉舉題名自紹興十年庚申至寶祐六年戊午凡四十科吳郡志但有進士題名而鄉薦姓氏不及焉此碑文字完好南渡百餘年文獻賴以攷證而後來修志者畧

不載入當時采訪諸君未免失其職矣龔明之中吳紀聞云姑蘇自祥符間定制科舉以四人爲額慶曆中就舉者止二百人范貫之作送錢正叔赴舉序已言四人之額視它藩爲最寡熙寧元豐間應舉者漸多增爲六人三舍既行罷去科舉法歲貢四人舍法罷乃合三年之數爲十二人紹興丙子又增流寓一名今終場者幾二千人其額又不勝其窄矣今據題名紹興庚申甲子二科皆十二名丙子以後每科十三名正與龔所記合唯紹興丁卯止四名後有空行當是年久遺落而庚午癸酉兩科各十六名不知又何說也郡所統五縣後又增嘉定一縣而嘉定竟無

一人登鄉薦者蓋建邑伊始未漸詩書之澤故也碑在府學儀門外其陰爲元人刻廟學記易置向外而正面倚壁故見之者尠

逸老堂記 開慶元年七月

右逸老堂記在寧波城内月湖中央紹興十四年郡守莫將㮕建以祀唐祕監賀公季眞取李太白四明逸老賀知章之句爲堂名也開慶初郡守吳潛重建爲文記之碑末題觀文殿大學士銀青光祿大夫沿海制置大使判慶元軍府事兼管内勸農使金陵郡開國公食邑五千九百戶食實封一千七百戶吳潛記中散大夫直祕閣致仕歷陽

縣開國男食邑三百戶賜紫金魚袋張卽之書時胡散大夫直寶章閣辭符縣開國男食邑三百戶賜紫金魚袋趙汝楳篆額楊賽書法爲當時推重此記乃晚年之筆神采秀勁無一弛懈眞老斲輪手也

刹 賀知章像贊

右賀知章像刻於逸老堂記之陰爲之贊者亦吳潛也其詞云粤惟二疏輔導漢元作其卽位旋以飄然粤惟先生師傅唐肅太陽未升去之已速前疏後賀夫豈異情蓋以兩疏比賀公又以疏之去在漢元卽位之日與賀異趣曾不思疏廣乞骸骨在宣帝時非元帝也潛以進士第一人

登科竟未寓目班史耶

宋賜忠顯廟牒 景定元年八月

右敕賜忠顯廟牒牒尾署少師右丞相衞國公者賈似道也知樞密院事兼參知政事朱者朱熠也簽書樞密院事兼權參知政事皮者皮龍榮也咸淳臨安志稱紹興十二年詔禮部討論太學養士法仍令臨安府權於府學措置增廣十三年六月臨安守臣王㬇卽岳飛宅建學咸詔禮部侍郎直學士院王曾爲記此碑引國史紹興三十二年以岳飛宅爲太學與臨安志紀年互異未審誰得其實志又云太學居土神廟在學之東南隅端平二年爵通侯賜

廟額淳祐六年再加封贊書有云相傳中興名將英靈未泯肸蠁甚著蓋其故居自是遂明指神爲岳忠武王景定二年從監學之請超封王爵卽其舊謚易武爲文仍改廟額曰忠顯神之父母妻子下逮將佐皆有命秩今以此碑攷之知當時封神父和顯慶侯母姚氏元闕兩字夫人妻李氏德正夫人子雲繼忠侯雷紹忠侯霖續忠侯震緝忠侯霆纘忠侯子婦五人相德介德助德翊德贊德夫人將佐張憲烈文侯徐慶昌文侯黃先煥文侯牛皐顯文侯李寶崇文侯王貴尚文侯而神號由八字侯超封二字王也

淳 廣州光孝寺大鑒禪師殿記 咸淳五年十一月

右廣州光孝寺大鑒禪師殿記咸淳五年十一月初七日華文閣直學士通奉大夫廣南東路經畧安撫使馬步軍都總管兼知廣州軍州事兼管內勸農使陳宗禮記朝散大夫提舉廣南東路常平義倉茶鹽公事兼權運判介應澂題蓋宣教郎知廣州南海縣主管勸農公事兼弓手寨兵軍正王應麟書令在寺之六祖殿前楷書頗有法嶺南人以爲王伯厚筆也予攷伯厚以淳祐元年登進士寶祐四年中博學宏辭科至度宗時名位已高無緣出爲縣令宋史本傳亦不云知南海縣疑別是一人與厚齋同姓名者爾宗禮字立之應澂字公定宋史皆有傳予後讀宋潛

溪集有封承事郎給事中王公殼墓版文其祖應麟知南海縣事乃悟碑卽此人所書乃泉州晉江人非浚儀王氏也

宋金剛般若經

右金剛般若經石幢八面在歴城縣南關正覺寺經文則鳩摩羅什譯本也後題齊州啟聖禪院金剛般若波羅蜜經幢頌并序序文漫漶惟比邱處寄俗姓韓數字可辨不著撰人姓名亦無年月驗其字畫當是宋刻攷政和六年以英宗由齊州防禦使入繼升齊州爲濟南府碑稱齊州當在政和以前又恆字真宗御名此碑竝未鈌筆疑是宋

刱所立矣

利卞忠貞墓碣文

右卞忠貞墓碣文云晉尚書令假節領軍將軍贈侍中驃騎將軍成陽卞公墓凡兩行二十二字字徑五寸餘結體方嚴似顔平原周吉甫金陵瑣事以爲宋龍圖閣直學士葉清臣書攷之曾肇碑記良然或云魯公書者非也蘇峻之平也朝議贈卞公左光祿大夫加散騎常侍尚書郎恆訥議宜加鼎司之號乃進贈驃騎將軍加侍中訥復固爭始攺贈侍中驃騎將軍開府儀同三司晉制驃騎已下諸大將軍不開府者品秩第二開府位從公者品秩第一所

謂位從公者儀同三司也此碣書贈官不及開府儀同三司是舍其大者而舉其輕者矣

利 衆樂亭詩

右衆樂亭詩石刻在寍波府賀祕監祠下截剝落失其刊刻歲月詩爲錢公輔首唱而王安石司馬光鄭獬邵必吳中復吳充馮浩和之最下有益柔二字可辨當是王益柔也君倚作詩在知明州日其後被召同知起居注乃邀諸公同作故鄭毅夫詩有使君今作螭頭臣之句介甫嘗知鄞縣然不與君倚同時此亦同在起居注局所作也吳中復興國州人而自署渤海蓋舉其舊貫也諸作大率鋪敘

燕游之盛不如溫公使君如獨樂衆庶必深嚬一聯得風人之致

〔刻〕陳塏朶石磯詩

右陳塏朶石磯詩後題門生儒林郎改差監提領江東淮東路茶鹽所都鹽倉兼檢視洪革立石今在朶石之蛾眉亭竹君學士疑爲元碑予按宋史塏字子爽嘉興人嘗爲提領江淮茶鹽所兼知平府革蓋其所辟故有門生之稱碑雖無年月以塏歷官攷之當在淳祐間矣職官志有提舉茶鹽司別無提領之名監當官兼檢視亦史所未載也

〔眞〕建康府勅

右建康府𩏩嘉慶庚申瞿生鏡濤於鄉試號舍壁間得之古𩏩文多隱起此獨深刻書法遒美頗似思陵御筆非尋常摶埴工所及也此𩏩不題年月又無匠役姓名攷景定建康志建炎三年四月上如建康詔改江寧爲建康府則爲南宋刻無疑

（貞）閤門寄班祗候洪公墓碣

右閤門寄班祗候洪公墓碣在嘉定縣西北鄉朱魏土地廟文已磨滅不可識唯額題宋故閤門寄班祗候洪公之墓十二字正書尚完好攷宋史職官志東西上閤門篇有祗候十有二人又增置看班祗候六人無所謂寄班者而

入內內侍省篇有云嘉定初詔內侍省陳乞恩例親屬充寄班祗候以十年爲限似南渡後乃有寄班之名後讀續通鑑長編天禧四年四月丁酉詔寄班祗候自今準三班使臣所定年限考課又檢宋史石普傳十歲給事邸中以謹信見親補寄班祗候劉文質傳以左班殿直遷西頭供奉官寄班祗候張昭遠傳擢左班殿直寄班祗候乃知眞仁兩朝已有寄班祗候職官志漏而不書耳

刻 姑孰帖

右姑孰帖宋人所刻石已散亾今存太平府學者惟卷第三第八第九數石而已第三爲東坡先生書洪容齋所刻

其跋云東坡先生所書詩文十篇邁得之刻於當塗郡齋今合計詩偈表詞止六篇則已失其四矣第八第九皆放翁書而第八卷首題云放翁先生帖三第九卷首題云放翁先生帖四可知放翁之帖散佚更多即其存者亦多不全竟未審何人所刻又有一石乃蘇子美書淳熙戊戌知州楊倓刻前半亦闕不知其卷第也倓和王沂中之子紹興二十七年王十朋榜進士見咸淳臨安志

利 留忠宣帖

右留忠宣公三帖皆與曾無玷者第一帖云昨聞有臺屬之命攷咸淳毗陵志曾三復紹熙二年正月以朝散大夫

知常州在任轉朝請大夫十一月改差御史臺檢法官帖所云十一月卽紹熙二年之十一月也第二帖題七月亦紹熙二年之七月其時三復正在常州此帖本在前帖之前宏父刻石失其次矣第三帖當在慶元元年其云比蒙恩渥復畀職名謂是年六月復留正觀文殿學士充醴泉觀使也三帖皆稱無玷爲年兄曾宏父亦云梁文靖乾道壬辰入相先君少師是年擢第與留忠宣俱爲同年然則留正與曾三復俱乾道八年壬辰歲進士而宋史曾三復傳云乾道六年進士留正傳云紹興十三年第進士皆誤宋時進士三歲一舉紹興十三年癸亥乾道六年庚寅非貢

舉之歲也

僞齊

初華夷圖　阜昌七年十月

右華夷圖不著刻人名氏題云阜昌七年十月朔岐學上石蓋劉豫時所刻其年十一月豫爲金人所廢阜昌之號終於此矣唐貞元中宰相賈耽圖海內華夷廣三丈從三丈三尺以寸爲百里斯圖蓋仿其製而方幅縮其什之九京府州軍之名皆用宋制開封爲東京歸德爲南京大名爲北京惟河南不稱西京未詳其故也碑云四方蕃夷之地賈魏公圖所載凡數百國今取其著聞者載之又參考

傳記以敘其盛衰本末至如西有沙海諸國西北有奄蔡北有骨利幹東北有流鬼以其不通名貢而無事於中國故畧而不載此亦見其去取之不苟矣

遼

元白川州佛頂尊勝陁羅尼石幢記 開泰中

興中故城東北六十七里有古城址周不及三里遼白川州地也城中有遼石幢記首云奉爲神贊天輔皇帝齊天彰德皇后萬歲親王公主千秋文武百僚恒居祿位風調雨順海晏河清一切有情同霑利口按聖宗加上尊號凡六曰昭聖者乾亨四年也曰天輔者統和元年也曰至德

廣孝昭聖天輔者五年及二十四年也曰宏文宣武尊道至德崇仁廣孝聰睿昭聖神贊天輔者開泰元年也曰睿文英武遵道至德崇仁廣孝功成治定昭聖神贊天輔者太平元年也此云神贊天輔皇帝則石幢之立當在開泰以後矣遼史仁德皇后傳稱統和十九年册爲齊天皇后本紀亦同自後别無加上尊號之事史文闕略當據此以補之但不知在何年耳其云覩王者大丞相晉國王耶律隆運也記文爲長寧軍節度掌書記儒林郎試大理評事武騎尉王桂撰後有長寧軍節度管內觀察處置等使金紫崇祿大夫檢校大傅使持節白川州諸軍事白川州刺

史兼御史大夫上柱國丁己下俱闕疑書石人名也遼史地理志川州明王安端置會同三年詔爲白川州安端子察割以大逆誅沒入省曰川州不云省于何年金史則云天祿五年去白字今此幢立于聖宗時猶稱白川州可見金史考之未審也左方列銜可辨識者有銀青崇祿大夫兼監察御史武騎尉商稅麯務都監王元泰銀青崇祿大夫兼監察御史武騎尉同監麯務張翼三司押衙麯務判官兼知商稅事翟可行銀青崇祿大夫檢校工部尚書兼御史大夫上柱國崔展儒林郎試大理評事守白川州咸康縣令武騎尉王□銀青崇祿大夫檢校左散騎常侍兼

殿中侍御史驍騎尉江濤觀察判官儒林郎試大理司直雲騎尉賜緋魚袋田能成管內觀察處置等使金紫崇祿大夫檢校大傅使持節白川州諸軍事白川州刺史兼御史大夫上柱國鉅鹿縣開國子食邑五百戶耿延口諸人於史無所表見惟聖宗紀有昭德軍節度使耿延毅其爲一人與否惜石文斷裂無從知之矣遼史志百官於南面尤略此所載結銜有散官有檢校官有憲官有試秩有勳有爵有賜有食邑皆史所未詳至商稅麴務都監同監麴務及麴務判官之設百官食貨兩志俱遺之所宜特書以補正史之鈌漏也

元憫忠寺觀音菩薩地宮舍利函記 大安十年閏四月

右大憫忠寺觀音菩薩地宮舍利函記劉氏帝京景物略朱氏日下舊聞俱會載之予在京師數遊斯寺問寺僧記所在俱云無有今春同家詹事載朱學士筠紀太僕復亨曹給事學閔到寺觀海棠偶見旁院牆腳支瓮方石形製有異撤而視之則斯記也文甚完好後題大安十年歲次甲戌閏四月辛未朔二十二日壬辰甲時攷遼道宗金東海侯俱以大安紀年東海侯享國纔三年耳此云大安十年蓋遼之大安而劉氏以爲金刻亦攷之未詳矣予頃遊馬鞍山戒壇寺見遼學士王鼎撰法均禪師碑後題乾時

又石幢二皆遼時刻一題庚時一題坤時潭柘山有了公禪師塔銘金大定中刻亦題庚時今此記稱甲時蓋遼金石刻之文多作斯語以甲乙丙丁庚辛壬癸乾坤艮巽代十二支也庚寅三月二十二日書

元易州興國寺太子誕聖邑碑 壽昌四年七月

右易州興國寺太子誕聖邑碑沙門方偁撰文范陽逸士張雲書太子誕聖邑者千人邑之名以四月八日誦經禮佛而名之也遼史禮志二月八日爲悉達太子生辰京府及諸州雕木爲像儀仗百戲導從循城爲樂葉隆禮契丹國志本作四月八日此碑亦以四月八日爲誕聖之辰則

禮志所稱誤矣然金史海陵紀有禁二月八日迎佛之文知當時固有以二月爲佛生辰者非後人轉寫之誤也碑末列銜者都維那右監門衞大將軍知易州軍州事兼沿邊巡檢安撫屯田勸農等使耶律遷朝散大夫尙書左司郎中通判軍州事賜紫金魚袋武騎尉楊舉直朝散大夫尙書比部郎中知易縣事飛騎尉借紫劉琚妻李氏儒林郎試大理司直守司戶參軍借緋靳佑臣承務郎試太子校書郎守司候參軍雲騎尉李師仲承務郎試太子校書郎守易縣主簿兼知縣尉宋公絢將仕郎守國子直講官學黃溫仁儒林郎守太子校書郎雲騎尉知律劉詠軍事

判官文林郎試太子校書郎魯去華都孔目官文林郎試太子校書郎武騎尉周師安左都押衙李照右都押衙王文信知客石恩副知張存知衙韓安安撫押司官楊師言印官韓仁詮前行曹拱溫後行劉世宣州司呈押田滌書表馮詮印官何閏前行孫世卿前行石惠司候司典曹福本典王恩皆州之官吏也遼史百官志南面方州官州有刺史縣有令而碑所載知軍州事通判軍州事知縣事之名史皆失書蓋遼之官制多雜采唐宋之名志以爲大略采用唐制者猶未甚核故予特標而出之俾後之言官制者有所攷焉

元玉石觀音像唱和詩碑 壽昌五年九月

右玉石觀音像詩碑首唱者崇祿大夫檢校太師行鴻臚卿英辨大師賜紫沙門智化和之者兵部尚書兼門下侍郎平章事鄭若愚左僕射兼中書侍郎平章事韓資讓兵部尚書興中尹趙庭睦諸行宮都部署尚書左僕射梁援特進禮部尚書叅知政事趙長敬觀書殿學士翰林學士行尚書禮部侍郎知制誥馬元俊中大夫昭文館直學士知御史中丞開國侯劉瓌度支使金紫崇祿大夫行尚書禮部郎史仲爕乾文閣待制史館修撰曲正夫朝請大夫守祕書監開國伯賜紫金魚袋王執中南面統行宮都部

署□□□尙書吏部員外郎于復先前樞密院吏房承旨
行殿中少監王仲華朝議大夫知制誥開國子孟初朝散
大夫司農少卿知大定少尹賜紫金魚袋張識司農少卿
知度支副使楊滌瑕守殿中少監知析津縣事李師範□
□□□□行御史中丞賜紫金魚袋李□□提點弘法守
將作監張□□內藏副都監朝散大夫尙書虞部郎中借
紫寇□曰殿中丞直史館張嶠左承制閤門祇候韓汝礪
崇祿大夫檢校司徒辨慧詮正大師賜紫沙門善　凡二
十二人書石并篆額者門人講華嚴經苾蒭性煦也立碑
年月則壽昌五年九月也遼史韓延徽傳貲讓壽隆初拜

中書侍郎平章事道宗紀壽隆三年四月南府宰相趙廷睦出知興中府事九月以梁援爲漢人行宮都部署碑載三人結銜皆與史合碑有平章事鄭若愚參知政事趙長敬而遼史無之惟本紀壽隆元年見參知政事趙孝嚴六年見宰相鄭顓官同姓同而名則互異不可解也碑後又有講經法姪性連資講僧性鑒二詩字體疏密與前不相應又侵末行題款字蓋立石以後補刊者

元 釋迦佛舍利鐵塔記 重熙十六年四月

右釋迦佛舍利塔記興中故城之址有浮圖三焉土人名其地曰三座塔其南塔之前嘗有掘土得地宮一崇八尺

廣六尺五寸入面相等周遭嵌碑文其一片云維大契丹國興中府重熙十五年丙戌歲十一月丁丑朔十六日壬辰起手鑄次年四月乙巳朔八日壬子午時葬釋迦佛舍利記凡五十字字大徑二寸餘末載辦塔主僧則覺花島海雲寺業律沙門志全也塔從于天慶二年以釋慧材所撰記攷之塔蓋十三簷藏釋迦佛舍利一千三百餘顆定光佛舍利六百餘顆此惟云釋迦文不備也遼自太宗建國號大遼以後聖宗統和元年復國號曰大契丹道宗咸雍二年復稱大遼遼史俱沒而不書國號之更易事莫大于是向不盡書其餘之闕漏可勝言哉讀此碑益慨然于

文獻之無徵也

元安德州㴱建靈巖寺碑

右安德州㴱建靈巖寺碑朝請大夫守殿中少監知安德州軍州事耶律劭撰文沙門恆劭正書碑陰記則恆劭撰文而劭篆書今在興中故城東南七十里柏山之顚字畫完好小篆尤工不減夢瑛党懷英也文云壽昌初元歲次乙亥按洪遵泉志有壽昌元寶錢引李季興東北諸蕃樞要云契丹主天祐年號壽昌又引北遼通書云天祚即位壽昌七年改爲乾統今遼史作壽隆不云壽昌或疑泉志之誤予見遼時石刻稱壽昌者多矣無有云壽隆者東都

事略文獻通考皆宋人之書也亦稱壽昌其以爲壽隆者遼史之誤也遼人謹于避諱光祿卿之改崇祿避太宗諱也改女眞爲女直避興宗諱也追稱重熙爲重和避天祚嫌名也凡石刻遇光字皆鈌畫或作光此碑亦然道宗者聖宗之孫而以壽隆紀元犯聖宗之諱此理之必無者矣

元 釋迦定光二佛的身舍利塔記 天慶二年

右釋迦定光二佛的身舍利塔記在重熙鐵塔記之旁天慶二年釋慧材撰文作駢體亦瑣瑣可誦敘重熙十五年鑄鐵塔事以重熙爲重和初疑其誤後讀老學庵筆記有云政和末議改元王黼擬用重和既下詔矣范致虛間白

上曰此契丹號也故未幾復改宣和然契丹年名實曰重熙後避天祚嫌名追謂重熙曰重和耳不必避可也乃知改熙爲和實以避諱之故碑文刻于當時果無誤也然此事遼史亦未及之世謂稗官小說無益于史豈其然哉

潛研堂金石文跋尾卷十八

錢大昕箸

金

元一

碑　應宜兒赤獵虎記　澤州長官段直墓碑　增修扁鵲廟記　平江府報恩萬歲賢首教寺碑　慶元路重建學記　平江路儒學祭器碑　居竹記　蕭山縣學重建大成殿記　重建至聖文宣王廟碑　義州重修大奉國寺碑　觀世音菩薩傳略　松江寶雲寺記　萬安寺茶膀　江東宣慰使珊竹公神道碑

金

貞都統經畧郎君行記　天會十二年仲冬月

右都統經畧郎君行記前爲女直字而後以漢字釋之文

稱皇弟都統經畧郎君而不署名金石家或以宗輔當之然宗輔乃太祖之子太宗之姪碑刻於太宗時不當稱皇弟也或以撻懶當之攷金史紀傳其時撻懶又不在陝西予謂此郎君蓋撒离喝也撒离喝本金之宗室又爲世祖養子則與太宗爲昆弟行宜有皇弟之稱李心傳建炎以來繫年要錄云紹興元年即金天會九年十月宗弼爲呉玠所敗自河東還燕山左副元帥宗維即粘罕也金史作宗翰畱宗弼在軍中更以副統撒离曷與喝同爲陝西經畧使此云都統經畧正與繫年錄合蓋由副統遷都統也繫年錄又云婁宿引兵來犯呉玠擊敗之撒离曷擢而泣金人因目爲啼哭郎

君是撒離喝本有郎君之稱矣金史本傳不載除都統經畧使殊爲闕漏當依繫年錄及石刻補之撒離喝今譯改爲薩里干云

貞 靈峯院千佛洞碑 皇統三年七月

右靈峯院千佛洞碑洞在八溝北三百八十里其山曰遼盡入山十里許有洞土人名爲大礦子洞高丈有二尺廣丈有八尺中刻如來像旁侍阿難迦葉二尊者循洞入少折而西路漸窄高廣不盈丈又折而東亦如之洞內兩旁石厓俱鑿成佛像碑立於洞門外其文云遼乾統三年西山院天台法師鑿山穿石前以成殿後以環洞名曰靈峯

院後遭兵火寺如懸磬皇統辛酉歲僧惠學等請中京資聖院遵悅嗣興之遠近居民各發一念願心匠成千佛石像蓋石像遼天台法師所開洞中千佛則金皇統中僧遵悅成之也遼金以中京爲都會其俗又好佞佛故石像在在有之此碑長興縣鄉貢進士杜彦臣所作文云兹縣之東南有山曰遮蓋知其地於金時屬長興也元中統二年省長興入大定縣

元沂州普照寺碑皇統四年十月

右沂州普照寺碑文云子城之西南有臺巋然出城隅臺之西復有廢池耆舊相傳臺曰曬書池曰澤筆其地蓋晉

右將軍王羲之逸少故宅予攷東觀餘論稱逸少以晉穆帝升平五年卒而昔人又稱右軍三十三書蘭亭序右軍年五十有九以永和九年年三十三推之當卒于孝武太元四年二說不同按晉書謝安傳嘗與王羲之登城悠然遐想有高世之志羲之謂曰夏禹勤王手足胼胝文王旰食日不暇給今四郊多壘宜思自效而虛談廢務浮文妨要恐非當今所宜安之得政在寗康太元之際則太元初逸少尚存以爲卒于升平五年者誤矣永嘉之亂瑯邪陷于劉石其時逸少尚未生也安得有故宅在瑯邪且有澤筆之池乎碑文集柳誠懸書騷騷欲亂眞與懷仁聖教序

可謂異曲同工檀字右旁缺筆避金熙宗御諱也

【貞】宜州廳峪道院復建藏經千人邑碑 皇統八年七月

右宜州廳峪道院復建藏經千人邑碑宜州即今錦州府之義州也金史地理志義州崇義軍遼宜州天德三年改州名碑立於皇統八年皇統在天德之前故尚沿遼舊名也道院久廢唯石佛大小數軀尚存其地名臺頭溝在三座塔東北百九十里蓋昔爲義州西境今改屬直隸承德府之朝陽縣也碑云廳峪者耶律詳穩之墳所詳穩遼之官稱不著其名今其墳亦莫知所在矣

【利】廣福院尚書禮部牒 大定七年八月

右廣福院尚書禮部牒其略云澤州陽城縣海會院僧宗暉狀告晉城縣周村社次西有舊下院佛堂一所自來別無名額已納錢壹百貫乞立廣福院勘會是實奉敕可特賜廣福院准敕故牒大定三年十一月初六日月日之下有令史主事二人押牒後列銜五行曰奉議大夫行太常博士權員外郎劉曰中散大夫行員外郎李曰宣威將軍郎中耶律曰侍郎曰中奉大夫禮部尚書兼翰林學士承旨知制誥修國史王其署押者惟員外郎劉一人攷其時任尚書者彰德王競無競郎中以下名字不可攷矣侍郎不書姓者闕員也凡寺院賜額宋初由中書門下給牒元

豐改官制以後由尚書省給牒皆宰執親押字金則僅委之禮部而尚書侍郎並不書押惟郎官一人押行而已但宋時寺院皆由守臣陳請方得賜額金則納錢百貫便可得之蓋朝廷視之益輕而禮數亦替矣

貞臨潼縣九陽鐘銘 大定二十一年四月

右臨潼縣九陽鐘銘縣令柴震所作淺陋無足觀周遭刻官吏及助緣人姓名殆徧其最貴者曰宣差朝散大夫尚書戶部郎中規措銅冶鑄錢所張曰宣差中大夫尚書吏部員外郎規措銅冶鑄錢所麻曰龍虎衛上將軍陝西路統軍使兼京兆尹本路兵馬都總管夾谷清臣曰陝西路

統軍都監曰定遠大將軍同知府尹兵馬都總管李□曰昭毅大將軍府少尹兵馬副都總管段成功曰昭毅大將軍統軍判官耶律一里哥其餘不能悉數矣攷金史食貨志大定十二年正月以銅少命尚書省遣使諸路規措銅貨能指坑冶得實者賞十八年代州立監鑄錢命震武軍節度使李天吉知保德軍事高季孫往監之而所鑄斑駁黑澁不可用詔削天吉季孫官落職更命工部郎中張大節吏部員外郎麻珪監鑄卽此鍾所列張麻二人也史稱大節工部郎中此刻云吏部者蓋由工部轉吏部耳

元 博州廟學記 大定二十二年

右博州廟學記東昌人謂之三絕碑三絕者王去非文王庭筠書党懷英篆額也三人金史俱有傳庭筠之父遵古時爲博州倅以興學自任庭筠此書結束殊有力眞可與米顚蕪湖縣學記抗衡而去非作記時年巳八十有一耄而能文亦可稱也遵古字元仲好學守道當時稱遼東夫子官至翰林直學士而庭筠傳中祇一見其名未免失之略矣

元碑陰記 大定二十一年六月

右廟學碑陰記遵古撰亦庭筠書而筆勢尤縱逸以古文篆題其額者遵古之門人李穀亦不減党承旨筆法也記

末自題熊岳王遵古熊岳縣屬東京路之蓋州故有遼東夫子之稱金史庭筠傳以爲河東人誤中州集庭筠熊岳人

利 蓮峯眞逸二絶句 大定戊申正月

右蓮峯眞逸與慶池李氏園二絶句喬君名扆字君章洪洞人元裕之中州集稱其詩樂府俱有名然所録詩止一篇又不著其歷官本末據此刻知喬君官至大理丞正隆之亂丞蒲邑保全一城可補中州集之闕矣喬德容嘗爲京兆戸曹中州集亦未載戊申蓋大定紀元之二十八年上沐猶言上澣也申天祿時爲長安令

貞 馬丹陽滿庭芳及歸山操 大定戊申孟冬

右馬丹陽滿庭芳詞及歸山操詞前題唐括夫人索滿庭芳下云鈺稽首上葢丹陽自書以遺靈源者歸山操則已長春所書公主得其本亦以寄靈源兩篇各爲一碑皆有東平吳似之跋年月結銜相同後題皇女宿國公主昭勇大將軍尚衣局使兼近侍局使上輕車都尉彭城郡開國伯食邑七百戶駙馬都尉唐括元義立石亦兩碑相同前跋云靈源姑唐括氏中國太夫人之女大丞相文正公之妹後跋云駙馬唐括昭勇相國文正公之的嗣靈源姑之兄子按金史唐括安禮傳本名斡魯古大定初遷益都尹二十一年拜右丞相進封中國公是歲薨碑所謂大丞相

者蓋卽安禮而傳不云諡文正又不載其子尚公主則史之漏也輟耕錄丘處機号長春子登州棲霞縣濱都里人金皇統戊辰正月十九日生大定丙戌年十九辭親居昆崙山依道者修眞丁亥謁重陽王眞君于寧海請爲弟子戊申召見闕下隨還終南山碑立于大定戊申時長春年四十一正當召見闕下之時故公主亦重其書耳碑在濰縣玉淸宮錢塘朱朗齋摹其文寄示因爲攷正如右

威顯廟祈雨感應記　明昌三年二月

右威顯廟祈雨感應記廟在河南之新安縣祀隋涼州總管韓擒虎擒虎蓋其縣人也隋書北史本傳俱未載其諡

此記稱韓莊公不知何據

党懷英四絶句 明昌六年四月

右党懷英書王荆公四絶句今在濟寧州儒學嵌大成門東西壁間懷英以篆隸擅名一代此詩用古文篆尤精妙可愛其云黃菊分香骫路塵蓋借骫爲委字漢書淮南王傳皇帝骫天下正法揚雄長楊賦骫屬而還師古曰骫古委字張表碑旌命骫任亦以骫爲委也云卧看蜘蛛紒綱綵借紒爲結儀禮士冠禮將冠者采衣紒注紒結髮古文紒爲結詩毛氏傳彖弭所以解紒疏云紒與結義同碑後題濟州普照禪寺住持傳法嗣祖沙門智照立石照卒於

明昌六年八月其塔銘亦懷英八分書

元 重修至聖文宣王廟碑　明昌六年

右重修至聖文宣王廟碑金史章宗紀明昌元年三月辛巳詔修曲阜孔子廟學三年十月壬子有司奏增修曲阜宣聖廟碑勑党懷英撰碑文卽此碑也文云經始于明昌二年之春踰年而土木基構成越明年而髹漆采繢成先是羣弟子及先儒像畫于兩廡旣又以揑素易之又明年而衆工皆畢葢其成之難如此又云方役之興也有芝生于林域及尼山廟與孔氏家園凡九本典役者采圖以聞夫芝之生也以不恆見爲瑞明昌之際勑尙書省獻靈芝

嘉禾者有賞此芝之與嘉禾之所以日多歟孔林之芝不載于五行志蓋當時獻芝者多不能悉書也史稱承安二年正月特命襲封衍聖公孔元措世襲兼曲阜令碑載于明昌六年賜祭服祭器之前當是明昌五年事此可以證史之誤

貞完顏𠷈孔廟祭文 承安四年三月

右完顏𠷈孔廟祭文孔元措跋云相國完顏公自尚書右丞出鎮沈郡攷金史宣宗紀承安二年八月丙戌左宣徽使𠷈爲尚書右丞三年十二月丙戌尚書右丞𠷈罷凡史不書姓者皆完顏氏則𠷈與𠷈卽一人矣金史始祖以下

諸子傳⿱亯日本名阿里剌以皇家近親收充東宮護衞承安二年拜尚書右丞出爲泰定軍節度使𩫖與⿱亯日字形相似傳稱皇家近親其世系則不可攷矣⿱亯日𩫖皆不見於字書蓋轉寫之譌當從石刻爲正說文𩫖用也从亯从自讀若庸此作𩫖者隸體小變耳唐末兖州節度賜号泰寧軍五代宋皆因之此云泰定者大定十九年改名也史家紀日之例自一日二日以至十日未有加初字者此文云三月癸巳朔初二日甲午蓋流俗之稱然顧寧人記泰山白龍池宋人題名有元祐丁卯孟春初四日奉符令林會題崇寧壬午孟春初七日奉符令李珪題又在此刻之前矣宇

文懋昭大金國志其紀日自初二以至初十皆有初字可證金源史家相沿皆如此也

【蜀】重修蜀先主廟碑 承安四年四月

右涿州重修蜀先主廟碑王庭筠撰字體遒勁郝陵川所云書法二王作眞行得意頗勝如時花者也朱錫鬯曰下舊聞載此碑全文但改題中蜀先主爲漢昭烈帝又脫落三十餘字舛誤者亦數字皆當據石本正之張桓侯字益德見於蜀志本傳惟世俗所傳三國演義譌益爲翼錢遵王謂內府板演義猶未譌此碑本作益德而日下舊聞亦譌爲翼蓋錫鬯得之傳抄未嘗親至碑所也

利許古題名　承安五年閏月

右許古題名四行行書文云承安五年閏月廿五日同張君玉吳壽夫來游遂與寂公無二登鳳皇山周覽青蓮之勝鈞幕河間許古道眞題在澤州青蓮寺石柱之側青蓮寺額石古刹石柱周遭宋金人題刻殆徧予惟得其一爾鈞幕者鈞州幕職古登第後嘗爲之而金史本傳失書姚半塘云古父安仁於明昌中嘗守澤州張君玉吳壽夫疑即進士張天祐吳芝之字皆其父所與遊者寂公謂僧寶寂也

貞利州精嚴寺蓋公和尚行狀銘　承安五年

右利州精嚴寺蓋公和尚行狀銘今在直隸塔子溝通判治東北七十里俗名大城子即遼金元之利州也興中故城土人稱爲三座塔此城外亦有石塔大小三所因名小三座塔而利州之名遂隱予以此碑及至元廿四年長壽山玉京觀碑證之知爲利州故城蓋金石文字往往有功於地理而塞外荒僻文獻无徵可與言者唯石丈人恨土人不知珍惜耳碑爲北京路轉運支度判官趙秉文撰并書閑閑詞翰金源人最所推重而埋没于風沙瓦礫之場尤可歎也蓋公本名圓蓋利州阜俗人從北京微公付法大定六年開堂于精嚴寺繼主松林靈感時人稱爲蓋堂

頭

[illegible]遊百家巖詩 泰和四年三月

右遊百家巖詩題凡六曰嵇康淬劍池曰劉伶醒酒臺曰孫登長嘯臺曰稠禪師庵曰王烈泉曰明月池各賦一絕句泰和甲子三月二十有八日承德郎沁南軍節度副使王宏巨卿題修武校尉守縣令王師韓立石此全金詩所未收也

利 硤石山福巖禪院記 泰和六年正月

右硤石山福巖禪院記奉政大夫中都西京等路按察副使郭俁篆額奉政大夫澤州刺史兼軍州事楊庭秀撰併

書凡碑刻篆額人例在撰書者之次僕官階與庭秀相埒且係部民乃列於庭秀前者記爲庭秀自書謙不欲先人也記云近年澤守許安仁子靜李仲略簡之皆一時文士許李二人金史皆有傳而庭秀亦有詩名書法方整規橅顏魯公足徵金時澤守之得人也記又云承光二年周武帝集沙門於殿庭宣廢佛教按承光齊幼主年號紀元甫一年而爲周所滅承光無二年也齊滅而地入於周當以周建德紀年不當更稱承光矣史載周武帝建德三年初斷佛道二教沙門道士並令還俗其時寺在齊境無由禁斷及滅齊之後甫踰年而武帝即世此禁遂弛故僧寺佛

像之在齊境者皆得不毀而緇流好事者以爲遠公之力殊未足信

貞 貞祐寶券文

右貞祐寶券文四周有闌上横書貞祐寶券四字下一格直書五貫八十足陌六字左旁文云字号右旁文云字料次下一格直書凡九行首列省准印造諸路通行寶券云云次書僞造者斬賞寶券三百貫仍給犯人家產次列貞祐年月日次列尙書戸部勾當官印造庫使副判官寶券庫使副判官等押闌外上方又横書五貫二字左闌外又有兩合同記斜出其右角侵入闌界文頗曼患予壻瞿生

中溶辨其文一云平涼府合同一云京兆府合同按金史食貨志金海陵遷都置交鈔與錢並用宣宗貞祐二年五月權西安軍節度使烏林達與言關陝軍多供億不足所仰交鈔則取於京師徒成煩費乞降板就造便七月改交鈔名曰貞祐寶券又百官志貞祐二年設交鈔庫於上京西京北京東平大名益都咸平眞定河間平陽太原京兆平涼廣寧等府瑞蔚平清通順薊等州三年罷之此券有不限年月許於京兆平涼府庫倒換語知爲京兆平涼所刻板也

刋重修府學教養碑　正大二年十二月

右豆修府學教養碑在西安府學其云行省參政金源完顏郡公者完顏合達也金史哀宗紀正大元年三月以延安帥臣完顏合達戰禦有功授金虎符權參知政事行尚書省事於京兆合達傳則云元光元年正月遷元帥左監軍權參知政事行省事於京兆未幾眞拜年月互異要當以本紀爲正傳不云封金源郡公蓋史文之漏也書石者爲奉天楊煥即元史之楊奐說文無煥字徐氏新附有之煥乃奐之俗體非異文

元濟瀆靈應記 正大五年二月

右濟瀆靈應記文云歲在戊子天子以去冬不雨宵旰憂

民粤春王正月遣資政大夫中常侍兼上林署提點宫籍監使內侍局令尙藥局直長高佑銜命降香于濟瀆顯祐清源王天語一發不浹辰而雨者三使車在路雪復盈尺二月抵祠下謹默致聖意及所賜香酒拜祝于淵德殿尋奠紙于海紙直下如掣俄頃風行波動勢復洶湧有神物出其間狀大數圍俗所謂二將軍者延頸被紙顒首東南且進且退如舞如蹈凡數四有望闕謝聖恩意中使高佑敬懼灑酒神廼前飮及數巵悠然而去觀者如堵以爲聖主之德至誠感神也按金史禮志明昌間封濟爲清源王此稱顯祐清源王或史有脫文或初封號止二字而後又

加二字俱不可知矣哀宗紀正大五年二月乙巳朔大寒雷雨雪木之華者盡死卽此記所云使車在路雪復盈尺也當是時金之國事日棘久旱之後繼以祈寒雨雪民其不堪命矣而中官奉使者且夸以爲至誠所感帝又有賜銀修廟之役豈非上下相蒙國將亾聽于神之驗乎末題宣差從宜經略使奉國上將軍知孟州防禦使護軍金源郡開國侯食邑一千戸食寔封一伯戸僕散植端建孟州金時置防禦宣宗時又置經略司故守臣帶從宜經略使入銜也

元 重修濟瀆廟記 正大五年六月

右重修濟瀆廟記中使高祐祀瀆還奏上靈異特賜銀二萬五千重修祠廟令孟州防禦使僕散桓端同知納蘭和尙司其事廟成爲文記之者種竹老人也

元

亨湛然居士功德疏　太宗辛卯年九月

右湛然居士功德疏其文云湛然爲萬卦山天寧萬壽禪寺命僕爲功德主者惟萬卦之古刹實萬松之舊遊有虛己飛書請湛然作主勉爲提領良慰殷勤山色水聲永作道人活計漁歌樵唱偷傳衲子家風謹疏辛卯年九月二十九日中書省都功德主湛然居士凡八行年月間鈐中

書省印湛然居士下有押湛然居士者中書令耶律楚材也金元之間有僧行秀者號萬松野老楚材從受記莂法名從源號湛然居士自稱萬松嗣法弟子辛卯蓋元太宗之三年是時蒙古未有年號也篆額朝省功德疏五字謬妄已甚而守道一人書頗似黄山谷

亨 中書省公據 辛卯年十月

右中書省公據付交城縣萬卦山天寧禪寺准此年月間亦鈐省印後列朝省使省都事書記諸人及太原府西三縣宣差都總管謝末歡交城縣長官覃資榮名覃資榮元史有傳資榮子澄又見良吏傳皆書作譚此碑乃作覃子

又得濟源縣濟瀆廟中統元年五年兩石刻並列總管覃澄名又王惲中堂事紀載懷孟總管覃澄元史世祖紀至元十一年副元帥覃澄亦皆作覃因據以正史文之誤

貞令旨重修艸堂寺碑　丁未年十月

右令旨重修艸堂寺碑碑分四段上兩段稱闊端太子令旨一題癸卯年五月一題乙未年十一月下一段稱皇太子令旨題丁未年四月最下一段稱鐵哥火魯赤都元帥鈞旨題丁未年十月令在鄠縣艸堂寺乙未者元太宗之七年癸卯者太宗之十五年此碑癸卯令旨轉刻於乙未令旨之上蓋摹勒上石時失其次耳丁未者定宗之二年

碑云谷與皇帝史稱定宗名貴由與谷與聲相近太宗紀以中原諸州民戶分賜諸王其云古與者亦謂定宗谷古聲亦相近也元史耶律禿花傳拜太傅總領也可那延統萬戶札剌兒劉黑馬史天澤伐金卒於西河州子朱哥嗣仍統劉黑馬等七萬戶碑兩稱猪哥胡秀才一稱朱哥那衍一稱也可那衍皆謂耶律朱哥也朱哥既襲父職故亦有也可那衍之稱胡秀才當是朱哥賜号非別有一人也劉黑馬傳太宗始立三萬戶以黑馬爲首辛丑改授都總管萬戶統西京河東陝西諸軍萬戶夾谷忙古歹田雄等並聽節制碑或稱劉黑馬或稱劉萬戶實一人也田雄傳

癸巳授鎮撫陝西總管京兆等路事碑或稱田拔覩兒或稱田八都魯皆謂田雄也史不云賜名八都魯此可以補史之闕碑有鐵哥丞相又有怗哥都元帥兩人同時同名然皆非元史列傳之鐵哥元人同名者甚多當依年代斷之不可牽混爲一也上二道鈐以東宫皇太子寶最下一道鈐副元帥印鐵哥署銜都元帥而印文稱副元帥葢由副元帥進擢尚未换印耳第一第四段印文旁有畏吾字似是批押之類碑云窩魯朶郎幹耳朶荅剌花赤郎達魯花赤以至猪哥之郎朱哥鐵哥之郎怗哥拔覩兒之郎八都魯郎一碑中亦前後互異葢譯音初無定字當時文移

往復亦不能盡一也鐵哥丞相不見於史且在闊端太子位下則是遥授非眞相矣

【貞】雲峯眞人康泰眞碑 丙辰年

右雲峯眞人康泰眞碑在塔子溝東北六十里長壽山泰眞利州花務村人元初特賜含眞體道至德眞人自号雲峯子瘞此山中撰碑者白霅進士李姓其名不可辨碑末題丙辰年癸巳月丁酉日建蓋元憲宗之六年也碑末有宣差利州達魯花赤□正允名大盌本奚王地奚霅同族故郡人多稱白霅

【亭】祭濟瀆記 中統元年八月

右祭濟瀆記文云皇帝嗣登大寶建元之初特遣提點太醫院事許國楨馳驛徧告后土嶽瀆降香崇祀元史世祖紀及國楨傳俱失載此事楨字史从示碑从木當以碑爲正碑爲權懷孟州教授李忠國撰而後列從行降香官有宣授懷孟州達魯花赤蜜里及宣授懷孟州總管覃澄提領懷孟州課稅所官石伯濟蓋其時雖立總管猶未稱路元史地理志懷慶路唐懷州金改南懷州元初復爲懷州太宗四年行懷孟州事憲宗六年世祖在潛邸以懷孟二州爲湯沐邑七年改懷孟路總管府攷元太宗時立十路課稅使世祖中統元年立十路宣撫司每路所轄郡縣甚

廣向沿宋金之舊志以爲憲宗時改懷孟路者誤矣王惲中堂事紀載中統二年奉聖旨道與眞定路宣撫司據懷孟達魯花赤蜜里吉總管覃澄奏告管下地分多有屯住蒙古頭目遇有關涉詞訟公事不肯前來對證往往不服勾追以致遲滯公事准奏仰徧諭諸路宣撫司今後各州城管民官遇有關涉蒙古軍人公事理問時分管軍官一員一同聽斷施行無得偏向准此是懷孟隸眞定路宣撫司不得自稱路也蜜里及者曷思麥里之次子元史作密里吉中堂事紀作蜜里吉此作賓里及蓋譯音之轉

重立孟州三城記 中統五年八月

右重立孟州三城記元史曷思麥里傳壬辰授懷孟州達魯花赤癸巳遣蒲察寒奴乞失烈札魯招諭金總帥范眞率其麾下軍民萬餘人來降碑稱壬辰天兵南渡有京西總帥范公率諸部衆齎所帶虎符并次下金銀牌印歸附大朝更賜金符治所屬之民兼領於孟即其事也碑又稱河南甫定孟猶邊鄙版籍仍希爲懷所併攷元史地理志懷州太宗四年行懷孟州事而曷思麥里父子三人世襲懷孟州達魯花赤此元初併孟於懷之證蓋中統紀元以前孟未嘗自爲州也碑又稱中統二年欽奉聖旨宣授孟州長官并降到立城民戸至中統四年二月宣差孟州達

魯花赤阿里理任新附之民而併治之是孟州之設在中統間而地理志於懷慶路下云世祖在潛邸以懷孟二州爲湯沐邑於孟州下云故城謂之下孟州新城謂之上孟州元初治下孟州憲宗八年復立上孟州路不及併省孟州事可謂疎而舛矣然史稱憲宗八年復立上孟州者其誤亦有因據是碑稱丁巳年欽奉恩命復立新孟丁巳卽是憲宗七年與志復立上孟州之文頗合而其下文有荒殘廢邑復見儀刑云云又有儻一旦功成改除他邑云云曰邑不曰郡則縣而非州也其所謂復立者移縣治於新孟州城非卽立爲州也而史遂以爲州所治不亦謬乎中

統五年即至元之元年以八月改元建碑之時改元之詔猶未下也

濟南孟公神道碑 至元二年三月

右濟南孟公神道碑在齊東縣東南二十里碑首題宣授濟南路行軍萬戶孟公而篆額但云濟南孟公緐簡不同唐人石刻多如此孟德元史有傳而不書其卒之年碑云以中統四年三月二十八日薨于軍春秋六十八可補史家之闕傳載丁巳從伯顏攻襄樊丁巳者憲宗七年也其時伯顏尚未仕于朝攻襄樊乃世祖至元間事大將爲阿术非伯顏予於攷異深斥其誤今據此碑則攻襄樊之時

德死已久矣傳載宋安撫呂文德以兵擾邊德敗之俘其太尉劉海碑云公至海州城堞未完賊軍大至公于城中募得勇敢必死之士申以再三號令之嚴一鼓而進大潰斬彼渠魁之首懸諸壘栅之間似與傳相應宋史無文德傳其事無可攷矣碑立于至元二年姑洗月譔文者前進士長白張翔男元方書丹并篆額者長白逸人孫瑜元方未有名位而系其父名它碑所罕見也傳云甲辰定宗母六皇后稱制大王按只台以德爲萬戶攻濠蘄黃等州積有戰功憲宗即位之三年命德守睢州五年移守海州據碑則守睢州在前宣授萬戶在後又海州立功之後嘗移

鎮邳州而傳失書皆當以碑爲正元史列傳多差謬安得徧求石刻而攷正之

貞 御香投龍簡感應碑 至元七年三月

右御香投龍簡感應碑在濟源縣濟瀆廟碑稱宣授統轄諸路眞大道教大宗師通元眞人孫又稱孫通元而不書其名以元史釋老傳證之蓋酈希誠之徒孫德福也碑末列名有云懷孟路同知總管府事中都雙樓子大哥阿合馬者此別是一人非姦臣傳之阿合馬而所謂雙樓子大哥竟不知何語

利 何瑋祭張飛卿文 至元十四年三月

右何瑋祭張飛卿文其序云至元甲戌歲王師濟江由金陵趨餘杭千戶計議中書省事秦中張公羽字飛卿者志士也憐無辜之人困於鋒鏑將先見其國君爲陳禍福慨肰請行道經平江遇害丁丑三月與西京李才卿南宮張孝先來登蛾眉亭撫江山之絶景懷張公之高節乃刲羊釀酒相與招魂而祭之碑末題昭勇大將軍戶部尚書行淮東淮西都轉運使司事何而不名予攷元史何瑋傳至元十一年伯顏受命伐宋辟瑋爲帳前都鎮撫授武德將軍管軍總管宋既平進懷遠大將軍太平路軍民達魯花赤俄陞昭勇大將軍行戶部尚書兩淮都轉運使與此碑

結銜正合則祭文爲瑋所撰無疑碑立於采石之蛾眉亭其時已遷轉運尚在太平也張耒先者當塗縣尹碑亦不書其名李才卿則未知其任何職耳飛卿使宋遇害史不爲立傳僅於世祖紀伯顔傳兩見其名讀此碑乃知爲秦中人又知其字石刻之有益於史學如此

寶積寺鐘銘 戊寅五月

右寶積寺鐘銘首云彛山寶積移忠資福禪寺以戊寅夏五朔旦修治洪鐘菩薩戒弟子曹説爲之銘其後列名者有沿海制置司兼知慶元府趙孟傳朝散大夫張倬恭人史氏百九八娘將仕郎張初倩安人鄭氏再三十娘安人

張氏重十一娘安人周氏淨堅及耆舊頭首知事住持僧各若干人戊寅者至元十五年宋已亾矣而孟傳猶書故官蓋其時浙東初入版圖仍以元官授之至洪模王剛中莅任乃有總管之稱也翠山寺在鄞縣東七十里初名寶積禪院宋嘉泰四年張參政孝伯請爲功德寺乃賜移忠資福寺額此鐘本翠山物不知何時移於延慶寺明季延慶僧傳燈修寺志亦不載予在四明游斯寺見其形製有異募工搨而藏之

亨 王惲漢柏詩 至元二十一年五月

右王惲漢柏詩在泰安府嶽廟碑後題銜兩行云至元二

十一年五月己酉朔中議大夫山東東西道提刑按察副大使汲郡王惲題按惲所歷官詳見其子公孺所撰神道碑其轉中議大夫則碑亦未之載也次行之下又有數字云還一作潛字秀一作照字此後人據秋澗大全集本校其同異而附注之者

亨樓觀宗聖宮說經臺記　至元二十一年陽復日

右樓觀大宗聖宮重修說經臺記宣授陝西五路西蜀四川道教提點古汲李道謙撰文案王秋澗集有贈道者李雲叟詩序云道人諱道謙出東齊世家年十六棄家入道禮丹陽馬公高弟劉爲師既冠遊諸方洞天參求元契又

嘗圜居於陝多積靜功今主東雍之神霄宮曰雲叟者蓋其別號云此碑自署夷山天樂道人又題古汴（汳即汴字）蓋先世自齊而徙於汴者歟文稱掌教清河大宗師者長春眞人之弟子尹志平也論語竊比於我老彭包咸以老彭爲殷賢大夫鄭康成王輔嗣則以老爲老聃彭爲彭祖陸德明莊子音義又引一說謂彭祖即老子碑引孔子竊比老彭及猶龍之語是亦以老爲老聃矣

元 嶽陽重修朝元觀記　至元二十二年三月

右嶽陽重修朝元觀記翰林集賢學士知制誥同修國史徐世隆撰記後綴以七言律詩一篇劉惟一書名不甚著

而小篆殊有法度元刻之佳者也文稱東平嚴公者嚴實之子忠濟也南征凱旋謂己未歲出師鄂漢也史稱忠濟以至元三十年卒碑立于至元二十二年稱公薨逝嗣相踵行其事則忠濟已先卒矣碑末題魯國武惠公嗣孫沂州知州兼諸軍奧魯嚴度立石度蓋忠範之子仕至甘肅等處行中書省左丞謚貞憲

元 焚毀諸路僞道藏經碑 至元二十二年五月

右聖旨焚毀諸路僞道藏經之碑翰林院臣唐方楊文郁王構趙與票李謙閻復李濤李槃王磐等奉勑撰武德將軍泰安州知州兼諸軍奧魯粘合瑋書丹元史世祖紀至

元十八年十月己酉張易等言參校道經惟道德經係老子親著餘皆後人僞撰宜悉焚毁從之仍詔諭天下即其事也佛老之行于中國久矣道經固多僞托佛書亦華人所譯往往竊取老莊之旨而其徒常互相訾謷人主又因一時之好尚而左右焉魏太武信寇謙之而焚佛經元世祖崇帝師而焚道藏皆非卓然不惑于異端者也釋祥邁撰至元辨僞録侈陳其事意在排擯全眞適足供士君子之嗢噱爾詞臣奉勑撰文一篇祇一人任之此碑列名者九人它碑未有其比云揔制院使兼領都功德使司事相哥者即桑哥也

亨孟州學記　至元二十三年十月

右孟州學記應奉翰林文字傳夢弼撰述達魯花赤抄海知州郝采鱗同知弋惟敬興建學校之事云同簽樞密院事趙公願以勅賜温縣駝塢村地千二百畝贍學案元史趙良弼傳至元十九年得告居懷孟良弼別業在温縣故有地三千畝乃析爲二六與懷四與孟州皆永隸廟學以贍生徒與碑所書合三千之千二百正所謂十分之四也郝采鱗史附見其父經傳不云爲孟州知州略之也楷法似蔡忠惠惜不題書者姓名

貞大輪禪師碑　至元二十四年九月

右大輪禪師碑在承德府東南四十里其額云興州宜興縣五指山大靈峯禪師大輪禪師碑銘大都大奉福禪寺傳法住持嗣祖沙門居實撰文稱大輪爲鳩巢法師弟子至元七年以中書右丞相疏請住持大靈峯寺開堂于都之永泰十二年示疾而化收舍利本山祖塋塔葬之此碑予分修熱河志時所得書法不甚工然因是知古北口外地於金元屬宜興縣紀方輿者得之如獲指南鍼矣

亨 應宜兒赤獵虎記 至元二十六年九月

右應宜兒赤獵虎記文與書法俱劣至元二十六年鍾離定遠二縣民所立以潁淮東淮西鷹房屯田打捕總管府

達魯花赤應宜兒赤爲民除害之功後題江淮等處行尚書省劄付鍾離縣遺碑市巡檢王侃郭直立石濠州時稱臨濠府屬江淮行省至元二十八年改江淮行省爲江浙行省別立河南江北行省畫江爲界凡江北州縣皆改屬焉而臨濠亦降爲濠州矣碑今在鳳陽縣西南劉府集東嶽廟知縣宛平孫君維龍以予嗜石刻乃募工搨一本見寄予攷王象之輿地碑目唐杜亭碑在鍾離縣西七十里遺碑拭元和中太常寺協律郎杜牧作象之宋南渡時人稱此碑尚存市名遺碑蓋以此今小杜碑久亡明初勳臣東勝伯劉謙居此土人因呼劉府集而遺碑之名縣人無

知其故者孫君方撰鳳陽新志因書所聞以遺之

刑 澤州長官段直墓碑 至元廿七年二月

右澤州長官段直墓碑元史良吏有段直傳所書事蹟與碑畧同靜修一代名儒其文非苟作故史臣采入正史乃本傳所敘年代與碑大相剌謬碑云甲戌之秋南北分裂河北河東山東郡縣盡廢甲戌者元太祖之九年金貞祐二年也是歲元兵圍中都宣宗遷汴故有南北分裂之語而史改云至元十一年河北河東山東盜賊充斥以其歲亦甲戌故也不思至元之初境內寧謐河北諸路安有盜賊充斥乎碑又云天子命太師以王爵領諸將來

畧地公遂以衆歸之謂太師國王木華黎承制時也而史乃云世祖命大將畧地晉城曾不思世祖時晉城久入版圖又安有命將畧地之事乎碑作于世祖朝其文云今上在潛邸命提舉本州學校未拜而卒然則段長官蓋卒於憲宗朝未嘗事世祖矣蓋由史臣不學誤仍甲戌爲至元之甲戌相差一甲子而不悟也直年六十有五子紹隆嗣官至臺州知州皆本傳所失書碑云國初凡守親王分地者一子當備宿衞此亦元之典故而史畧不及之

增修扁鵲廟記 至元二十八年四月

右增修扁鵲廟記今在彰德府湯陰縣其云皇太孫梁王

者晉王甘麻剌世祖之孫裕宗之長子時以梁王出鎮雲南故云開府西南海夷也元初諸王之子通稱太子然不得稱皇太子以示別也甘麻剌以嫡長孫稱皇太孫是當時固有儲貳之望其後讓國成宗退守藩服有吳泰伯風故至治之末中外推戴晉王之子無異言及天曆干位乃昌言晉邸不宜立誣罔之詞難以取信於天下後世矣

貞 平江府報恩萬歲賢首教寺碑 至元二十九年八月

右平江府報恩萬歲賢首教寺碑今在蘇州本寺土人稱北寺者是也碑爲高唐閻子靜撰書東平徐子方篆額二公皆嘗廉訪浙西各負重名此刻亦完好無恙而府志畧

不及之何歟

利慶元路重建學記 至元二十九年十月

右慶元路重建學記王伯厚撰自署前進士而不書官距德祐丙子宋亡已十有七年矣碑尚在寧波府學浙東宣慰副使李思衍書遒美似徐季海鄞縣學亦有厚齋碑其文見於延祐四明志而石刻久不存

貞平江路儒學祭器碑 元貞元年十月

右平江路儒學祭器碑在蘇州府學儀門壁間盱江李淦撰嚴陵方文豹書兩人皆儒學教授李以至元廿九年十二月到任明年以祭器非度攷朱文公釋奠釋菜禮文剏

爲之其年十一月方亦到同任斯事元貞元年十月始成首尾凡三年今文廟庫所存至元癸巳象尊及銅豆俱刻李姓名元貞元年銅爵銅簠銅豆俱刻兩人姓名與碑合淦以揚州路學正上書請斬葉李驛召詣京師授江陰路教授以旌直言見元史葉李傳當在至元廿九年據此碑淦爲平江路教授非江陰也淦字性學

亭居竹記 大德二年二月

右居竹記華亭縣修竹鄉曹氏武惠王之後自汴南徙所居據九峯三泖之勝元初有名和甫字仲達者扁其書室曰居竹前建德路總管方回爲文以記而太原路汾州知

州趙孟頫書之今在華亭縣學後題雲間繆奎同男文正摹刻

亨蕭山縣學重建大成殿記 大德三年十月

右蕭山縣學重建大成殿記碑所載至元壬辰廉訪副使王俁大德戊戌副使拜降僉事王煥皆浙東廉訪司也浙江通志失載俁煥二人名俁官終大名路總管謚憲肅拜降北庭人仕至資國院使贈江浙行中書省右丞謚貞惠

元重建至聖文宣王廟碑 大德五年

右重建至聖文宣王廟碑大德五年濟寧路總管按檀不華修先聖廟既成衍聖公孔治遣其子思誠奉表以聞勑

中書賜田五千畝供祭祀復戶二千八供灑掃之役而翰林學士承旨閻復承命爲文記之有云元貞改元先聖五十三代孫密州尹治入朝璽書錫命中議大夫襲封衍聖公月俸百千秩視四品孔氏世爵弗傳者久至是乃復按元史世祖至元十三年六月以孔子五十三世孫曲阜縣尹孔治兼權主祀事而元貞初襲封衍聖公史獨遺之何也史又載至元四年勑修曲阜宣聖廟以碑攷之至元丁卯所修僅奎文閣杏壇齋廳學舍而禮殿未及焉至是前殿後寢規制始備且有賜祭田復灑掃戶之勑豐碑大書迄今無恙視丁卯之役大小攸別矣乃作史者載彼而遺

此則又何也

元 義州重修大奉國寺碑 大德七年九月

右大寧路義州重修大奉國寺碑盧楙撰王遂書其云金紫光祿大夫兵馬都元帥王公者王珣也遂字子溫郎珣之孫元史王珣傳作璲者字之誤也傳不云爲遼陽路揔管略之也公主表普顏可里美思公主適唆都哥子寧昌郡王不憐吉歹不詳公主所自出以此碑攷之知爲成宗之堂妹亦未審何人女也諸王表稱不尔吉歹駙馬公主表作不憐吉歹音之訛也

利 觀世音菩薩傳略 大德丙午三月

右觀世音菩薩傳略後題吳興弟子管氏齋沐焚香拜書疑卽趙松雪夫人管道昇也下方爲觀世音像石刻在江寧城內石橋左所巷地藏庵內嚴生子進搨以遺予予少讀北史王劭傳云文獻皇后崩劭上言大行皇后聖德仁慈福善禎符備諸祕記皆云是妙善菩薩不解所謂讀此傳乃知妙善卽觀音之名耳

亨 松江寶雲寺記　至大元年五月

右松江寶雲寺記前朝奉大夫大理少卿牟巘撰集賢直學士朝列大夫趙孟頫書資德大夫江浙等處行中書省右丞廉密知兒海牙篆額牟巘入元不仕所題者宋官故

稱前以别之廉密知兒海牙者廉希憲之子恂也元史英宗紀延祐七年七月以廉恂爲中書平章政事至治二年十二月廉恂罷宰相表延祐七年至治元年二年平章政事無廉恂而有廉米只兒海牙蓋廉米只兒海牙卽廉恂猶梁暗都刺卽梁德珪段那海卽段貞洪雙叔卽洪君祥皆一人而二名也紀傳據誌狀之文多用漢名表所據者案牘之文故多從國語此碑所題亦當時本稱米只之爲密知則譯音之轉爾廉氏系出畏吾雖讀儒書取嘉名仍循國俗以畏吾語小字行見於史者惟希賢一名中都海牙至如希憲一名忻都恂一名米只兒海牙以予博考二

十年始能知之蓋元史之難讀視它史爲尤甚也

萬安寺茶牓 至大二年正月

右萬安寺茶牓雪庵頭陀溥光撰并書上座德嚴刻石於嵩山戒壇寺蘗井叔云今移在城西峻極下院雪庵俗姓李氏賜號圓通元悟大禪師元時集賢院學士往往以釋道參之雪庵以頭陀而官昭文館大學士亦其比也自大德至至治三十年間趙魏公書爲朝野推重一日中官李邦寧傳太后懿旨命魏公書興聖宫額魏公曰禁扁皆李雪庵書公宜奏聞既有旨命李當時稱魏公謙讓爲不可及昔王子敬不肯題太極殿牓魏公之讓意或出此然亦

見雪庵大字之可貴矣

亨江東宣慰使珊竹公神道碑 至大

右江東宣慰使珊竹公神道碑集賢大學士榮祿大夫姚燧撰文中順大夫揚州路泰州尹兼勸農事趙孟頫書并篆額珊竹公者北京兵馬都元帥吾也而之孫名拔不忽其師周正方更名之曰介而以仲清字之初任同知北京轉運司事累遷濮州尹平灤路總管江南浙西道提刑按察使江北淮東道提刑按察使召爲刑部尚書復除江東宣慰使以病目去家眞揚間延名儒張須吳澄教其子至大元年十月卒元史吾也而傳失載其名故具錄之史作

吾也而碑作烏也而姚燧撰制詞作烏野而其子雲禮碑作撒里譯
音無定字也趙子昂以至大二年七月除楊州路泰州尹
明年十月拜翰林侍讀學士此碑之立當在至大二三年
間

潛研堂金石文跋尾卷十九

錢大昕著

元二

皇太后懿旨碑 碑陰 加封孔子父母及夫人并

官氏詔 贈河南行省參知政事張斯和碑 碑陰記

龍興路儒學銅鼎題字 太師太平王德勝廟碑

加封顏子父母制詞 孝烈將軍祠像辨正記

齊國武敏公樂實碑 孫德彧道行碑 江東建康

道廉訪司題名記

元二

亨集仙宮重建東嶽行祠記 皇慶元年三月

右集仙宮重建東嶽行祠記嘉定設縣之始東嶽祠本在縣西紹定戊子乃遷於集仙宮之東廡所謂令尹陳公者

以縣志題名攷之葢永嘉陳邁也集仙宫勅額本在安吉縣道士葉子琬始請移揭於此此皆談邑故者所宜知也張與材署銜太素凝神廣道明德大眞人元史釋老傳亦未及載碑書靈作灵此俗字亦有所本案廣韻十五青有灵字注引字類云小熱皃說文灰从又从火則灵卽灰之異體灰者火之餘𤇆故又有小熱之訓不知何緣轉爲靈音世俗遂以同紐借用集韻青部却不收灵字殆以其俗體而芟之歟

集仙宫瑞竹記　皇慶元年三月

右集仙宫瑞竹記與東嶽行祠記同時立驗其筆跡亦張

與紹書也碑陰畫枯竹一株節間細書剏插竹三字旁畫新竹六七竿有兩處題字曰三年竹曰四年竹又間以嫩枝數叢筆法不減吳仲圭其下方題七言古詩一篇自署元眞子不著姓名元時集仙宮道士孫應元嘗於齋前剏插竹一枝已而得活三四年後竹遂成林因以瑞竹名其軒而第三十代天師張與材記之文雖未工亦見當時羽流之好事也予又憶吳禮部集有嘉定黃氏瑞竹詩其一云練川誇瑞竹黃氏見高門富麗應如此時來豈有根蓋同時有兩瑞竹事邑志惟載集仙宮瑞竹而黃氏竹鄉人鮮有知之者矣

元大都路總治碑 皇慶二年十月

右大都路總治碑翰林學士承旨王構撰文立言有體集賢大學士劉賡書亦謹嚴不失唐人法度蓋元刻之佳者碑在今順天府公廨大堂前完好可搨而朱錫鬯日下舊聞略不及焉文稱至元丁卯春旣城大都卽以路總京畿自乙酉廨爲宗正據有而徙之冬官者踰二十寒暑至大初元勅中書還北省而六卿所舍悉如其舊至假屋於民以庀事再徙迄無定所詳其文義蓋自大都路公廨爲宗正所據移治工部者閱二十餘年及中書還北省六部各歸其署由是大都路總管無所容而假屋於民耳孫氏春

明夢餘錄謂官署爲宗正所據官吏辦事佛寺中者乃臆說也武宗之世遥授之官衆莫吉以平章政事行大都路達魯花赤王泰亨以平章政事商議中書省事行太子詹事皆非正授故宰相表不列其名碑文撰於至大二年三月至皇慶二年十月建相距僅四年餘而碑末列達魯花赤總管兼府尹副達魯花赤同知諸人名無一與前同者官吏之輕於更代如此欲其盡心職守難矣泰亨字子通一字仲通晉寧人嘗從許文正公學晚歲自號康莊老人謚清憲

亭 長興州東嶽行宮記 延祐元年四月

右長興州修建東嶽行宮記略云自唐封禪而郡縣始咸有東嶽祠其在長興者剏建於宋紹興戊午久壞不治知州呂澍同知馬鎔捐祿稟爲衆倡葺而新之殿東建太室以奉聖母即今所謂碧霞元君矣先君中憲少習趙書收藏趙帖甚夥率爲友人借失今所著録惟寶雲寺圓通寺及此三碑猶是先人手澤也

貞碑陰

右長興東嶽行宮碑陰上層額云重修建東嶽行宮施主題名下層額云東嶽行宮常住田土皆篆書橫列字迹頗不惡而以㞢爲土則昧於六書之旨矣予向讀南邨輟耕

錄載連枝秀珠簾秀順時秀天生秀等疑爲妓女之稱今讀此刻施拾戶有程二秀因丁十二秀張千十一秀周季一秀趙口二秀始知元時女子皆以秀爲稱若宋人稱第幾娘也因氏見于左氏傳自後此姓絕少此刻因姓凡數人

亨 少林開山裕公禪師碑 延祐元年十一月

右少林開山裕公禪師碑福裕字好問號雪庭太原文水張氏子授具於休林古佛又事萬松老人憲宗時詔總領釋教世祖賜號光宗正法禪師皇慶元年以集賢大學士陳顥請追贈大司徒開府儀同三司封晉國公翰林學士

承旨程鉅夫受詔爲之碑文

利 徽州路儒學旨揮 至大三年四月

右徽州路儒學旨揮二道刻於加封孔子詔書之下方其一云承奉江浙等處行尚書省劄付該准尚書省咨至大二年十二月十九日太保三寶奴丞相奏在先孔夫子漢兒帝王雖是封贈了不曾起立碑石來如今各處行與文字封贈了於贍學地土子粒内交立碑石呵今後學本事的人肯用心也者奏呵奉聖旨是有那般者欽此照得先據御史臺呈亦爲此事已經遍行去訖咨請欽依施行云云按元史武宗紀大德十一年七月辛巳加封至聖文宣

王爲大成至聖文宣王其立碑則紀所未載三寶奴元史無傳其拜太保年月紀亦失之三公表書於至大三年以此　攷之則二年之冬已爲太保矣碑在績溪縣學加封詔書石刻所在多有而尚書省咨獨見於此

貞贈清河郡伯張成墓碑　延祐二年三月

右贈清河郡伯張成墓碑趙松雪書東昌茌山石匠作頭周世英等刋刋手不精故少生動之趣碑云世爲濟寧之虞城人按虞城縣唐屬宋州宋改州爲應天府金又改歸德府而縣之屬如故元初併省入單父縣其後復立遂隸濟州自明以來仍屬歸德不知其嘗隸濟寧矣元之濟寧

治鉅野與虞城本不相遠

【貞】崑山州重建海鹽禪寺記 延祐二年四月

右崑山州重建海鹽禪寺記趙子昂文并書寺在今太倉州城內於元爲崑山州地元史仁宗紀皇慶二年十月徙崑山州治于太倉此碑云延祐改元徙州治史書下詔之日碑載移治之始似異而實同也此碑不知何年重刻頗多譌字碑末題年号爲元祐尤其甚謬者子昂結銜當云集賢直學士碑作集賢閣學士亦誤元時無此閣名

【利】四川道廉訪使梁天翔碑 延祐二年七月

右四川道肅政廉訪使梁天翔碑趙文敏書在平遥縣梁

官村梁氏仕元多顯者天翔父瑛以戊寅歲率衆詣太師國王降授元帥左監軍以功陞征行都元帥己丑改官制授金符御前千戶乙未從元帥塔海甘不入蜀權征行萬戶鎮興元戊戌從塔海圍資州踰月始下塔海欲坑之瑛曰今始得一城而坑之它城未易下也乃止壬寅宋人陷城都瑛與先鋒秃薛擒其制置陳隆之成都平丁未詔充西京平陽太原京兆延安五路萬戶治太原稽其勳伐亦史天倪劉黑馬之亞也而元史不爲瑛立傳故畧敘所聞以諗讀史者夫丈夫冒白刃立功名生膺高爵蔭及子孫又能以一言止主帥之殺其所成就亦卓卓矣而史家失

於采訪名且湮没不彰然則予之㡽精勞神於金石文而不悔者古人可作或亦有樂乎此也

亨勑賜伊川書院碑 延祐三年四月

右勑賜伊川書院碑始伊川鳴皋鎮砲手軍總管舁實戴以家財𠎝立書院經營十年始就其子慕顔鉄木復建稽古閣貯書萬卷延祐間詣京師因集賢大學士陳顥以聞奉勑賜名伊川書院今翰林直學士薛友諒撰文集賢學士趙孟頫書之士希舁實戴之字也元史百官志回回砲手軍匠上萬戸府至元十一年置砲手總管府十八年始立爲都元帥府二十二年改爲萬戸府此舁實戴殆回回

人而屯戍河南者歟

【原】懿旨重修濟瀆清源善濟王廟碑　延祐三年九月

右懿旨重修濟瀆清源善濟王廟碑前應奉翰林文字奉議大夫潁州知州王公璹撰奉訓大夫懷孟路總管府判官王笱書榮祿大夫大司徒中都留守蕭珍題額笱公璹之子也元史武宗紀大德十一年六月建行宮於旺兀察都之地立宮闕爲中都至大元年七月立中都留守司八月以中都行宮成賞官吏有勞者賜同知留守蕭珍金銀仁宗紀至大四年正月罷城中都二月司徒蕭珍以城中都徼功毒民命追奪其符印此碑立於延祐初珍題銜仍

稱大司徒中都留守蓋罷斥未久而復官也文云維皇慶二年仲春之月儀天興聖慈仁昭懿壽元全德泰寧福慶皇太后遣使奉御奩香有事於濟瀆靈祠攷皇慶間皇太后尊號祗有儀天興聖慈仁昭懿壽元十字全德泰寧福慶六字乃延祐二年所加此撰文之日據加上尊號追書之非與史有牴牾也

亨 勑賜龍興寺大覺普慈廣照無上帝師碑 延祐三年十月

右勑賜龍興寺大覺普慈廣照無上帝師碑帝師者膽巴也元史釋老傳載皇慶間加號與此同惟普慈作普惠乃傳之誤碑稱師出家事聖師綽理哲哇爲弟子又稱武宗

皇帝皇伯晉王及今皇帝皇太后皆從受戒法又稱元貞九年爲梵書奏徽仁裕聖皇太后奉今皇帝爲大功德主主龍興寺皆史所未及攷仁宗初元贈膽巴謚松雪嘗奉勑撰文并書刻石大都至是僧迭瓦八乞刻石本寺復命松雪別撰文書之今眞定原石久失此本乃後人翻刻入法帖者帝師八思巴元史有傳文宗紀輟耕錄及此碑皆作巴思八焚毀僞道藏經碑作八合思巴至元法寶勘同總錄序作拔合思八世祖紀作八合思八譯音無定字實則一人也

亨 保定路孔子廟講堂記 延祐三年十一月

右保定路孔子廟講堂記元明善撰張珪書虞伯生稱張蔡公書腕力尤健端重嚴勁無懈筆諫之臣今觀是碑信然而書史會要不列其名豈非以功名掩歟元人不以同名爲嫌如監郡曰教化的總管曰教化一蒙古人一河西人同官同時後人失於稽考往往混而爲一矣

元 廣州路銅漏壺題字 延祐三年十二月

右廣州路銅漏壺題字予視學廣東所搨戊午歲八月檢故笥得之距初拓時已隔二紀目眊不能見細字瞿搢鏡濤爲審其文蓋列名者二十八曰作頭洗運行曰作頭杜子盛曰南海縣該吏陳　程曰廣東道宣慰使司都元帥府

口陽提領口口曰承務郎廣州路南海縣尹口勸農事周
勝口曰廣州路總管府提控案牘兼照磨口口架閣常口
曰廣州路總管府知事宋居敬曰承直郎廣州路總管府
推官王口曰承德郎廣州路總管府推官王思聰曰廣州
路總管府判官扎忽曰廣東道宣慰使司都元帥府令史
常文廣曰口口郎廣東道宣慰使司都元帥府都事王巨
威曰承口郎廣東道宣慰使司都元帥府都事楊復曰承
直郎廣東道宣慰使司都元帥府經歷穆齊英曰承直郎
廣東道宣慰使司都元帥府經歷揑古伯曰中順大夫廣
東道宣慰副使僉都元帥府事王從口曰奉口大夫廣東

道宣慰副使僉都元帥府事拜降曰□□大夫廣東道宣慰使司副都元帥阿剌不丁曰□□大夫廣東道宣慰使都元帥□忽里曰□□大夫廣東道宣慰使都元帥烏馬丁其序以左爲上與宋金勅牒符帖之式同明以來文牒始以在後者爲卑矣

利 海鹽寺鐘銘 延祐四年十月

右海鹽寺鐘銘延祐四年崑山州知州王安貞屬翰林國史院編修官章嘉爲之銘攷元史仁宗皇慶二年十月徙崑山州治於太倉故銘有新城之目寺有鐵鐘久矣至安貞始笵銅易之周遭列出錢人姓名其首行云造寺故大

檀越資德大夫大司農河南江北等處行中書省左丞相公朱君夫人郝氏胡氏所云左丞朱君者謂朱清也左丞宰相之貳故得相公之稱此外又有稱相公者數人則海道運糧萬戶及都水監也下此有稱總管者有稱承務者則相公之稱雖濫尚不槩及下僚矣明孝宗時析太倉別置州移寺鐘於州治之鐘樓 少沂

亘 勑修殷比干廟碑 延祐四年十一月

右勑修太師忠烈公殷比干廟碑元史仁宗紀延祐三年四月壬午勑衛輝昌平守臣修殷比干墓唐狄仁傑祠歲時致祭碑所書者即其事也紀稱四月壬午碑作季春壬

子當以碑爲正司其役者衛輝路總管密邇阿散而潁州知州王公孺爲文記之翰林學士承旨劉敏中書丹御史中丞姚煒篆額敏中元史有傳公孺文定之子煒文獻之子竝以文學書法稱亦見家風之不墜也

元 梁國文正公何瑋碑 延祐四年

右河南江北等處行中書省平章政事贈太傅開府儀同三司梁國文正公何瑋神道碑瑋字仲韞卒以至大三年年六十有六祖淵官易州太守贈大司徒易國公謚武宣子德嚴順德路揔管德溫保定翼副萬戸皆史之所闕瑋父伯祥謚忠毅而史作武昌者誤也碑文云延祐三年三

月十五日大保曲出丞相叔固集賢大學士題言叔固者遥授丞相李邦寧之字題則陳題也曲出李邦寧皆領集賢院大學士而不書舉其官尊者稱之也遥授者非正授而以虛名寵之故宰相表不列邦寧之名其字而不名者殆以先朝舊臣故優異之歟碑載瑋爲中丞時地震上疏咎在大臣明日政府洪刱舒木八剌沙阿老瓦丁皆罷此事當在大德八年紀傳俱失載洪刱舒卽洪雙叔聲之轉也

亨 祝延聖主本命長生碑 或云延祐四年

右碑額云聖主本命長生祝延碑題云勑賜大龍興寺祝

延聖主本命長生之碑古人書額文取簡要先後不必相應也予昔奉使過眞定再宿玆寺訪得元碑凡四其一長明燈記延祐五年僧永恩書其一勝公和尚道行碑至正十三年荅失蠻撰趙儼書其一秦王夫人施長生錢記至正十四年王訪撰并書其一則此碑也松雪書法世人所重故間有椎拓者其它購之未得姑記其目於此執禮和台姓乃蠻氏官至河南江北行省平章政事元史附見其父囊加歹傳其官燕南河北道廉訪使史所未載也松雪在翰林日嘗撰中奉大夫殊祥院使執禮和台封贈三代制此碑稱資善大夫資善階在中奉之上葢由殊祥院使

而遷廉訪矣

元 剏建永壽禪寺記 延祐五年正月

右剏建永壽禪寺記在嘉定縣婁塘鎮無篆額亦無標題文云延祐三年師說謹施平江路嘉定州管下田庄剏建永壽禪寺上報國恩祝延聖壽次爲先考太師盛武保康軍節度使武忠和義郡王建立祠宇安塑神像四年十二月祠成其稱先考太師者呂文德也文德宋季大將其弟文煥守襄陽以城降元子姓皆至大官師說任江淮等處財賦副總管其事迹無攷龔尙書撰縣志謂何莊寺今曰永壽寺呂棠正寓此又云何氏宋初延呂棠正爲塾師案

蒙正以太平興國二年登第其時吳越尚未納土蒙正徵時安得至此此委巷不根之語必因此寺刱自呂氏遂譌爲蒙正爾承壽與何莊本非一地併而爲一當在明初近志謂宋時士民何氏建庵元祐中呂師說改建爲寺不知承壽之建乃在元之延祐非宋之元祐且係師說刱建非因何氏之庵爲之也此碑昔人未有著錄者頃過婁塘妹夫陳君莉耘導予往觀并拓其文見貽遂書以正縣志之譌

元大報國圓通寺記 延祐六年十月

右大報國圓通寺記寺在嘉定縣治東北不數十步元時

沙門明了所建大德己亥春賜額圓通丁未冬武宗加賜今額明了號了堂俗姓高氏武宗賜號妙明圓悟佛心禪師仁宗加賜妙明圓悟普濟佛心大禪師城北大吉祥皇慶寺城東南大資福壽寍尼寺亦其所建也予少讀書城東數遊斯寺摩挲趙松雪碑輒移時不去元仁宗稱松雪旁通佛老之旨造詣元微讀記文信然書法圓勁則松雪本色也篆額者爲高麗國王王璋其署銜云推忠揆義協謀佐運功臣開府儀同三司太尉上柱國駙馬都尉瀋王攷璋以至大三年封瀋王延祐二年請傳位于世子暠詔授暠開府儀同三司瀋王碑立于延祐六年璋猶稱瀋王

者暠雖受瀋王之封而王印猶在璋所至泰定二年璋卒暠乃襲爵受印元史諸王表云瀋王王暠泰定三年以駙馬襲封可見延祐之世璋爲瀋王如故矣元史高麗傳失書璋封瀋王事又誤作章皆疎舛之甚也

乾明廣福禪寺重建觀音殿記　延祐七年二月

右乾明廣福禪寺重建觀音殿記胡應靑撰趙孟頫書幷篆額李光暎以爲松雪撰者誤應靑自題前進士又云予吳之鄙人宋季筮仕於此葢宋臣而不仕於元者也暨陽今江陰縣

長明燈記　延祐七年二月

右長明燈記翰林學士承旨開府儀同三司特授河南行省左丞相埜僊帖穆而割田千五百畝入汴梁延津上乘寺爲長明燈資屬應奉揭徯斯爲記而承旨趙孟頫書之埜僊帖穆而者博羅歡之子埜先帖木兒也元史附見其父傳其由河南行省參知政事遷江西歲餘進河南右丞未行拜平章政事入知樞密院事皆史所未載碑載其子尼摩性吉福安等傳所載有尼摩星吉亦思剌瓦性吉二人尼摩星吉即尼摩性吉亦思剌瓦性吉豈即福安乎抑別有名福安者而傳失載乎碑又云公娶完澤氏河南王之女玫延祐元年封河南行省左丞相卜憐吉帶爲河南

王卜憐吉帶阿朮之子姓兀良合氏此完澤葢名而非氏也元史泰定帝紀泰定元年冊八八罕字爲皇后八八罕實兖吉剌氏亦以名爲氏元人文集中似此稱謂者頗多

亨 處州萬象山崇福寺記 延祐七年三月

右處州萬象山崇福寺記延祐五年西天目山幻住沙門明本撰文後二年正月翰林學士承旨趙孟頫書幷篆額其三月始立石鐫字者東嘉孫宗年也松雪翁以延祐六年夏謁告歸吳興遂不復出據此碑所題歲月則南歸之後一年也明本號中峯所居號幻住庵仁宗時賜號廣慧禪師石刻明字漫滅故表而出之

亭 金仙寺裕公和尚道行碑 延祐七年小春日

右金仙寺住持裕公和尚道行碑松雪翁書法妙絕一時豐碑修碣流傳至今世所共珍其書裕公道行碑有二一爲少林寺僧福裕在河南之登封縣一爲金仙寺僧廣裕在山西之翼城縣予皆得之福裕碑程鉅夫撰此碑郎松雪所撰文而本集刦不載首云佛以大慈悲隨機說法所以付囑其徒者攝爲五分曰素呾纜則阿難受持曰毗奈耶則鄔波羅受持曰阿毗達磨則迦多演那受持卽所謂經律論也曰般若曰陀羅尼則付之文殊普賢二大士近世學佛家能舉其名者尠矣

元東平忠憲王安童碑 至治元年十一月

右中書右丞相東平忠憲王安童碑元史英宗紀至治元年十一月丙申勑立故丞相安童碑于保定新城即此碑也蘇天爵嘗鈔其文入文類以石本校之異者百餘字石本刪去數十言文義更完碑即元復初所書故後定之本勝於初稿文章之貴乎改削如此板本云碑建大都艮鄉之通逵石刻作新城者初擬立石艮鄉後乃定于新城也其地曰高碑店葢以此碑得名距涿州三十里實新城縣之西北境也碑久仆沒土人莫知其處獨碑趺存高可隱人馬頭十餘年前直隸總督某欲立碑刻己文有州判張

某者白新城多舊石刻可取爲碑材剏遣訪之無所得乃募人於碑趺旁掊土徧求之得斯碑于一里外其陽乃蒙古書衆莫識復役丁夫覆而視之額云大元勑賜開國元勳命世大臣之碑碑文漫滅者僅十之一新城令單君功擢拓數本上督府言狀意不欲毁之也督府不識奚童何人命工磨去其文得碑材者四識者咸惋惜焉予友毛檢討式玉時在單令所得拓本屬予題而藏之

亨涇縣尹承務蘇公政績記 至治二年二月

右涇縣尹承務蘇公政績記首列翰林學士承旨榮祿大夫知制誥兼修國史趙孟頫書國子博士承事郎

篆額亞中大夫寍國路總管府達魯花赤兼管內勸農事某立石達魯花赤署名作蒙古書而立石與書篆人並列於前皆碑之剙例也碑爲松雪晚年書結體圓勁而不放縱蘇尹名潛字汝舟益都沂人在官三載民歌之曰四民藝業通縣官有蘇公三載民無憂賴有蘇汝舟元史良吏傳不載特表而出之

元伯家奴造聖相記　至治二年

右伯家奴造聖相記在杭州府城內吳山寶成寺瞿孝廉均廉所貽文云朝廷差來宮驃騎衛上將軍左衛親軍都指揮使伯家奴發心喜捨淨財莊嚴麻曷葛剌聖相一堂

祈福保祐它門光顯祿位增高一切時中吉祥如意者按元置左右衛親軍都指揮使司本在京師伯家奴奉使在杭故有朝廷差來官之稱亦不知何公事也麻曷葛剌番僧所奉之神輟耕錄今上初入戒壇見馬哈剌佛前供羊心卽此佛也柳貫護國寺碑云摩訶葛剌神漢言大黑神也亦卽此譯音無定字

【刻】太上感應篇附注 泰定甲子

右太上感應篇附注錢唐陳堅君實所編仇遠爲跋泰定甲子上元繡梓而嗣子從仁復刊石於湖山堂蓋在至正中惜石刻漫漶不能辨其何年月也吾友惠徵士定宇言

此篇卽抱朴子所述漢世道戒如三台北斗司命竈神之屬證諸經傳無不契合非後人所能假託然隋經籍唐藝文志皆無之宋藝文志始有李昌齡感應篇一卷此書之傳蓋自李始矣據仇山村跋則宋時有李善齋先生注其後鄭相安晚湯侯北村徐公博雅輯而爲贊衍而爲解韻而爲詩今惟鄭淸之書載於道藏餘無聞焉陳氏附注詞雖淺近而無俚鄙不經之談懸諸座右可爲日省之助

周天大醮投龍簡記 泰定元年正月

右周天大醮投龍簡記首云泰定改元甲子之春正月詔元教大宗師元德眞人吳全節太一崇元體素演道眞人

嗣教七祖蔡天祐五福太一眞人呂志彝正一大道眞人
劉尙平元教嗣師眞人夏文泳率法師道士幾千人修建
金籙周天大醮于大都崇眞萬壽宮爲位二千四百晝夜
凡七受釐之日天顏甚愉重封香幣遣大一七祖眞人蔡
天祐承德郎郊祀署令馬懷吉捧刻玉寶符元璧龍紐馳
詣濟瀆淸源投奠按元史釋老傳吳全節至治二年制授
特進上卿元教大宗師崇文宏道元德眞人此碑立于泰
定初在至治之後僅稱元教大宗師元德眞人未有特進
上卿及崇文宏道之號然則此號後來增加史誤併爲一
事耳夏文泳全節之徒亦見釋老傳蔡天祐稱太一嗣教

七祖當是李居壽之徒而史不載

利 浙東道宣慰使答里麻世禮墓誌 泰定元年二月

右浙東道宣慰使答里麻世禮墓誌其先畏吾人家於閩中父忽倫察官宣慰使答里麻世禮少侍成宗至大元年僉河北道廉訪司事三年調浙西道四年召爲刑部郎中皇慶改元升本部侍郎延祐七年升本部尚書至治改元出爲浙東道宣慰司都元帥行次揚州卒四明續志不列其名以其未到任也錢唐趙晉齋游秦中搨其文貽予攷前人未有著錄者因撫其大畧書之

亨 東嶽廟聖旨碑 泰定元年十月 至正四年九月 附

右東嶽廟聖旨碑文稱成吉思皇帝月古台皇帝薛禪皇帝完澤篤皇帝曲律皇帝普顔都皇帝怯堅皇帝後題泰定元年鼠兒年十月二十三日又一碑文稱成吉思皇帝月古台皇帝薛禪皇帝完者都皇帝曲律皇帝普顔都皇帝格堅皇帝忽都禿皇帝亦憐眞班皇帝後題至正四年猴兒年九月二十九日按成吉思太祖尊號也薛禪完澤篤曲律普顔篤格堅忽都禿則世祖成宗武宗仁宗英宗明宗之謚身後所追上也太宗寧宗未有國語謚號故稱其名元史泰定卽位詔書稱英宗曰碩德八剌皇帝其時尚未有國語謚也文宗國言曰札牙篤皇帝至正碑不及

者以其與於弒逆黜之也定宗憲宗泰定帝皆繼世之君當時敘諸帝略不及焉太廟七室之制則太宗亦不預重本生而輕正統禮臣亦未有援古義以爭之者明嘉靖之議大禮實濫觴於此矣月古台元史作窩闊台普顏都史作普顏篤忽都禿史作忽都篤亦作護都篤亦憐眞班史作懿璘質班又如完澤篤之爲完者都格堅之爲怯堅兩碑亦互異蓋譯音本無定字當時播諸王言亦未盡畫一也碑向在泰安府嶽廟西偏延禧殿前近歲修廟者磨去其文爲他用泰安人聶鈫云

元嘉定州儒學教授題名記 一泰定二年七月 至正十四年四月 一

右嘉定州儒學教授題名記一爲金華劉德載撰題名自楊巽申至吳靜觀凡二十八人一爲贛州朱孔昭撰題名自朱孔昭至蔣堂凡四人以韓浚嘉定縣志官師表校之微有異同如楊巽申元貞二年七月任而表以爲大德元年貢松至大元年任而表以爲四年王枋至大四年任而表以爲元年蔡登龍亦至大四年任而表以爲皇慶元年林疇至治元年權學事而表失其年分護祿賜不花至元三年任而表以爲至順三年楊伋至元六年任而表以爲元年朱孔昭至正十一年任而表以爲十四年石渥至正十四年任而表以爲十五年蔣堂至正二十一年任而表失

其年分表又誤列王枋于貢松前林疇于陶元容前俱當據碑改正若學道書院山長王子昭卒于前至元二十五年直學潘剛中乃宋紹定間人表俱列之大德初則謬之甚也

貞 重建文殊寺碑 泰定三年八月

右重建文殊寺碑其文鄙俚無足觀而叙述宗王世系可資史家攷證其言眞吉思皇帝卽位之年降生乂合歹郎史所稱察合台也其下曰拜口里大王曰阿口口大王曰口口大王曰喃忽里大王曰喃失里太子皆嗣乂合歹位者以宗室世系表攷之察合台曾孫有南荅失里王名似

相近而其父不名喃忽里諸王表有豳王喃忽里則又膺宗子旭烈兀之後非察合台之裔與史全不合且碑立於泰定中喃忽里已先卒亦無豳王之稱而順帝紀至元二年以甘肅行省白城子地賜南忽里則順帝時尚存必非一人矣此碑海鹽周松靄同年所贈云在肅州

貞 天妃廟迎送神曲　泰定四年　月

右天妃廟迎送神曲并序在蘇州府城內天后宮句章黃向撰文濟陽董浚書丹天妃者興化軍莆田縣湄州林氏女宋熙寧以來久著靈異元時江浙置海道都漕運萬戶府海船往返事神尤謹元史祭祀志云天妃神號積至十

字碑云護國庇民廣濟明著天妃祇有八字較元志少福惠兩字以諸帝紀攷之至元二十五年六月詔加封南海明著天妃爲廣祐明著天妃大德三年二月加封護國庇民明著天妃天曆二年十月加封護國庇民廣濟福惠明著天妃至正十四年十月加號輔國護聖庇民廣濟福惠明著天妃蓋自至元以後封號由二字積至十二字志所載封號十字特天曆所封之號未可以槩一代而美號遞加不過兩字則大德加封六字之後天曆加封十字之前必有加封八字一節本紀漏落賴有此碑可以校補而加封在何年月則不可攷矣碑有參知政事張毅張友諒二

人史表不見其姓名或江浙行省之參政郛碑又云舊章氏家廟攷宋時建安人寄居於吳者有南北二章子厚爲南章質夫爲北章此碑在城北必質夫家廟也

亭 歸安縣建學記 泰定五年正月

右歸安縣建學記歸安湖州倚郭縣故未有學附於郡學東偏南陽完澤溥化以進士丞茲邑始建縣學而鄧文原爲文記之後題泰定五年龍集戊辰人日記攷元史泰定帝紀是年二月庚申詔天下改元致和故二月以前猶稱泰定也其秋帝崩於上都文宗即位改元天曆元史三公宰相兩表於泰定四年之後即繼以文宗天曆元年不書

致利雖用温公通鑑之例然七月以前拜罷略不載未免紕漏而無法矣

元贈寧海州知州王慶墓表泰定五年十一月

右贈寧海州知州王慶墓表文云父生於擴慶庚申沒于至元癸酉壽七十四妣生于擴慶丙辰沒于至元庚寅壽九十五按丙辰宋慶元二年也庚申慶元六年也更慶元爲擴慶未詳其故元時江浙行省有慶元路未嘗更其名何獨於宋之年號而更之且又直呼宋寧宗之諱乎

亨皇太后懿旨碑至順二年六月

右皇太后懿旨碑凡元時聖旨碑首題長生天氣力裏大

福廕護助裏皇帝聖旨此稱長生天氣力裏皇帝福廕裏
皇太后懿旨當時寫聖旨懿旨之式如此此後題雞兒年十
一月初十日大都有時分寫來又一行題至順二年歲次
辛未六月吉日建案元代惟成宗武宗仁宗順帝四朝尊
奉皇太后此碑建於文宗時所稱皇太后必在成武仁三
朝矣成宗大德元年歲在丁酉武宗至大二年歲在己酉
碑但稱雞兒年有支無干不知當在何年也或難予曰元
史后妃傳仁宗莊懿慈聖皇后英宗即位上尊號皇太后
至治二年崩至治元年歲亦在酉安知其不在英宗朝予
按本紀英宗即位之歲八月祔莊懿慈聖皇后于太廟是

后巳先沒故傳載冊文有爲天下母而養弗逮之句本紀有上太皇太后尊號事無尊皇太后事也紀書至治二年八月太皇太后崩亦不云皇太后故知后妃傳所載皆子虛烏有之詞耳

亭碑陰

右碑陰蒙古書自左而右元時凡制誥由詞臣潤色者國書但對音書之若加封大成至聖文宣王詔加封顏子父母制之類是也此係當時直言直語故別以國語譯之不依本文蓋亦當時令式如此而傳記未有言之者予以集錄之富攷證之勤粗能識其大略爾碑陰有額乃蒙古篆

文蒙古字刱於帝師八思巴其篆文未審何人所製

勑加封孔子父母及夫人幷官氏詔 至順二年六月

右加封詔二道其一 加封齊國公叔梁紇爲啓聖王魯國太夫人顔氏爲啓聖王夫人詔其一特封大成至聖文宣王妻幷官氏爲大成至聖文宣王夫人詔也元史文宗紀及祭祀志祇載加封啓聖王及夫人而不及幷官氏之封史文之闕也加封事在至順元年二月戊申碑書至順二年六月蓋立石之年月也家語孔子年十九娶於宋亓官氏之女今攷漢韓勑禮器碑本作幷官宋祥符追封及此詔亦皆作幷官文字明白可證家語傳寫之誤廣韻引魯

先賢傳孔子妻幷官氏今本亦誤爲亓蓋流俗相傳失其本眞惟石刻出於千載以前者信而有徵也

元贈河南行省參知政事張斯和碑 至順二年十月

右贈河南行省參知政事張斯和碑斯和者中書參知政事斯立之兄以子友諒貴贈中奉大夫河南江北等處行中書省參知政事濟南郡公其先冀州棗強人六世祖汝礪金季避河決徙居章邱碑文翰林學士張養浩撰湖南廉訪使鄧文原書今在章邱縣東南相公莊南

元碑陰記

右碑陰記載友諒歷官本末頗詳元史不爲友諒立傳以

此碑攷之蓋由江浙行省左右司都事入爲吏部員外郎遷左司都事拜監察御史尋改左司員外郎以選爲浙省正郎以左司郎中召遂參議中書事拜戶部尚書臺奏爲浙西廉訪使改都水庸田使移湖北廉使復庸田使超拜中奉大夫江浙行省參知政事除憲淮東再憲江浙皆以浙省事重奏留天曆九年冬徵拜中書參知政事二年除江南行臺侍御史三年春徵內臺尋復參政冬十月陞中書左丞實至順元年也元史文宗紀天曆元年八月戊午江浙行省參知政事張友諒爲中書參知政事此碑云冬者紀據除官之日碑據到官之日也宰相表於友諒下注

云十月至十二月可徵其以十月到官與碑文合凡紀表年月小異者皆可以此例斷之矣碑文撰於致和改元之春逮至順二年立石則養浩文原已相繼沒於是禮部尚書張起巖記其碑陰而戶部尚書魏誼書之鄧巴西書當時與漁陽吳興齊名誼妙處不減巴西而陶南村書史會要獨遺之何也

龍興路儒學銅鼎題字 至順四年

右龍興路儒學銅鼎題字王鶴谿搨以遺予幷致書言元文宗崩於至順三年八月則至順不得有四年以是可疑予攷文宗殂於上都在至順三年八月其十月立兄子鄜

王是爲寧宗甫踰月而殂未及改元其明年春迎順帝至都久未得立及燕帖木兒死乃以六月即位十月戊辰詔改至順四年爲元統元年是元統改元以前猶稱至順四年今蘇州府學有干文傳撰修學記後題至順四年九月是其證也

元太師太平王德勝廟碑

右太師太平王德勝廟碑元文宗朝宜興州官吏建以頌中書右丞相燕鐵木兒之功乾隆二十一年秋予奉 命至熱河訪求事蹟聞小興州有是碑亟移書兵備道使吏人搨之吏不知椎拓之法乃施墨于石以紙背就摹之遂

糢糊不可讀審諦良久始得其大略書之云右丞斡羅思太卿也忒迷失與北將乃馬歹等對敵之地大丞太卿將其軍以衝於前縣官等召募義兵以繼其後于是捕擄斬首者不啻數千級克奔來降者奚啻數萬人若然者非倚其地利恃其人力尚其高詐而勝也以德而勝哉非奉天時致天討不能也初右丞太卿俱在上都知正統之有在不爲倒刺沙計謀之所誑南北搆兵太卿有獲北使之勞有告內變之忠及會右丞與北軍戰于是而德勝也上嘉之進其高爵被其金帛御衣楮幣海青之重賜驛遽天下既定奉陞縣爲州縣官吏爲州官吏上遣使賜酒十罇以

賚美馬攷元史文宗紀致和元年八月壬子阿速衛指揮使脫脫木兒帥其軍自上都來歸卽命守古北口乙卯脫脫木兒及上都諸王失剌平章政事乃馬台詹事欽察戰于宜興斬欽察于陣禽乃馬台送京師戮之絕不及斡羅思也忘逃失二人之力惟阿答赤傳稱斡羅思以天曆元年諭降上都軍陞隆鎭衛都指揮使然亦不載其戰功其官右丞亦傳所失書也嗚呼天曆之君臣乘國有大喪大都空虛挾其權謀詐力以奪人主之嫡嗣慮天下議其後因誣晉邸以惡名而當時傾危阿附之徒作爲文詞大書深刻謂奉天時以致天討然萬世公論具在其可欺乎元

史於泰定天曆之間多狥曲筆未明春秋之義也

亨加封顏子父母制詞　元統二年五月

右加封顏子父母制詞元史文宗紀至順三年五月追到顏子父無繇爲杞國公謚文裕母齊姜氏杞國夫人謚端獻妻宋戴氏兗國夫人謚貞素祭祀志則書此事於元統二年此碑後題元統二年五月日與祭祀志合制詞不及兗國夫人蓋別爲一制碑分二層上層蒙古書下層正書不著書人名氏

亨孝烈將軍祠像辨正記　元統二年六月

右孝烈將軍祠像辨正記孝烈將軍謂木蘭也姓魏氏亳

之譙人記爲侯有造撰并書文與書法俱無足觀其以木蘭辭爲木蘭自作亦迂儒之見爾

元 齊國武敏公樂實碑　元統三年五月

右齊國武敏公樂實碑翰林侍講學士虞集撰文元史武宗紀至大二年八月立尚書省以樂實爲平章政事三年二月樂實爲尚書左丞相駙馬都尉封齊國公碑以八月爲十月二月爲三月史所書者除授之日碑所紀者到官之日皆非誤也碑云加開府儀同三司尚書左丞相行平章政事武宗之世名爵濫而遙授之官衆此左丞相亦遙授非眞拜故宰相表祇列于平章政事是其證也本紀不

書行平章政事又不云遥授殆誤以爲眞相矣元制諸王之女皆稱公主其壻即稱駙馬樂實尚宗女者四曰唆台公主曰著思蠻公主曰完者台公主皆埜仙帖木兒王之女曰朮赤罕公主忽都帖木兒王之女故有駙馬都尉之授也埜仙帖木兒據碑爲移相哥王之子而元史宗室世系表不列其名以是知表之所失載者多矣此文道園學古録與類稿俱無之然立言有體其出伯生之手無疑學古録出于門人編輯故李本有泰山一毫芒之歎若此碑者洵可補文集之闕也

元 孫德彧道行碑 元統二年九月

右孫公道行碑鄧文原撰文趙孟頫書德彧沒于至治元年文稱今上者謂英宗也松雪于至治二年六月卒碑末云元統三年歲舍乙亥九月吉日建蓋二公撰書之後又十餘年而始勒之石碑末所題年月及完顏德明題名皆後人續書非松雪筆也篆額者爲趙世延其署銜云前中書平章政事翰林學士承旨知制誥兼修國史奎章閣大學士魯國公此天曆以後世延所歷之官松雪未及見也亦後人追書

貞 江東建康道廉訪司題名記

右江東建康道廉訪司題名記王士熙撰文卜顏帖睦兒

書不著立碑年月以題名證之當在元統間又有至元至
正續題者則字畫不甚整齊矣元時置江南諸道行御史
臺於建康領廉訪司十道江東建康其一也廉訪司正官
有使有副使有僉事題名各爲二列乾隆甲寅六月宣城
張惺齋拓一本遺予云碑現在寧國府署前葢此司雖以
建康繫銜而治所實在寧國路也

潛研堂金石文跋卷二十

錢大昕著

元三

祀瀆記　溫州路揔管陳所學壙誌　山東鄉

試題名碑記　崑山州重修三皇廟記　隆安選公

傳戒碑碑陰　開平縣界石　上虞縣受水壺銘

王用文題名　大通法寺常住上下院地產碑

安南

昭光寺鐘銘

元三

刻辟邪鐘題字　至元二年十二月

右辟邪鐘題字在鍾山靈谷寺元順帝重紀至元之二年能仁寺僧所鑄銑于鉦甬之式皆仿古製鐘乳三十六枚

與鄭康成說合其款題周辟邪鐘四篆字世人未解辟邪之義予按攷工記鍾縣謂之旋旋蟲謂之幹旋蟲者旋以蟲爲飾也康成謂今時旋有蹲熊盤龍辟邪辟邪獸名此鐘蓋依周攷工之製而旋蟲作辟邪形因以爲名僧雛妄稱爲景陽鐘殊可笑也能仁寺本在城內卽昇元故址洪武中始移建聚寶門外鐘之移於靈谷其在此時乎

四明祖庭世統題名記　至元四年

右四明祖庭世統題名記在寧波城內南湖延慶寺記文天台鄉貢進士胡世佐撰幷篆書題名第一列中爲大師釋迦牟尼世尊左列摩訶迦葉至龍樹尊者凡十二世右

列龍樹至義通稱十六祖第二列右爲始祖法智尊者知禮大師左爲翼祖延慶異聞法師第三列以下皆法智之後嗣也題名皆正書白文惟法智異聞二人及後來嗣主祖庭者五十餘人墨文碑爲法智第九世孫本無所立以嗣席之次數之則爲四十九代矣我庵其自號也龍樹之教流於中土北齊慧元以宿悟已證立爲觀法以授南岳慧思思授天台智顗是爲天台宗顗授章安灌頂頂授法華智威威授天宮慧威慧威授左溪元朗朗授荆谿湛然自龍樹至荆谿教宗所謂九祖也荆谿傳興道道邃邃傳至行廣脩脩傳正定物外外傳妙說元琇琇傳高論淸竦

竦傳螺溪義寂寂傳寶雲義通通傳四明法智而其教復盛故四明之學者欲以興道至四明入世續九祖爲十七祖此亦門戸之私見爾黄魯直謂庵字非古當用菴字予謂菴庵皆説文所無未見菴古而庵俗也世佐書庵作盦取覆蓋之義較爲近之

元重修從祀記 後至元四年九月

右重修從祀記今在南雄府學元至順三年襄邑張搏霄爲南雄路總管命工繡刻七十二賢及道學先儒像於宣聖廟之兩廡而前進士易景升爲文記之攷元史王都中以天曆初任廣東道宣慰使都元帥元統初改兩浙都轉

運鹽使自後未見再任廣東事此碑立于重紀至元四年而都中題銜稱中奉大夫廣東道宣慰使都元帥不可解也楊益字友直洛陽人陶九成稱其古隸學盧江太守碑今觀此碑分隸殊有漢人法度

濟瀆重建靈異碑記 後至元五年九月

右濟瀆重建靈異碑記爲孟州達魯花赤也列失追述其叔祖忽辛祀濟瀆靈異事所載世系云始祖賽天知苦魯馬丁追封世王子一人賽天知贍思丁雲南等處行中書省平章政事追封咸陽王謚忠惠子三人長賽天知納速兒丁雲南等處行中書省平章政事追封延安王謚宣靖

次忽辛江西等處行中書省平章政事猶子賽天知烏馬兒江浙行中書省平章政事也列失則烏馬兒之子也賽天知元史作賽典赤中堂事紀作賽典只兒蓋回回貴族之稱子孫世以爲號贍思丁父曰苦魯馬丁元史本傳不載納速兒丁本傳作訥速剌丁其謚宣靖亦史所失載也史稱賽典赤別庵伯爾之裔攷劉郁西征記報達之西馬行二十日有天房內有天使神胡之祖葬所也師名癖顏八兒房中懸鐵組以手捫之心誠可及不誠者竟不得捫經文甚多皆癖顏八兒所作癖顏八兒即別庵伯爾彼國中聖人也

元

重修曲阜宣聖廟碑

至元五年十一月

右重修曲阜宣聖廟碑歐陽原功撰文㜷㜷書元史順帝紀至元五年勅賜曲阜宣聖廟碑即此文以集本校之微有異同集本云御史大夫臣別里怯不花臣脫脫御史中丞臣達識鐵穆兒臣納治書侍御史臣鏞等奏監察御史言石本但云御史大夫臣別里怯不花臣脫脫等言集本文宗皇帝在御奎章閣學士院臣奏石本則書院臣沙臘班名集本勅翰林學士院學士臣原功爲文石本作翰林侍講學士藎詞臣屬藁進御後容有更定而原功自署銜當以石本爲正也文云凡有國百餘年以來繕修宣聖廟

再丁酉之初以開同文之運天曆之際以彰承平之風桉閻復文宣王廟碑云闕里祠宇燬于金季之亂右轄嚴公忠濟保魯嘗假濤臺頒歷錢佐營繕之費歲戊申始復鄆國後寢以寓先聖顏孟十哲像彼云戊申而此云丁酉者蓋經始于丁酉落成于戊申也元史禮志及嚴實傳俱不載未免失之漏矣

元 佛慧禪師義公塔銘 後至元六年正月

右佛慧圓明正覺普度禪師斷厓義公塔銘道園學古錄載此文以石本校之殊多異同集本述問荅機鋒及辭世語頗詳而石本轉略不可解也了義塔於天目山師子巖

後雲深庵而碑乃在蘇州之南禪寺殆其徒別刻本於吳中歟今寺稍移而西規制亦縮惟斯碑與明楊循吉所撰碑尚對立於菜畦瓜蔓間爾

[刻]句容縣學大樂禮器碑　至元六年五月

右句容縣學大樂禮器碑賜同進士出身儒林郎江南諸道行御史臺監察御史趙承禧撰文紀達魯花赤丑驢教諭劉德秀造先師廟禮樂器之事書丹者江南行御史臺管勾曹復亨篆額者江南行御史臺都事姚紱也承禧字宗吉其登科年分未詳

[真]中順大夫竹溫台碑　後至元元年

右中順大夫竹溫台碑翰林待制奉議大夫兼國史院編修官揭傒斯撰文奎章閣大學士資善大夫知經筵事巙巙書丹奎章閣侍書學士中奉大夫同知經筵事尚師簡篆額竹溫台者蒙古人爲魯國大長公主媵臣冒姓甕吉剌氏事魯王爲管領隨路打捕鷹房諸色人匠等戶錢糧都總管府副達魯花赤遷達魯花赤卒塟歡喜嶺之麓有子曰撒而吉思鑑事文宗爲宮相總管府副總管入宿衞順帝尤愛之詔爲其父立碑碑在烏丹城南七里地名烏蘭板上文字尚可讀闔烏丹城中有廢塔塔前斷碑亦有魯國大長公主字則此地在元爲魯藩農土所謂烏丹城

者豈卽本蕃駐冬之全盛城乎

刻重修清源廟碑 至正二年三月

右重修清源廟碑清源廟祀蜀灌口神俗所稱二郎神也梓潼灌口射洪三神祠皆盛於宋時晁氏讀書志有蜀三神祠碑文五卷幷虔任四川漕日裒集成書當時崇奉之盛如此碑稱神始祠於灌口由漢迄唐宋初侯終王增號於延祐改封於天曆聖天子嗣位又詔加護國於舊號之上攷元史天曆二年正月加封秦蜀郡太守李冰爲聖德廣裕英惠王其子二郎神爲英烈昭惠靈顯仁祐王若延祐增號及順帝時加護國字則史所未載蓋元史諸帝紀

不出於一人之手或詳或略無一定之例也碑在江寧城外雨花臺之左其地名二郎岡蓋以廟得名今廟改祀三茅君而淸源之祠移入城內矣

元 重新粧鑾聖像記　後至元六年十月

右重新粧鑾聖像記在蘇州雙塔寺予昔游所未見頃瞿壻鏡濤搨得之其文釋普琳撰記東禪僧澤庵爲壽寧寺大殿裝佛事其時住持壽寧者則佛心普智雄辯大師行喆也行書頗似趙承旨而不見書人姓名惟有大中大夫平江路總管府達魯花赤兼管內勸農事也兒吉你普篆額名攷府志元達魯花赤有也里吉里卜蓋卽其人譯音

金石文跋尾

無定字也粧鑾蓋當時土俗之語額改題壽寧萬歲教寺裝佛之記斯爲得之不嫌兩題互異也

利重建逵溪將軍廟碑　至正二年五月

右重建逵溪將軍廟碑在句容縣城南將軍名字事迹無可攷碑稱殿東楹貼幅楮數字可辨云梁承聖初洪遜爲國子祭酒似洪遜即將軍之名予攷南史周弘讓傳承聖初爲國子祭酒三年爲仁威將軍城句容以居之命曰仁威壘今逵溪廟正在仁威故壘宋人避諱往往改弘爲洪讓爲遜殿楹帖必宋人所題洪遜即弘讓耳於逵溪何與哉碑又稱世傳將軍南來時與沈襄王戰死於縣西之華

墓岡環廟之地即將軍甲城所云沈襄王者不知何人疑是沈法興也

利碑陰

右碑陰建廟施財題名有孞㝠廟字字㝠當與㝠同義字書所未載也

利覺苑寺興造記　至正三年三月

右覺苑寺興造記蘄州路總管趙篔翁撰紹興路總管泰不華題額松江府推官趙宜浩書兼善題額列於宜浩之前蓋以官資之崇卑爲序碑皆正書獨兼善結銜一行八分書介於撰書者之間它碑所罕有也此記本刻於熙寧

大悲閣碑之陰不知何時嵌入牆壁轉易向外而沈碑乃在幽闇之處矣

貞濟陽縣曲堤鎮大成廟碑 至正三年七月

右濟陽縣曲堤鎮大成廟碑正奉大夫山東東西道肅政廉訪使王士熙譔翰林學士承旨榮祿大夫知制誥兼修國史知經筵事張起巖篆中順大夫西蜀四川道肅政廉訪使楊傛書元時廉訪使秩正三品正奉大夫從二品中順大夫正四品士熙傛同爲廉使而階各不同由於資歷有深淺也碑刻篆額人例在書者之後此碑起巖在傛前當以起巖先達不欲多上之耳傛分隸秀勁不減唐人而

世鮮知者當表而出之凡屯戍之所稱鎮史家志地理多不載獨金志具書之濟陽縣有鎮四曲堤實居其一今刋本或作提葢失之矣元時諸鎮往往有建學立先聖廟者以予所見石刻如河內之清化鎮掖縣之西由場并此而三矣

亭松江府重建廟學記　至正三年八月

右松江府重建廟學記前江浙等處儒學提舉黃溍撰平江路總管兼管內勸農事知渠堰事和立平書紹興路總管兼管內勸農事知渠堰事泰普華篆額泰普華卽泰不華也元史本傳謂初名達普化文宗賜以今名此碑立於

至正初仍書普字而當時士大夫亦多以達兼善稱之或稱爲達祕書則非定用所賜之名也蓋譯音初無定字達與泰不過音之轉而普化與不華北音亦無異兼善登第時榜書達普化後來受制命又作泰不華或偶出於文宗御筆而史遂以爲賜名耳碑稱皇朝奄有南上凡五萬戶之縣悉置爲州惟華亭戶數增多至二十三萬特置散府號曰松江而仍以華亭爲縣隸焉案史載至順錢糧數松江府戶一十六萬三千九百三十一距立府之始五十餘年休養生息戶口當益繁而民數之減於舊者幾及三分之一殊不可解恐史有誤文也

慶元路總管王元恭去思碑　至正十三年十一月

右慶元路總管王元恭去思碑在寧波府學趙轉運書俊爽似鷗波承旨朱教授文亦質實無溢美元恭在任修四明續志簡而有法與袁學士四明志並傳而碑不及之何耶碑末列名有訓導王厚孫齋長王寧孫皆深寧居士諸孫

敕賜玄教宗傳碑　至正四年八月

右勅賜玄教宗傳之碑延祐六年四月以開府儀同三司上卿輔成贊化保運玄教大宗師知集賢院事領諸路道教事張留孫之請詔集賢修撰虞集述其傳授宗派於碑

趙松雪時爲承旨奉勑書之洎至正四年師吳全節立石去松雪之没已廿餘年矣道園學古錄及類稿俱不載此文

重修南鎮廟碑 至正四年

右重修南鎮廟碑紹興路總管府推官貢師泰撰祕書卿泰不華書并篆額南鎮唐封永興公宋政和三年封永濟王金改永興王元大德二年加封昭德順應王此碑云唐天寶十年詔封永興公歷代遂著常祀國朝加號王爵似未攷宋金加封故事矣碑爲縣尹夏日孜修廟而作日孜字仲善吉水人至順元年進士史稱泰不華善篆隸溫潤

遒勁今得此碑亦略見一斑矣

亨 周伯溫遊白牛巖詩并序 至正六年

右廣東廉訪僉事周伯溫遊白牛巖詩潮陽縣達魯花赤偰列篪刻之巖壁並序其略以八分書之偰列篪者高昌人元時所稱畏吾兒也其先世爲畏吾國相從其主居偰輦河因以偰爲氏偰列篪之祖合剌普華嘗官江西宣慰使子孫因居江西習進士業登第者六人偰列篪由江西龍興籍鄉試登至順庚午進士見歐陽圭齋所述偰氏家傳而江西通志以爲至正戊子進士今觀此刻在至正丙戌先戊子兩年列篪已任監縣則江西志之誤顯然矣翁

學士正三撰粤東金石略載此刻後半多缺 文項李潮陽素伯親到巖下始知爲寺僧草庵所掩撤其庵讀之纔缺一二字爾因椎拓其文貽予并以語翁學士云

貞 瑞州雲谿洞碑 至正七年五月

右瑞州雲谿洞碑題云大寧路瑞州海濱鄉 周家莊雲谿觀碑海濱本遼舊縣置隰州治此仍隸來州 節度金皇統三年廢隰州以縣隸來州其後改來州爲宗 州又改瑞州而所隸縣如故元廢海濱縣入州故碑有瑞 州海濱鄉之稱今在塔子溝東南三百七十里瑞雲山

貞 中書平章政事高公勳德碑 至正七年

右中書平章政事河隴高公勳德碑干文傳撰碑不書其名以史攷之蓋納麟也其敘歷官與史頗合此碑因卧佛寺僧廣宣之請而作故於行宣政使事言之特詳然失立言之體矣碑稱其大父智耀爲忠簡公而史云謚文忠當以碑爲正或初謚忠簡而後改文忠乎其曾大父爲西夏駙馬亦史所未及

東祁王先生歸田興學記 至正九年

右東祁王先生歸田興學記在嘉定縣學嘉定自宋始縣學宮舊有田租歲入養士不繼邑士王子昭惟鄉校廢弛捐己田二十七頃有奇歲收租米一千一百二十餘碩擬

刱義塾以教鄉閭子弟志未遂而疾作臨終囑其弟以田歸於學時至元二十五年也又六十餘年而邑之士大夫請州教授薛元德爲文記之州判官馬遂良書之石攷唐宋碑刻之式立石人當列名碑末此碑知州孫伯元立石刻於撰書人之後篆蓋人之前乃他碑所罕見者每行遞高一格則又以官秩之崇卑差之皆非古法也

亭道山亭聯句　至正九年八月

右道山亭宴集聯句七言律詩一篇福建廉訪使僧家奴元卿僉事奥魯赤文卿申屠駉子廸赫德爾本初四人人各二句跋其後者經歷趙譚以八分書之者知事任允也

後有廉訪副使朶兒只班善卿續題亦允所書詩與書法皆可觀予頃倣計敏夫之例撰元詩紀事得之石刻者凡數十家此刻前人未有著錄者亟鈔而存之惜元卿文卿本初諸人未能攷其氏族也

元山東鄉試題名碑記 至正十年十月

右山東鄉試題名碑記元時鄉試之所凡十有七兩都十一行省眞定東平二路山東河南二宣慰司也山東宣慰司治濟南是科考試官三人禮部尚書梁宜彥中國子助教黄昭觀瀾翰林國史院典籍毛元慶文在監試官僉山東東西道肅政廉訪司事拜住知貢舉官山東東西道宣

尉使司同知副都元帥别速堅合所部三路十有三州四十有六縣之士試之得合格者蒙古四人色目五人漢人七人分左右牓右牓阿禮柏杭兄弟同舉左牓第一人李國鳳次年會試省元皆盛事也記稱鄉校未有題名題名自是科始今見存濟南府學者唯此及至正二十二年兩碑耳岸住字明善遜都思氏右牓狀元此記述其革陋扶偏禮士有法可見科目得人之效矣記文刻於碑之上方其下題名三列上層列考試監試知貢舉收掌試卷受卷彌封謄錄對讀各官中列左右牓進士姓名下列提調試院監門巡綽搜檢懷挾供給各官今時進呈鄉試錄之式

蓋出於此

初廬江縣禁鐘題字　至正十年十月

右廬江縣禁鐘題字其書廬爲庐今時俚俗簿帳小說往往見此字此鐘爲縣尹張居敬所鑄達魯花赤普顏不花以下及進士列名者十餘人而用俚鄙無稽之字足供一噱肰亦可見俗字之有本也

四長興州重修學官記　至正十一年二月

右長興州重修學官記賜進士出身承事郎前台州路天台縣尹兼勸農事會稽楊維禎撰賜同進士出身將仕郎前處州路錄事丞嘉高明書賜進士及第承務郎內臺監

察御史大名張士堅篆額維禎字廉夫泰定丁卯二甲進士明字則誠至正乙酉三甲進士士堅與則誠同榜郎是榜狀元也廉夫以詩文重東南學者稱鐵厓先生則誠長於詞曲琵琶傳奇至今膾炙人口士堅事迹無可攷據此碑知其曾任中臺御史篆書亦有法度記爲州長火魯忽達修廟而作記中又稱魯侯者從邦俗之稱或舉首一字或舉中一字無一定之式也侯字得之世家北庭平章政事保八之適子嘗游成均兩膺鄉薦碑立於至正十一年魯侯在長與已六年矣

刋 餘姚州儒學覈田記 至正十一年十一月

右餘姚州儒學覈田記至正九年大梁郭文煜知餘姚州到官謁孔子廟耆老言縣故有田贍學歲久獘滋廩入不足乃擇儒士之公廉者分歷諸鄉按籍復舊又開元孝義二鄉有海漲塗田亭民久專其利文煜遣吏疆理之得二百四十一畝悉歸之學又有史華甫者捐田五十二畝由是養士有資甬東孫元蒙爲文記之州判官傅常書諸石常自署賜同進士出身未詳登科年分

元 關王廟碑 至正十二年五月

右關王廟碑無撰書人姓名後題將仕郎汴梁路許州判官晉顏立石晉顏姓李氏陝西平涼人文稱王薨於章鄉

今當陽縣玉泉山也今號大王塚每歲清明鄉人相率上塚如祭掃之禮宋荆門守臣王銖始建祭亭環垣樹松柏紹聖三年五月賜廟額曰顯烈東廟曰昭貺卽侯子平也俗呼爲三郎荆楚之人相傳顯烈六月二十二日生昭貺五月十三日生是日朝拜祭賽者遠近輻輳焉案王之生日不見於傳紀碑所據者荆楚相傳之說今祀典遂以五月十三日爲王生辰矣文又云大元分樞密院知院總兵官南征至許昌南安營於至正十一年十一月十九日遣本院經歷文林郎和尚詣廟致禱施財增修廟宇攷元史順帝紀至正十一年五月壬申命同知樞密院事禿赤以

金石文跋尾

兵討劉福通授以分樞密院印九月壬子命御史大夫也先帖木兒知樞密院事及衞王寬徹哥總率大軍出征河南妖寇十月癸未命知樞密院事老章以兵同也先帖木兒討河南妖寇此稱知院總兵官當是也先帖木兒也

亨李世安題名　至正十三年艮月

右海道都漕運萬戶燕山李世安題名在福州府之鼓山文云至正壬辰冬余以柏府之命如廣海經三山止神光寺明年正月朔寇逼郡城是日與廉使許希文共守南門董督備禦越二十六日建邵分憲僉事郭繼先率援兵南下賊遂敗潰宵遁至正之世盜賊蠭起侵犯郡縣史不能

悉書未知其時寇福州者爲何賊也世安大都人父廷淮東宣慰使贈江西等處行中書省參知政事追封潞陽郡公謚忠靖世安由國子生入官歷監察御史分憲淮東擢鎮江路總管有治聲元史不爲立傳惟順帝紀載至正十二年五月海道萬戶李世安建言權停夏運從之卽壬辰歲也予昔遊鎮江甘露寺見大殿銅鐘款有世安名驗其年月則至正九年也擬拓其文未果今得此題名乃摭其歷官本末書之

貞濟南郡宣懿公張宓碑至正十四年三月

右濟南郡宣懿公張宓碑翰林國史院編修官李國鳳撰

文翰林學士承旨張起巖篆額皆列名於前而書丹者爲宓之從子景德則退居碑末此亦金石之一例也宓字淵仲山東行尚書省兼兵馬都元帥濟南公榮之孫淮安路總管邦憲之子幼以質子侍武宗潛邸賜名蒙古歹仁宗即位詔授以二品官辭選滕州知州入爲度支監丞出知南陽府未行改兵馬司都指揮使預討帖失赤斤鐵木兒逆黨遷彰德路總管擢山北廉訪副使改保定路總管天曆初紫荆關潰軍入保定界剽掠居民相率持梃斃其尤無良者時知樞密院也先尼（史作也先捏）駐軍城外召府同知縣尉與居民百餘人至軍責以擅殺盡戮之復下令屠城

宓時以病在告卽舁疾至帳下也先尼怒訴之曰汝欲反乎宓從容曰孰敢反耶夫軍士不戰而潰逞虐良民法所不赦小民不辨誰何倉卒格之至死樞密已殺百餘人償其死又欲屠城城中戶不下萬餘萬一激變咎將誰任我寧以身代民死耳也先尼默然猶殺張珪五子解圍去命宓諭民以不殺故皆額手相慶調眞定移平江請罷平江財賦司之隸徽政院者詔罷平江杭州集慶提舉司衆賴少蘇召爲吏部尚書拜嶺北行省參知政事以病歸復起爲山東東西道宣慰使尋致仕歸濟南至正四年卒贈江浙行省參知政事追封濟南郡公諡宣懿攷明初修元史

告成以闕順帝三十六年事遣國子典膳呂復乘驛往北平及山東開局采訪頗及碑碣北平得四百通山東二百通印識上進此碑近在濟南宓名位亦不卑且於保定有全城之功宜附見於榮傳而史無隻字及之豈采訪有罣漏歟抑曾上史局而史官漫不省歟益都李南澗好捜羅三齊掌故手搨是碑見寄喜其有裨史學爰摭其大略以諗後之讀史者榮贈太師追封濟南王謚忠襄又有張霸都兒之稱邦憲贈河南行省參知政事追封濟南郡公謚貞毅皆史所應書而失書者也蘇州府志職官表有張忙古歹至正三年以正議大夫任總管後改河南省參政者

荅卽此人惟至正當是至順之誤忙古卽蒙古譯音無定字也

利 杭州路重建廟學碑 至正十五年

右杭州路重建廟學碑江淛儒學提舉王大本撰文爲杭州路總管帖木列思重建先聖廟學而作帖木列思姓康里氏字周賢故平章軍國事追封東平王之孫陝西行中書省平章政事忠定公之子東平王者不忽木也忠定公者回回也回回謚忠定不見於元史宋濂撰神道碑亦未之及康里慶童元史有傳不言其能書此碑秀整殊有巎巎承旨之風碑末題月日上俱有空文

元重建李晉王影堂碑 至正十五年

右代州柏林寺李晉王影堂碑元至正十五年立文稱王之遠孫阿剌忽思剔吉忽里攷閲譜牒知王爲遠祖然則趙國之先出自沙陀李氏矣元史列傳述趙國世系自朮安以後俱闕如讀之輒生文獻無徵之憾據諸王表趙王馬札罕以泰定元年封此碑云至元乙亥趙王馬札罕鈞旨則重紀至元之際馬札罕尚無恙而文宗紀又有趙王不魯納意者馬札罕與不魯納即一人歟抑或馬札罕已廢而復立歟皆無明文以知之也碑又云今趙王八都帖木兒則至正中嗣立者諸王表及本紀俱不載

身安慶城隍顯忠靈祐王碑　至正十六年四月

右安慶城隍顯忠靈祐王碑淮南行省參知政事余闕撰分隸遒整而閑逸廷心以篆隸名家此其自書無疑余公大節彪炳古今獨其贈謚諸書所載互異元史本傳稱追封豳國公謚忠宣程國儒序青陽集則云謚文忠追封夏國公張紳以爲初贈夏國公謚忠愍改贈豳國公謚忠宣丁鶴年又稱爲余文貞公宋景濂手定元史而集中余左丞傳亦作文忠未審孰得其眞因錄此碑附及之

身董仲珪弭寇紀功碑　至正十七年正月

右董仲珪弭寇紀功碑在潮陽東山雙忠廟雙忠者士人

所祀唐張巡許遠二公也碑篆額止存寇字文凡二十六行首行殘泐尤甚可見者惟仲珪弭寇凱旋潮陽士民欲紀厥功數字文又稱其爲廣西憲掾作閘利民民號爲董公閘知其姓董也此碑向來未有著錄者予得之潮陽令李南澗云

元太尉丞相祀濟瀆神應記 至正丁酉十月

右太尉丞相祀濟瀆神應記湖廣等處行中書省分省照磨趙恒撰記丞相太不花駐兵洛汭遣譯史汪家奴祀濟瀆靈應之事首云至正丙申冬皇帝念南服未靖思用貴戚大臣申命太尉丞相太不花秉齊斧以廓清之按元史

本傳但云復拜湖廣行省左丞相不言移鎮河南而順帝紀云是歲河南行省左丞相太不花駐軍于南陽碑但稱丞相不署何省當闕以俟攷太不花瓮吉剌氏世爲外戚故有貴戚大臣之稱是時三公有太師汪家奴而行省之譯史乃與同名刱不以爲嫌然後世讀史者每有仞甲爲乙之病矣

亭 續蘭亭詩并序 至正二十年三月

右續蘭亭詩并序今在餘姚縣學邵吉士晉涵搨以遺予碑分四段最上一層爲圖水石竹樹極秀潤中有方池引以爲曲水者也池之上爲雩詠亭其左爲高風閣旁皆有

題字次二層則劉仁本所爲序三四層則諸人詩也序稱修禊來會四十二人今所存者惟仁本以下十二人詩各二篇意當時本刻二碑而亡其一乎元帥方承名見序中而詩失傳疑是谷珍之羣從也明詩綜載諸人姓名惟蕭山教諭朱炯誤作諸綱當從石刻正之

亨 嘉定州重建儒學記 至正二十一年二月

右嘉定州重建儒學記元人以國語命名不繫以姓故奏狀吏牘與漢人連名漢人惟舉其姓國人必全舉其名如元史河渠志載耿參政阿里尚書元典章載章閭平章張平章兀伯都剌平章之類至於公私稱謂亦然元人文集

稱完澤公阿朮公徹理公皆繫公於名之下未有目爲完公阿公徹公者以其不成語也或有稱其氏族者若姚牧庵稱博羅歡爲忙兀公趙松雪稱不忽木爲康里公施於碑版神道固宜而流俗則鮮能知之矣虞集正心堂記云忙俟名忙哥帖木耳稱忙俟省文從邦人之稱也蓋元自中葉以後里巷之民稱謂漸失其舊此碑稱鐵俟亦沿流俗之稱後云鐵俟名鐵穆爾普華與道園文同例蒙古色目各有氏族不得截取首一字爲姓而以下爲名元人尚知此法今世號稱古文者并此亦失之矣古人名字小印或用以鑒別書畫未有施於石刻者此碑末天台盧奐名

下有二圖章石刻之有私印蓋濫觴於此矣本摹刻之工未諳古法若撰文之楊鐵崖書石之褚奐篆額之周伯琦初未有印也

元察罕帖木爾祀先聖文 至正二十二年九月

右察罕帖木爾祀先聖及四配文察罕帖木爾即齊國忠襄王也碑書帖爲帖兒爲爾與元史小異攷順帝紀至正二十一年十月以察罕帖木兒爲中書平章政事兼知河南山東等處行樞密院事陝西行御史臺中丞此祀先聖在九月九日署銜已稱銀靑榮祿大夫中書平章政事知河南山東等處行樞密院事兼陝西諸道行御史臺御史

中丞則本紀所書月日未得其實矣是時蔡罕帖木爾自河南進兵山東羣盜略平遣本省都事尹師彥詣曲阜致祭孔子以兖郕沂鄒四公配享鐫文於石後題襲封衍聖公希學曲阜縣尹克當名碑書節鉞爲節越葢以同音借用

刻 慶元路儒學興修記 至正二十一年十二月

右慶元路儒學興修記温州路總管劉仁本撰并書江浙行省叅知政事周伯琦篆額方國珍倡亂海上屢降輒叛其據慶元在何年元史無明文碑云公以至正十八年領節鉞來鎮四明可補史文之闕至正二十一年加國珍司

徒亦元明二史所未載也廼賢本葛邏祿氏從其兄宦游江浙卜居於鄞碑遂寘諸耆儒之列

亨擴廓鐵穆邇祀瀆記 至正二十二年八月

右擴廓鐵穆邇祀瀆記首云至正壬寅秋詔命擴廓鐵穆邇爲總兵授光祿大夫中書平章政事兼河南山東等處行樞密院事皇太子同知詹事元史順帝紀載擴廓帖木兒初授官位與此正合察罕帖木兒以六月戊子遇害朝廷命其子代總兵必在秋初史繫於察罕帖木兒見殺之下蓋取便文不若此碑之得其實也察罕帖木兒傳稱起復擴廓帖木兒拜銀青榮祿大夫太尉中書平章政事知

樞密院事皇太子詹事此則山東既平進加之職紀書於是年十二月本傳併而一之誤矣元初諸路萬戸兼理軍民世祖以後萬戸惟治軍不治民碑載濟源軍民萬戸野仙帖木耳陳貴二人蓋至正軍興之後所置百官志至正二十年以鞏縣爲招討軍民萬戸府二十六年置嵩州軍民招討萬戸府與此同時志有載有不載者有司采訪或不備也蒙古語鐵曰帖木兒元人以爲名者極多其字或作鐵木兒或作鐵穆邇或作鐵穆而或作鐵穆耳或作鐵木而或作帖木而或作帖木耳或作帖木爾或作帖穆爾或作帖穆而或作帖睦邇或作貼木爾文殊而音義則一

也今譯爲特穆爾

亨温州路總管陳所學壙誌至正二十二年八月

右温州路總管陳所學壙誌蓋其子姓所述故題云先考陳公而末題孤哀子逢祥等泣血謹誌庚友丁卯科進士奉訓大夫前江西等處儒學提舉楊維禎塡諱按顔氏家廟碑敘述先世皆直書其名而加諱字顧盜人博引張説陳子昂劉禹錫白居易李翺諸人文證之以爲古人臨文不諱今人自述先人行狀而使他人塡諱非古也予攷周益公跋初寮王左丞贈曾祖詩末題通直郎田橡塡諱則宋人已有之鐵厓自稱庚友未審何義也所學以納粟授

杭州路於潛縣稅務大使遷泉州路晉江縣稅務大使考滿陞福州鹽場牛田司丞又入粟數萬斛除同知韶州路總管府事未任再授溫州路總管卒於官函骨航海歸塟墓在崑山縣馬鞍山之西南字甚工楷而不著書者姓名

亭山東鄉試題名碑記　至正二十二年

右山東鄉試題名碑記在濟南府學明倫堂與至正十年碑東西相向而磨滅特甚碑式與前碑同其小異者總行提調官總兵官中書平章政事口知河南山東等處行樞密院事皇太子同知詹事擴廓鐵穆邇別爲一行在上方記文之後不與餘官並列又提調官列名考試官之右正

梼之後别有副梼爾是科考試官爲刑部侍郎孫翥河南江北等處行中書省儒學提舉吳顥兵部員外郎龍于鱗正梼十有一人副梼五人姓名可辨者三四人而已

亭崑山州重修三皇廟記 至正二十三年六月

右崑山州重修三皇廟記陳秀民撰文饒介書余詮篆額皆當時知名士刻字者州人朱珪珪精於篆刻撰名蹟錄六卷亦名手也文前稱太尉承制以傑烈石同知州事後但稱石君元時嘗以色目人名有單稱下一字者石君籍隷鞏昌葢亦河西之族矣

亭隆安選公傳戒碑 至正二十四年九月

右大崇國寺壇主空明圓證大法師隆安選公特賜澄慧
國師傳戒碑資政大夫中書參知政事同知經筵事提調
四方獻言詳定使司事危素奉勅撰文幷書丹集賢大學
士光祿大夫滕國公張瑧奉勅篆額碑述戒本授受源流
最詳𨷖選卒於憲宗壬子歲至正二十三年以宣政使帖
古思不華請追賜國師之號立碑崇國寺寺今名大隆善
護國寺每月之七日八日十七日十八日二十七日二十
八日陳設百貨都人雜沓謂之西廟市予在都門久從未
一至所謂市者寺有元碑四通此其一也予好訪碑又惡
市之䦧公事之假不值市期則往觀焉歲或一至或間歲

一至寺僧皆黃帽所謂喇嘛班第者客至了不迎送不交一言獨來獨往而已攷四方獻言詳定使司至正十七年置有使副使掌書記而中書官提調之元之末季中外多故正宜納諫以通上下之情而設官以別擇之又命省臣提調之讜言之得聞者寡矣宜乎不旋踵而亡也碑稱丞相廈里者蓋在太宗時於史無所見姑記之以俟攷

[illegible]碑陰

右宣政院劄付二道刻於碑陰之上方其一云皇帝聖旨裏宣政院至正廿三年十月廿三日哈喇章怯薛第一日明仁殿有時分云云後題右劄付大崇國寺准此葢紀帖

古思不花院使陳奏及勅命危素撰文等事其一云皇帝聖旨裏宣政院至正廿六年正月□□日完者帖木兒怯薛第一日云云後半漫漶不能讀劉氏帝京景物略孫氏春明夢餘錄載此碑而不及碑陰故略書之

（目）開平縣界石 至正二十六年正月

右開平縣界石在直隸豐盈縣西北百三十里高四尺廣尺有二寸正面刻北開平縣界五字側面刻東宜興州界五字其地名上黃旗蓋元時開平縣之南界也元史地理志興州有興安宜興二縣別無宜興州之名唯文宗紀載致和元年八月陞宜興縣爲州以此碣證之正合乃知元

志之疏漏多矣明代口外不立州縣故于前朝沿革稽攷尤難乾隆初始設四旗通判駐土城子今改爲縣屬承德府

貞上虞縣受水壺銘　至正乙巳五月

右上虞縣受水壺銘至正乙巳五月江浙儒學副提舉楊彝撰并書後有同僉樞密院事張子元樞密院副張啓康方承知樞密院事方國珉諸人名乙巳者至正二十五年其時方國珍據浙東自置江浙行樞密院分治上虞新城因鑄刻漏爲晨昏之節而楊彝爲之銘彝篆書有法度其書姓從手旁葢取漢書楊雄傳也上虞立行樞密院不見

于元史殆明初史臣惡其僭越畧而不言歟

亨王用文題名　至正二十七年九月

右王用文題名在潮陽縣之白牛巖文云予偕陳中實遂時中周德源趙世延徐志仁趙東泉林汝文來遊期黃處敬戴希文不至時至正丁未秋九日靈武王用文誌凡十一行八分書大徑五寸巖之絕壁又有谷乙二篆字亦用文所書大徑三尺甚奇偉竟不知谷爲何字也用文者潮州路總管王那木罕之字元時號河西人爲唐兀氏故亦稱唐兀其實王氏也北人語罕翰相近故亦以翰爲名用文生將家子元亡恥事二姓屏跡爲黃冠者十年聞明太

祖碑書至從容引決盍司空表聖謝疊山之流世知其能詩不知其又工篆隸瑣潮陽縣知縣李素伯拓其文見貽予爲表而出之

大通法寺常住上下院地產碑

右大通法寺常住上下院地產碑今在興中故城三座塔旁文多剝落不見立碑年月而額題大元國懿州路興中州數字獨完好攷元史地理志遼陽路懿州元初嘗爲懿州路至元六年爲東京支郡自後未見升路事而興中州向屬大寧路亦無改隸懿州之文積疑久之後讀順帝紀載至正二十年以大寧路所轄興中義州屬懿州乃知志於

順帝事多缺而不書而碑之立必在至正閒也

安南

真 昭光寺鐘銘

右安南昭光寺鐘銘康熙十三年合浦海濱浮出銅鐘一鏤刻工緻文字完好末題皇越昌符九年乙丑二月好事者移置廉州府學乾隆甲午冬予奉命視學粵東得此拓本安南在宋元時嘗僭號大越未審昌符爲何人紀年頭讀

欽定四庫全書總目載越史畧三卷其書稱今上昌符元年丁巳所云今上者陳煒也自丁巳至乙丑恰九年然則

昌符乃陳煒私署之年乙丑歲當明洪武之十八年矣予家所藏金石自三代迄宋元而止此銘不當入錄但以藏弆有年不忍委棄且南交金石尠有流入中國者姑援趙氏錄日本國誥之例附之末簡

跋

嘉定錢竹汀先生搜羅金石二千餘種經跋尾者八百六十顧當日每得跋尾二百餘通門弟子輙爲刊布續成四集追題爲元亨利貞四編凡二十五卷二集七卷餘均六卷竊病其檢閱不便擬重爲編次適龍內翰硯仙重刊潛研堂全書以廣流傳元常遂獲案年編正成二十卷倣孫氏星衍重編古刻叢鈔之例各篇標題增元亨利貞字白文於上以存其舊而以瞿中溶所編金石文目錄校之則有有跋尾而目錄失載者三十四種今錄于左

北齊一保定四年九月造像記

唐四開元十四年十一月銀青光祿大夫□憲墓誌 貞元十

五年貞元無垢淨光塔銘　乾寍四年正月升僊廟興功記　王夫人墓誌

後周二

顯德六年七月匡國軍節度使贈太尉白延遇碑　尊勝陀羅尼幢

吳越一

竹林寺石幢

後蜀一

石經殘字

宋十三

龍興寺鑄金銅像菩薩并蓋大悲閣序　熙寍四年十月張琬題名　熙寍八年十月米黻五言絕句　元祐七年顏魯公新廟記　元符己卯程闕中等題名　浯溪黃庭堅題名　紹興九年二月連南夫等題名　淳熙閒蘄忠武王韓世忠碑　淳熙戊午孟冬范至能題名　淳祐丁未李良等題名　淳祐辛亥仲春蔡杭題名　姑孰帖　留忠宣帖

遼三

重熙十六年四月釋迦佛舍利鐵塔記　安德州拗建靈巖寺碑　天慶二年釋迦定光二佛的身舍利塔記

金一

大定戊申孟冬馬丹陽滿庭芳及歸山操

元八

至元二年三月濟南孟公神道碑　至大三年四月嶽州路儒學旨揮　延祐二年四月崑山州重建海寍禪寺記　延祐三年十二月廣州路銅漏壺題字　後至元元年中順大夫竹溫台碑　後至元六年十月重新粧鑾聖像記　至正十四年三月濟南郡宣懿公張宓碑　至正二十六年正月開平縣界石

其餘

標題偶異年月倒誤猶不勝指屈不復詳焉刻既成覆校一過用識數語于卷末甲申三月三日長沙胡元常子彝記

潛研堂金石文字目録

金石文字目錄

長沙龍氏家塾重刊

潛研堂金石文字目錄卷一

嘉定錢氏收藏

三代

岣嶁山銘　在長沙府嶽麓寺會稽江寗皆有翻刻本今存其一

殷比干墓銅盤銘　在汲縣

吉日癸巳四字　在贊皇縣

石鼓文　在京師國子監

焦山鼎銘　在丹徒縣焦山

曶鼎銘　在蘇州府靈巖山畢氏祠

卯敦銘

周公華鐘銘　在河間紀氏

西宮槃銘　在楊州府

孔子題吳季子墓字　唐大歷十四年蕭定重刻有張從申跋在丹陽縣

孔子題殷比干墓字　在汲縣

芊子戈銘

敔戟銘

秦

琅邪臺刻石　在諸城縣

泰山刻石　在泰山頂碧霞元君廟今亾

又　翻刻本　在泰安府城內東嶽廟

嶧山刻石　西安本　宋鄭文寶摹刻有記正書　淳化四年八月

又嶧縣本 元至元二十九年三月模刻

又江寧本 元李處巽模刻有記篆書　朱天與跋行書 至元癸巳五月

漢

魯孝王刻石 八分書　五鳳二年六月　在曲阜縣孔廟

海鹽甎字 五鳳三年　在海鹽縣

漢瓦當字 篆書

漢并天下 三　長生未央 八

長樂未央 九　與天無極 三

與天毋極 三　長生無極 九

延年益壽 二　永奉無疆 三

千秋萬歲　三　億年無疆　一

永年口口　長安甯慶　一

高安萬世　一　長毋相忘　一

蘭池宮當　一　衛　三

上林農官　一

都司空瓦　二

上林　三

右空　三

維天降靈延元萬年天下康甯　一

大廿五　一

萬物咸成一

漢瓶長生未央字　篆書四字　一瓶分五列每交縫處俱有此

漢鏡銘

上谷府卿墳壇　篆書　居攝二年三月　在曲阜縣孔廟

祝其卿墳壇　篆書　居攝二年三月　在曲阜縣孔廟

漢中太守鄐君開褒余道碑　八分書　永平六年　在褒城縣北石門

慮虒銅尺銘字　篆書　建初六年八月　在曲阜縣孔氏

中嶽太室神道石闕銘　八分書　元和五年四月　在登封縣

開母廟石闕銘　篆書　金石文字記云延光二年　在登封縣

少室神道石闕銘　篆書　在登封縣

潁州太守石闕銘 篆書 延光四年三月 在太守闕額下

諸城縣篆碑 八分書 似有延光字 在諸城縣公署

敦煌太守裴岑紀功碑 八分書 永和二年八月 在巴里坤關帝廟

北海相景君碑 八分書 漢安二年八月 在濟寗州學

碑陰

燉煌長史武班碑 八分書 建和元年 在嘉祥縣

武氏石闕銘 八分書 建和元年三月兩闕上下各有畫像拓得廿二紙 在嘉祥縣

司隸校尉楊孟文石門頌 八分書 建和二年中冬 在褒城縣

魯相置百石卒史碑 八分書 永興元年六月 在曲阜縣孔廟

孔德讓碣 八分書 永興二年 在曲阜縣孔廟

益州刺史神祠碑　八分書　□興二年六月疑是永興紀年也

孔君墓碣　八分書　文有元年乙未趙明誠以爲永壽元年也在曲阜縣

魯相韓勑造孔子廟禮器碑　八分書　永壽二年九月在曲阜縣孔廟

碑陰及兩側

郎中鄭固碑　八分書　延熹元年四月　在濟寧州學

蒼頡廟碑　八分書　延熹五年正月　在白水縣東北五十里史官村

碑陰及兩側

淮源桐柏廟碑　八分書　延熹六年正月　元至正四年二月吳炳重書

泰山都尉孔宙碑　八分書　延熹七年二月　在曲阜縣孔廟

碑陰

孔褒碑 八分書 無年月 在曲阜縣孔廟

執金吾丞武榮碑 八分書 無年月吳玉搢云當在永康元年 在濟寧州學

竹邑侯相張壽碑 八分書 建寧元年五月 在城武縣

衛尉卿衡方碑 八分書 建寧元年九月金石錄作三年者誤 在汶上縣

郭有道碑 八分書 建寧二年正月 後人重書 在介休縣

魯相史晨孔子廟碑 八分書 建寧二年三月 在曲阜縣孔廟

史晨饗孔廟後碑 八分書 即前碑之陰

淳于長夏承碑 八分書 建寧三年六月 明人翻刻本 在廣平府

武都太守李翕西狹頌 八分書 建寧四年六月 在成縣

李翕黽池五瑞碑 仝上

武都丞呂國等題名八分書　在西狹頌之後洪文惠云在天井磨厓之後未知其審

博陵太守孔彪碑八分書　建寧四年六月　在曲阜縣孔廟

碑陰

李翕析里橋郙閣銘八分書　建寧五年二月　翻刻本在略陽縣

司隸校尉楊淮碑八分書　熹平二年二月　在褒城縣

司隸校尉魯峻碑八分書　熹平二年四月　在濟寧州學

碑陰

某府君碑八分書　熹平二年十一月　在曲阜縣

武都太守耿勳碑八分書　熹平三年四月

聞熹長韓仁銘八分書　熹平四年

州從事尹宙碑 八分書 熹平六年四月 在鄢陵縣

校官碑 八分書 光和四年十月 在溧水縣學

白石神君碑 八分書 光和六年 在元氏縣

郃陽令曹全碑 八分書 中平二年十月 在郃陽縣

碑陰

尉氏令鄭季宣碑 八分書 中平二年 在濟寗州學

碑陰

蕩陰令張遷碑 八分書 中平三年二月 在東平州學

碑陰

圉令趙君碑 八分書 初平元年十二月

仙人唐公房碑 八分書 在城固縣 以下皆無年月

武氏石室畫象 八分書 在嘉祥縣

武氏左石室畫象 八分書 大小十紙 同上

武氏石室祥瑞圖 八分書 四紙 同上

武氏前石室畫象 大小十八紙 同上

武氏後石室畫象 大小十紙 同上

天祿辟邪四字 篆書

魯相謁孔廟殘碑 八分書 在曲阜縣孔廟

碑陰

中部督郵郭尙等題名 八分書 俗稱竹葉碑 在曲阜縣顔懋倫家

膠東令王君廟門碑　八分書　在濟寧州學

石人胷前殘字二　篆書　一云漢故樂安太守麃君亭口　一云府門之口　在曲阜縣

禹陵窆石題字　八分書　在紹興府

三公山碑　篆書　在無極縣

華山廟殘碑　八分書　凡七行每行五六字或七字皆題名第一行稱民餘皆故功曹　在華陰縣

孔子見老子畫象一　在濟寧州學

孔子見老子畫象二　本在寶應縣之平家莊郎古射陽地今爲江都汪氏所藏

朱鮪石室畫象

朱君長三隸字　似漢人書　在濟寧州學

殘碑十三字　八分書　在郃陽縣

恭川李崧殘字 八分書 似漢末人書

魏

公卿上尊號奏 八分書 在許州

受禪表 八分書 黃初元年十月在許州

封宗聖侯孔羨碑 八分書 黃初元年 在曲阜縣孔廟

潘宗伯韓仲元題名 八分書 泰口六年晏袤云魏明帝太和六年也 在褒城縣

廬江太守范式碑 八分書 趙明誠云青龍三年 在濟甯州學

碑陰 此即洪氏隸續誤指爲魯峻碑陰者今又失其大半矣

王基碑 八分書 景元二年四月

盪寇將軍李苞通閣道碑 八分書 景元四年十二月 在褒城縣

吳

九眞太守谷朗碑 八分書 鳳皇元年四月 在耒陽縣東五里杜公祠

禪國山碑 篆書 天璽元年 在宜興縣

紀功碑 篆書 天璽元年八月 在江寧縣學尊經閣下

宋元祐六年三月轉運副使胡宗師題記正書

又崇寧元年中秋日轉運判官石豫題名亦正書

衡陽郡太守葛府君碑額 正書 無年月 在句容縣

晉

任城太守夫人孫氏碑 八分書 文有庚寅十二月字當是泰始六年 在新泰縣新甫山下

太康甎字 太康四年八月 在海鹽縣德政鄉

楊紹買冢地莂 正書 太康五年九月

太公呂望表 八分書 太康十年三月 在汲縣

碑陰

元康甎字 元康八年 在陽湖孫季仇家云得之定遠縣旅店

湯猛甎字 元康九年八月 在海鹽縣

征東將軍軍司劉韜墓版文 八分書 無年月 在偃師縣武氏

咸和甎字 咸和四年八月 在秀水錢氏

咸康甎字 在句容縣張氏

徐奉甎字 在海鹽縣

蘭亭序 王羲之撰并行書 永和九年三月 東陽本

又 國子監本

又 寗波范氏本
又 涿州馮氏本
又 眞定梁氏本
又 慈溪姜氏本背面各一行款竝同
又 玉枕本
又 大字本 有宋紹聖二年六月蔡挺䟦 元至元辛未府谷折叔寶摹刻於同之郡學
前秦
立界山祠碑 八分書 建元二年十月 在宜君縣
碑陰刻部將姓名 八分書
重修太尉鄧公祠碑 八分書 建元三年六月

宋

牛鼎銘 篆書 文云惟甲午八月丙寅帝若稽古肈作宋器審厥象作牛鼎欱程瑶田以爲劉宋孝建元年造 在豐潤縣學

梁

石井闌題字 正書 天監十五年 在句容縣

瘞鶴銘 華陽眞逸撰 正書 在丹徒縣焦山

始興忠武王碑 徐勉撰 貝義淵書 正書 在上元縣黄城村

安成康王碑 文已摩滅獨其額存 正書 在上元縣

碑陰 正書

吴平忠侯蕭公碑 正書反刻 在上元縣

後魏

中岳嵩高靈廟碑 正書 文有大代字而不見年月中多述寇謙之事當立於太武帝時也

孫秋生等二百人造像記 孟廣達撰蕭顯慶書 正書 大代太和七年 額云邑子像
下方刻維那姓名題景明三年五月 在洛陽縣

始平公造像記 孟達撰 朱義章書 正書 太和十二年九月 在洛陽縣

孝文皇帝弔比干墓文 入分書 太和十八年十一月 元祐五年九月重刻有吳處厚記
林舍書 在汲縣

碑陰 諸臣題名 入分書

解伯達造彌勒像記 正書 太和年造

石門銘 王遠撰 正書 永平二年正月 在褒城縣

兖州刺史鄭羲碑　正書　永平四年　在掖縣

鄭道昭登雲峯山觀海詩　正書　金石錄云永平四年　在掖縣

鄭公石闕門題字　凡三石一曰鄭公之所當門石坐也一曰滎陽鄭道昭之山門也於此遊止一曰雲峯山之左闕也皆無年月

曹連造釋迦牟尼像記　正書　永平四年八月

㑺和寺造彌勒像記　正書　永平四年十月　後有清信女周阿足字

華州刺史安定王造像記　正書　永平四年十月

寧朔將軍司馬元興墓誌　正書　永平四年十月

造天尊像記　正書　延昌二年三月　在涇陽縣

楊大眼爲孝文皇帝造像記　正書　無年月　當在宣武初年　額云邑子像　在洛

陽縣

魏靈藏薛法紹造石像記　正書　無年月　額云釋迦像

涇州刺史齊郡王祐造像記　正書　熙平二年七月

洛州刺史刁遵墓誌　正書　熙平二年十月　在樂陵縣

兖州賈使君碑　正書　金石録云神龜二年四月

杜永安造无量壽佛像記　正書　神龜二年四月

趙阿歡等造彌勒像記　正書　神龜三年六月

魯郡太守張猛龍碑　正書　正光三年正月　在曲阜縣孔廟

碑陰　正書

邑子造像記　正書　正光三年　在高陵縣

懷令李超墓誌　正書　正光六年正月　在偃師縣

滎陽太守元寍造石像記　正書　孝昌二年正月

清信女□□姬造釋迦像記　正書　永熙三年五月

濟青相涼朔恒六州刺史高植墓誌　正書殘鈌　無年月　在德州

金剛般若經　正書　菩提流支譯　無年月

中嶽嵩陽寺碑　八分書　天平二年四月　在登封縣

造須彌塔記　正書　天平三年正月

清信女孫思香造觀世音像記　正書　天平四年正月

汝陽王□叔□似是照字造彌勒像題字　正書　天平四年□月　在歷城縣龍洞

齊州刺史高湛墓誌　正書　元象二年十月　在德州

敬使君顯儁碑　正書　興和二年　在長葛縣

碑陰　正書

李仲琁修孔子廟碑　正書　興和三年十二月　在曲阜縣孔廟

碑陰　正書

冀州刺史誦德碑　正書　武定二年八月

齊郡太守劉世明造石像記　正書　武定二年十二月　在益都縣

造像記　正書　武定六年九月

武德于府君等義橋石像碑　正書　武定七年四月

張保洛等造像記　正書　武定七年十二月

太公廟碑　正書　武定八年四月

造太上老君像記 正書 大統十四年四月

邑子造像記 正書 大統十五年 在涇陽縣

松滋公元萇溫泉頌 正書 無年月 在臨潼縣靈泉觀

宋景妃造釋迦像記 正書文云大魏孝三年歲次癸未故孝昌紀年不値癸未然字畫古勁似非僞託

齊

張景暉造像記 正書 天保五年七月 在益都縣

夫子廟碑 八分書 乾明元年 在曲阜縣孔廟

陽阿故縣村造石像記 正書雜篆體 河清二年五月 在澤州府

天柱山銘 鄭述祖撰 在平度州 八分書 天統元年 毛式玉云

造七佛寶堪記 八分書 天統三年三月 在偃師縣

宋買等造天宮石像記 八分書 天統三年四月 在偃師縣

造丈八大像頌 正書 天統三年五月 在許州

造彌勒像記 正書 天統四年九月

般若波羅蜜經 王子椿書 武平元年

大般若經 王子椿書

石刻佛名 正書 武平元年

董洪達造像記 正書 武平元年正月 在登封縣少林寺

隴東王感孝頌 八分書 武平元年正月 在肥城縣孝堂山

朱岱林墓志 子敬修撰序 猶子敬範撰銘 正書 武平二年二月 在壽光縣

邑義三百餘人造像記　正書　武平二年九月　在偃師縣

造像記　正書　武平二年十月

造觀音象記　正書　武平二年十一月　在臨漳縣

邑義主一百人等造塔記　正書　武平三年十二月

臨淮王像記　正書　武平四年六月　在青州府

孟阿妃造像記　正書　武平七年二月

張思文造像記　正書　承光元年正月　在諸城縣

馮翊王平等寺碑　正書兼帶八分書　在偃師縣

洛州鄉城老人佛龕碑　正書　中州金石攷云碑末有大齊□□年正月廿一日字予所得無齊字而有十□年字疑是唐貞觀中刻　在洛陽縣

周

王瓫生造像記　正書　保定四年　在江寧孫氏祠

華嶽頌　万紐于瑾撰　趙文淵書　八分書　天和二年十月　在華陰縣嶽廟

邑子造象記　正書　天和二年　在涇陽縣

造觀音像記　正書　天和四年七月　今在仁和趙氏

邑子造象記　正書　天和四年八月　在涇陽縣

宇文康造象記　正書　天和五年六月

隋

佛象題字　正書　開皇元年十一月　在濟寧州晉陽山慈雲寺

楊遵義造象記　正書　開皇三年十二月　在涇陽縣

王府君夫人張氏墓誌 正書 開皇四年十月

淮安定公趙芬碑 正書 開皇口年二月 在西安府

仲思那等造石橋碑 八分書 開皇六年二月 在鄒縣

龍藏寺碑 張公禮撰 正書 開皇六年十二月 在眞定府隆興寺

碑陰 正書

石刻佛經 正書 後有象主章仇昕娘名 開皇九年 在汶上縣

東阿王廟碑 正書兼隷 開皇十一年 在東阿縣城西八里魚山

張洪亮等造像記 正書 開皇十五年四月 在益都縣劈山

造彌陁像記 正書 開皇十六年 在涇陽縣

安喜公李使君碑 八分書 開皇十七年二月 在乾州上宫村

靈州刺史賀若誼碑 正書 在興平縣學

宋文彪等造澧水石橋碑 八分書 開皇中立 在南和縣

舍利塔下銘 孟弼書 八分書 仁壽元年十月 在青州府

舍利寶塔下銘 正書 仁壽二年四月 文云於鄧州大興國寺奉安舍利

胡叔和造像記 正書 仁壽二年十一月 在澤州府興龍寺

李世民造像記 正書 大業元年五月

滎澤令常醜奴墓志 正書 大業三年八月

陳明府修孔子廟碑 仲孝俊撰 八分書 大業七年七月 在曲阜縣孔廟

左屯衛大將軍姚辯墓志 虞世基撰 歐陽詢書 正書 大業七年十月

千字文 僧智永書 一行眞書一行草書宋大觀己丑二月薛嗣昌刻有跋 在西安府學

齊太公廟碑正書　湯滛不知世代疑是唐以前刻　在芮城縣

永樂縣造像記正書　無年號似是隋以前刻

比邱尼□暉造像記行書　無年月似是唐人却不避世字故附於隋末

潛研堂金石文字目錄卷二　嘉定錢氏收藏

唐

秦王告少林寺教　正書惟世民二字行書　武德四年四月　在登封縣少林寺

觀音寺方碣　陸德明撰　正書　武德五年

宗聖觀記　歐陽詢撰序　陳叔達撰銘　八分書　武德九年二月　在盩厔縣樓觀

千佛厓石刻　正書　有大唐武德字　在歷城縣

皇甫府君碑　于志寧撰　歐陽詢書　正書　無年月當在貞觀初　在西安府學

鄜州寶室寺鐘銘　正書　貞觀三年

孔子廟堂碑　虞世南撰并正書　貞觀四年　在西安府學

又　在城武縣學

幽州昭仁寺碑 朱子奢撰 正書 貞觀四年 在長武縣

等慈寺碑 顏師古撰 正書 金石錄云昭仁寺等慈寺碑據唐史貞觀二年立

徐州都督房彥謙碑 李百藥撰 歐陽詢書 八分書 貞觀五年三月

碑陰 八分書

九成宮醴泉銘 魏徵撰 歐陽詢書 正書 貞觀六年四月 在麟遊縣

又 翻刻本 在江寗縣學 明天順壬午祭酒吳節重刻

虞恭公溫彥博碑 岑文本撰 歐陽詢書 正書 貞觀十一年十月 在醴泉縣

睦州刺史張琮碑 正書 貞觀十三年二月 在長安縣

姜行本紀功碑 正書 貞觀十四年六月 在哈密城北天山今爲鎮西府地

伊闕佛龕記 岑文本撰 褚遂良書 正書 貞觀十五年十一月

褒忠壯公段志玄碑 正書 貞觀十六年 在醴泉縣

造石像記 正書 貞觀十八年 在歴城縣千佛厓

贈比干太師詔并祭文 薛純陁書 八分書 貞觀十九年二月 在汲縣

晉祠銘 太宗御製并行書 貞觀二十一年七月 在太原縣

又 翻刻本

思順坊老幼等造彌勒龕記 正書 貞觀二十二年四月 在洛陽縣

國子祭酒孔穎達碑 于志寧撰 正書 貞觀二十二年 在醴泉縣

太宗屛風書 草書 宋嘉泰甲子十月王允初刻石於餘杭縣 元延祐丙辰縣尹王昌遷立縣廳

洛陽鄉望父老等造像記 淳于敬一撰 正書 永徽元年 在洛陽縣

梁文昭公房玄齡碑 褚遂良書 正書 無年月 在醴泉縣

三藏聖教序太宗御製　褚遂良書　正書　永徽四年十月　在永安府慈恩寺

三藏聖教序記高宗御製　褚遂良正書　永徽四年十二月　仝上

萬年宮銘高宗御製幷行書　永徽五年五月金石文字記作六年誤　在麟遊縣

碑陰長孫無忌等四十八人題名皆自書

潁川定公韓仲良碑于志甯撰　王行滿書　正書　永徽六年三月　在富平縣學

汾陰獻公薛收碑正書　關中金石記云于志甯撰　永徽六年八月　在醴泉縣

渝國公劉元意造像記正書　顯慶二年九月　在歷城縣千佛厓

封曾客造釋迦像記正書　顯慶二年九月

三藏聖教序幷記太宗撰序　高宗撰記　王行滿書　正書　顯慶二年十二月　在偃師縣

南平長公主造像記正書　顯慶二年　在歷城縣千佛厓

禮部尙書張允碑　正書　顯慶三年三月　在醴泉縣

衛景武公李靖碑　許敬宗撰　王知敬書　正書　顯慶三年五月　在醴泉縣

王居士塼塔銘　上官靈芝撰　敬客書正書　顯慶三年十月

趙王福造彌陁像記　正書　顯慶三年　在歷城縣千佛匡

鄂忠武公尉遲敬德碑　許敬宗撰　正書　金石錄云顯慶四年三月　在醴泉縣

紀功碑　高宗御製并行書　顯慶四年十月　在汜水縣

蘭陵長公主碑　正書　金石錄云李義甫撰　寶刻類編云竇懷哲書　顯慶四年十月　在醴泉縣

平百濟碑　正書　後半缺不見年月當在顯慶五年

勑使東岳先生郭行眞造像記　正書　顯慶六年二月　在泰山岱岳觀今呼老君堂

附　萬歲通天二年三洞道士口文儁造像記　正書

久視二年正月青元觀主麻慈力奉旨齋醮記 正書
儀鳳三年三月法師葉法善奉勅設醮記 正書
長安元年十二月金臺觀主趙敬奉勅造天尊像記
正書
長安四年九月設醮記 張浚書 正書
長安四年十一月造像記 正書
大曆七年正月修金籙齋醮記 行書
大曆七年正月公孫杲贈諸法師詩 正書
大曆八年九月設醮記 正書左行
大曆十口年二月淄州刺史王圓等題名 行書

天授二年二月中岳先生馬元貞奉勑齋醮并造像記 正書

神龍元年三月法師阮孝波奉勑齋醮并造像記 正書

貞元十四年十二月兖州刺史任要等題名 行書左行

景龍二年二月東岳設醮記 行書

景龍三年三月龍興觀主杜大素等奉勑設大醮記 正書

任要臘月與韋戸曹遊發生洞見白蝙蝠詩 行書左行

景雲二年六月賜道士楊太希勅 正書

景雲二年八月設醮記 行書

開元八年七月修岱嶽觀記 行書
開元十九年十一月張遊霧等修齋記 行書
開元廿年二月胡寂等題名 行書左行
建中元年二月淄青支度判官敬誉等題名 正書
建中元年祭岳題名 正書
聖曆元年臘月恒道彥弟子晁自揣奉勑造老君像記 正書
兖州團練使都虞候高晃等題名 正書左行
祭岳題名
陪勑使麻先生祭岳詩 馬□□撰 正書

政和甲午董元康題名 行書 政和甲午重九日

徂徠山人高季良等題名 行書

乾封縣令劉難等題名 正書

左監門將軍許洛仁碑 正書 金石文字記云龍朔二年十一月 在醴泉縣

三藏聖教序并記 褚遂良書 正書 龍朔三年六月 在同州府學

濟度寺比丘尼法顯墓志 正書 龍朔三年

道因法師碑 李儼撰 歐陽通書 正書 龍朔三年十月 在西安府學

碑額佛名 正書 額七字八分書

騎都尉李文墓志 正書 麟德元年二月

造石碑像記 行書 麟德甲子九月

會善寺造像記　郭知及書　正書　麟德元年十月　在登封縣

贈泰師孔宣公碑　崔行功撰　孫師範書　八分書　乾封元年　在曲阜縣孔廟

燕公于志寧碑　令狐德棻撰　子立政書　正書　金石錄云乾封元年十一月　在三原縣

紀國先妃陸氏碑　正書　乾封元年十二月　在醴泉縣

朝請大夫雷君墓志　正書　有總章二年字

碧落碑　篆書　咸亨元年　在絳州

淄川公李孝同碑　諸葛思禎書　正書　咸亨元年五月　在三原縣

左監門將軍張阿難碑　僧□□書　正書　咸亨二年九月　在醴泉縣

金剛經　王知敬書　正書　咸亨三年十月　在登封縣少林寺

三藏聖教序幷述聖記幷心經　僧懷仁集王右軍書　行書　咸亨三年十二月

在西安府學

中書令馬周碑 許敬宗撰 殷仲容書 八分書 金石錄云上元元年十二月 在醴泉縣

薛公阿史那忠碑 正書 金石錄云上元元年十二月 在醴泉縣

王仁恪造阿彌陁像記 正書 上元二年三月

孝敬皇帝叡德記 高宗御製并行書 上元二年八月 在偃師縣

棲霞寺明徵君碑 高宗御製 高正臣書 行書 上元三年四月 在江寧府攝山棲霞寺

修孔子廟詔表 八分書 儀鳳二年七月 在曲阜縣孔廟 即贈泰師碑陰也

英貞武公李勣碑 高宗御製并行書 儀鳳二年十月 在醴泉縣

李万通造彌勒像記 正書 儀鳳三年七月

調露殘碑 正書 調露元年七月 在濟寧州河長口關帝廟

開業寺碑李尙一撰　蘇文舉書　正書　開耀二年二月

天后御製詩幷書一通王知敬書　正書　永淳二年九月　在登封縣

散騎常侍褚亮碑八分書　在醴泉縣

申文獻公高士廉塋兆記許敬宗撰　趙模書　正書　在醴泉縣

新息令口君墓志正書　光宅元年十一月

奉先觀老君像記李審幾撰　沮渠智烈書　正書　垂拱元年十二月

王徵君臨終口授銘弟紹宗甄錄幷正書　垂拱二年四月　在登封縣

劉孝光造彌勒像記正書　垂拱三年口月

沐澗魏夫人祠碑路敬淳撰　僧從謙書　行書　垂拱四年正月　在河內縣

美原神泉詩序韋元旦撰　尹元凱書　篆書　垂拱四年四月　在富平縣美原鎮

美原神泉詩 尹元凱溫翁念李鵬各一首 元凱篆書 仝上

梁府君并夫人唐氏墓志 朱賓撰 鄭莊書 正書 垂拱四年十一月

述聖紀 武后撰 中宗正書 文明元年八月 在乾州乾陵上

宣州刺史陶府君德政碑 寶刻類編云僧靈廓撰陶德凱書 正書 永昌元年二月 在當塗縣橫山

朝請大夫雷府君墓志 正書 永昌元年

邛州刺史狄知愻碑 正書 金石錄云載初元年正月

右虞候副率乙速孤昭祐碑 苗神客撰 正書 金石錄云釋行滿書 載初二年二月 在醴泉縣

滎德縣丞梁師亮墓誌 正書 萬歲通天二年二月 在長安縣百塔寺

馮善廓造浮圖銘　趙口撰　行書　萬歲通天二年四月

鴻慶寺碑　正書　聖曆口年　在澠池縣

河東州刺史王仁求碑　撰人姓名曼漶　長子善寶書　正書　聖曆元年正月

中嶽體元先生潘尊師碣　王適撰　司馬子微書　八分書　聖曆二年二月　在登封縣

昇仙太子碑　武后御撰并行書　聖曆二年六月　在偃師縣

明堂令于大猷碑　正書　聖曆三年十一月　在三原縣

武后游石淙詩并序　薛曜書　正書　久視元年五月　金石錄云無年月　在登封縣

懷州大雲寺碑　賈膺福撰并八分書　大足元年五月　在河內縣

順陵殘碑　武三思撰　相王旦書　長安二年正月　在咸陽縣　今存三石　一在縣治　一在儒學　一在縣民竇氏

漢忠烈紀信墓碑 盧藏用撰并八分書 長安二年七月 在榮澤縣

高延貴造像贊 正書 長安三年七月

王璿造阿彌陁像銘 王無惑書 正書 長安三年七月 在西安府寶慶寺

韋均造佛像銘 正書 長安三年九月

蕭元眘造佛像讚 正書 長安三年九月

姚元之造像記 正書 長安三年九月 在西安府寶慶寺

李承嗣造佛像銘 正書 長安三年九月

姚元景光宅寺造像銘 正書 長安四年九月

共城縣百門陂碑 辛怡諫文 張元琮記 孫去煩書 行書 長安四年九月 在輝縣百泉

金剛經 菩提流支譯本 正書 無年月中有武后新製字

六門陁羅尼經 心經 正書 刻於金剛經之後

尊勝陀羅尼經 行書中雜隸體後半缺不見年月中有武后新製字 在涇陽縣

游仙篇 武后製 薛曜書 正書 在昇仙太子碑陰

大德寺碑 正書 武后時立 在澠池縣

千佛碑 武后時立 無字惟有佛像 在鳳翔府法門寺

碑側 正書

中興三藏聖教序 中宗御製 八分書 金石錄云唐奉清縣四禪寺一書 神龍三年五月今殘缺 在長

滎陽縣令盧公清德文 劉穆之撰 王守質書 八分書 神龍三年五月

口部將軍功德記郭謙光撰并八分書　景龍元年十月
在太原縣
賜滎陽令盧正道勑　飛白書　景龍元年十一月
道德經　正書　景龍二年正月　在易州龍興觀
比邱尼法琬碑　沙門承遠撰　劉欽旦書　正書　景龍
三年五月　在西安府學
長安縣丞蕭思亮墓誌　顏惟貞撰　正書　景雲二年二
月　在西安府
許公蘇瓌碑　盧藏用撰并書　八分書　張說撰銘　景
雲二年三月　在武功縣
景龍觀鐘銘　正書　景雲二年九月　在西安府鐘樓
孝子郭思訓墓誌　正書　景雲二年十二月
易州石浮圖頌　王利貞撰　正書　太極元年四月
亳州錄事參軍馮本紀孝碑　閻朝隱撰閻字缺上半　嫡
子敦直書　八分書　先天

元年十一月　在高陵縣

僧九定等造像記　正書　先天二年九月　在江寧縣孫氏祠

涼國公契苾明碑　婁師德撰　殷元祚書　正書　先天二年十二月　在咸陽縣

周公祠碑　賈□義撰　正書　開元二年十二月　在偃師縣

醴泉寺誌公碑　行書　開元三年十月　在鄒平縣

嶲州都督姚懿碑　胡皓撰　徐嶠之書　正書　開元三年十月

法藏禪師塔銘　田休光撰　正書　開元四年五月　在長安縣終南山

協律郎裴公妻賀蘭氏墓志　正書　開元四年十二月

有道先生葉國重碑　李邕撰并正書　開元五年三月　重刻本

光祿少卿姚彝碑　崔沔撰　徐嶠之書　正書　開元五年四月　在洛陽縣

宗聖觀主尹尊師碑 員半千撰 八分書 開元五年十月 元大德元年重摹 在盩厔縣

幽棲寺浮圖銘 正書 開元六年七月

鬱林觀東巖壁記 崔逸撰 八分書 開元七年正月 在海州雲臺山

兗州都督于知微碑 正書 金石錄云姚崇撰 開元七年六月 在三原縣

贈太尉王仁皎碑 明皇御書 八分書 開元七年十月 在同州羌白鎮

修孔子廟碑 李邕撰 張庭珪書 八分書 開元七年十月 在曲阜縣孔廟

雲麾將軍李思訓碑 李邕撰并行書 開元八年六月 在蒲城縣

華嶽精享昭應碑 咸廙撰 劉升書 八分書 開元八年 在華陰縣嶽廟

北嶽府君碑 韋虛心撰 陳懷志書 行書 開元九年三月 在曲陽縣北嶽廟

鎮軍大將軍吳文墓誌 沙門大雅集王右軍書 開元九年十月 在西安府學

雲居寺李公石浮圖銘 梁高望書 行書 開元十年四月

萊州刺史唐府君德政碑 八分書 無年月 在萊州府治 按金石録有萊州刺史于府君碑沙門重閏八分書開元十年七月疑即此碑傳寫之譌以唐爲于耳

大盧舍那像龕記 開元十年十二月

秦望山法華寺碑 李邕撰并行書 開元十一年二月金石録作二十三年十二月 在紹興府

娑羅樹碑 李邕撰并行書 開元十一年十月 在淮安府治 王申重刻 明隆慶

御史臺精舍碑 崔湜撰 梁昇卿書 八分書 開元十一年 在西安府學

御史臺題名 在碑陰 第一行及盧懷慎崔湜陸景初三人名八分書餘皆正書

少林寺賜田牒 正書 開元十一年 在登封縣

內侍高福墓誌 孫翌書 行書 開元十二年正月

香積寺主淨業法師塔銘 畢彥雄撰 正書 開元十二年六月 在長安縣香積寺

王無競墓誌 正書 據文苑英華孫逖撰 開元十二年十月 在萊州府

楊將軍新莊像銘 正書 開元十二年十月 在西安府花塔寺

虢國公楊花臺銘 申屠液撰 正書 不著年月蓋與前碑本一篇而分刻於兩石也

比邱尼堅行禪師塔銘 正書 開元十二年十月

涼國長公主碑 蘇頲撰 明皇八分書 開元十二年十一月 在蒲城縣

華山銘殘字 明皇御製并八分書 開元十二年十一月 今惟存四字亦殘闕 在華陽縣嶽廟

右武衛大將軍乙速孤行儼碑 劉憲撰 白義晊書 八分書 開元十三年二月 在醴泉縣

鄎國長公主碑 張說撰 明皇八分書 開元十三年四月 在蒲城縣

述聖頌達奚珣序呂向撰頌并正書　開元十三年六月　在華陰縣嶽廟

象城縣光業寺碑楊晉撰行書　開元十三年六月　在隆平縣

明皇行次成皐詩史敘書行書　開元十三年十月

紀泰山銘明皇御製并八分書　開元十四年九月　在泰山頂嶽廟後厓上

端州石室記李邕撰正書　開元十五年正月　在肇慶府七星巖

北岳祠碑張嘉貞撰并正書　開元十五年八月　在曲陽縣北嶽廟

道安禪師碑宋儋撰并行書　開元十五年十月　在登封縣

少林寺碑裴漼撰并行書　開元十六年七月　在登封縣

佛說六門陁羅尼經行書　開元十六年楊淡立　在隴州

敬節法師塔銘正書　開元十七年七月　在咸寧縣

興唐寺主尼法澄塔銘 嗣彭王志暕撰并正書 開元十七年十一月 在咸甯縣

嶽麓寺碑 李邕撰并行書 開元十八年九月 在長沙府嶽麓山

東林寺碑 李邕撰并行書 開元十九年七月 在九江府東林寺

比邱尼堅行禪師塔銘 正書 開元二十一年閏三月 在西安府城南

代國長公主碑 鄭萬鈞撰并行書 開元二十二年十二月 在蒲城縣

謁郭巨祠堂記 八分書 金石錄云楊傑撰李皐八分書 今止存口行 開元二十三年七月 在肥城縣孝堂山

北嶽神廟碑 鄭子春撰 崔鐶書 八分書 開元二十三年閏十一月 在曲陽縣北嶽廟

碑陰記 八分書

慈州刺史鄭府君碑 八分書 開元二十四年

元氏令龐履溫淸德頌 邵混之撰 蔡有鄰書 八分書 開元二十四年 在元氏縣

李儋華嶽題名 正書 開元二十四年六月 在華陰縣華嶽頌碑側

附 別駕蘇頲題名 正書 開元二十六年八月

下邽縣丞孫廣等題名 正書 廣德二年六月

華陰令李仲昌等題名 韋滸書 正書 廣德□年三月

禮部尚書裴士淹題名 正書 大曆五年六月

華州司士參軍郭豐等題名 崔栿書 正書 元和元年七月

賈竦謁華嶽廟詩 正書 元和元年十月 後有大和六年姪男瓌

大智禪師義福碑 嚴挺之撰 史惟則書 八分書 開元二十四年九月 在西安府學

碑陰記 陽伯成撰 史惟則書 八分書 開元二十九年五月 附

齊州神寶寺碑 李巽撰并八分書 開元二十四年十月 在長清縣

佛說蜜多心經 行書 無年月 刻于神寶寺碑側

美原縣尉張昕墓志 正書 開元二十四年十月

令長新戒 明皇御製 韋堅書 正書 開元二十五年二月

臨高寺碑 常允之撰 弟演之書 開元二十五年四月 在閿鄉縣

三藏無畏不空法師塔記 正書 開元二十五年八月 在咸陽縣

濟度寺尼惠源和上神空誌 楊休烈撰 蕭定書 正書 開元二十五年十一月 在西安府

修尉遲迥廟碑 閻伯璵撰序 顏眞卿銘 蔡有鄰書 八分書 金石文字記云開元二十六年正月

尊勝陁羅尼經 正書 開元二十六年二月 在宜興縣靜山庵

任城縣橋亭記 游芳撰 王子言書 八分書 開元二十六年閏八月 在濟寧州學

御注道德經 行書 開元二十六年十月 在易州龍興觀

易州鐵象頌 王端撰 蘇靈芝書 行書 開元二十七年五月 在易州

易州刺史田公德政碑 徐安貞撰 蘇靈芝書 行書 開元二十八年十月 在保定府蓮池書院

莒公唐儉碑 正書 金石錄云開元二十九年二月 在醴泉縣

石壁寺鐵彌勒像頌 林諤撰 房嶙妻高氏書 行書 開元二十九年六月 在交城縣

眞容應見記 蘇靈芝書 行書 開元二十九年六月 在易州

又 仝上 在盩厔縣

金仙長公主碑 徐嶠之撰 明皇御書 行書 開元中立 在蒲城縣

虢國公造像記 行書 開元口口年四月 黃叔璥以爲徐浩書 在洛陽縣

內侍省功德碑 行書 開元口年 在洛陽縣

雲麾將軍李秀殘碑 金石錄云李邕撰并行書 天寶元年正月 在順天府學文信國祠

褒封四子勑 正書 天寶元年二月 在盩厔縣樓觀

大照禪師碑 李邕撰并行書 天寶元年

兗公之頌 張之宏撰 包文該書 正書 天寶元年四月 在曲阜縣

告華嶽文 韓賞撰 韓擇木書 八分書 天寶元年四月 在華陰縣嶽廟

老子靈應頌 戴璇撰序 劉同昇撰頌 戴伋書 八分書 天寶元年七月 在盩厔縣樓觀

吏部南曹石幢頌 左光胤撰序 尹玉祚撰頌 正書 天寶元年九月 後有梁貞明二年題

字　在鄠縣草堂寺

賜張說勅　行書　金石文字記載於天寶元年

張尊師遺烈碑　蔡瑋撰　韓贇書　正書　天寶二年六月

金籙齋頌　崔明允撰　史惟則書　八分書　天寶二年十月　在浮山縣

隆闡大法師懷惲碑　行書　題云懷惲及書　天寶二年十二月　在西安府學

法昌寺主身塔銘　韓詮撰　董光朝書　天寶二年十二月

嵩陽觀聖德感應頌　李林甫撰　徐浩書　八分書　天寶三載二月　在登封縣

騎都尉薛良佐塔銘　再從兄鈞撰　正書　金石文字記云弟良史書　天寶三載閏二月

御注孝經　明皇御製序并注并八分書　天寶四載九月　在西安府學

權澈琵琶泓詩　王紆書　行書　天寶五載五月　在澤州府

淨藏禪師身塔銘 行書 天寶五載十月 在登封縣

逸人竇居士神道碑 李邕撰 段清雲書 行書 天寶六載二月 在三原縣橋頭鎮

周夫人墓誌 正書 天寶六載十月 在長安縣

北嶽封安天王銘 李荃撰 戴千齡書 八分書 天寶七載五月 在曲陽縣嶽廟

碑陰 康傑撰 戴千齡書 八分書

崇仁寺尊勝陁羅尼石幢 張少悌書 行書 天寶七載五月

天寶七載殘碑 八分書 有天寶七載五月十三日字又有敬仙兒等人名

吏部常選潘智昭墓志并蓋 正書 天寶七載七月

郭密之使永嘉經謝公石門山詩 正書 天寶八載冬仲月勒 在青田石門洞

少林寺靈運禪師功德塔銘 崔琪撰 沙門勒口書 行書 天寶九載四月 在登封縣

尊勝陀羅尼經　正書　天寶九載八月　後有施主張超名

中嶽永泰寺碑　沙門靖彰撰　荀望書　正書　天寶十一載閏三月　在登封縣

多寶佛塔感應碑　岑勛撰　顏眞卿書　正書　天寶十一載四月　在西安府學

常董口造象記　正書　天寶十一載八月　在濟寧州普照寺

贈武部尚書楊珣碑　明皇御製幷八分書　天寶十二載二月　在扶風縣

內常侍口志廉墓志　申堂構撰　韓獻之書　行書　天寶十三載六月

東方朔畫像贊　夏侯湛撰　顏眞卿書　正書　天寶十三載十二月　在陵縣

碑陰記　顏眞卿撰幷正書

張希古墓誌　田潁書　行書　天寶十五載四月　在長安縣

雲門山投龍詩　趙居貞撰　吳口書　正書　金石錄云天寶中立　在益都縣雲門山　終

潛研堂金石文字目錄卷三　嘉定錢氏收藏

唐

憫忠寺寶塔頌　張不矜撰　蘇靈芝書　行書　至德二載十一月　在京師憫忠寺

華嶽題名　顏真卿書　正書　乾元元年十月　在華陰縣嶽廟

華州刺史張惟一祈雨記　李權書　八分書　乾元二年二月　在華嶽廟

通微道訣碑　肅宗御製　行書　乾元二年六月　元戊午歲重刻　在三原縣大化觀

縉雲縣城隍廟記　李陽冰撰并篆書　乾元二年八月　宋宣和中重刻　在縉雲縣

華陰縣令王宥等題名　李樞書　八分書　上方題上元二年二月篆書亦李樞筆也　在華嶽廟

邱據題名　正書　寶應二年六月　在華嶽廟

劉士深等題名 正書 廣德元年三月 在華嶽廟

顏魯公與郭僕射書 行草 王澍云當在廣德二年十一月 在西安府學

贈太保郭敬之家廟碑 顏眞卿撰幷正書 廣德二年十一月 在西安布政司廨

碑陰 行書

左武衛大將軍白道生碑 于益撰 摯宗書 正書 永泰元年三月 在咸寧縣

怡亭銘 裴虬撰 李陽冰篆書序 李莒八分書銘 永泰元年五月 在武昌縣

陽華巖銘 元結撰 瞿令問書 序八分書銘古文篆隸三體書後題年月篆書 永泰二年五月

成德軍節度使李公紀功載政頌 王佑撰 王士則書 行書 永泰二年七月 在眞定府

碑陰題名 正書

峿臺銘元結撰　篆書　大曆二年六月　在祁陽縣浯溪

遷先塋記李季卿撰　李陽冰書　篆書　大曆二年在西安府學

三墳記李季卿撰　李陽冰書　篆書　大曆二年　在西安府學

孔子廟殘碑程浩撰　顏眞卿書　正書　大曆二年在華州

光祿卿王訓墓志嗣澤王謜撰并正書　大曆二年八月

義琬禪師墓志　正書　大曆三年二月

㾕廎銘元結撰　篆書　大曆三年閏六月　在祁陽縣浯溪

大證禪師碑王縉撰　徐浩書　正書　大曆四年　在登封縣

逍遙樓三大字顏眞卿書　正書　大曆五年正月　在廣西省城

儲潭神頌裴諝撰　正書　大曆五年六月　在贑州府儲潭廟

祈雨感應頌 裴諝撰 裴宏書 正書 在儲潭神頌碑陰

潤州上元縣福興寺碑 許口撰 張從申書 後題歲在庚戌六月建蓋大曆五年也 在江寧府銅井鎮

龔邱令庾公德政頌 李陽冰撰并篆書 大曆五年九月 在寧陽縣

左金吾衛將軍臧希晏碑 張口撰 韓秀弼書 八分書 大曆五年十月 在三原縣

麻姑仙壇記 顏眞卿撰并正書 小字本 大曆六年四月

中興頌 元結撰 顏眞卿書 正書 大曆六年六月 在祁陽縣

又 翻刻本 在劒州

尊勝陁羅尼幢銘 僧晉眞撰 康玢書 行書 大曆六年十月

廣平文貞公宋璟碑 顏眞卿撰并正書 大曆七年九月 在沙河縣

碑側記　顏眞卿撰并正書　又有宋人翻刻碑側記

八關齋會報德記　顏眞卿撰并正書　大曆七年

般若臺題名　李陽冰書　篆書　大曆七年　在福州府

黄石公祠記　李卓撰　八分書　在東阿縣穀城山

碑陰記　齊嵩撰　裴平書　八分書　大曆八年七月

文宣王廟新三門記　裴孝智撰、裴平書　八分書　大曆八年十二月　在曲阜縣孔廟

元澄等題名　行書　大曆八年十二月　在華嶽廟

干祿字書　顏元孫撰　顏眞卿書　正書　大曆九年正月　宋人重刻　在潼川府

韋渷題名　正書　大曆九年四月　在華嶽廟　右方有平陸王簿杜錫等題名題云建四三月廿三日四字有磨改迹未詳其紀年

清源公王忠嗣碑 元載撰 王縉書 行書 大曆十年四月 在渭南縣鄉賢祠

妒神頌 李諲撰 行書 大曆十一年五月 在平定州娘子關

同朔方節度副使王履清碑 侯冕撰 正書 大曆十二年二月 在高陵縣

元靖先生李含光碑 顏眞卿撰并正書 大曆十二年五月 在句容縣石已裂碎

內侍監高力士碑 行書 大曆十二年五月 在蒲城縣

解慧寺三門樓讚 李宥撰 周巖金書 行書 大曆十二年六月

無憂王寺大聖眞身塔銘 張彧撰 楊播書 行書 大曆十三年四月 在扶風縣法門寺

改修吳延陵季子廟記 蕭定撰 張從申書 正書 大曆十四年八月 後有張孝思題字

重刻孔子篆吳季子墓十字題記 張從申書 正書 大曆十四年 在丹陽縣

刻於孔篆之下方其旁有建中元年八月守令盧國遷樹并建堂題字

贈揚州大都督段行琛碑 張增書 正書 大曆十四年閏五月 在汧陽縣

紫陽觀鍾題名 正書 大曆十四年九月 又一款題崇寧甲申中元日 在句容縣關帝廟

容州都督元結碑 顏眞卿撰并正書 大曆 年十一月

贈工部尚書臧懷恪碑 顏眞卿撰并正書 無年月當在大曆間金石文字記以爲廣德元年者誤 在三原縣

錢唐丞殷君夫人碑 顏眞卿撰并正書 無年月當在大曆間

李陽冰書謙卦 篆書 無年月 在蕪湖縣

又在太平府學

顔眞卿送劉太沖敘 行書 無年月 宋慶元己未戴援模刻有跋 秦堣書額 在溧水縣學

顔眞卿奉使蔡州書 行書 無年月 下方刻魯公像有宋靖康元年七月唐重題 在同州府學

顔眞卿天中山三字 正書 無年月 在汝陽縣 明嘉靖乙巳重刻

大伾山銘 洪經綸撰 正書 建中元年四月 在濬縣

顔惟貞家廟碑 顔眞卿撰并正書 建中元年七月 在西安府學

碑陰額上題字 顔眞卿書 正書

舜廟碑 韓雲卿撰 韓秀實書 八分書 建中元年在桂林府

景教流行中國碑 僧景淨撰 呂秀巖書 正書 建中二年太簇月 在西安府崇聖寺

不空和尚碑 嚴郢撰 徐浩書 正書 建中二年十一月 在西安府學

易州刺史張公山亭再葺記 王璿書 行書 碑末題云歲在作噩當是建中二年 在易州

吳嶽祠堂記 于公異撰 冷朝陽書 行書 興元元年十月 在隴州嶽祠

大伾山銘 李沛撰 行書 貞元元年 在濬縣

崔頲鄭齊聃韋綬題名 行書 貞元元年二月 在華陰嶽廟 刻於精享昭應碑旁

魏文侯師段干木廟銘 盧士牟撰 趙彤書 正書 貞元元年八月 在芮城縣

鄭播謁吳季子廟題名 正書 貞元三年五月 在丹陽縣

贈太保張延賞碑 八分書 撰書人姓名殘缺 貞元三年十月 在偃師縣

李元諒楙功昭德頌 張濛撰 韓秀弼書 八分書 貞元五年 在華州署大門外

杜兼題名　正書　貞元七年二月　在曲阜縣孔廟唐開元碑右側

姜嫄公劉廟碑　高郢撰　張誼書　行書　貞元九年四月　在邠州

聖母帖　僧懷素書　草書　貞元九年五月　在西安府學

李抱真德政碑　董縉撰　班宏書　正書　貞元九年　在潞安府

梁思墓志　正書　貞元九年十月　在平遥縣

會善寺戒壇記　陸長源撰　陸郢書　八分書　貞元十一年大火西流之月　在登封縣

鹽池靈慶公神祠記　崔敖撰　韋縱書　正書　貞元十三年八月

澄城令鄭公德政碑　鄭雲逵書　行書　金石録云陳京撰　貞元十四年正月　在澄城縣南門祠内

彭王傅徐浩碑　張式撰　金石録云次子峴書　貞元十五年十一月　在偃師縣學

軒轅鑄鼎原銘　王顔撰　袁滋書　篆書　貞元十七年正月

軒轅鑄鼎原銘　王顔撰　袁滋書　正書　下方刻王顔進王石珮表　貞元十七年三月　在閿鄉縣

追樹十八代祖晉司空猗氏侯碑　王顔撰　韋縱書　正書　貞元十七年十月

劒州長史李廣業碑　鄭雲逵撰　正書　貞元二十年十一月　在三原縣

楚金禪師碑　沙門飛錫撰　吳通微書　正書　貞元二十一年七月　刻於多寶佛塔感應碑陰

孟簡題名　正書　元和元年二月

懷素藏眞律公二帖　草書　無年月　宋元祐八年重刻在西安府學

永州刺史馮敘等題名　柳宗直書　正書　元和元年三月　在永州府朝陽巖

睦州刺史李口題名　正書　元和元年十二月　在富陽縣定山

饒州刺史李夷簡題名 正書 元和二年四月 同上

楊岐山禪師廣公碑 劉禹錫撰并正書 元和二年五月 在萍鄉縣

殿中侍御史鄭敦禮題名 正書 元和二年五月 在富陽縣定山

龍泉記 張鑄撰 裴少微書 正書 元和三年 在芮城縣

左拾遺竇叔向碑 正書 羊士諤撰 姪易直書 元和三年十月 在偃師縣

蜀丞相諸葛武侯祠堂碑 裴度撰 柳公綽書 正書 元和四年二月 在成都府

司勳員外郎薛存口等題名 正書 元和四年九月 在華嶽廟

范陽盧緝題名 正書 元和四年十月 在富陽縣定山

晉平西將軍周孝侯碑 題云陸機撰王羲之書葢唐人僞託也 行書 元和六年十一月 在宜興縣

尊勝陁羅尼碑 正書 羅延建 元和八年八月 在西安府學 後題女弟子那

河南府司錄盧公夫人崔氏誌 賈從直撰 書 公夔書 元和九年十月 正 在
洛陽縣

內侍李輔光墓誌 崔元畧撰 年四月 巨雅書 在高陵縣 正書 元和十

龍城柳銘 柳宗元書 年得此於柳州井中 行書 元和十二年 明天啓三

使院新修石幢記 高璵撰 年九月 譚藩書 在徐州府 正書 元和十二

興國寺上座憲超塔銘 沙門元應撰并行書 年十月 在淳化縣 元和十三

朔方節度使李光進碑 令狐楚撰 元和十五年 子季元書 在榆次縣 行書

南海廣利王神廟碑 韓愈撰 五年十月 陳諫書 在廣州府 正書 元和十

智者大師修禪道場碑 梁肅撰 口年十一月 徐放書 在天台山大慈寺 正書 元和

忠武軍監軍使朱孝誠碑蘇遇撰　曹郢書　正書　長慶元年二月　在三原縣

靈巖寺題記正書　長慶元年四月　前有天禧五年三月題字亦正書　在長清縣

太保李良臣碑　李宗閔撰　楊正書　正書　長慶二年　在榆次縣

邠國公功德銘楊承和撰并正書　長慶二年十二月　在西安府學

中書令張九齡碑徐浩撰并正書　長慶三年□月　宋天聖八年刁湜重刻　在韶州府

李紳題名　正書　寶曆元年二月　在肇慶府七星巖

尊勝陁羅尼幢正書　寶曆二年三月　在濟寧州普照寺

大悲陁羅尼幢正書　何宥則爲其亾兄宥卿造　寶曆二年十二月　在廣州府光孝寺

方參題名前半不全　正書　大和二年八月　在華嶽廟

李渤留别南溪詩正書　大和二年十一月

西平郡王李晟碑 裴度撰 柳公權書 正書 大和三年四月 在高陵縣奉正原

狀嵩高靈勝詩 尉遲汾撰 正書 大和三年六月 在登封縣

東郡懷古詩 李德裕撰 八分書 大和四年六月

華州刺史李虞仲題名 正書 大和四年七月 在華嶽廟

洋王府長史吳達墓誌并蓋 寇同撰 正書 大和四年十月

尊勝陁羅尼經并序 幢後銘僧敞川撰 僧无可書 行書 大和六年四月 在西安府百塔寺

甄叔大師塔銘 沙門至閑撰 元幽書 行書 大和六年四月 在萍鄉縣

龍泉記 鄭澤撰 姚全書 正書 大和六年七月

眞空寺修石幢記 張模撰并行書 大和六年八月

義陽郡王苻璘碑　李宗閔撰　柳公權書　正書　金石錄云大和七年　在富平縣學

尊勝陁羅尼經　正書　大和七年四月　在涇陽縣

靑蓮寺碑　沙門道振撰　司徒暎書　正書　大和七年十月　在澤州府

寂照和上碑　段成式撰　僧无可書　正書　大和七年十二月

阿育王寺常住田碑　萬齊融撰　碑後記于季友撰　附季友與范的唱和詩　俱范的書　行書　大和七年十二月　在鄞縣育王寺

修龍宮寺碑　李紳撰　行書無姓名　大和九年四月　在嵊縣

石鼓山西谿題名　正書　大和九年九月　在衡州府石鼓山

重陽庵題名　八分書　開成元年六月　在杭州府

國子學石經　正書　開成二年　在西安府學

周易
尚書
毛詩
周禮
儀禮
禮記
春秋
公羊傳
穀梁傳
孝經

論語

爾雅

五經文字

九經字樣

梓州刺史馮宿碑 王起撰 柳公權書 正書 開成二年五月 在西安府學

大泉寺新三門記 姚謩撰 沙門齊操書 行書 開成三年十一月 在句容縣崇明寺

湖州刺史楊漢公題名 正書 開成四年二月 在長興縣顧渚山

大徧覺法師玄奘塔銘 劉軻撰 沙門建初書 行書 開成四年五月 在西安府城南

基公塔銘 李宏度撰 沙門建初書 行書 開成四年五月 在咸寧縣興教寺

李景讓等題名 正書 開成四年六月 在華嶽廟 後有內東頭供奉官康弼題一行不見年月

蓋宋時人也

太尉李光顏碑 李程撰 郭虔書 正書 開成五年八月 在榆次縣

重修大像寺記 沙門□□書 行書 會昌元年五月

陳商題名 行書 會昌元年七月 在華嶽廟 又有後六年十月續題

尊勝陀羅尼經 胡季良書 行書 會昌元年十一月幢王姚仲文等造 在湖州府天寧寺

大達法師玄秘塔碑 裴休撰 柳公權書 正書 會昌元年十二月 在西安府學

金剛經石幢 止存下半 行書 會昌二年二月

李友義題名 正書 會昌二年四月 在嘉祥縣石龍庵旁有大和八年題字無姓名後有元慶元年三月字似後人鑿改唐宋金俱無以元慶紀元者

京兆尹崔郇題名 正書 會昌二年六月 在華嶽廟

尊勝陀羅尼幢　僧契元書　正書　會昌二年九月　在吳縣包山

尊勝陀羅尼經并序　僧令洪書　行書　會昌三年十月建五年廢大中元年十一月重建後列湖州刺史令狐綯等名　在湖州府天寧寺

處士包公夫人墓誌　正書　會昌三年十二月　在杭州府趙晉齋家

疊綵山記　八分書　無書撰人姓名　會昌四年六月　在廣西省城疊綵山

李珏題名　正書　會昌五年五月　在廣西省城風洞

義武軍節度使韋損等題名　正書　大中二年二月　在曲陽縣北嶽廟

蓬萊觀碑　孫蕭卿撰　貝汾該書　八分書　大中二年六月　在象山縣

六種眞言　曹巨川書　行書　大中二年八月　後題湖州刺史蘇特名　在湖州府天寧寺

汝南周君墓誌　正書　無姓名　大中二年十月　在海寧州

周公祠靈泉碑 崔珙奏 荅詔 正書 大中二年十二月 在岐山縣周公廟

義武軍節度使李公度等題名 正書 大中二年十二月 在曲陽縣北嶽廟

節度判官禱雨題名 正書 大中三年四月 在曲陽縣北嶽廟

勑內莊宅使牒 正書 大中五年正月 刻於大達法師碑陰

比邱尼正言疏 正書 大中五年正月 仝上

尊勝陀羅尼幢 行書 大中五年六月黎園店奉爲敬聖文思和武光孝皇帝及文武百官衆施主建 在淳化縣

尊勝陀羅尼經并序 胡季良書 行書 開成二年正月建 大中五年八月重建又有後梁乾化五年五月重修字 在杭州府龍興寺

般若波羅蜜多心經 尊勝總持經咒 正書刻銅磬上 大中五年九月

岳林寺塔記 僧君長撰并正書 大中五年 在奉化縣岳林寺

監察御史于德晦題名 正書 大中六年二月 在華嶽廟

杜順和尚行記 杜殷撰 董景仁書 行書 大中六年 在西安府開佛寺

義武軍節度使李公度等題名 正書 大中六年九月 在曲陽縣北嶽廟

吏部尚書高元裕碑 正書 金石錄云蕭鄴撰柳公權書 大中六年十一月 在洛陽縣

魏公薯先廟碑 崔口撰 柳公權書 正書 大中六年十一月

奉化縣岳林寺塔銘 李柔撰 正書 大中七年 在奉化縣岳林寺

修方山證明功德記 牟瑫撰 正書 大中八年四月 在長清縣靈巖寺

佛頂尊勝陁羅尼幢 正書 大中八年四月後有鄠縣令崔紉昌名 明洪武二十四年重立

在鄠縣

佛頂尊勝陁羅尼眞言 崔□書并撰讚　正書　大中甲戌八年秋閏月　宋皇祐五年重立　在元和縣角直鎮

下邳郡林夫人墓誌 褚符撰　正書　大中九年五月在福州府

圭峯禪師傳法碑 裴休撰并正書　大中九年十月　在鄠縣草堂寺

襄州別駕韓昶墓誌 昶自爲誌　正書　大中九年十一月

尊勝陀羅尼經 淩渭書　行書　大中十一年四月　後列功德主王用爲亾妣沈氏夫人建　在湖州府天寧寺

大佛頂首楞嚴經 淩渭書　行書　大中十一年四月仝上

鄭恒夫人崔氏墓誌 秦貫撰　正書　大中十二年二月又一本文字與此同惟鄭君名遇疑皆好事者爲之

候官縣丞湯華墓誌 林珽撰 正書 大中十二年十一月 在鄞縣東湯君廟

郎官石柱題名 正書 趙崡云後題大中十二年十一月 在西安府學

尊勝陁羅尼經幢 王鎔書 正書 咸通二年正月 在蕭山縣覺苑寺上有一行云太平興國

二年十一月重修

窣堵波塔銘 高壎撰并正書 咸通五年八月 在咸陽縣龍華寺

易定觀察使韋絢等題名 正書 咸通六年二月 在曲陽縣北嶽廟

尊勝陁羅尼經幢 李遇書 正書 咸通六年八月 在許州

尊勝陁羅尼經幢 沙門繼遠書 正書 咸通七年四月 在青州府司獄署內

尊勝陁羅尼 正書 咸通七年十二月弟子李君佐建造

後魏洛州刺史馮王新廟碑 十二代孫元德述 弟元錫書 正書 咸通八年十一

月　在偃師縣西三十里鋪

尊勝陁羅尼經并序　正書　咸通八年十二月後題建幢王弟子莫少卿名　宋太平興國五年重修　在嘉定縣城南二十四里南翔寺

內莊宅使劉遵禮墓志　劉瞻撰　崔鈞書　正書　咸通九年十一月

加句尊勝陁羅尼經　曹新書　正書　咸通十年五月　在鄠縣青王寺

尊勝陁羅尼經并序　馮卯書　行書　咸通十年六月　在湖州府天寧寺

修文宣王廟記　賈防撰　孔溫裕奏中書門下牒附　正書　咸通十一年三月　在曲阜縣孔廟

尊勝陁羅尼經　行書　咸通十一年三月後列軍事押衙陳珏等名　在湖州府天寧寺

碧落碑釋文　鄭承規書　正書　咸通十一年七月　在絳州

許環等題名　正書　咸通十一年十月　在華嶽廟

大悲心陁羅尼 正書 咸通十二年孟春 在咸寧縣東南卧龍寺

蕭山縣殘墓誌 正書 咸通十二年二月 在蕭山縣

尊勝陁羅尼經 行書 咸通十五年四月保壽寺僧從賢立

左拾遺孔府君墓志 鄭仁表撰并正書 咸通十五年

張常洧殘碑 行書 碑末有咸通字 在句容縣張氏祠

尊勝陁羅尼經并序 正書 乾符二年八月後題建造幢主弟子莫少卿名 宋太平興國五年重修 在嘉定縣南翔寺

瑯琊王夫人墓銘 正書 乾符三年二月 在西安府崇仁寺

尊勝陁羅尼經并序 李端符書 行書 乾符三年十一月 在無錫縣惠山寺

鄭畋謁昇仙太子廟詩 正書 乾符四年閏二月 在偃師縣

崇明寺殘碑　正書　有乾符四年九月字　在句容縣

尊勝陁羅尼經并讚　邢筠撰讚　行書　乾符五年八月　在許州

尊勝陀羅尼經　正書　乾符五年□月　後題弟子范信爲亾妻韓卅二娘子建　在湖州府天寍寺

尊勝陀羅尼經　正書　乾符五年七月　在昭文縣梅李鎮

大佛頂陁羅尼幢　正書　乾符六年八月　後題東都天宮寺沙門縣筆書畢又有孤子□□等伏爲先考尚書先妣蘭陵夫人敬立斯幢字

李克用題名　正書　中和五年二月　在曲陽縣北嶽廟　金天會十一年刻

撫州寶應寺鐘銘　正書　大順元年十月　又一面刻甘露陁羅尼後題淳化元年十二月僧敬昭記亦正書

重藏舍利記　沙門南叙撰　知常書　正書　景福元年十二月　在京師憫忠寺

道德經　正書　景福二年孟秋月　在易州龍興觀

觀世音經幢　正書　乾寧元年後題女弟子陳氏建立
在咸寧縣臥龍寺

內樞密使吳承泌墓誌　裴庭裕撰　閻湘書　正書　乾
寧二年十一月

吳越王錢镠券文　正書　乾寧四年八月　在臨海縣錢氏

端州銅鐘款字　正書　乾寧四年九月　又有咸平三年
三月題字　在肇慶府大門譙樓上

尊勝陁羅尼經并記　沙門元秀撰記　正書　光化二年

金剛經石幢　正書　天復三年七月　在澤州府

王審知德政碑　于兢撰　王倜書　正書　天祐三年閏
十二月　在福州府

梁府君墓志　行書　天祐十年孟冬月　文云葬于易州
東北隅一里半易縣口山鄉梁村之右

修北嶽廟碑　劉端撰　王知新書　行書　碑上半已損
惟歲在丙子十月癸未朔字尚存葢天祐十

三年也　在曲陽縣嶽廟

太師中書令北平王再修文宣王廟記　高諷撰并正書　天祐十五年四月　在定州學

碑陰　上十行行書　下方列僚屬題名正書

法門寺塔廟記　薛昌序撰　王仁恭書　正書　天祐十九年二月　在扶風縣法門寺

李靖告西嶽文　行書　在華陰縣嶽廟　以下皆無年月或殘缺

又　行書　在潞城縣　宋崇寧三年五月楊大中模刻

鄭恭王妃碑　正書

沁州刺史馮公碑　崔尚撰　郭謙光書　八分書　在咸陽縣

敬善寺石像銘　李孝倫撰　正書　文稱紀國太妃韋氏所造　在洛陽縣

姜遐碑　姜晞撰　正書　在醴泉縣

中大夫盧府君碑　行書　郎盧正道墓碑也

梁義深等題名　正書　在西安府寶慶寺

邛州刺史狄府君碑　正書　在洛陽縣

贈隴西縣君牛氏像龕碑　八分書　在洛陽縣

唐殘碑　八分書　不及三百字有突騎施可汗字

贈邢州刺史宋府君碑　正書　在沙河縣

華陰廟殘碑　權倕撰　杜繹書　八分書　在華嶽廟

張旭肚痛帖　草書　在西安府學

白鸚鵡賦　草書　題云退之或謂韓愈書也

皇甫湜五言詩　正書

杜兼題名　正書　無年月　在曲阜縣魯相謁孔廟碑側

永仙觀田尊師碑　碑字漫滅　在富平縣美原鎮

張孝孫題名　正書　題銜稱潼關節度都虞候又有元從字蓋唐刻也旁有細書熙寧字乃宋人續題　在華嶽廟

河南府參軍崔恭伯等題名　正書　在華嶽廟崔郇題名之左

居士趙琮墓誌　申胁撰　正書　丙申年七月　在益都縣李素伯家

檢校太子賓客尒朱達墓碣　程彥矩撰　正書　年月殘缺　在郃陽縣西三十里朱家河

韋君墓志　正書　曼患不可識惟題蓋大唐故韋府君墓誌銘九字尚存

右武衛大將軍李府君碑額

贈太常卿趙公碑額

石鼓尊勝經　正書　在醴泉縣

尊勝陁羅尼經　正書　後有溫州刺史李師簡建造等字汪中云在揚州府東隱庵

尊勝陀羅尼經　正書　在句容縣

尊勝陁羅尼經　周德書　行書　後題徐師範及母王氏等名　在湖州府天寧寺

尊勝陁羅尼經　胡季良讚并正書　幢已曼患不見年月有蕭山縣令丞尉諸人名　在蕭山縣覺苑寺

徐嶠游石門山詩　八分書　在青田石門洞

尊勝陁羅尼經　陸展書　行書　後有女弟子徐十四娘等施財人姓名及樹幢僧智峯上座僧巨

冊等名

尊勝陀羅尼經　正書　後有四社邑衆名　在澤州府

尊勝陁羅尼經幷銘　張鍊撰　行書　銘中有三介夏四月而不見年號　在涇陽縣

尊勝陁羅尼經幷後序　行書　後有歲在作噩及安定皇甫賓字　在涇陽縣

尊勝陁羅尼經　正書　止存下一截末有龍興寺字　在蘇州府城西隅龍興寺

尊勝陁羅尼經　行書　後有贊殘缺有處士胡季口名疑郎胡季良書　在湖州府天寧寺

尊勝陁羅尼經　王宏書　正書　在鄜城縣彼岸寺

尊勝陁羅尼幢　正書　止存一段有節度押衙左亦鎮使孫守口州節度押衙林國鎮遏使孫二行

石幢　正書　有幢主張毛顏名　在濟寧州安居天仙廟　黃小松以爲唐刻

石幢　失其上半　口徽書　正書　後題佛弟子惠敬名

尊勝陀羅尼經 行書 在廣德州城北廿里鎖山寺 此
幢不署年月當是唐末或五代時刻

景福二大字 正書 相傳李邕書 在肇慶府七星巖

樞室二大字 正書 相傳陸羽書 在樂昌縣

杭州刺史口全等題名 正書 在富陽縣定山

源方回等題名 正書 在青州府城東門壁間 李素伯
據題名有賓輩一人定爲唐刻

後梁

崇福侯廟記 錢鏐撰 行書 開平二年 在紹興府城
隍廟

裴說寄邊衣詩 僧彥修書 草書 乾化四年 在西安
府學

昭義軍節度使葛從周碑 薛廷珪撰 張瑚書 行書
貞明二年十月 在偃師縣

尊勝陁羅尼及大悲心陁羅尼幢 正書 貞明三年十一
月 在許州

後唐

澤州開元寺神鐘記　正書　天祐十一年七月　在澤州府

振武節度使李存進碑　呂夢奇撰　梁邕書　正書　同光二年十一月

尊勝陀羅尼　正書　天成三年四月澤州劉紹等造　在澤州府

武安縣重修定晉禪院千佛邑碑　正書　天成四年九月　俗名透影碑

尊勝陁羅尼經　行書　長興三年八月　在華縣淨土寺

特賜冥福禪院土地牒　正書　長興四年九月　僞齊阜昌二年二月刻　在泰安府冥福寺

後晉

贈太傅羅周敬墓誌　殷鵬撰并正書　天福二年十月　在洛陽縣

聖字山崆峒巖記 正書 天福五年七月 在澤州府

吳越文穆王神道碑 和凝撰 行書 天福八年四月
在杭州府

眞福禪院新寫藏經碑 周元休撰 正書 天福八年五
月 在泰安府眞福寺

贈太保史匡翰碑 陶穀撰 閻光遠書 行書 天福八
年六月

開化寺瑶巖閣記 蘇禹珪撰 蘇曉書 行書 開運二
年七月 元至正八年十月重刻 在
太原縣

後漢

佛說父母恩重經 正書 兗州龔邱縣剛成村孟知進造
乾祐三年

後周

衛州刺史郭公屏盜碑 杜韡撰 孫崇望書 行書 顯
德二年五月

濟州刺史任公屏盜碑李昉撰　張光振書　行書　顯德二年九月　在鉅野縣

澤州龍泉禪院記徐綸撰　王獻可撰後序并正書〉　顯德三年九月　在澤州府

中書侍郎平章事景範碑扈載撰　孫崇望書　行書　顯德三年十二月

銅舍利塔題字行書　顯德五年十一月　文云弟子夏永原并妻林一娘　在蕭山縣祇園寺

佛頂陁羅尼幢正書　顯德五載高陽許氏建　在蘇州府虎邱山

吳

大安寺鐵香爐題字　正書　太和五年七月　在南昌府

尊勝陁羅尼眞言正書　右衔贊賢坊淸信男弟子周從爲其亾妻丁氏造　天祚二年閏十一月

吳越

風山靈德王廟記　吳越王錢鏐撰　行書　寶正六年爲相之月　在武康縣

吳越國故僧統大師塔銘　行書　唐應順元年五月　何夢華云皮光業撰　在臨安縣功臣山下淨度寺桑園中

吳越國王造寶塔記　正書　乙卯歲

崇化寺西塔基記　正書　首稱吳越王長男鄭國公吳延福載興壙塔二所而後題唐下元戊午七月二十八日戊午當是後周顯德之五年碑稱唐不稱周未詳其說

閩

崇妙保聖堅牢塔記　林同穎撰　僧無逸書　正書　永隆□年□月

南漢

黃蓮山銅鐘刻字　正書　大寶二年七月　在韶州府學

拓路題記 行書 大寶三年仲冬 在潮州府西湖石上

龔澄樞造鐵塔記 行書 大寶六年五月 在廣州府光孝寺西院

雲門山大覺寺匡聖大師碑 陳守中撰 沙門行修書 正書 大寶七年四月 在乳源縣

造千佛寶塔記 行書 大寶十年 在光孝寺東院

北漢

天龍寺千佛樓碑 李惲撰 劉守淸書 行書 廣運二年八月 在太原縣

南唐

祈澤寺殘碑 保大四年十月 在上元縣高橋門外祈澤寺

紫陽觀殘碑 止存四十餘字 徐鉉撰 楊元鼎書 正書 已未十二月周顯德六年也 在句容

縣駱氏

龍興寺鐘銘 正書 南都畱守林仁肇造 乾德五年二月 在南昌府百花洲鐘樓

本業寺記 僧契撫撰 任德筠書 正書 乾德五年七月 在上元縣麒麟門外

龍光禪院元寂禪師搭碑 韓熙載撰 張藻書 入分書 開寶二年仲夏 在吉水縣龍華寺

南詔

南詔德化碑 正書 雲南通志云鄭回撰 贊普鍾十四年

南詔鐘題字 正書 建極十二年三月 在大理府感通寺

潛研堂金石文字目錄卷四　嘉定錢氏收藏

宋

重修合武廟碣　毛口撰并正書　建隆元年　在襄城縣

重修文宣王廟記　劉從乂撰　馬昭吉書　行書　建隆三年八月　在西安府學

千字文　僧夢英篆書　袁正己正書自題隸書　乾德三年十二月　在西安府學

三體陰符經　郭忠恕書　小篆徑一寸五分古文隸旁注徑五分　乾德四年四月　在西安府學刻于唐懷惲禪師碑陰

十八體書　僧夢英書　旁小字八分書碑之上方刻馬去非等十一人贈詩袁允忠正書題云丁卯年于長安集蓋在乾德五年也　在西安府學

篆書千字文序　陶穀撰　皇甫儼書　正書　乾德五年九月　在西安府學

摩利支天經　袁正己書　正書　乾德六年十月　在西安府

陰符經　袁正己書　正書　乾德六年十一月　即刻摩利支天經之下方

嵩山會善寺重修佛殿碑　王著撰　王正己書　行書　開寶五年閏二月　在登封縣

龍池石塊記　行書　開寶六年四月　在濬源縣

修周武王廟碑　盧多遜撰　孫崇望書　行書　開寶六年十月　在咸陽縣

修周康王廟碑　黄遜浮撰　孫崇望書　行書　開寶六年十月　在咸陽縣

修唐太宗廟碑　李瑩撰　孫崇望書　行書　開寶六年十月　在醴泉縣

新修南海廣利王廟碑　裴麗澤撰　韓溥書　開寶六年十月　在廣州府南海廟

潘美等題名　正書　刻于宋新修南海廟碑陰

新修嵩嶽中天王廟碑　盧多遜撰　孫崇望書　行書　開寶六年十二月　在登封縣

新修商中宗廟碑 梁周翰撰 司徒儼書 行書 開寶七年四月 在內黃縣

龍興寺記 撰文者名帖而不著姓 正書 開寶八年四月 在同州府

蒼公碑 韓從訓撰 韓元正書 正書間雜行艸 開寶八年大呂月 在白水縣

碑陰字與碑相似

福嚴院中書門下牒 正書 太平興國三年五月 在澤州府

夫子廟堂碑 唐程浩撰 僧夢英書 正書 題壬午六月葢太平興國七年也 在西安府

兖州文宣王廟碑 呂蒙正撰 白崇矩書 行書 太平興國八年十月 在曲阜縣

廣慈禪院新修瑞象記 陳摶撰 楊從乂書 正書 雍熙二年三月 在咸寧縣香城寺

上清太平宮鐘口記 王化基撰 趙偉書 行書 後題皇宋耕籍之元年七月葢端拱元年也

新譯三藏聖教序 太宗御製 沙門雲勝書 八分書 端拱元年口月 在西安府學

重修鑄大悲像并閣碑 田錫撰 吳郢書 行書 端拱二年正月 在眞定府龍興寺

潭州鐵佛寺塔柱文 董護書 正書 淳化元年 在長沙府

善才寺觀音院記 陽畯撰 梁文素書 行書 淳化元年五月 在禹州

禱先聖文 徐休復撰 彭展書 八分書 淳化二年三月 在曲阜縣 中溶案三月當作四月

重修北嶽安天王廟碑 王禹偁撰 黄仲英書 行書 淳化二年八月 在曲陽縣

石幢 正書 淳化二年十月 在嘉祥縣七日山

巡撫使呂文仲題名 正書 淳化四年正月 在西安府學大智禪師碑陰

福昌院功德記 李用晦撰 沙門山文書 正書 淳化四年閏十月

殿直崔承業題名 正書 淳化四年十一月 在西安府學大智禪師碑陰

涇州回山重修王母宮記 陶穀撰 咸平元年 僧夢英書 行書

贈夢英大師詩 陶穀等三十二人作 咸平元年正月 僧正蒙書 正書 在西安府學

篆書目錄偏旁字源 僧夢英篆書 書皆正書 附自序及郭忠恕答 咸平二年六月 在西安府學

敕賜西嶽廟乳香記 韓見素撰 平六年九月 口智通書 正書 咸

檢校太保程德元神道碑 撰人姓名殘缺 書 景德二年 王坦書 行

敕修文宣王廟牒 正書 景德三年二月 在曲阜縣

頒行莊子詔 正書 景德三年八月

黃夢松留題江兄祕丞監讀易亭詩 行書 月 景德四年二

林渭夫送交代祕丞歸闕詩 行書 景德四年閏五月

陳緫等題名 劉起書 行楷 景德四年仲冬月 在肇慶府七星巖

景德寺中書門下牒并澤州帖 俱行書 景德四年十一月 帖在十二月 金泰和八年刻石有題字 在澤州府

謝天書述二聖功德頌 眞宗御製御書 正書 大中祥符元年十月 在泰安府城南門外

青帝廣生帝君贊 眞宗御製 正書 大中祥符元年 聶欽日舊在泰山南麓青帝觀今亾

禪社首壇頌 王欽若撰 正書 大中祥符元年 在泰安府

祀文宣王廟題名記 裴瑀書 行書 大中祥符元年十一月 在曲阜縣

重修魏孝文廟碑 劉涥撰并正書 大中祥符二年三月 在澤州府龍門峽

賜御書與九經正義釋文敕牒 行書 大中祥符二年四月 在曲阜縣

永興軍修文宣王廟大門記　孫僅撰　冉宗閔書　行書　大中祥符二年六月　在西安府學

封祀壇頌　王旦撰　裴瑀書　行書　大中祥符二年七月　在秦安府城東南二里

廣武原宣聖家廟碑　孔冕撰　正書　大中祥符二年十月

元聖文宣王贊　眞宗御製御書　正書　大中祥符二年十一月　在曲阜縣

口口禪師述　僧靜己書　行書　大中祥符三年正月　在西安府學

重刊旌儒廟碑　唐賈至撰　徐珽書　正書　大中祥符三年五月張綽重刊　在臨潼縣

龍泉寺普濟禪院碑　閻仲卿撰　僧善儁書　行書　大中祥符三年十一月　在汧陽縣龍泉山

龍門銘　眞宗御製并書　正書　大中祥符四年三月

靈顯王廟之贊　眞宗御製并書　正書　大中祥符四年三月　在鄭州

棣州防禦使贈貝州觀察使石公碑　楊億撰　尹熙古書　行書　大中祥符四年十二月

御製元聖文宣王贊及加號詔　正書　大中祥符五年十一月　在南雄縣學

東嶽天齊仁聖帝碑　晁迥撰　尹熙古書　行書　大中祥符六年六月　在泰安府城內嶽廟

中嶽中天崇聖帝碑　王曾撰　白憲書　行書　大中祥符七年九月　在登封縣

眞宗賜陳堯咨勑　堯咨行書　大中祥符七年九月　在西安布政司廨

北嶽醮告文　眞宗御製　白憲書　行書　大中祥符八年二月　在曲陽縣

河東轉運使陳堯佐劄子　行書　大中祥符八年十二月　在澤州府大井關

北嶽安天元聖帝碑 陳彭年撰 邢守元書 行書 大中祥符九年四月 在曲陽縣

興平縣保寗寺碑 冉曾撰并行書 天禧二年六月 在興平縣

敎興頌 虛儀先生撰 唐英篆書 題云皇帝嗣明离之三葉歲在未月建午日丁卯以曆推之葢天禧三年五月也 在西安府學刻于虞永興廟堂碑陰

中嶽醮告文 眞宗御製 劉太初書 天禧三年九月 在登封縣

靈祐觀中書門下牒 徐則書 行書 天禧五年十月 在吳縣洞庭山

建觀年月記 行書 天禧五年十月 在吳縣洞庭山

永福院彌勒閣記 正書 撰書人姓名漫漶 題云皇宋改元天□五年歲次辛酉十二月葢天禧五年也 在河內縣

殿直趙勝等題名 正書 乾興元年仲春 在肇慶府七星巖

中嶽中天崇聖帝廟碑 陳知微撰 邢守元書 行書 乾興元年六月 在登封縣
張希顏等題名 行書 天聖元年二月 在蘇州府虎邱山石壁
王瀆等題名 正書 天聖元年九月 在蘇州府虎邱山
涇州回山王母宮頌 陶穀撰 上官佖書 篆書 天聖三年三月
昭慶寺夢筆橋記 葉清臣撰 吳則之書 正書 天聖四年三月 在蕭山縣覺苑寺
賈守文題名 正書 天聖戊辰六年二月 在肇慶府七星巖
慎刑箴并序 晁迥撰 盧經書 正書 天聖六年五月 在西安府學
勸慎刑文 晁迥撰 正書 同上
太原王質等題名 正書 己巳九月葢天聖七年也 在虎邱山
給事中朱巽等題名 行書 天聖八年八月 在虎邱山石壁

栖禪寺新修水磨記 僧志陞撰并行書 天聖□年八月 在鄠縣草堂寺

宋文安牡丹詩 劉孟堅後序 行書 天聖九年五月 在咸甯香城寺

澤州龍堂記 夏侯覲撰并正書 天聖九年七月 在澤州府

天台山護國寺碑 錢惟演撰 李端懿書 行書 天聖九年七月 在天台縣護國寺

長城葆光等題名 石曼卿書 行書 明道二年六月 慶元元年正月刻有朱希賢跋正書 在桂林府龍隱上巖

修昇仙太子大殿記 謝絳撰 僧智成書 正書 明道二年六月

絳州重修夫子廟記 李垂撰 集王羲之書 山西通志云明道中立今碑已殘缺止存六月癸未朔字 在絳州

永安縣會聖宮碑 石中立撰 李孝章書 正書 景祐元年九月

潮州靈山開善禪院記　許申撰　男因其書　正書　景祐元年十二月　在潮陽縣西六十里靈山寺

祖廟祭文　孔道輔撰　張宗益書　正書　景祐二年六月　在曲阜縣

延慶禪院新修舍利塔記　馬元穎撰　楊虛己書　行書　景祐三年六月　在濟源縣

孫蒼舒等題名　正書　景祐四年　在永州府淡山巖

文宣王廟新建講堂記　成昻撰　孫正己書　正書　景祐四年七月　在曲阜縣

尊勝陁羅尼經　劉如錫書　正書　景祐五年三月　在趙州

鄆州新學記　□弼撰　□纘書　正書　景祐五年七月　在東平州

明州保安縣大界相碑　僧維白撰　如顯書　正書　景祐五年十月　在鄞縣

陳述古題名　正書　寶元己卯二年登高前五日　旁有治平丙午重五日男知素題亦正書

棲霞寺碑　陳江總持撰　沙門懷則書　行書　康定元年三月　在江寧府攝山

癸酉仲夏詩　正書　漫患　康定元年季秋　在永州府

石氏世表　石介撰　士建中書　正書　康定二年八月　在泰安府城東南三十里徂徠山陰汶水東岸橋溝莊

成口田瑜等題名　行書　康定二年中秋前一日　在永州府淡山巖

興元府修文宣王廟記　竇充撰并正書　慶曆二年正月　在褒城縣

周湛錢聿包拯題名　正書　慶曆二年三月　在肇慶府七星巖

郡守朱顯之題名　正書　慶曆壬午二年十二月　同上

轉運使馬尋等題名　朱顯之書　正書　慶曆三年二月　同上

法門寺重修九子母記　張爽撰　魏戡書　行書　慶曆五年閏五月　在扶風縣

馮元輔等題名 正書 慶曆六年季秋 在曲陽縣

婺州題名記 關詠撰 正書 慶曆丙戌六年立冬日
題名自太平興國二年閻象至詠凡三十五
人續題者自慶曆花尹至宣和楊應誠又四十三人
在金華府

程琳題名 正書 丁亥六月盡慶曆七年也 在華嶽廟

潘衢等題名 正書 慶曆七年十一月 在永州府淡山巖

仁宗飛白書 慶曆八年四月

葉清臣題名 正書 慶曆戊子八年四月 在華嶽廟

同提點刑獄劉建勳等題名 正書 慶曆八年九月 在西安府慈恩塔

雷簡夫題名 八分書 慶曆□□ 同上

重修北嶽廟記 韓琦撰并正書 皇祐元年正月 在曲陽縣

程琳再謁嶽祠題名正書嶽廟　皇祐已丑元年三月　在華

富平縣李太尉祠堂記王晳撰　張大中書　正書　皇祐元年六月

知宣州宋克隆等題名正書　皇祐元年十二月　在肇慶府七星巖

同游溯溪石室記余靖撰　黄昌齡書　皇祐二年三月　在樂昌縣

王鼎請雨北嶽題名正書　皇祐庚寅二年四月　在曲陽縣

蘇舜元題名正書　皇祐庚寅仲夏

祖無擇謁廣利王廟題名正書　皇祐二年孟秋　刻於南海廟韓碑之陰

崇教寺辟支佛塔記僧普莊撰　顧清書　正書　皇祐二年八月　在江寧縣牛首山

張吉甫題名正書　皇祐庚寅九月　在沐澗魏夫人碑陰

永通監記余靖撰　黄昌齡書　皇祐二年十月　在曲江縣

復唯識廨記黄庶撰口口元書　行書　皇祐三年在西安府學刻于皇甫君碑陰

定州路監兵趙滋題名正書　皇祐三年正月　在曲陽縣

屯田員外郎楚執中題名正書　皇祐辛卯仲夏　在曲陽縣

朱顯之祭南海廟題名正書　皇祐辛卯五月　刻于南海裴麗澤碑陰

旌賢崇梵縣牒行書　皇祐三年九月　大觀元年七月刻　在新鄭縣

河北沿邊安撫副使劉兼濟題名正書　皇祐辛卯冬　在曲陽縣

范仲淹書伯夷頌正書　皇祐三年十一月　後有文彥博富弼蘇舜元晏殊杜衍詩及賈昌朝諸人題跋　元大德庚子二月刻有牟巘跋正書　在蘇州府城內范氏義莊

岱嶽觀宋禧題名　皇祐四年三月　在泰安府

李陟題名　皇祐王辰仲臯月　同上

平蠻三將題名 正書 皇祐五年二月 三將者狄青孫沔余靖也 在廣西

王起等題名 正書 皇祐癸巳寒食日 在青田縣石門洞

崧臺石室文 陶翼撰 正書 皇祐五年仲夏 在肇慶府七星巖

高滁題名 正書 皇祐五年八月 在永州府朝陽巖

京兆府小學規 裴袗書 正書 至和元年四月 在西安府學

張子諒等題名 正書 至和元年五月 在沐澗魏夫人碑陰

柳拱辰等題名 子平書 正書 至和二年六月 在永州府淡山巖

郡守陳求古題名 正書 至和二年六月 在溫州府

柳拱辰等題名 正書 至和二年九月 在永州府朝陽巖

柳拱辰等題名 正書 至和二年十一月 同上

通判定州馬耿題名　正書　至和三年正月　在曲陽縣

三班奉職蘇拱之題名　正書　至和三年正月　同上

范文正公神道碑　歐陽修撰　王洙書　正書　至和三年二月　在洛陽縣

柳子厚祠堂記　柳拱辰撰　正書　至和三年二月　在永州府

興州新修白水路記　雷簡夫撰并正書　嘉祐二年二月　在略陽縣

潘旦等題名　正書　嘉祐丁酉二年八月　在沐澗魏夫人碑陰

張師中等題名　正書　嘉祐戊戌二月　在青田石門洞

雲門山僧守忠碑　李世昌書　正書　嘉祐三年四月　在益都縣雲門山洞西壁

呂大防題名　正書　嘉祐已亥四年五月　在白水縣蒼頡廟宋碑額

張子諒等題名　盧藏書　正書　嘉祐四年五月　在永州府淡山巖

吳奎等題名 正書 嘉祐四年八月 在永州府朝陽巖

張子諒等題名 正書 嘉祐祫享後十一日按嘉祐四年十月祫享明堂此題當在是年十月也

同上

轉運使榮諲等題名 八分書 嘉祐庚子五年正月 在肇慶府七星巖

朝陽巖三大字 張子諒書 正書 盧臧題記亦正書 嘉祐五年二月 在永州府

汾州別立大宋磨崖碑文記 謝景初撰 正書 嘉祐五年九月 在汾州府

宋仲任等題名 正書 嘉祐庚子六月 在永州府淡山巖

萬安橋記 蔡襄撰并正書 嘉祐五年秋

甎塔石函題字 正書 嘉祐五年九月沈文罕建 出蘇州府宫巷塔中今藏瞿鏡濤家

徐大方題名 盧臧書 正書 嘉祐辛丑上元後一日 在永州

徐大方等題名正書　嘉祐辛丑上元後一日　在永州府淡山巖
蔣緯題淡山巖詩上孫褒書　正書　嘉祐六年正月　同
陸詵題名正書　嘉祐辛丑六月　同上
芮城縣涼軒詩李□序　吳東之書　正書　嘉祐六年八月　在芮城縣
陳知晦題名正書　嘉祐七年正月　在曲陽縣北嶽廟
褚理題名正書　嘉祐壬寅二月　在青田石門洞
燕堂記富弼撰　陸經書　行書　嘉祐七年二月　在宜陽縣
譙南薰等題名行書　嘉祐七年四月　在曲陽縣
滁州醉翁亭記歐陽修撰　蘇唐卿書　篆書　嘉祐七年十月　在費縣
狄武襄公神道碑王珪撰　宋敏求書　正書　嘉祐七年十一月　在汾州府

李師中詩　正書　嘉祐七年十一月　在桂林府龍德下巖

韓愷墓誌　韓琦撰并正書　嘉祐七年十一月　文云葬于安陽縣新安村

敕賜廣嚴院額牒　正書　嘉祐七年十二月　在階州

石林亭唱和詩　劉敞作蘇軾和李郃書　正書　嘉祐七年十二月　在麟游縣廨

嘉祐壬寅題名　正書　姓名殘缺　在西安府慈恩塔

轉運使王純臣題名　正書　嘉祐八年正月　在曲阜縣孔廟唐碑側

宋迪題名　正書　嘉祐八年三月　在永州府淡山巖

先秦古器記　劉敞撰　正書　嘉祐八年六月

曹宗卿王世寶題名　正書　癸卯九月葢嘉祐八年也　在曲陽縣

山陰縣新建廣陵斗門記　張燾撰并正書　嘉祐八年十月　在蕭山縣

仁宗皇帝飛白記 吳充撰并行書 在偃師縣 嘉祐八年十一月 正書

右諫議大夫贈太師韓國華碑 富弼撰 王珪書
嘉祐八年十一月

王世寳題名 正書 癸卯季冬 在曲陽縣

國子博士單從化題名 正書 嘉祐癸卯季冬 同上

文彥博宿少林寺詩 正書 無年月當在嘉祐間

靳樸題名 正書 甲辰立春日恭治平元年也 在曲陽
縣

知曲陽縣事王世安題名 正書 治平元年二月 在曲
陽縣

盧盛等題名 正書 治平甲辰六月 在西安府慈恩塔

孔延之等題名 余藻書 正書 治平元年仲冬 在桂
林府龍隱下巖

知郡事皇甫宗憲題名 正書 治平乙巳二年仲春 在
肇慶府七星巖

贈太尉孫宣公神道碑　賈昌朝撰　正書　治平二年三月

相州晝錦堂記　歐陽修撰　蔡襄書　正書　治平二年三月　在彰德府

王巖叟題名　正書　治平乙巳中元日　在曲陽縣

河東薛俅等題名　正書　治平乙巳中元後一日　在衡州府石鼓山西谿

梁庚等題名　正書　治平乙巳九月　在永州府淡山巖

持正等題名　正書　隱甫書　治平二年九月　同上

薛俅等題名　正書　治平二年十一月　同上

樂咸淡山巖詩　正書　治平三年正月　在永州府

士宏昌衡元規安道題名　正書　題丙午仲春葢治平三年也　士宏者盧士宏也以治平元年知廣州

梁宏等題名 正書 治平三年季秋 在永州府朝陽巖

提刑程濬等題名 正書 治平三年十二月 同上

范子明等題名 誠叔題 正書 治平丙午十二月 在
永州府淡山巖

沈紳題名 八分書 治平四年正月 同上

鞠拯等題名 正書 治平四年三月 同上

周敦頤題名 正書 治平四年三月 同上

菩提寺柱礎題字 正書 治平四年四月 在嘉定縣安
亭鎮

重修南海廟記 章望之撰 曹隱書 正書 治平四年
十月 在廣州府南海廟

溫泉箴 唐張說撰 楊方平書 正書 治平丁未四年
孟冬 在臨潼縣

韓魏公觀魚軒詩 正書

蔣之奇題淡巖詩 正書 熙寧元年正月 在永州府

都轉運使孫永等題名 正書 熙寧元年三月 在西安府慈恩塔

章峴登環翠閣及留題龍隱巖詩 男凝書 正書 熙寧戊申元年仲秋 在桂林府龍隱下巖

諫議大夫閻詢題名 正書 戊申重陽日 在華陰縣嶽廟

蕭山大悲閣記 沈遼撰 正書 熙寧元年十一月 在蕭山縣覺苑寺

濂溪周元公題名 正書 熙寧二年正月後有淳祐王子呂中等續題 在肇慶府七星巖

荆延年等題名 正書 熙寧己酉二月 在永州府淡山巖

康衛等題名 正書 熙寧二年三月 在七星巖

康衛陳懌唱和詩 正書 熙寧二年三月 同上

虔州重修儲潭廟記 黄慶基撰 正書 熙寧三年七月 在贛州府

瀧岡阡表 歐陽修撰 正書 熙寧三年四月

盆利鈐轄馮文顯題名 正書 熙寧三年六月 在曲陽縣北嶽廟

環慶副都總管楊遂題名 正書 熙寧庚戌三年七月 在華陰縣嶽廟

陳繹題名 行書 熙寧三年十二月 在華陰縣嶽廟

向宗道等燕喜亭題名 正書 熙寧辛亥四年三月 在連州燕喜亭

提點刑獄劉忱題名 正書 熙寧辛亥孟夏 在華陰縣嶽廟

何延世等游西湖題名 梁立儀題 正書 熙寧四年五月 在潮州府西湖大石上

范育等題名 正書 熙寧四年六月 在同州府聖教序碑陰

向宗道謁南海祠題名 正書 熙寧壬子五年三月 在南海廟碑陰

劉莘老題名 正書 無年月 後有寶祐三年九月六世孫震孫續題云相去一百八十三年則莘老之題當在熙寧壬子歲 在衡州府石鼓山

高士安等題名 正書 熙寧壬子十月 後有明年十月眘達題名 在象山縣蓬萊觀碑側

蔡延慶謁金天帝題名 正書 熙寧六年正月 在華陰嶽廟

陳舜俞騎牛圖詩 行書 熙寧六年正月 劉渙序 在金華府

知府事吳中復等題名 八分書 熙寧六年二月 在西安府慈恩塔

通判定州李布題名 行書 熙寧六年二月 在曲陽縣

轉運使金君卿等題名 正書 熙寧癸丑六年中伏 在廣東學院公署九曜石

河南監牧使劉航等題名 正書 熙寧癸丑仲秋 在華陰縣嶽廟

呂升卿題名 正書 熙寧六年十月 在曲阜縣孔廟唐碑側

柳應辰題名　正書有押字　熙寧六年十月　在祁陽縣浯溪旁有元祐丁卯孟夏陳宏題亦正書

盧訥等題名　王讜書　行書　熙寧癸丑仲冬　在華陰嶽廟

金傑題名　正書　題癸丑歲蓋熙寧六年也　在連州燕喜亭

諫議程公禱雨記　正書　熙寧癸丑十二月　刻于南海廟碑陰之額

楊永節等題名　正書　熙寧七年正月　在永州府淡山巖

程師孟等同游藥洲題名　行書　熙寧甲寅七年上元日　在廣東學院公署九曜石

救祠南海神記　陳之方撰　正書　熙寧甲寅正月　在廣州府南海廟

權轉運使金君卿等題名　正書　熙寧甲寅二月　在廣東學院公署九曜石

開元寺重塑佛像記　李騤撰　鄭強書　熙寧七年二月　在韶州府

譚粹等題名　李穜書　正書　熙寧甲寅仲春　在南海廟裴碑之陰

許彥先藥洲詩 正書 熙寧甲寅上巳 在廣東學院公署九曜石

陳紘題名 正書 熙寧七年三月 在華陰嶽廟

李倪祈雨題名 正書 甲寅三月 同上

楊巨卿等題名 八分書 熙寧七年九月 在永州府淡山巖

楊傑英題名 正書 熙寧甲寅十月 同上

南海禱雨題名 蘇咸記 李穜書 熙寧七年十月 在南海廟裴碑之陰

趙抃等題名 吳中復書 八分書 熙寧七年仲冬 在西安府慈恩塔

提點刑獄晁端彥等題名 正書 熙寧九年四月 在天台縣護國寺碑陰

秦日新等題名 正書 熙寧九年十二月 在永州府淡山巖

玉皇廟碑陰題名 正書 碑以熙寧九年立 在澤州府

胡奕澹山巖詩 正書 熙寧九年 在永州府

趙揚等題名 行書 熙寧丁巳十年清明前二日 在永州府淡山巖

張升卿題名 行書 熙寧十年三月 在華陰嶽廟

知郡事陸口題名 正書 熙寧十年五月 在衡州府石鼓山西谿

題种明逸會眞宮詩後 胡宗囘以下凡二十餘人 熙寧十年丙午月譚逑叙麗綬之刊 在泰安府李文藻云舊在會眞宮今移東嶽廟環詠亭壁間

梵書唵字贊 太宗御撰 僧顯俊書 正書 熙寧十年八月 在咸寧縣臥龍寺

觀世音普門品經 曾公亮等書 正書 無年月皆熙寧中人也 在蘇州府虎邱

安撫使曾布等題名 行書 元豐元年正月 在廣東學院公署九曜石

表忠觀碑 蘇軾撰并正書 元豐元年 在杭州府學 石四片皆止存上半 又錢王祠有明人重刻

本

階州福津廣嚴院記 羅文題書 正書 元豐元年八月 在階州

薛昌朝等題名 正書 元豐戊午元年仲冬 在華嶽廟

曾布題名 篆書 己未上巳蓋元豐二年也 在龍隱下巖

蔡延慶題名 正書 元豐己未 在華陰嶽廟

孫頎等題名 正書 元豐二年四月 在永州府淡山巖

敕封順應侯牒 正書惟前一行中書門下牒五字及兩敕字行書 元豐二年七月 在歷城縣龍洞山壽聖寺

張申等題名 正書 元豐己未季秋 在永州府淡山巖

魏國韓忠獻公祠堂記 郭時亮撰 滕中書 正書 元豐三年正月 在定州學

權轉運使陳倩等題名 正書 元豐三年十二月 在桂林府曾公巖洞口右壁

五臺山孫眞人祠記 王巘撰 正書 元豐四年四月 金大定九年七月重刻有米孝思跋 在耀州五臺山

眞身瑞像歷年記 正書 元豐四年五月 在蘇州府婁門內關帝廟

知郡事王洎等題名 正書 元豐四年五月 在肇慶府七星巖

純中等題名 失其姓 行書 元豐辛酉四年仲夏 在連州燕喜亭

正甫等題名 正書 元豐辛酉五月 同上

蘇子瞻集歸去來字詩 行書 元豐四年九月 在西安府學

東牟王子淵題名 正書 元豐四年九月 在輝縣百泉

通直郎劉陶題名 正書 元豐五年正月 在華陰嶽廟題于精享昭應碑旁

耆英會圖并詩 富弼等十二人作 司馬光撰序并正書 元豐五年正月 明天啟中刻

陳叔度雙阜莢行 子正舉記 八分書 元豐五年七月 在臨潼縣

歐陽公跋昭仁寺碑 張淳書 正書 元豐五年十一月 在昭仁寺碑陰

謝卿材過饒益寺題名 正書 元豐癸亥六年三月 在朝邑縣

龍井山方圓庵記 僧守一撰 米黻書 行書 元豐癸亥四月 在杭州龍井山

王覲等題名 行書 元豐六年九月 在華嶽廟

知軍州事廖君玉等題名 正書 元豐七年正月 在英德縣南山

劉靜叔等題名 正書 元豐八年孟春 在肇慶府七星巖

陳讜等題名 正書 元豐八年六月 在永州府淡山巖

惠明寺舍利塔碑 呂惠卿撰并正書 元豐八年八月 在太原縣

碑陰題名　正書

王植韓孝彥文大方王安禮題名　王書　題辛丑三月盡熙甯四年也　亦在前

碑之陰附見于此

蘇子瞻海市詩　正書　元豐八年十月

李晛張翥等東山題名　張翥書　正書　元豐八年季冬　在潮陽縣東山雙忠廟後栖雲石北

蔣僅題名　正書　元豐乙丑　在永州府朝陽巖

司馬温公書家人卦　八分書　無年月　在杭州府南屏山

司馬温公書樂記　君子曰禮樂不可斯須去身一段　八分書　同上

司馬温公書中庸　自子曰道不遠人至君子無入而不自得焉　八分書　同上　終

潛研堂金石文字目錄卷五

嘉定錢氏收藏

宋

張琬等題名 正書 元祐元年閏二月 在西安府慈恩塔

時仲公許積中題名 正書 元祐丙寅元年季春在廣東布政司公署九曜石

新修昭明廟記 撰書姓名漫患文云世美筦庫於此而邦人屬以記則撰人名世美也 元祐元年七月 在池州府

杭州惠因院賢首教藏記 章衡撰 唐之問書 正書 元祐元年十二月 在杭州城外集慶寺

范登題名 正書 元祐二年四月在西安府慈恩塔

張汝賢等題名 正書 元祐丁卯二年孟秋 在盱眙縣

真相院釋迦舍利塔銘 蘇軾撰并正書 宣和三年立石 元祐二年八月 在長清縣

蔣之奇武溪深詩 行書 元祐二年十一月 後有李修跋題元祐三年正月 在韶州府九成臺

杜純謁詞題名 男開書 正書 元祐戊辰三年閏月 在華嶽廟

長清王撰題名 正書 元祐三年孟夏 後有蘇永叔等題名二段李顏李憲題名丁巳三月十日齊幕仲等題名丙子仲春皆刻于大中證明功德碑 在靈巖寺

游師雄等題名 正書 元祐三年五月 在同州府聖教序碑陰

提點刑獄張公緩題名 行書 元祐三年八月 在衡州府石鼓山西谿

王評題名 正書 元祐三年八月 在西安府慈恩塔

呂義山題名 行書 元祐戊辰三年十二月 在臨潼縣

李衛公墓題記 游師雄撰 行書 元祐四年二月 在醴泉縣

郭祥正石室游巖 正書 元祐四年二月 在肇慶府七星

蘇子瞻馬券帖 行書 元祐四年四月 後有子由詩及黄魯直跋 在嘉興府學

王鞏等題名 正書 元祐己巳四年維夏 在曲陽縣

昭陵六馬像并贊 游師雄重刻并題 刁玠書 正書 元祐四年端午日 在醴泉縣

楊傑奏吳季子墓狀并賜嘉賢廟敕 正書 元祐四年九月 在丹陽縣孔子十字篆碑之旁

李義山題渾河中祠詩 游師雄書 并跋俱正書 元祐四年重陽日 後有仇伯玉等題名則明年仲夏也 在乾州

侍其瓘題名 正書 元祐庚午五年季夏 在曲陽縣

林邵題名 行書 元祐五年季夏 在永州府淡山巖

涇陽縣孔子廟記 杜德機撰 王驥書 八分書 元祐五年七月 在涇陽縣

京兆府學新移石經記 黎持撰 安宜之書 正書 元祐五年九月 在西安府學

鄆州州學新田記 尹遷撰、李伉書 八分書 元祐五年九月 在東平州

韓魏公祠堂繪畫遺事記 王巖叟撰 劉安世書 正書 元祐五年九月 在定州學

韓魏公載祀典敕 行書 元祐五年十月 在定州學

林慮山聖燈記 張商英撰 行書 元祐庚午十一月 在林縣

游師雄過九成宮遺址詩 閻上功跋并正書 元祐五年十二月 在麟遊縣

許珏題名 正書 元祐辛未六年 在肇慶府七星巖

重修平西周將軍廟記 沃彥撰 劉明仲書 正書 元祐辛未正月 在宜興縣

宸奎閣碑 蘇軾撰并正書 元祐六年正月 明萬曆乙酉重刻 在鄞縣育王寺

蘇子瞻半月泉詩并題名 行書 元祐六年三月 明萬曆丁亥重刻 在湖州府

江漵題名 古文篆 元祐六年八月 在永州府淡山巖

知青州曾布等題名 正書 元祐辛未閏八月 在益都縣雲門山

高公傑等題名 正書 元祐辛未九月 在永州府淡山巖

修武令張斐題名 正書 元祐辛未九月 在沭澗魏夫人碑陰

王右丞畫竹 鳳翔開元寺東塔畫壁本游師雄模刻并題 元祐六年冬至日

又 岐山東塔畫壁本游師雄模刻并題 同上

七佛偈 黃庭堅書 正書 元祐六年十二月 在南康府盧山開先寺

壽陽縣新修學記 李毅撰 王可書 正書 元祐七年二月 在壽陽縣

芮城縣題名序　章炳文撰　正書　元祐七年四月　在芮城縣廨

知衡州柳韶等題名　張鈞書　八分書　元祐七年六月　在石鼓山西谿

重修天王堂記　馬天口撰并正書　元祐七年孟秋　在澤州府

劉蒙邢恕安惇題名　行書　元祐七年九月　在永州府朝陽巖

重修郃陽縣學記　時彥撰　王寔書　正書　元祐癸酉八年正月　在郃陽縣

重書孝女曹娥碑　蔡卞書　行書　元祐八年正月　在上虞縣曹娥廟

廣福寺石幢　僧守慶書　元祐八年六月　在青州府

阿房宮賦　唐杜牧撰　游師雄記　安宜之書　正書　元祐八年六月

左中散大夫徐師閔墓志　蔣之奇撰　黃履書　正書　元祐八年十一月

駙馬都尉王詵題名　行書　元祐癸酉　又一題無年月　在西安府慈恩塔

邢恕題花巖喦絶句 行書 元祐八年 在永州府

重修臧大夫廟殿記 僧德晏述并正書 元祐癸酉 在益都縣

游師雄題名 正書 元祐甲戌九年中和節後一日 在同州府聖教序碑陰

蘇子瞻雪浪石盆銘 正書 紹聖元年四月 在定州

昭陵圖 游師雄記 正書 紹聖元年端午日 在醴泉縣唐太宗廟

張重題名 正書 紹聖元年七月 在邠州昭仁寺碑陰

劉蒙等題名 正書 紹聖改元仲秋 在永州府淡山巖

蘇子瞻遊聖壽寺題名 正書 紹聖元年九月 後有紹興七年九月傅雱跋 在英德縣南山

劉用之等題名 正書 紹聖元年九月 在永州府淡山巖

佛牙贊仁宗御製 正書 紹聖改元乙亥月 在杭州
府慈雲嶺

太守方希覺等題名 行書 紹聖元年十二月 在英德
縣南山

祠山廟鐵像題字 陳述明題 正書 紹聖二年正月
在廣德州

賈公直等題名 俞次皐書 正書 紹聖乙亥二年中春
在褒城縣

盧約等題名 正書 紹聖乙亥初伏 在桂林府曾公巖

胡宗回等題名 正書 紹聖乙亥季秋 在桂林府曾公
巖洞口左壁

試劒石三字 呂升卿書 正書 紹聖乙亥 在蘇州府
虎邱山

蘇子瞻行香子詞 正書 紹聖二年重九日

黃庭堅蓄狸說 行書 紹聖二年九月

張茂先題名 正書 紹聖乙亥孟冬 在永州府淡山巖

章惇遊草堂寺題名 行書 甲辰正月 紹聖二年十二月立石 在鄠縣

吳郡丁執文等題名 正書 紹聖三年仲春 在象山縣蓬萊觀碑側

新安曹季明題名 行書 紹聖三年三月 在永州府朝陽巖

方希覺新泉樂亭七言律詩一首留别南山絕句一首 正書

紹聖三年四月 在英德縣南山

朱伯虎新葺南山亭詩 正書 不著年月與方希覺同時 同上

曹長倫等題名 鄒洵武書 正書 紹聖丙子三年仲夏 在永州府淡山巖

芮城縣大安壽聖寺碑 劉覺撰 僧洪湛書 正書 紹聖三年六月 在芮城縣

兗州賈使君碑陰 温益題 行書 紹聖三年中元日

仇公著墓誌 柳子文撰 王同老書 行書 紹聖三年十月 在益都縣

淨土寺寶月大師碑 李洵撰并正書 紹聖三年十二月 在翬縣

關山月關山雪詩 宋構撰 行書 紹聖丙子 在隴州大佛寺

祠山廟鐵像題字 胡庶題 正書 紹聖丁丑四年三月 在廣德州

朱養浩等題名 正書 紹聖四年三月 在永州府淡山巖

如意輪陁羅尼 蘇軾撰 正書 紹聖四年五月 在宣城縣北雙塔寺

眞宗賜賀蘭眞詩 正書

唐節等題名 正書 紹聖四年閏月 在永州府淡山巖

章聖皇帝御製詩記 張誾撰 正書 紹聖四年十月

游師雄墓誌 張舜民撰 邵䚹書 正書 紹聖四年十月 在西安府學

仁壽縣君蘇氏墓誌 劉次莊撰并正書 紹聖四年十月 在上元縣祈澤寺

奉議郎施縝墓誌李琮撰 張綬書 正書 紹聖四年十一月 在宣城縣

呂公明爻謁先聖記方鶴撰 行書 紹聖四年十二月在東平州

潘利涉等游南山題名李永言書 行書 紹聖五年元月

神通寺造阿彌陀佛窣堵波銘潘卞撰 馮膺書 正書 紹聖五年三月 在歷城縣

越州重修城隍廟記吳賾撰 王仲㽦書 行書 紹聖戊寅五年五月 在紹興上城隍廟刻于吳越崇福侯記之陰

范正思等題名正書 元符元年十月 在永州府淡山巖

孫欽臣等題名正書 元符二年六月 同上

建安游茂先題名正書 元符二年八月 在富陽縣定山

張壽之題名 行書 元符二年九月 在桂林府龍隱下巖

汲縣令朱子才等題名 行書 元符二年九月

白雲山主利師塔記 趙宗輔撰 僧道雅書 正書 元符二年十月 在高陵縣

蔡穀等題名 正書 元符巳卯十一月 在永州府淡山巖

蔡卞書涅槃經偈 行書 元符二年十二月 在長清縣靈巖寺

崇明寺大佛殿莊功德記 李潛撰并正書 元符庚辰三年正月 在句容縣崇明寺唐碑之陰

孫叔靜游南山題名 行書 元符庚辰仲春 在英德縣南山

重修三藏鳩摩羅什塔亭記 甯祖武撰 僧宗羲書 八分書 元符三年六月 在鄠縣草堂寺

韓川等題名 正書 元符庚辰六月 在永州府澹山巖

程懿叔遇雪詩 行書 元符三年十月 在臨潼縣

蘇子瞻題名 八分書 文云禹功傳道明叔子瞻游 無年月 在諸城縣學

蘇子瞻書醉翁亭記 正書 在滁州

又 行書 字亦小

蘇子瞻書豐樂亭記 正書 在滁州 明嘉靖乙酉陳則清集東坡書重刻

蘇子瞻書金剛經 行書 明萬曆元年摹刻 在臨江府

蘇子瞻臨江仙詞 正書

蘇子瞻題洋州園池詩 中山松醪賦 陽羨帖 楚頌帖 俱行書 在重慶府學

蘇子瞻寄銀帖 惠覡帖 行書 後有金大定十八年劉賁跋正書 在長清縣

蘇子瞻與佛印禪師簡 正書 淳熙戊戌立春日摹刻

蘇子瞻贈文長老三詩 行書 第三首公手書前二首則僧本覺集公書足成之 慶元元年五月本覺跋又有乙卯九月楊汝明跋皆行書 在嘉興府城西本覺寺

蘇子瞻黃州謝上表稿 正書

蘇子瞻詩偈 詩二首偈一首俱行書

蘇子瞻歸去來二章 行書 以上三種俱在太平府學郎姑孰帖之第三也 淳熙十六年十二月刻 洪邁跋云東坡先生所書詩文十篇刻石于當塗郡齋

蘇子瞻書歸去來詞 集歸去來詞字詩 哨遍詞 赤壁二賦 小楷書 在太倉州張氏

蘇子瞻羅池廟迎送神詩 行書 口跋 嘉定十年刻 天台間

蘇子瞻浴日亭詩 行書 嘉定辛巳留筠摹刻 豫章廖口正書 在廣州府南海廟

蘇子瞻書蘇門山涌金亭六字 正書 在輝縣百泉

蘇子瞻書周孝公斬蛟橋十二字 正書 紹定庚寅謝采伯跋行書 在宜興縣

蘇子瞻題名 正書 在富陽縣定山

比干廟碑 唐李翰撰 張琪書 正書 建中靖國元年正月 在汲縣

蔣緯題潛山巖詩 行書 四世孫務敏跋 建中靖國改元仲春 在永州府

孫竦等宿草堂題名 正書 建中靖國元年五月 在鄠縣草堂寺

三十六峯賦 樓异撰 僧曇潛書 行書 建中靖國元年九月 在登封縣

題期思遺愛廟碑 張口撰 戴元書 正書 建中靖國元年九月 在固始縣孫叔敖廟

重建南山亭榭詩 譚粹作 正書 建中靖國元年十月 在英德縣

蔡卞書首楞嚴經偈 行書 建中靖國元年十一月 在長清縣靈巖寺

譚掞題名 正書 建中靖國元年臘廿日 在龍隱上巖

張適等題名 正書 壬午中春蓋崇寧元年也 在永州府淡山巖

王彥祖等題名 行書 崇寧壬午二月 在盱眙縣

張景修題名 正書 崇寧元年二月 在同州府聖教序碑陰

劉誨叔等題名 行書 崇寧元年季春 在盱眙縣

梅澤過草堂望終南山三詩 崔珙書 行書 崇寧改元三月 在鄠縣草堂寺

鄭敦義題名 正書 題云壬午暮春蓋崇寧元年也 在肇慶府七星巖

李長者行蹟碑 正書 上方刻長者像 崇寧元年七月 僧崇勝立石 在壽陽方山

蕪湖縣學記 黃裳撰 米芾書 行書 崇寧元年十月 在蕪湖縣

又小字本 明萬曆己酉工部主事王演疇集米書

中嶽寺修五百大阿羅漢洞記 釋有挺撰 王適書 行書 崇寧元年十月 金大定二十九年八月重立

口時彥留題南山詩 行書 崇寧癸未二年寒食日 在英德縣

虎頭巖題名 正書 崇寧癸未清明日

崇寧癸未獎諭敕書 行書 崇寧二年五月 在龍隱巖

張頡等題名 正書 崇寧二年六月 在歷城縣東南龍洞山誠應崮側

崇寧興學聖德頌 范致君撰并正書

進崇寧興學聖德頌表 范致君撰 正書 崇寧二年口月 在順德府

賜妙應孫眞人敕牒 行書 碑兩層其上方崇寕二年八月賜靜應廟額敕下方爲崇寕三年
三月封妙應眞人敕 崇寕三年十月刻 在耀州五臺山

太原府帖 正書 崇寕二年九月 在壽陽縣方山

千手眼大悲菩薩贊 釋子英撰 蔡林書 正書 崇寕二年孟冬 宣和壬寅季冬刻 在
蘇州府虎邱山

卞公叔題名碑 正書 崇寕癸未季冬 在乾州乾陵無字碑

元祐黨籍碑跋 正書 崇寕三年 慶元戊午九月饒祖堯

又 正書 字體略小 嘉定辛未沈暐跋

員逢源雪中遊昭化院謁李長者祠詩 行書 崇寕三年二月 在壽陽縣方山

黃庭堅浯溪詩　正書　崇寧三年三月　在祁陽縣

靜應廟記　王允中撰　束長孺書　行書　崇寧三年九月

慕容選等題名　朱炳書　行書　崇寧甲申仲冬　在永州府淡山巖

唐邁題逍遙栖禪寺詩　行書　崇寧甲申冬至前二日　在鄠縣草堂寺

滕祐遊石室題名　正書　崇寧乙酉四年仲春　在肇慶府七星巖

知州張漸等題名　正書　崇寧四年二月　同上

曹浞等題名　正書　崇寧四年六月　在永州府淡山巖

御書手詔　正書　崇寧四年十月　在金華府

五臺山唱和詩　于巽等九人　正書　崇寧四年十二月　在耀州五臺山

楊逵等題名　正書　崇寧乙酉口月　在襃城縣

王祖道等題名　正書　崇寧五年八月　在龍隱下巖

王端章綜張舜民題名　行書　崇寧丙戌五年重九日在西安府慈恩塔

邑令鮮于翔題名　正書　崇寧五年九月　在褒城縣

黄庭堅少林寺初祖達磨頌　行書　在登封縣初祖庵

張大亨米芾題名　行書　丙戌歲　在盱眙縣

黄庭堅雲亭宴集詩　行書　明嘉靖戊午模刻

米芾藥洲二字　正書　在廣東布政司公署九曜石

米芾寶藏二字　正書　在英德縣

米芾第一山三字并詩　行書　在盱眙縣

米芾第一山三字　行書　在杭州府端石山

孔聖手植檜贊 米芾書 行書 在曲阜縣孔廟

李粹老等題名 行書 大觀改元一月 在盱眙縣

同州長興萬壽禪院記 尒朱權撰 楊時中書 正書 大觀元年七月 在同州府

蘿鑒題名 子庭賓書 大觀二年三月 在永州府淡山巖

蓋侗題名 行書 大觀戊子二年季春 同上

知州事梁純之等題名 行書 大觀二年三月 在歷城縣佛慧山

王譢等題名 行書 大觀戊子孟夏 在盱眙縣

雲門山富口榮等題名 正書 大觀二年六月 在益都縣雲門山

大觀聖作碑 徽宗御書 行書 蔡京題額 大觀二年八月 在新太縣

又 在興平縣

又　未詳所在

知定州梁子美劉子　行書　大觀三年四月　在定州天寧寺

佛說生天經後有劉球跋　正書　大觀己丑三年五月　在長清縣

魯自損游奉仙觀詩　正書　大觀己丑六月

臨川吳可等題名　正書　大觀己丑六月　在英德縣

龍泉二大字　許巽篆　大觀三年七月　在潭州府

吳師能留題南山寺詩　行書　大觀己丑仲冬　在英德縣南山

運使中奉遊七星巖詩　正書　大觀己丑十二月　在肇慶府七星巖

雒陽張輔等題名　正書　大觀庚寅四年中春

劉春等題名　正書　大觀四年四月　在長興縣顧渚山

孫允升高明等題名　阮功逵書　正書　大觀四年仲夏　在潮陽縣

周元吉等題名　張莊書　正書　大觀四年六月　在會公巖

漢太尉紀公廟碑　周穎撰　蔡靖書　正書　大觀四年八月

趙佺題名　正書　大觀四年九月　在涇陽縣

東汶梁慶祖題名　行書　大觀四年九月　在華陰嶽廟

知耀州李傳題名　正書　大觀四年十月　在華陰嶽廟

開元寺圓照塔記　陳振撰　晁詠之書　正書　大觀四年十月　在順德府

朝散郎孫覲墓誌　許翰撰并書　大觀四年十月　在秦安府城東百里樓德莊萬壽宮

韓公輔等題名　晉士穎書　行書　大觀庚寅十一月　在桂林府龍隱下巖

李挺過臨潼三絕句　子熙民記　行書　大觀四年十二月　在臨潼縣

政和御製五禮記　正書　在大名府

范致明題名　正書　政和元年天祺節後一日蓋四月二日也　在乾陵無字碑

睢陽徐處仁等題名　正書　政和改元孟夏　在西安府慈恩塔

朱輅等題名　正書　政和改元孟秋　在龍隱上巖

桯振謁先聖廟題名　行書　政和元年九月　明年四月續題　在曲阜縣孔廟唐碑側

陳知存謁先聖廟題名　行書　政和改元季秋　在曲阜縣孔廟

陳仲宜等題名　正書　政和辛卯元年九月　在龍隱下巖

鶴林老圃偈　正書　政和元年十月　在定州天寧寺

張智周題名　正書　政和改元季冬　在同州府聖教序碑陰

河瀆靈源王廟碑　陳振撰　王毖書　正書　政和二年正月　在韓城縣東王郗

席旦題名　正書　政和壬辰二月　在華陰嶽廟題于精享昭應碑空處

知涇陽縣事謝口等題名　正書　政和壬辰二月　在華陰嶽廟

西河宋逵等題名　正書　政和二年重五日　在華陰嶽廟

蕭雄等題名　正書　政和二年六月　在龍隱上巖

先之等題名　正書　政和壬辰季秋　在龍隱巖

先之等題名　正書　政和壬辰季秋　在曾公巖洞口左壁

楊書思題名　正書　政和二年九月

鹽官縣社壇碑　正書　政和二年十月　上方刻社壇及風師雨師雷師諸壇圖　在海鹽州

孟元和等題名　正書　政和二年九月　在桂林府獨秀山

尚書省指揮　正書　政和二年十一月

府州諸部落寨主題名 正書 刻于碑之下方 在府谷縣

建安謝勳等題名 正書 政和三年二月 在龍隱下巖

建安謝勳等遊石門洞題名 正書 政和三年二月 在疊綵山

時庚題名 行書九字云朝拜時庚因案部到此時庚疑其姓名也 政和三年重五日李倪摹勒 在澤州天慶觀

御製八行八刑條 陳克庭書 行書 政和三年七月 在崑山縣學

穆氏先塋石表 王壽卿撰并篆書 黄山谷跋 政和癸巳九月 在章邱縣

政禪師行狀記 僧宗悟撰 郭瑗書 正書 政和三年 在壽陽縣方山

楊可世等題名 正書 政和四年二月 在華陰嶽廟

杜宏等題名 正書 政和四年二月 在華陰嶽廟

康訓等題名 行書 政和四年四月 在西安府慈恩塔

孫端等題名 正書 政和甲午四年四月 在虎邱山石壁

雒陽馮才叔題名 正書 政和甲午五月 在龍隱上巖

宋孝先題名 行書 政和甲午仲秋 在乾陵無字碑

神應王扁鵲廟記 董作撰 康修立書 正書 政和甲午季秋

孫漸遊驪山詩 行書 政和四年十月 在臨潼縣

李濟等題名 行書 政和甲午十月 在乾陵無字碑

汾陽宋雲從題名 行書 政和甲午 在華陰嶽廟

圓測法師塔銘 宋復撰并行書 政和五年四月 在咸寧縣興教寺

福嚴院穧公塔銘 僧仁慶撰 正書 政和六年正月 在澤州府

薛延構等題名正書　政和六年三月　在潮陽東山韓文公祠内大石上

莆陽陳國瑞謁廟題名行書　政和六年浴沂之月　在曲阜縣孔廟唐碑側

謝龍圖留題詩謝彥書　行書　政和六年五月　在臨潼縣

河南趙耘老題名行書　政和丙申七月　在西安府慈恩塔

題永州淡山巖詩黄庭堅作并行書　政和六年九月刻在祁陽縣

祖天敕正書　上方刻符篆不可識　政和六年九月

張勘等題名行書　政和七年仲春　在歷城縣佛慧山

二仙廟記衛尚撰　王重書　行書　政和七年九月　在澤州府

建安暨唐裔題名正書　政和戊戌八年孟春　在乾陵無字碑

升元觀敕敕行書　前後皆正書　政和八年六月　在泰安縣泰山南麓升元觀

御筆付李邦彥詔　行書　政和八年六月　在濟南府學

御筆記李邦彥撰并行書　政和八年十月　刻于碑之下方

又　在韶州府學

古革題名　正書　政和八年八月　在肇慶府七星巖

李士觀題名　正書　宣和元年仲春　在乾陵無字碑

劉鎡等題名　行書　宣和己亥仲秋　在龍隱上巖

神霄玉清萬壽宮詔　徽宗御撰并行書　宣和元年八月　元至順改元六月摹刻有王天利跋

錢伯言嶽祠題名　行書　宣和己亥九月　在泰安府嶽廟

長者龕記　張商英撰并行書　宣和庚子二年七月　在壽陽縣方山

黄同訪澹山偶成詩　行書　宣和二年季冬　在永州府

暨尹卿題名　行書　宣和辛丑三年清明前二日　在同州府聖教序碑陰

向子千題名　行書　宣和辛丑孟夏　在臨潼縣

王正叔題名　行書　宣和辛丑五月　在西安府慈恩塔

東平梁鼇題名　正書　宣和辛丑九月　在華陰縣嶽廟

黎獻民等題名　正書　宣和辛丑　在西安府慈恩塔

劉豫題蘇門山泉詩　行書　宣和四年正月　在輝縣百泉山

準高僧舍利塔題字　正書　宣和四年正月　在海鹽縣

轉運副使王雲等題名　行書　宣和四年春　在西安府學大智禪師碑陰

暨唐裔等題名 行書 宣和壬寅上巳後三日 在同州府聖教序碑陰

陳康年等鬬牛巖題名 正書 宣和壬寅季春 在潮陽縣

高逸上人詩 行書 宣和四年四月 在上元縣祈澤寺

季季梵仙詩 行書 宣和四年四月 同上

范智閭五言絶句 行書 宣和四年八月 在西安府慈恩塔

劉錫等題名 正書 宣和癸卯五年正月 在乾陵無字碑

宋伸題名 行書 宣和五年正月 同上

呈妙空禪師詩 朱濟道作并篆書 宣和五年二月 在長清縣靈巖寺

少蘊等題名 正書 宣和癸卯四月 在長興縣丁氏

宋京題名并詩 行書 宣和五年五月 在乾陵無字碑

權邦彥遊百門泉詩泉山行書　宣和五年七月　在輝縣百

蘇過題名正書　癸卯九月　在定州天寗寺

宋光等題名行書　宣和五年十月　在西安府慈恩塔

韓退之五箴李宋書在西安府學篆書　宣和六年三月子玠刊

御筆改修孟州門頒詔廳記碑三層上刻並依所奏施行六字行書中刻河陽軍奏狀下刻記文並正書　宣和六年三月　在孟縣

胡少汲等題名正書　宣和六年三月　在虎邱山

灞溪眞常題名正書　宣和甲辰夏　在西安府慈恩塔

安撫蔡澤等題名正書　宣和甲辰八月　在留公巖

佛果老僧克勤法語草書天童寺　宣和六年十二月　在鄞縣

鄭釋之等題名　正書　宣和七年三月　在盱眙縣

華陰楊損題名　正書　宣和七年六月　在曾公巖

蔡興行等題名　正書　宣和乙巳六月　在龍隱上巖

淳化縣吏隱堂記　石彦政撰并行書　宣和七年□月　在淳化縣

折克行神道碑　毛友撰　宇文虛中書　正書　當在徽宗朝　在府谷縣

顏魯公像題記　唐重撰并正書　靖康元年七月　在同州府學

潛研堂金石文字目録卷六

嘉定錢氏收藏

宋

武佑廟牒 行書狀正書 宣和三年六月 建炎二年刻 在蕭山縣

菩提寺柱礎題字 正書 建炎二年四月 在嘉定縣安亭鎮

河南李□彦遊石門題名 正書 建炎巳酉三年清明前一日 在褒城縣

三洞記 李邦彦撰 正書 建炎三年閏八月 在興安縣

尚用之呈琦老禪師詩 行書 建炎庚戌四年上春 在永州府淡山巖

金山龍神勑牒碑 上方太常寺狀正書下方尚書省牒行書 碑有建炎字而失其年 在寶山縣江灣鎮景德觀

越州顯寧廟昭祐公牒 行書 紹興元年五月 在紹興府上城隍廟

顯靈廟尚書省牒 行書 紹興元年五月 同上

韓敏求等石室題名 張達明書 正書 紹興辛亥十一月 在肇慶府七星巖

陳日華題名 正書 紹興二年五月 在連州燕喜亭

薛子法等浯溪題名 行書 紹興壬子仲春

觀世音經 董仲永贊 正書 紹興二年中元日 在杭州府六和塔

嘉惠廟牒 行書 紹興二年十一月 寶慶改元趙時喬刻石 在上元縣祈澤寺

平江府學田記 孫衛撰 正書 紹興四年四月 在蘇州府學

孫覿題名 行書 紹興四年十月 在桂林府獨秀山

似榘等題名 篆書 紹興五年閏二月 在桂林府疊綵山

董令升題名 篆書 紹興乙卯二月 在永州府淡山巖 石刻是丣字但紹興無乙酉必是刊石時

工人偶談耳

岳飛送紫巖先生北伐詩　行書　紹興五年秋　在湯陰縣岳王廟

岳飛滿江紅詞　正書　同上

鹽官縣修學記　胡珵撰　刁靡書　正書　在海寧州學

僊蹟記　尹穡撰　李彌大書　正書　紹興五年十一月

朱文中等題　八分書　紹興五年仲冬　在肇慶府七星巖

汪藻等題名　八分書　紹興戊午中春　在長興縣顧渚山

向子諲題名　正書　紹興八年十二月　在蘇州府虎邱山石觀音殿壁

吳憲施財米疏　正書　紹興十年三月　在鄞縣小天童山

大用庵銘　僧正覺撰　潘良貴書　行書　紹興十年九月　同上

吳郡重修大成殿記 鄭仲熊撰 米友仁書 行書 紹興十一年四月 在蘇州府學

詹文舉等題名 行書 紹興癸亥十三年孟冬 在廣東學院公署九曜石

蕪湖縣新學記 陳長方撰并正書 紹興十三年十二月 在蕪湖縣學

華巖嵓三大字 篆書 題云浮谿翁葢汪藻也 紹興甲子十四年 在永州府

游何詩 八分書 紹興乙丑十五年七月 在永州府淡山巖

平江府修學記 鄭億年撰 時行之書 正書 紹興十五年十二月 在蘇州府學

陳杲等題名 正書 紹興乙丑臘前一日 在龍隱上巖

御筆籍田手詔 正書 下方有跋云上卽位之二十年葢紹興十六年也 在金華府

張浚登列秀亭題名 正書 紹興丁卯十七年寒食日 在連州

張淵道等題名 正書 紹興戊辰十八年六月 在曾公巖

紹興十八年進士題名記 正書 明人重刻 在滁州歐梅亭

張浚遊燕喜亭題名 正書 紹興己巳十九年 在連州燕喜亭

叔遲等題名 八分書 紹興己巳正月 在龍隱上巖

高座寺新公塔銘 僧法永撰 李布書 正書 紹興十九年九月 在江甯縣雨花臺永甯寺

宋景通題名 正書 紹興庚午二十年九月 在龍隱上巖

應菴和尚送傑行者頌 行書 辛未正月上元日蓋紹興二十一年也 在鄞縣天童寺佛果法語下方

昌黎公洋川詩 韓億作 正書 紹興辛未清明日刻有知洋州宋莘跋

唐廷堯等題名 行書 紹興辛未六月 在桂林府曾公巖洞口石壁

錢孜等題名 正書 紹興壬午三月 在長興縣顧渚山

鍾離松等題名 篆書 紹興癸酉二十三年孟夏 在盱眙縣

章元振遊東山題名 正書 紹興癸酉仲冬 在潮陽縣東山雙忠廟後大石上

句容縣重修夫子廟記 江賓王撰 正書 紹興二十四年 在句容縣學

呂愿忠訪顏氏讀書巖詩 八分書 紹興甲戌三月 在桂林府獨秀山

御筆付劉既濟詔 行書 紹興甲戌下元 在蘇州府崇眞宮

賜道士項舉之宸翰 行書 無年月 在前碑之陰

高宗御書石經 在杭州府學今存七十七碑易書詩春秋中庸俱正書論語孟子行書

易二

書六

詩十

春秋四十

論語七

孟子十一

中庸一

程邈等題名正書　紹興丙子二十六年仲冬　在永州府淡山巖

宣聖及七十二弟子像贊高宗御製并正書其像則李公麟所畫也　紹興二十六年十二月　舊有秦檜記明宣德二年巡按御史吳訥磨去其文自識于後　在杭州府學

妙喜泉銘張九成撰并正書　又僧宗杲偈一首亦九成書　紹興丁丑二十七年三月　在鄞縣育王寺

鄭安恭題名正書　紹興二十八年上元日　在肇慶府七星巖

東谷無盡燈碑 正書 紹興二十八年正月 在鄞縣小天童寺

宏智老人像贊 僧宗杲撰 行書 在前碑之陰

亦樂堂銘 胡銓撰 正書 紹興戊寅二十八年 在永州府朝陽巖

四十二章經 沈該等四十二人書維賀允中錢端禮楊朴周操四人行書餘皆正書 紹興己卯二十九年十一月 在杭州府六和塔

宏智禪師妙光塔銘 周葵撰 張孝祥書 正書 紹興二十九年七月 在鄞縣小天童寺

高宗御書無量壽佛字 正書 無年月

陳師中重建玉皇三官殿題記 正書 隆興二年五月 在潮陽縣東山三官廟後大石上

宮巷塔甎題字 圓月題 正書 隆興二年九月 又有一斷甎不見年月文稱女弟子孝妻傅氏

妙喜同男虞宗臣等　在瞿鏡濤家

井闌題名　正書　乾道元年正月　在海鹽縣城中錦繡里

開化寺勅牒及帖　上二層尚書省牒隆興二年十二月第三層尚書省劄付二道一乾道元年七月付開化寺一隆興二年十二月付僧智曇第四層臨安府帖乾道元年八月　在杭州府六和塔

崑山縣校官碑　范成象撰　黃萬頃書　八分書　乾道二年正月　在崑山縣學

朝陽亭記　張孝祥撰　正書　丙戌五月晦盇乾道二年也　在桂林府

漢中新修堰記　陽絳撰并正書　乾道二年六月　在褒城縣

行在尚書戸部帖　行書　乾道二年七月　在天台縣桐柏宮

白雲昌壽觀牒　行書　乾道四年五月　同上

劉董等題名　正書　乾道戊子六月　在永州府淡山巖

和州防禦使楊從儀墓誌袁勃撰　李昌謌書　正書
乾道五年三月　在洋縣
尚書省劄付二道正書　一乾道四年五月一乾道六年
十一月　在昌壽觀牒之下方
皇子節度使魏王詔書行書　乾道七年二月　在金華
府
黃彪等題名正書　乾道辛卯百五日　在永州府淡山
巖
知衡陽縣王光祖題名正書　乾道八年十月　在衡州
府石鼓山
興安蔣時題名八分書　乾道八年秋　在桂林府獨秀
山
雙清室三字蔣時書　篆書　乾道九年　同上
復水月洞銘范成大撰　正書　乾道九年九月　在桂
林府
許口留别龍隱巖詩八分書　淳熙元年重九日　在桂
林府龍隱下巖
碧虛銘范成大撰　正書　淳熙改元嘉平月　在桂林
府

蔣子明等題名行書　淳熙二年六月　在曾公巖洞口左壁

寂通證誓大師碑孫時敏撰并正書　淳熙三年八月在韶州府光運寺

重修英烈廟記蕭德藻撰　趙伯津書　八分書　淳熙三年九月　在宜興縣周孝侯廟

斬蛟射虎四大字裴相如篆　淳熙四年六月　在宜興縣周孝侯廟

趙靡遊七里巖詩并題名行書　淳熙丁酉十月　在肇慶府七星巖

韶音洞記　張栻撰　正書　淳熙四年十月

詹儀之題名正書　淳熙戊戌五年春分日　在桂林府城外風洞山

水桶記　正書　淳熙五年六月　在桂林府虞山

蘇舜欽詩正書　淳熙戊戌仲秋刻有楊倓跋　在太平府學

史彌大等題名八分書　淳熙辛丑八年季秋　在盱眙縣

靈濟廟尚書省牒 正書 淳熙十年九月 在蘇州府五龍堂

石郚段雄飛晏褭題名 八分書 乙巳清明前一日當是淳熙十二年也 在褒城縣

普生泉題字 八分書 淳熙丙午十三年 在江寍布政司公署瞻園

文岡等題名 正書 淳熙丁未十四年仲春 在褒城縣

趙善擇等題名 正書 淳熙十五年正月 在肇慶府七星巖

石柱礎題名 正書 淳熙十五年二月 在蘇州府寶林寺

廣嚴院記 魏觽撰并行書 淳熙十五年八月 在階州

鄒飛熊等九曜石題名 淳熙戊申十月 在廣東學院公署

濂溪先生拙賦 八分書 跋正書 淳熙戊申重午刻 有趙師俠

宋之源等題名 正書 淳熙戊申 在褒城縣

張伯山等題名　正書　淳熙己酉十六年閏月　同上

太平州瑞麻贊　洪邁撰　正書　在太平府學　文云太歲在酉葢淳熙十六年己酉也

平江府學御書閣碑　洪邁撰并正書　當在淳熙十六年　在蘇州府學

郭德麟等題名　行書　淳熙己酉仲冬　在盱眙縣

楊萬里等題名　行書　淳熙己酉十二月　同上

朱子書易有太極一段　行書

朱子書敬以直內八字　行書

朱子書上蔡先生語　行書　俱在衡州府學

朱子書邵堯夫四絶句　行書　子刻　在江寧府學　明景泰丙

張栻書禮義廉恥四字　八分書　在衡州府學

張栻書韓退之合江亭詩 行書 江亭 在衡州府石鼓山後合

張安國書裴坦對杜黃裳語 正書 在蘇州府學

同年酬唱詩 袁說友等十二人作 范成大序 龔頤正跋 正書 紹熙元年二月 在蘇州府學

吳郡壽寧萬歲禪院記 僧妙思撰 經炳文書 紹熙改元仲春 八分書 在蘇州府雙塔寺

龍圖梅公瘴說 梅摯撰 朱晞顏跋 石俛書 八分書 紹熙元年中秋日 在龍隱下巖

朱希顏龍隱巖詩 正書 紹熙元年十月 在龍隱下巖

邕州新建貢院記 林子蒙撰 林會書 行書 紹熙元年十月 在南寧府學

長孫宗旦等題名 行書 紹熙元年冬至日 在龍隱巖

袁說友等題名 八分書 紹熙辛亥二年九月 在盱眙縣

黄山等題名 行書 紹熙辛亥冬至前一日 同上

沈有開等題名 行書 紹熙壬子三年中秋 同上

永嘉徐誼等題名 行書 紹熙壬子十二月 同上

勅靈濟五龍侯封爵告詞 行書 紹熙四年五月 在蘇州府五龍堂

修山河堰記 八分書 紹熙五年二月 在褒城縣

鄭挺題名 正書 紹熙甲寅仲春 在青田石門洞

漢鄐君開褒余道碑陰記 晏袤撰并八分書 紹熙甲寅四月 同上

漢鄐君碑釋文 正書

朱希顔龍隱洞詩 正書 紹熙五年重午後兩日 在龍隱下巖

朱希顔遊韶音洞詩 正書 紹熙甲寅重午後二十日 在桂林府虞山

王俊等題名 正書 慶元乙卯元年季夏 在永州府澹山巖

潘宗伯等通褒余閣道碑陰記 晏袤撰并八分書 慶元元年中秋日 在褒城縣

朱希顔泛舟過龍隱洞詩 正書 慶元元年至後二日 在龍隱巖

吳學糧田籍記二 正書 慶元二年正月 在蘇州府學

張釜游山七絶 行書 慶元丙辰正月有滑懋跋正書 在龍隱上巖

閭邱資深等題名 八分書 慶元二年二月 在褒城縣上有玉盆二大字亦八分書

趙公茂等題名 正書 慶元丙辰暮春 同上

竹鶴二大字 蘇唐卿篆 慶元丙辰季夏刻 在蘇州府學

丹陽張釜等題名 八分書 慶元丙辰冬季 在盱眙縣

范彜等題名 正書 慶元丁巳三年重陽後一日 在襄城縣

蓑衣何眞人事實 胡袤撰 正書 慶元三年五月上方有通神庵三大字孝宗御書 在蘇州府玄妙觀

江西諸公題名 行書 慶元戊午四年正月 在龍隱上巖

王遷嗣等題名 正書 慶元戊午仲春 在褒城縣

張叔信龍隱洞龍隱巖詩二絶 行書 慶元戊午季春 在龍隱巖

郭嗣卿等題名 正書 慶元戊午嘉平月 在褒城縣

萬壽山修觀音祠記 張寅撰 劉震書 正書 慶元五年六月 在階州

王淮等題名 行書 慶元庚申六年閏月 在永州府淡山巖

修長洲縣主簿廳記 黃士特撰 孫應時書 行書 慶元六年三月 在長洲縣學

蘇仁弼上澄公禪師詩 正書 慶元庚申七月 在桂林府龍隱巖

南翔寺義井記 龔大雅撰 在嘉定縣 正書 慶元六年十二月

吳學義廩規約 黃由葉適題 在蘇州府學 正書 慶元□年正月

義井題字 正書 環卷 嘉泰元年正月 在蘇州府城內西泮

王正功留題乳洞詩 行書 跋正書 嘉泰二年正月有王克勤等 在龍隱上巖

勅賜靈應廟牒 行書 禮部牒文正書 嘉泰二年二月 在分水縣

耿與義題名 行書 壬戌孟冬蓋嘉泰二年也 在盱眙縣

趙仲義題名 正書 嘉泰癸亥三年仲春 在永州府淡山巖

李震等題名 正書 嘉泰甲子四年季春 同上

吳學續置田記一 正書 開禧元年四月牒一道 在蘇州府學

汲郡孟猷等題名 行書 開禧改元十月 在盱眙縣

牟節甫等題名 行書 開禧二年人日 在褒城縣

趙善恭題名 正書 疊綵山 開禧丙寅二年寒食日 在桂林府

吳學續置田記二 正書 開禧二年三月牒一道五月牒一道 在蘇州府學

陸游書詩境二字 正書 開禧丁卯三年三月 嘉定辛未四年九月刻 在韶州九成臺

安丙題名 正書 嘉定己巳二年閏月淸明日 在褒城縣

安丙題名 正書 題云嘉定閏月蓋與前刻同時也 同上

郡太守齊礪等題名 行書 嘉定己巳四月 在盱眙縣

唐安鮮于申之題名 八分書 嘉定三年三月 在褒城縣

虞泉銘 方信孺撰 方眞儒書 八分書 嘉定庚午七月 在韶州府城西北皇岡舜祠下

平亭二大字并平亭詩 正書 額題經略殿撰侍郎李公翰墨未詳其名 嘉定庚午霜降

節下方唐口跋亦正書

成都劉參題名　八分書　嘉定辛未四年春閏　在褒城縣

邑令何武仲題名　正書　嘉定辛未中秋後十日　同上

忠烈廟碑　胡銓撰　樓鑰書　正書　嘉定五年二月　在江甯府卞忠貞祠

方信孺觀張魏公遺墨題字　正書　嘉定五年十月　在連州學張俊題名碑陰

趙希蓬修威惠廟題記　趙希䅗書　正書　嘉定六年春　在潮州府西湖山上

鍾大鳴等題名　正書　嘉定六年六月　在曾公巖洞口右壁

方信孺古相思曲　行書　嘉定八年二月　在桂林府韶音洞

清眞觀建昊天閣記　陳振撰　鄭準書　正書　嘉定八年九月　在崑山縣

蘇州學記　朱長文撰　盧祖臯書　正書　嘉定八年十月　在蘇州府學儀門外

陳光祖題名 正書 嘉定乙亥臘月 在肇慶府七星巖

南翔院觀堂記 僧居簡撰 行書 南翔文錄云林英發書 嘉定九年季冬 在嘉定縣南翔寺

鄒應龍等題名 正書 嘉定丁丑十年立秋後五日 在龍隱下巖

留筠游淡山詩 正書 嘉定丁丑杪冬 在永州府

郡守徐寵年題名 正書 嘉定戊寅十一年二月 在肇慶府七星巖

顯靈公劄 行書 嘉定十一年十一月 在襄城縣

平江府添助學田記 謝甫撰并正書 嘉定庚辰十三年臘月 下方刻嘉定十一年正月軍府牒一道十月軍府牒一道 在蘇州府學

王子申游澹巖詩并題名 行書 嘉定庚辰孟冬 在永州府

石井闌題字 正書 嘉定辛巳十四年四月 在蘇州府布政司前街南

安撫胡槻等題名　正書　嘉定十四年季冬　在龍隱下巖

陸游玉京行　醉歌　紙閣絶句　初夏詩　春晚絶句

追懷南鄭幕府詩　南窻絶句　一竿風月詞　讀劉伯倫傳詩　俱行書　在太平府學　即姑孰帖之弟八弟九也

建康府教授西廳記　鄭自誠撰　行書　嘉定癸未十六年上元日　在江寧縣學

治平寺建藏殿記　僧寶華撰　正書　嘉定十六年七月　在上元縣祈澤寺

晉征西將軍周孝公像　洪潤跋　行書　嘉定十七年三月　在宜興縣

古竹院唱和詩　正書　岳珂等　嘉定甲申八月　附是年閏八月僧慧曦跋　在丹徒縣鶴林寺

處州重刊孔子廟碑　唐韓愈撰　陳孔碩書　篆書　嘉定十七年閏八月

石井題字　正書　嘉定十七年十二月　在蘇州府西米巷

李□能題名 八分書 嘉定甲申 在褒城縣下半爲李一鰲磨去刻石盆如有意要洗貪者廉十字

鄭起沃等題名 正書 寶慶改元正月 在肇慶府七星巖

英烈廟置田檀越題名記 行書 寶慶改元五月 在宜興縣

提舉常平司公據 正書 寶慶元年六月 在蘇州府雙塔寺 下方有是年八月住山師哲跋

重修天慶觀記 高之問撰 王淞書 正書 寶慶二年二月 在蘇州府玄妙觀

趙彥呐游石門題名 八分書 寶慶丙戌前熟食五日

安養院記 陳耆卿撰 正書 寶慶二年八月 在蘇州府學

高惟月淡山巖題名 行書 題云慶元戊午後廿九年當是寶慶丙戌也 在永州府

鄭起沃等題名 正書 寶慶丁亥三年二月 在肇慶府七星巖

給復學田公牒 正書 紹定元年五月七月各一道 在蘇州府學

給復學田公牒正書　紹定元年九月一道十一月二道

嘉應侯廟記同上陳夏撰　陳繹書　紹定己丑二年仲春　在潮陽縣東山雙忠廟後大石上

句容五瑞圖詩劉宰撰　行書　紹定己丑寒食日　在句容縣學

曹濟之等題名八分書　紹定己丑清明日　在袞城縣

又正書　紹定己丑熟食日　同上

吳學復田建祠記陳耆卿撰　石孝隆書　正書　紹定二年八月　在蘇州府學

嘉定縣學記沈璞撰并正書　紹定二年中秋日　在嘉定縣學

判府編修添設養士學田記正書　刻于前碑陰

寍海縣尹題名記吳子良撰　葛應龍書　正書　紹定二年十二月　在寍海縣大堂左壁

吳郡梅隱菴記范元衡撰　趙綝書　正書　紹定二年十二月　在蘇州府瑞光寺

永嘉許綸題名 正書 淡山巖 紹定庚寅三年正月 在永州府

張友仁水調歌頭詞 行書 紹定庚寅二月 同上

吳干能水調詞并題名 正書 紹定庚寅清明日 同上

蔡熙國題名 正書 紹定庚寅七月 在虎邱山石壁

給復學田省劄 正書 一紹定元年十月一紹定三年九月是年十月立石有汪泰亨跋 在蘇州府學

朱協極書中庸格言 八分書 紹定壬辰五年 在松江府學

提舉祕丞郎中詞翰 行書 僧普華跋正書 紹定五年二月 在蘇州府雙塔寺

婁續祖題永州淡嵒詩 正書 紹定六年二月 在永州府

華亭安濟院管田記 程熹撰 正書 紹定六年中和節 在松江府學

華亭縣蠲免安濟院苗稅公據 正書 紹定六年四月 同上

郡侯鄭公置學田記 鄭準撰 趙綝書 正書 下方刻學田數 紹定六年八月 在昆山縣學

郭三聘五言詩 行書 紹定癸巳仲秋 在永州府淡山巖

南雄州新建四先生祠堂記 眞德秀撰 田圭書 正書 端平元年三月 在南雄府學

天慶觀尚書省劄并部符使帖 正書惟劄中大字行書 端平元年六月 在蘇州府玄妙觀

趙崇垓曾純游七星巖詩并題名 正書 端平乙未二年嘉平月 在肇慶府七星巖

清江彭鉉詣祠題名行楷書　端平丙申三年三月　在南海廟碑陰向宗道題名之下方
重建華亭縣學記魏了翁撰　趙彥𢘍書　正書　端平三年九月　在松江府學
華亭縣學田記楊瑾撰　行書　嘉熙改元仲春　同上
王銓題名正書　嘉熙戊戌二年仲春　在永州府淡山巖
顏頤仲題名正書　嘉熙戊戌七月　在龍隱上巖
區永年等題名正書　嘉熙戊戌九月　在肇慶府七星巖
陳疇等觀仙掌石題名八分書　嘉熙三年元日　在廣東學院公署九曜石
賜杜範敕行書　下方杜範跋　正書　嘉熙三年七月　在寧國府
徐清叟等題名正書　嘉熙己亥重九日　在曾公巖
直龍圖閣曾三聘神道碑游侶撰　子宏正書　正書　在龍隱上巖

長樂黃朴等題名 正書 嘉熙庚子四年孟秋 在廣東學院公署九曜石

道統十三贊 理宗御製并正書 紹定三年作淳祐元年孟春書 在杭州府學

紹興手詔及陳襄經筵薦士章稾 正書 陳口跋 淳祐元年七月 在蘇州府學

金祀二太尉廟記 鄭文子撰 彭一飛書 正書 淳祐元年中秋日 明成化十三年重刊 在杭州府

劉燧叔題名 正書 淳祐壬寅二年中秋日 在連州燕喜亭

重建南山亭題名 繆夢達題 正書 淳祐壬寅季秋 在英德縣南山石壁

長樂潘牥等題名 正書 淳祐癸卯三年中秋 在虎邱山石上

韓文公符讀書城南詩 朱協極書 八分書 淳祐甲辰四年 在蘇州府學

朱文公敬齋銘 朱協極書 八分書 在前碑之陰

滿庭芳詞 如愚居士撰并正書 淳祐四年十月 在江寧縣牛首山

白雲山慈聖觀圓通殿記 樓扶撰并正書 淳祐四年仲冬

桂林撤戍記 正書 淳祐六年三月 在龍隱下巖

番禺李昴英等飲南山石屏下題名 行書 淳祐六年三月 在英德縣

增修華亭縣學記 王遂撰并正書 淳祐六年端午日 在松江府學

九疑山銘 蔡邕作 李挺祖書 八分書 淳祐六年八月

長州陳信伯等題名 正書 淳祐丁未七年季秋 在龍隱下巖

帝王紹運圖 正書 在蘇州府學

天文圖 正書 同上

地理圖 正書 淳祐丁未仲冬刊 同上

邕州重建學記 鄧容撰 趙立書 正書 淳祐戊申八年 在南寗府學

修經略司犒賞庫記 陳彌壽撰 趙孟口書 正書 淳祐九年二月 在龍隱上巖

放生池勅 理宗御製 下方項公澤跋 並正書 淳祐十年正月 明萬曆四年重刊 在崑山縣清眞觀

郡守朱諕遊燕喜亭詩 八分書 淳祐庚戌五月

菩提寺石橋題字 正書 淳祐十年十一月 在嘉定縣安亭鎭

義泉題字 正書 淳祐庚戌 在蘇州府城內布政司前街井闌上

程振父等題名 正書 淳祐辛亥十一年春分 在虎邱川

總所撥歸本學圜租公據 正書 淳祐十一年二月 下方張濟之跋題辛亥五月 在

嘉定縣修學記林應炎撰并正書　淳祐辛亥五月　在嘉定縣

葉堪之重修寒翠亭詩行書　淳祐壬子十二年四月在英德縣南山

中山翠微閣記趙與譓撰　徐士褎書　八分書　寶祐元年二月　在台州府巾子山

虞玨秋丁釋奠詩行書　寶祐元年八月　在永州府

帶御器械張塤壙刻孤哀子萊孫稱孫識　正書　文云卜塟以癸丑歲十一月蓋寶祐元年也　在蕭山縣

周梅叟等題名行書　寶祐甲寅二年正月

郡守莆陽陳煒等題名行書　寶祐甲寅季夏　在潮州府西湖石上

太白脱韡圖辛子才贊正書　在太平府學　當在寶祐四年

太學土地封勅告凡二通一淳祐六年五月一寶祐四年九月勅告俱行書餘正書在杭州府

山谷反棹圖牟子才贊正書在太平府學左方有牟應復題至元戊寅五月

使府蠲免安濟院苗稅公據正書寶祐五年九月在松江府

郡守莆田林光世等題名正書寶祐戊午六年在潮州府西湖石上

朱墇題名行書寶祐戊午冬在桂林府龍隱巖

吳郡鄉舉題名正書起紹興十年庚申至寶祐六年戊午在蘇州府學

林光世四言詩正書開慶元年在潮州府西湖石上

逸老堂記吳潛撰張卽之書正書開慶元年七月在甯波府賀祕監祠

賀知章像幷贊吳潛贊行書在逸老堂碑陰

浚湖衛城局出錢記 正書 開慶元年八月 在湖州府西湖崖石

勅賜忠顯廟牒狀 正書 勅牒行書 景定元年八月 在杭州府

陳宗禮澹山巖詩 行書 景定壬戌三年 在永州府淡山巖

鍾有大題名 正書 景定壬戌正月 同上

文有年題淡巖詩 正書 景定壬戌四月 同上

張孝先等題名 正書 景定壬戌菊節後三日 同上

封劉錡爲天曹猛將勅 正書 景定四年三月 在吳縣靈巖山下盈豐莊廟

義井題字 正書 □□□年四月以文中有端平元年推之當是景定四年也 在蘇州府城内烏鵲橋南

華嚴巖絶句 行書 不見姓名 景定癸亥中元 在永州府

張遠猷淡山巖詩 行書 景定癸亥仲秋 後有僧紹珏
詩亦行書 同上

太安人徐氏墓誌 陳鑒撰 陳伯錢書 正書 文多漫
漶有景定五年字 在崑山縣安亭孫
氏

義泉題字 正書 景定甲子 在蘇州府城內黃鸝坊橋
西巷

文子璋淡巖詩 正書 景定甲子仲冬 舊有洪彥淡巖
詩紹熙甲寅重九前二日正書文詩即刻
其上 在永州府

劉錫等題名 正書 景定五年十一月 舊有嘉定戊寅
呂口題字正書劉書即刻其上 同上

朱禶孫題名 正書 咸淳元年春 在龍隱上巖

蘇㫐題七星巖詩 正書 咸淳乙丑㫐月 在肇慶府

字田租記 唐夢翔撰并正書 咸淳丙寅二年七月 在
嘉定縣學

亭泉詩正書井闌上　咸淳四年　在蘇州府城内杉瀆橋南石

咸淳巳巳同銓題名正書　咸淳五年五月　在杭州府

趙與詘等題名正書　咸淳己巳仲秋　在永州府

光孝寺大鑒禪師殿記陳宗禮撰　王應麟書　正書　咸淳五年十一月　在廣州府光孝寺

趙口口淡巖偶成詩行書州府　咸淳壬申八年九月　在永

熊桂巖等題名正書　咸淳壬申嘉平月　在龍隱上巖

智門寺祝聖傳燈庫府據正書　咸淳九年二月下有十年孟夏行書跋　在象山縣

穎川陳彦題名行書　咸淳癸酉九年季春　在盱眙縣

同谷李與等題名正書在龍隱上巖　咸淳甲戌十年上巳後十日

戴覺民等題名 正書 德祐乙亥秋 在虎邱山石上

彼岸寺石幢 篆書 有興國中字

金剛經石幢 正書 在歷城縣正覺寺 以下皆無年月

張仲荀抄高僧傳序 陶穀撰 僧夢英書 在西安府學

商王廟碑 丁著撰 八分書

石刻周禮殘字 凡三紙一行篆書一行正書 在陳留縣學

卞忠貞墓碣 正書 在江寧府朝天宫

陳舜俞寄題歐川留槎閣詩 八分書 後有何口跋行書 在金華府

仁宗皇帝釋迦舍利佛牙讚 正書

仁宗皇帝釋迦佛牙舍利讚 正書 右二刻在嘉興府精嚴寺塔

黄履金陵雜咏　周沔書　行書　在江寧縣學
衆樂亭詩錢公輔王安石諸人作　行書　在寧波府賀秘監祠
邢恕獨游偶題詩　行書　在永州府朝陽巖
王無競等題名　正書　丁巳三月　在沐澗魏夫人碑陰
西谿二大字　正書　在衡州府石鼓山
石鼓山西谿題名　似有史㦤姓名　同上
龍洞記　正書　碑漫漶不見撰書人姓名
杜常等題名　八分書　在西安府慈恩塔
吳立禮題名　八分書　同上
張智周等題名　正書　同上

李遷等題名 正書 同上

洪亶等題名 正書 丙戌十一月 在永州府朝陽巖

康倫等題名 正書 在華陰縣嶽廟

玉盆二字 晏袤書 八分書 在襃城縣

宋之源等修禊題名 正書 同上

漢上段從龍題名 正書 戊申春 同上

康衢等題名 正書 戊午秋 同上

程閎中等題名 正書 己卯閏月二十三日 在青田石門洞

郭仲辰題名 正書 辛未清明 同上

李炳文張孝升等題名 正書 同上

章升之題名 正書 同上

趙昪題名 正書

李崟等題名 八分書 在襃城縣

劉繼元等題名 八分書

元次山朝陽巖記 用山玉書 八分書 甲寅中秋 在永州府朝陽巖

范益題名 正書 丁亥清明日 在乾陵無字碑

劉宰殺虎行 行書 在宜興縣周孝侯廟

劉希岳朗然子詩 王燦書 金天德二年正月重刊

陳塏采石磯詩 洪革刻 行書 在太平府蛾眉亭

李璆等題名 行書 在盱眙縣

唐興殿記 行書 無撰書人姓名 無年月 在嘉定縣菩提寺

遊燕喜亭詩 題辛卯二月三日不著年號似宋人筆法 在連州燕喜亭

常懋憩宫偶成詩 行書 在嘉定縣集仙宫

會稽令趙與壓題名 八分書 在禹陵窆石上

劉希旦詩 正書 不著年代 在龍隱巖

彭城劉子安等題名 行書 題云丙戌仲春 在河内縣沐澗

山陰王口題名 正書 戊子五月又有後四年季秋子口續題 在虎邱山

岳氏銅爵題名 篆書 岳珂造 無年月 在永寧縣

章岷題名 正書 在虎邱

道卿題名 正書 無年月 在青田縣石門洞 後有題名四行不全

才翁題名 正書不著姓盎蘇舜元也 在富陽縣定山

井閘題字 正書 首題大宋國兩浙西路平江府長洲縣在蘇州府西米巷小市橋南

困齋銘 劉芮撰 八分書 盎爲方耕道作 在永州府

陳適中等題名 正書 庚子十月 在青田石門洞

馬璟等題名 正書 辛丑秋社日 同上

尹瞻淡山巖詩 正書 同上

蔣穎叔澹山巖題記 行書 同上

俞希孟和零陵三題詩 正書 同上

潘正夫題淡巖呈遜叔詩 後附遜叔和韻 行書 同上

送陳祕丞知永州詩 朱昂等作 正書 同上

建康府甎字 正書 無年月 瞿鏡濤得於江寧府貢院

閤門寄班祗候洪公墓碣 文旻撰額正書 在嘉定縣

長清宰趙邦美等題名 正書 不著年代 在長清靈巖寺 碑本唐刻尚有小楷可辨後人展轉鑱刻題名

曹口口詩字 正書 不著年代 同上 後有婭中美西美

神運石題字 行書 不著年代 在杭州府龍井

齊太公廟碑 正書 漫漶不辨年代 在芮城縣

柳磚二字 正書 不著年代 在海鹽縣金粟山下

齊 劉豫

勅祭渾忠武王碑 上方刻知丹州劉議祭文一道并尚書禮部文移下方記一首王蔚撰王寵書

俱正書　阜昌七年正月　在宜川縣

禹跡圖　旁小字正書無姓名　阜昌七年四月　在西安府學

華夷圖　旁小字正書無姓名　阜昌七年十月　同上

潛研堂金石文字目錄卷七　嘉定錢氏收藏

遼

佛頂尊勝陁羅尼幢記 行書 會同九年玄月 後有保寍元年九月續修記 在京師歸義寺

白川州佛頂尊勝陁羅尼幢記 正書 當在開泰間

彌陁邑特建起院碑 正書 咸雍元年十二月 在京師歸義寺

碑陰 正書

大憫忠寺觀音菩薩地宮舍利函記 沙門善製撰 義中書 正書 大安十年閏四月在京師憫忠寺

興國寺太子誕聖邑碑 沙門方偁撰 張雲書 正書 壽昌四年七月 在易州

碑陰 正書

玉石觀音像唱和詩 沙門智化等三十五人作 性喣書 正書 壽昌五年九月 在三座塔下同

興中府靈感寺舍利佛塔銘 張嗣初撰 僧□□書 行書 天慶六年八月

金

皇弟都統經畧郎君行記 右方女直字 左方正書譯前言 王圭書 天會十二年仲冬 在乾州乾陵無字碑

靈峯院千佛洞碑 劉子初撰 杜彥臣書 正書 皇統三年七月

仙遊觀永陽園詩 蘭世一書 正書 題云太歲甲子正月癸丑朔不著年號以術推之葢金皇統四年也 在麟遊縣

沂州普照寺碑　仲汝尚撰　集柳公權正書　皇統四年十月　在沂州府

宜州廳峪道院復建藏經千人邑記　徐卓撰　正書　皇統八年七月

空桐麗傑題名　正書　貞元乙亥三年五月　在乾陵無字碑

興福院重修大殿三門記　張忱撰　釋福崇書　正書　正隆元年八月

重修紫虛元君殿記　韓迪簡撰　韓劭書　正書　正隆二年六月

京兆府重修府學記　李臬撰　潘師雄書　正書　正隆二年十一月　在西安府學

鼓山常樂寺佛殿記　胡礪撰　翟炳書　正書　正隆四年四月　在武安縣

法明院禮部牒　行書　大定二年十二月　在涇陽縣

妙因院禮部牒　行書　大定三年正月　同上

王雷謁無盡居士祠堂詩　行書　題癸未仲秋不著年號　蓋大定三年也　在壽陽縣方

山

靈泉觀牒　行書刻于靈泉觀記之上方　大定三年九月

寶峯院禮部牒　行書　大定三年十一月　在涇陽縣

清涼禪院禮部牒　行書　大定四年四月　同上

洪福院禮部牒　行書　大定四年六月　同上

鄭彥文題名　正書　大定甲申四年六月　在同州府聖教序碑陰

重公大師壽塔銘　宋壽隆撰　正書　大定四年七月

福勝禪院禮部牒　行書　大定四年七月　在涇陽縣

正覺寺禮部牒　行書　大定四年十月　同上

邢州開元寺重修圓照塔記　劉仲尹撰　張天和書　正書　大定五年八月　在順

德府

辯才大師誠公塔銘 僧師偉撰 正書 大定五年八月

觀音院記 李□撰 李居仁書 正書 大定丙戌六年九月 在隴州

興中府改建三學寺碑 韓長嗣撰并正書 大定七年六月 在承德府三座塔

廣福院禮部牒 正書 大定七年八月 在澤州府鳳臺縣

萬迴和尚塔題字 正書 大定十一年八月

乾州思政堂記 鄭彥文撰并行書 大定辛卯十一月 在乾州署內

觀音像下題字 正書 大定十五年四月 在涇陽縣

重建唐德宗詩碑 許安仁撰并行書 大定十六年七月

懷州剏修大明禪院記 白清臣撰 段建中書 正書 大定十六年應鐘月

驪山靈泉觀凝眞大師成道記 王鎬撰 季輔書 正書 大定十六年 在臨潼縣

李子易拜孔廟題名 行書 大定十七年四月 在曲阜縣孔廟唐碑側

涇陽縣鐘銘 鄭時舉撰 正書 大定十七年八月 在涇陽縣

禮部令史題名記 党懷英撰 正書 大定戊戌十八年八月 在京師憫忠寺

京兆府錄事馬烜題名 行書 大定十八年九月 在西安府學大智禪師碑陰

重修漢太史公墓記 趙振撰 正書 大定己亥清明後二日 在韓城縣

濟源縣剏建石橋記 王藏器撰 史仲尹書 八分書 大定二十年三月

臨潼縣九陽鐘銘 柴震撰 正書 大定二十一年四月

博州重修廟學記 王去非撰 王庭筠書 行書 大定辛丑 在東昌府學

碑陰記王遵古撰　王庭筠書　行書　大定辛丑六月

中嶽廟碑黄久約撰　郝史書　正書　大定二十二年十月　在登封縣

壽聖院珍公和尚塔銘李天益書　正書　大定二十四年五月

杜天師忽驚圖并詩譚處端書　正書　大定二十四年七月

重修天封寺記党懷英撰并正書　大定二十四年十一月　在泰康府東南舊縣村

華州城隍神濟安侯新廟記張建撰　尉口書　正書　大定二十四年

靈泉觀記楊峻撰　劉光書　正書　大定二十五年重陽日　在同官縣

譚眞人踏雲行詞行書　大定口十五年

許眞君拔宅昇天詔張秉跋并正書　大定二十六年仲夏　在涇陽縣

重修岱嶽廟記正書　碑後題劉景山篆額而無撰書人姓名　大定二十七年三月　在淳化縣

趙攄游百泉詩 趙揚跋在輝縣百泉 正書 大定二十七年六月

涇陽縣北極宮記 蕭貢撰 杜万石書 八分書 大定二十七年七月 在涇陽縣

蓮峯眞逸二絶句 申天祿跋 正書 大定戊申二十八年正月

孛术魯驃騎園亭記 范懌撰 李含德書 正書 大定二十九年十月 在萊州府

雲寂院鐘題字 正書 大定二十九年十月 在淳化縣

開州刺史高公葺孔廟題記 赫銑撰 正書 明昌辛亥二年十月 在曲阜縣唐開

元碑陰

宣聖廟題名 赫銑書 正書 明昌二年十月

李幾說拜林廟題名 正書 明昌二年十月 在曲阜縣唐碑側

范陽王肩元謁廟題名 正書 明昌二年十二月 在曲阜縣孔廟唐碑側

大奉國寺續裝兩洞賢聖題名記張劭撰　劉永錫書正書　明昌三年正月

在義州

威顯廟祈雨感應記馬肅撰并正書　明昌三年二月

京兆府學提學所帖學正書　明昌五年四月　在西安府

劉仲游題武后廟及乾陵詩草書　明昌五年孟冬　在乾州乾陵無字碑

碧落寺剏修溪堂記許安仁撰并行書　明昌五年閏十月　在澤州府

開堂疏党懷英書八分書　明昌六年二月　在濟寧州普照寺

党懷英書王荆公詩篆書　明昌六年四月　在濟寧州學

許安仁游靑蓮寺詩行書　明昌六年八月　在澤州府

重修至聖文宣王廟碑党懷英撰并八分書　明昌六年在曲阜縣孔廟

濟州普照寺照公禪師塔銘 趙渢撰 党懷英書 八分書 明昌七年三月 在濟

寍州普照寺

十方靈巖寺記 党懷英撰并八分書 明昌七年九月 在長清縣靈巖寺

中山趙充題名 正書 承安二年秋 在曲阜縣孔廟開元碑側

党懷英杏壇二字 篆書 承安三年

完顏亶孔廟祭文 後有孔元措記并八分書 承安四年三月

移剌霖驪山有感詩 孫極之書 正書 承安己未四年書雲後七日 在臨潼縣

重修蜀先主廟碑 王庭筠撰 行書 承安四年四月 在涿州

許古題名 行書 承安五年閏月 在澤州府青蓮寺

蓋公和尚行狀銘 趙秉文撰并書 承安五年

重修州學記 正書 泰和改元正月 在綏德州

谷山寺記 党懷英撰并八分書 泰和元年五月 在泰山東五十里谷山寺俗名佛峪寺

高夢得等題名 泰和四年清明日

王宏遊百家巖詩 行書 泰和四年三月

孫鑄題名 正書 泰和四年十月 在同州府聖教序碑陰

虞用康等題名 正書 泰和五年春 在西安府慈恩塔

伏羲廟碑 石抹靦撰并正書 泰和五年六月

硤石山福嚴禪院記 楊廷秀撰并正書 泰和六年正月 在澤州府

重修岱嶽廟記 苗口撰 苗口書 正書 泰和六年五月

權綱題名 正書 泰和丁卯重九日 在同州府聖教序碑陰

鈞州重修文宣王廟碑 趙鉢撰 屈師古書 正書 大安三年十二月

貞祐寶劵 正書 有京兆平涼府字

長安令王公二題名 行書 貞祐五年春 在西安府學 大智禪師碑陰

進士題名記 正書 始阜昌六年終興定二年皆京兆人也

杲公禪師塔銘 樂誧甫撰 僧性英書 正書 興定二年九月

師具瞻等題名 張秀華書 行書 興定五年四月 在乾陵無字碑

白樂天遊枋口詩 賈獻臣書 正書 元光元年九月

請印公開堂疏 行書 元光二年二月 在鄠縣草堂寺

許柔等題名 正書 正大元年夏 在乾陵無字碑

重修府學教養碑 劉渭撰 楊煥書 正書 正大二年十二月 在西安府學

趙秉文游草堂詩五絶句行書有方亭跋正書　正大丙戌三年仲夏刻

濟瀆靈應記韓時舉撰并正書　正大五年二月　在濟源縣

重修濟瀆廟記種竹老人撰　梁邦瑞書　正書　正大五年六月　同上

鄧州宣聖廟碑趙秉文撰并行書　正大七年四月

安陽縣乞伏村唐帝廟碑趙秉文撰并正書　黄叔璥云明昌六年刻

古柏行行書

元

萬卦山天寧寺功德疏耶律楚材撰　守一道人書　行書　辛卯年九月盖元太宗之三年也　在交城縣

中書省公據行書　辛卯年十月　同上

僧德苑與王巨源啟　行書　無年月　上下俱有衆僧題名　刻于天寧寺碑陰

神山洞聖旨碑　正書　乙未年正月六皇后稱制之四年也　在萊州府城南神山洞

謝彥寔王萬度謁孔廟詩　行書　乙未年二月　太宗七年也　在曲阜縣孔廟

張公墓銘　劉贊撰并正書　乙未歲季春　在山東新城縣丁家堤

闊端太子令旨　碑四層刻令旨四通一癸卯年五月一乙未年十一月一丁未年四月一丁未年十月並正書　在鄠縣草堂寺

闊端太子祭妙應孫眞人文　正書　丙午歲二月　在耀州五臺山

重修太清觀記　楊宏道撰　謝良弼書　八分書　文稱著雍涒灘十月蓋定宗三年戊申歲也　在歷城縣

元好問涌金亭詩　正書　己酉清明　在輝縣百泉

萬安恩公碑銘 劉百熙撰并正書 庚戌歲正月 在順德府

旭烈大王令旨 楊聰書 行書 庚戌年五月 在涇陽縣

重陽延壽堂碑 秦志安撰 楊聰書 正書 辛亥歲八月 同上

道德經 高翿書 古文篆 乙卯年十月憲宗之五年也至元辛卯刻石有李道謙跋 在盩厔縣樓觀

雲峯眞人康泰眞碑 撰書人姓名殘缺 丙辰年癸巳月憲宗之六年也

孫眞人福壽論 楊聰書 正書 丙辰歲九月

五泉野人詩 行書不著名 丙辰歲重九日

太上老君常清靜經 楊思聰書 正書 丁巳歲 在三原縣大化觀

昇元經 楊聰書 草書 丁巳歲四月 同上

大化觀四頌 楊聰書 草書 丁巳歲六月 同上

祭濟瀆記李忠國撰　史芝書　正書　中統元年八月
在濟源縣

涉縣懸鐘山覺慈寺記李衷撰　禪士正許書　正書
中統三年七月　在涉縣

先天觀碑銘　呂文尉撰　陳志玉書　中統三年閏九月
在河内縣

金御史程震墓碑元好問撰　李徽書　正書　中統四
年七月

天門銘杜仁傑撰　嚴忠範書　正書　中統五年正月
在泰山南天門西石厓

重立孟州三城記
正書　中統五年八月　在孟縣

請珪公長老復住韶州十方雲門禪寺疏沙門福冂書
正書　至元二
年　在澠池縣

重修大安寺記張巽撰　僧悟應書　正書　至元三年
律姑洗上澣吉日　在涇陽縣

僉憲楊公靈應記蘇偞撰　郭居仁書　行書　至元七
年二月　在濟源縣

御香投龍簡感應記李惟深撰　正書　至元七年三月
同上
濟瀆投龍簡記李惟深撰　附姚樞楊果送行詩　正書
至元七年五月　同上
天壇重修北極紫微大帝廟記薛元撰　蘇珪書　正書
至元七年八月　在澠
池縣
李氏遷祖之碑楊宏道撰　趙時中書　正書　至元七
年閏十月
文廟瑞芝之記楊成撰　荆幹臣書　八分書　至元八年
正月　在武安縣
修清涼國師妙覺塔記沙門卽吉祥撰　或吉祥書　正
書　至元九年九月　在咸寧縣
華嚴寺
聖旨碑上層蒙古字下層漢字正書　至元十二年二月
在韓城縣
代祀濟瀆投龍簡記袁志遠撰　史芝書　正書　至元
十二年三月　在濟源縣

終南山重陽眞人全眞教祖碑 密國公璹撰 李道謙書 正書 至元乙亥十二年中元日

終南山重陽祖師仙跡記 金劉祖謙撰 姚燧書 正書 至元丙子中秋日

治平寺捨田記 正撰 至元丁丑十四年仲春 在上元縣祈澤寺

祭張飛卿文 何瑋書 正書 至元丁丑三月 在太平府采石磯

游大相寺詩 胡居祐作 行書 至元丁丑仲秋

寶積資福寺鐘銘 曹說撰 正書 戊寅五月蓋至元十五年也 在寧波府延慶寺

寇志靜功行碑 唐瑩撰 書人姓王而空其名 正書 至元十七年二月 在涇陽縣

磻溪長春成道宮記 魏初撰 孫德彧書 正書 至元十七年五月

吏部侍郎劉傑等題名 正書 至元十八年正月 在輝縣百泉

陳山龍君行祠記　正書　至元二十年季秋　在海鹽縣

七佛閣記　閻復撰　李謙書　八分書　至元二十一年正月　在泰安縣谷山寺東北

王惲漢柏詩　行書　至元二十一年五月　在泰安府嶽廟環咏亭

宗聖宮說經臺記　李道謙撰　李志宗書　行書　至元二十一年陽復日　在盩厔縣樓觀

嶽陽朝玄觀記　徐世隆撰　劉惟一書　篆書　至元二十二年正月　在泰山升玄觀

聖旨焚燬諸路僞道藏經之碑　王磐等撰　粘合璋書　正書　至元二十二年五月　在泰安府冥福寺

衞志隱道行碑　李謙撰　寇元德書　正書　至元二十二年十月　在濟源縣

蕪湖縣重新學記　陳萬里撰并行書　至元二十三年七月　在蕪湖縣學

孟州學記　傅夢弼撰　正書　至元二十三年十月　在孟縣

三官廟記 李孝純撰 王德政書 正書 至元二十四年清明前二日

皇子北安王降香記 秦艮佐撰 徐秉中書 正書 至元二十四年閏二月 在濟源縣

重修三殿昭惠靈顯眞君廟記 岳泰撰 正書 至元二十四年八月 在虞城縣

濟瀆靈異記 王光撰并正書中州金石攷以光祖爲名誤 至元二十四年九月 在濟源縣

五指山大輪禪師碑 僧居實撰 廣純書 正書 至元二十四年九月

玉京觀地產記 李察撰 張洪禮書 至元二十四年辛亥月

碑陰

敕建法籙堂記 陳南美撰 張□書 正書 至元二十五年五月 在修武縣

濮州學記 吳衍撰并正書 至元二十五年六月 在濮州學

碑陰題名 正書

敵樓山天宮禪院記 侑顯月書 正書 至元二十六年五月

應宜兒赤獵虎記 正書 至元二十六年九月 在鳳陽縣劉府集東嶽廟

王顯德七星巖詩 行書 至元乙丑十一月 在肇慶府七星巖

澤州長官段直墓碑 劉因撰并正書 至元二十七年二月 在澤州府

剏建遇仙觀記 楊定撰并正書 至元二十七年五月

重建風后八陣圖碑 唐獨孤及撰 劉道源書 正書 至元二十七年中秋日 在密縣

壽陽縣新學記 元好問撰 里恂書 正書 至元庚寅二十七年季冬 在壽陽縣學

增修扁鵲廟記 胡祗遹撰并正書 至元二十八年四月 在湯陰縣

加封濟瀆清源善濟王記 秦艮佐撰 劉伯達兒書 正書 至元二十八年四月 在濟源縣

模刻嶧山碑記 劉之美撰 正書 至元二十九年三月

加封北海廣澤靈祐王記 祁思問撰 正書 至元二十九年六月 在濟源縣

平江府報恩萬歲賢首教院碑 閻復撰并正書 至元二十九年八月 在蘇州府北寺

慶元路重建學記 王應麟撰 李思衍書 正書 至元二十九年十月 在寧波府學

御香祭南海記 王獻撰 正書 至元癸巳三十年三月 在廣州府南海廟

韓城縣尹陳大中墓塔銘 郭汝弼撰并正書 至元三十年仲夏 在韓城縣陳莊

諭中外尊奉孔子詔 上層蒙古書 中層正書 下層張之翰記正書 至元三十一年七月 在松江府學

又 正書 在蘇州府學

又正書　在崑山縣學
又正書　在定州學　下層刻中山府學地產數　至治三年十月刻
濟陽縣廟學記楊文郁撰　趙孟頫書　正書　至元三十一年八月　在濟陽縣
石狻猊像贊正書　元貞元年七月朱宅立　在山東布政司土地祠刻于石獅胸前
石鼓山西谿題名史杠題　正書　元貞元年八月　在衡州府
璨和尚塔銘正書　元貞元年八月小僧永金等建　在涇陽縣
平江路儒學祭器碑李淦撰　方文豹書　正書　元貞元年　在蘇州府學
句容縣修學記口文龍撰　正書　元貞二年七月　在句容縣學
麗水縣廟學碑陰記王度撰并行書　元貞丙申七月　在麗水縣
唐古台遊鬭牛喦觀大顛古蹟詩正書　元貞丙申仲秋　在潮陽縣東五里鬮

牛峁

芮王廟記何南卿撰　樊彥書　正書　大德元年七月　在芮城縣

松江南山勝地記閻復撰　傅大有書　正書　大德元年夷則月　在松江府

重修令武廟記七月胡芳子撰　馬份書　正書　大德元年　在襄城縣

敕建天壇紫微大帝廟記劉璋撰　趙守玉書　正書　大德元年庚戌月　在澠池縣

居竹記方回撰　趙孟頫書　大德二年二月　在華亭縣學

月華山林泉禪寺剏建地產四至碑僧性空書　大德三年三月

膠萊莒密鹽使司新建廟學記傅夢弼撰　喬達書　正書　大德三年三月　在掖縣城北五十里西由場

大德己亥靈貺碑史芝撰　張秉彝書　正書　大德三年四月　在濟源縣

蕭山縣學重建大成殿記 張伯淳撰 趙孟頫書 行書 大德三年十月

妙相寺鐘題字 正書 大德四年三月沿海上副萬戶石林良輔等鑄造 在寧海縣

敕立興國觀記 馬光國撰 王正一書 正書 大德五年三月 在澠池縣

重修至聖文宣王廟碑 閻復撰 劉賡書 正書 大德五年秋 在曲阜縣孔廟

重修漢李將軍廟碑 張遠書 正書 大德五年二月 在河內縣

大開元寺萬安恩公碑 王思廉撰 弁正書 大德辛丑十二月 在順德府

濟瀆投龍簡記 李思誠撰 柏德元書 正書 大德六年三月 在濟源縣

汜水縣濟瀆廟碑 薛貴祖撰 嚴君宏書 正書 大德六年四月 在汜水縣

義州重修大奉國寺碑 盧摯撰 王遂書 正書 大德癸卯七年九月 在義州

重修逍遙觀記 田道育書 正書 大德八年二月

薛六等題名正書　大德九年七月　在西安府慈恩塔

四皓廟碑宋王禹偁撰　蕭恭書　八分書　大德九年十一月

漁莊記陳儼撰　趙孟頫書　正書　大德十年閏正月

觀世音菩薩傳略吳興管氏書　正書　大德丙午三月在江寧府

玩鞭亭詩盧摯作　行書　大德丙午十二月　周千鎮跋　在蕪湖縣玩鞭亭

嘉興路重修儒學記牟巘撰　趙孟頫書　行書　大德十一年七月　在嘉興府

崑山州新建三皇廟記潘昂霄撰　杜與可書　八分書　大德丁未五月　在崑山縣學

涇陽縣修公宇記蕭𣂏撰　男恭書　八分書　大德十一年八月　在涇陽縣

加號大成至聖文宣王詔正書　大德十一年九月八

又正書　大德十一年七月　下層刻徽州路儒學旨揮二道　正書　至大三年四月　在績溪縣學

又蒙古字旁譯漢字正書　在曲阜縣

又上層蒙古字　下層正書　在定州

又正書　大德十一年十二月刻　在松江府學

又正書　年月漫漶　在邠州

又正書　至大元年　在江寧縣學　碑陰記并題名別速臺書記文行書題名正書　皇慶二年八月

又正書　至大元年　在句容縣學

中書省榜正書後有蒙古字一行　大德十一年十月　在曲阜縣

襄城縣學廡記劉必大撰　孛术魯翀書　正書　至大元年二月　在襄城縣

松江寶雲寺記牟巘撰　趙孟頫書　行書　至大元年五月

加封孔子聖旨及致祭先師顏孟祝文正書　至大元年七月　在曲阜孔

廟

萬安寺茶牓　頭陀溥光撰并正書　至大二年正月　在登封縣

常熟知州盧侯生祠記　周馳撰　趙孟頫書　正書　至大二年正月　在常熟縣

句容縣重建學記　王構撰　潘汝劼書　正書　至大二年五月　在句容縣學

袁州路修建記　杜與可撰并八分書　至大己酉季夏

許文正公祠堂記　鄭沖霄撰　呂士文書　正書　至大二年八月　在新鄭縣

新安洞眞觀碑　張仲壽撰并行書　至大二年十月　在新安縣

佑聖觀重建玄武殿碑　元明善撰　趙孟頫書　行書　碑後未題年月以孟頫署銜揚州路泰州尹攷之當在至大二三年

重修昭濟侯獻殿舞亭記　雷豫撰并正書　至大三年三月　在澠池縣

建康路文廟祭器記劉泰撰　潘汝劼書　正書　至大三年九月　在江寧縣學

伊尹墓祠記張中元撰　高合丹書　正書　至大四年二月　在商邱縣東南穀熟集

郎公墓誌　正書　至大四年四月　在拔縣城西郎村

江東宣慰使珊竹公神道碑姚燧撰　趙孟頫書　行書　文中有至大字　在儀徵縣

潛研堂金石文字目錄卷八

嘉定錢氏收藏

元

集仙宮東嶽行祠記 張與材撰 張與紹書 行書 皇慶元年寎月 在嘉定縣集仙宮

集仙宮瑞竹記 行書 皇慶元年寎月 同上

玄眞子詩 行書 在前碑之陰

員嶠眞逸題名 行書 皇慶元年八月 在紹興府禹陵窆石上

建康路學祭器記 胡助撰并正書 皇慶二年正月 在江寧縣學

采石蛾眉亭記 王文龍撰并正書 皇慶二年八月 在太平府采石磯

大都路總治碑 王構撰 劉賡書 正書 皇慶二年十月 在順天府公署大堂前

洞溪先生遊玉川詩 王公孺撰 男笥書 皇慶二年十月 在濟源縣

漢槐圖 童童作 一百五書 正書 皇慶癸丑二年十一月 在虢縣

廉訪副使王信拜林廟題名 正書 皇慶二年十一月 在曲阜縣

漢尹宙碑陰記 李謩撰 王克讓書 正書 皇慶三年正月 在鄢陵縣

長興州修建東嶽行宮記 孟淳撰 趙孟頫書 正書 延祐元年四月

投龍簡記 周應極撰 趙孟頫書 行書 延祐元年八月 在澤州府

裕公禪師碑 程鉅夫撰 趙孟頫書 行書 延祐元年十一月 在登封縣

勅藏御服碑 趙世延撰 趙孟頫書 行書 延祐二年三月 在盩厔縣樓觀

贈兵部侍郎清河郡伯張成墓碑 元明善撰 趙孟頫書 正書 延祐二年三月

四川廉訪使梁天翔神道碑 李源道撰 趙孟頫書 行書 延祐二年七月 在平

遥縣梁官村

勅賜南陽諸葛書院碑 程鉅夫撰 劉賡書 正書 文稱皇帝卽位之四年十有二月蓋延祐二年也 在南陽縣

鄞縣廟學記 袁桷撰 薛基書 正書 延祐三年四月 在鄞縣學

勅賜伊川書院碑 薛友諒撰 趙孟頫書 行書 延祐三年四月 在嵩縣

涇陽縣北極宮記 朱象先撰 楊道遠書并篆額 正書 延祐三年八月 在涇陽縣

懿旨重修濟瀆廟碑 王公孺撰 王符書 正書 延祐三年九月 在濟源縣

大覺普慈廣照無上帝師膽巴碑 趙孟頫撰并行書 延祐三年十月

保定路孔子廟講堂記 元明善撰 張珪書 正書 延祐三年十一月 在保定府

勅封帝君詔 行書 延祐三年

重修慈雲禪寺記 顏之義撰 李玉書 正書 延祐四年正月 在濟寧州晉陽山

上眞殿記 章嘉撰 行書 延祐四年三月 在嘉定縣集仙宮

鄖城縣五老堂記 宮珪撰 侯浩書 行書 延祐四年四月 在鄖城縣

海鹽寺鐘銘 章嘉撰 正書 延祐四年十月 在太倉州鐘樓

長明燈記 揭傒斯撰 趙孟頫書 延祐四年十月 在延津縣大覺寺

祁北山先墓銘 岳崧撰 曾孫惟賢書 正書 延祐四年十月 在韓城縣

勅修殷比干墓碑 王公孺撰 劉敏中書 正書 延祐四年十一月 在汲縣

梁國文正公何瑋神道碑 程鉅夫撰 趙孟頫書 行書 延祐四年口月

泰安武穆王博羅歡碑 姚燧撰并八分書 延祐四年 在泰安府城西門外校場

祝延聖主本命長生碑 王思廉撰 趙孟頫書 正書 延祐四年 在眞定府隆興寺

祀西鎮碑莫勝撰 賈幹魯思台書 正書 延祐四年十二月 在隴州

永壽禪寺記呂師說撰 呂元規書 行書 延祐五年正月 在嘉定縣婁塘鎮

同知晉寧路事蒙天祐阡表蕭㪺撰幷八分書 延祐五年九月 在同州府

番君廟碑元明善撰 趙孟頫書 延祐六年三月

劉文祭孔廟文行書 延祐六年六月

建立加封孔子詔書碑記正書 延祐六年七月 在蘭溪縣

中山府增修加號碑樓記朱德潤撰 正書 延祐六年八月 在定州學

虛照禪師明公塔銘陳庭實撰 趙孟頫書 正書 延祐六年八月 在順德府

大報國圓通寺碑趙孟頫撰幷行書 延祐六年十月 在嘉定縣

佛心禪師明了造橋題字正書 延祐六年仲冬 在嘉定縣

西湖書院增置田記 湯炳龍撰 白珽書 行書 文云
延祐戊午之次年葢延祐六年也
在杭州府

乾明廣福禪寺觀音殿記 胡應青撰 趙孟頫書 正書
延祐七年二月 在江陰縣

于欽告孔廟文 行書 延祐七年二月 在曲阜縣孔廟
唐碑側

處州萬象山崇福寺記 沙門明本撰 趙孟頫書 行書
延祐七年三月 在處州府

加封師眞之碑 至大三年二月聖旨四通 陳德定書
正書 延祐七年重陽日 在耀州五臺
山

金仙寺裕公和尚道行碑 趙孟頫撰并行書 延祐七年
小春日 在翼城縣

禪悅寺鐘題字 沙門懷寶書 正書 延祐七年十月
在海鹽縣澉浦鎮

清夏二字 幻住道者書 行書 延祐庚申 在松江府

重修廟學記 陳艮翀撰 廉希貢書 正書 延祐七年 在嘉興府學

趙孟頫臨樂毅論 正書 在京師國子監

趙孟頫天冠山詩 行書 明人刻 在西安府學

趙孟頫書普覺堂三大字 在湖州府

趙孟頫書天寧萬壽禪寺六大字 在湖州府天寧寺 明嘉靖丁未刻石

閑邪公家傳 周馳撰 趙孟頫書 正書

襄城學記 孛术魯翀撰 溫廸罕紹基書 正書 至治元年正月 在襄城縣

長春道院記 楊載撰 趙孟頫書 行書 至治元年四月 洪武三年立石 在松江府

平江路重修儒學記 楊載撰 趙孟頫書 行書 至治元年七月 在蘇州府學

王慶拜孔林題名 正書 至治元年七月 在曲阜縣

嘉興路資聖禪寺長生修造局記　僧如是撰　趙孟頫書　行書　至治元年十月　在嘉興府

東平忠憲王安童碑　元明善撰并正書　至治元年十二月　在直隸新城縣高碑店今亾

大瀛海道院記　吳澂撰　趙孟頫書　行書　至治二年二月　在象山縣

涇縣尹蘇公政績記　梅震撰　趙孟頫書　行書　至治二年仲春　在涇縣學

尊經閣記　楊載撰　趙構書　行書　至治二年良月　在蘇州府學

寶成寺伯家奴造佛相題名　正書　至治二年□月　在杭州府吳山

畏吾字碑　亦在寶成寺

磁州武安縣三瑞記　蕭時敏撰并行書　至治三年正月　在武安縣

大成樂記　周仁榮撰　薩德彌實書　行書　至治三年八月　在嘉定縣學

太上感應篇陳堅注　仇遠跋　又堅自跋　正書　泰定甲子上元　在杭州府學

浙東道宣慰使荅里麻世禮墓誌焦可撰并正書　泰定元年二月

東嶽廟聖旨碑　正書　泰定元年十月　在泰安府嶽廟

碑陰題名正書

西湖書院重整書目記陳袤撰　長慶孫書　行書　泰定元年　在杭州府學

西湖書院書目　正書　仝上

嘉定州儒學教授題名記劉德載撰　正書　泰定二年七月　在嘉定縣學

太華山剏建朝元洞碑并道泉撰　李𣑱書　正書　泰定二年下元日　在華陰縣

仙源圖　正書　無年月　在前碑之陰

川州重修東嶽廟記徐潛撰　張質書　文有泰定丙寅字丙寅泰定三年也

鄉賢祠記　胡炳文撰　程益書　行書　泰定三年七月
在句容縣學

文殊寺碑　正書　泰定三年八月　碑陰畏吾書　周芭
令日在肅州

天妃廟迎送神曲　黃向撰　董復書　行書　泰定四年
七月　在蘇州府

曹用題名　正書　泰定丁卯七月　在青田縣石門洞

默庵記　趙艮弼撰　集顏魯公書　正書　泰定四年立
冬日　在咸寧縣

嘉定州護國寺大佛殿記　撰書人姓名漫滅或云湯彌昌
撰　文有泰定丁卯字　在嘉
定縣西門外護國寺

湖州路歸安縣建學記　鄧文原撰并書　行書　泰定五
年三月　在湖州府

寧海州知州王慶碑　李僊撰　朱泰亨書　正書　泰定
五年　在掖縣城南七里河岸

龍飛祀海瀆記　貢奎撰并行書　天曆元年十二月　在
濟源縣

楊大倫寄南窗煉師詩行書　天曆己巳二年　在嘉定縣集仙宫

集慶孔子廟碑十月盧摯撰　王叔善書　正書　至順元年在江寧縣學

句容縣學田地記許艮知撰　吳口文書　行書　至順二年二月　在句容縣學

皇太后懿旨碑　正書　至順二年六月　在易州

碑陰　蒙古字

加封啟聖王及王夫人制　正書　至順二年九月

加封文宣王夫人并官氏制　正書　至順三年六月　兩制各刻一碑　在江寧縣學

又　正書　在句容縣學

加封復聖宗聖述聖亞聖四公制　正書　至順二年九月　在江寧縣學

加封顏孟二子制　正書　至順二年九月　在句容縣學

加封曾子子思制 正書 至順二年九月 同上

封豫國洛國公制 正書 至順二年九月 同上

贈河南行省參知政事濟南郡公張斯和碑 張養浩撰 鄧文原書

正書 至順二年十月 在章邱縣東南相公莊

碑陰記 張起巖撰 魏誼書 正書

重修帝嚳廟碑 范濵撰并正書 至順二年十一月 在商邱縣

清化鎮廟學記 何守謙撰 王昱書 正書 至順二年十二月 在河内縣

重修儲潭廟記 劉泰撰 正書 至順二年□月 在贛州府儲潭廟

永嘉縣新學記 柳貫撰并正書 至順三年二月 在溫州府

潮州路韓山書院記 吳澄撰 邢讓書 正書 壬申七月至順三年也 在潮州府城内韓

公祠

涇陽縣學田記 何希淵撰 正書 至順三年十一月 在涇陽縣

嘉定州重建廟學記 智玉成撰 朱炎書 正書 至順三年十二月 在嘉定縣學

漢校官碑釋文 單禧書并跋 正書 至順四年五月 在溧水縣學

龍興路儒學鼎題字 正書 至順四年

吳學附城地經界碑 正書 至順癸酉七月 在蘇州府學

新修平江路學記 柳貫撰 干文傳書 正書 至順四年九月 同上

太師太平王德勝廟碑 撰書人模糊不可識 當在文宗朝

聖旨碑 正書 元統二年三月 在句容縣學

井闌題字 正書 元統二年三月 在蘇州府吳趨坊首 題平江路西北隅鳳凰鄉道堂巷

加封顔子父母制詞 上層蒙古書下層正書 元統二年五月

李洞月夜過采石江詩 草書 皇慶壬子作 元統甲戌書 至元六年九月刻有黄次思跋 在太原府蛾眉亭

孝烈將軍祠像辨正記 侯有造撰并正書 元統二年六月 在商邱縣

偃師伯王輔嗣墓碣 吴炳書 八分書 元統二年十月 在郾師縣

碑陰記 陳思忠撰 元統二年十一月

濟寧路總管鄧衡祭孔廟文 王民望撰并行書 元統二年十二月

飛騎尉楊君世慶碑 孛术魯翀撰 巎巎書 正書 元統三年三月 在澠池縣

齊國武敏公樂實碑 虞集撰 正書 元統三年五月 在萊州府駙馬莊

降香記 于克紹撰 李景參書 正書 元統三年五月 在濟源縣

安晚軒記 陳旅撰并正書 元統三年六月 在杭州府

興中州達魯花赤也先公平治道塗碑 林□撰 正書 元統三年七月

孫德彧道行碑 鄧文原撰 趙孟頫書 行書 元統三年九月 在盩厔縣重陽宮

古緱氏縣重修泰山廟記 賈昌文撰 正書 元統三年十月 在郾師縣

元公書院西湖田記 鄧舜生撰 正書 元統三年十二月 在潮州府西湖上今謂之放生池

江東建康道廉訪司題名記 王士熙撰 卜顏帖睦兒書 正書 不著立碑年月以題名證之當在元統間至元以後則後人續題 在寧國府署前

宗聖宮碑 元明善撰 正書 至元二年正月

西湖書院記 陳泌撰 正書 至元二年五月 在杭州府

姚燧浯溪碑詩 正書 至元丙子六月

辟邪鐘題字 篆書 至元二年十二月 在江寧府靈谷寺

考城縣重修宣聖廟碑 張琬撰 朱融書 正書 至元二年十二月

石溪禪寺無一禪師塔銘 偰文質撰 偰玉立書 正書 至元三年三月 在廣德州東南五十里石溪寺

任城郡公札忽兒解墓碣 正書 趙世延書 至元三年三月 在濟寧州

起信閣施造千佛因緣記 僧宏濟撰 陳子翬書 正書 至元三年十二月 在寧波府延慶寺

四明祖庭世統題名記 胡世佐撰并篆書 至元四年正月 在寧波府延慶寺

觀瀾亭記 王理撰 陳肅書 正書 至元四年正月 在太平府蛾眉亭

英烈廟新殿記 汪澤民撰并正書 至元四年三月 在宜興縣學

句容縣學恭刻制詞記 張起巖撰 孔思立書 正書 至元戊寅四年五月 在句容縣

南雄路文廟從祀記 易景升撰 楊益書 八分書 至元四年九月 在南雄府學

紫虛元君廣惠碑 石瑄撰 李德存書 正書 至元五年仲春月

閿鄉縣臨高寺碑 邵節撰 張繪書 正書 至元五年六月 在閿鄉縣

慶元路新修廟學記 陳旅撰 王安書 行書 至元五年七月 在寧波府學

祀曲阜宣聖廟記 王守誠撰 張起巖書 正書 至元五年八月

祭文宣王廟文 謝端撰 正書 至元五年八月

監郡脫來公祀濟瀆記 姜朴撰 郭安貞書 行書 至元五年九月 在濟源縣

濟瀆重建靈異碑記　撰書人姓名闕　至元五年九月　同上

勅修曲阜先聖廟碑　歐陽原功撰　巎巎書　正書　至元五年十一月　在曲阜縣

普度禪師義公塔銘　虞集撰　柳貫書　正書　至元六年正月　在蘇州府南禪寺

句容縣學大樂禮器碑　趙承禧撰　曹復亨書　八分書　至元六年五月　在句容縣

碑陰　正書

劉宗煥拜林廟題名　正書　至元六年八月　在曲阜縣孔庿

也先不花祭孔林題名　正書　至正元年三月　在曲阜縣

巎巎與王由義書　行書　至正元年四月　明人重刻　在朝邑縣

重建清源廟碑　李桓撰　趙儼書　八分書　至正二年三月　在江寧府南門外三茅宮

碑陰　戴元吉書　正書

達奚將軍廟碑 林仲節撰 樊嗣祖書 正書 至正二年五月 在句容縣

碑陰題名 正書

鄧州重修宣聖廟碑 王睿撰 楊元書 正書 至正二年七月

皇帝遣郭孝基祀孔廟文 正書 至正二年十二月

幻住經堂記 沙門曇噩撰 王元恭書 行書 至正三年正月 在奉化縣岳林寺

覺苑寺興造記 趙賀翁撰 趙宜浩書 正書 至正三年三月 在蕭山縣覺苑寺

重修寶泉寺記 撰書人姓名漫滅 至正三年三月 在澠池縣

濟陽縣曲堤鎮修建大成廟碑 王士熙撰 楊僖書 八分書 至正三年七月

松江府重建廟學記 黄溍撰 和立平書 正書 至正三年八月 在松江府學

慶元路總管王侯去思碑 朱文剛撰 趙知章書 行書 至正三年十一月 在寧波

府學

鎮守平江分鎮嘉定等處萬戶郝天麟政績碑 黄溍撰 行書 至正三年十二月 在嘉定縣伏虎廟

長葛縣尹趙侯德政碑 張繼祖撰 蕭起賢書 正書 至正四年四月 在長葛縣廨

勅賜元教宗傳碑 虞集撰 趙孟頫書 行書 至正四年八月

東嶽廟聖旨碑 正書 至正四年九月 在泰安府

上卿元教大宗師張留孫碑 趙孟頫撰并正書 至正四年 在貴溪縣

重修南鎮廟碑 貢師泰撰 泰不華書 八分書 至正四年 在紹興府

石刻佛經 蒙古畏兀女直梵漢五種字 至正五年 在居庸關過街塔下

周伯溫遊白牛巖詩 偰列篪撰序 正書 至正丙戌六年冬 在潮陽縣

雲巖禪寺興造記　黃溍撰并正書　至正七年三月　在蘇州府虎邱山

瑞州雲谿觀碑　張道中撰　白道榮書　至正七年五月

上海縣學文昌祠記　屠性撰　口霖書　正書　至正七年六月　在上海縣學

任城縣重建石佛碑　秦本書　正書　至正七年七月　在濟寧州石佛牐

天寶山太平興龍禪寺碑　李泂撰　干文傳書　正書　至正七年九月　在廣德州石溪寺

中書平章政事高公勳德碑　干文傳撰　吳鐸書　正書　至正七年　在蘇州府北寺

慶元路儒學重修靈星門記　鄭奕夫撰　趙孟貫書　行書　至正八年四月　在寧波府學

重刻鍾離權詩 正書 宋皇祐四年九月刻至正八年四月重刻 在順德府

縣學重修記 偰哲篤撰 李桓書 行書 至正八年五月 在句容縣學

王按彈溥化修南海祠詩 正書 至正戊子八年冬至日 在廣州府南海廟

餘姚州儒學新建文會堂記 汪文璟撰 郭文煜書 正書 至正八年十二月 後有趙德在跋八分書 至正九年七月 在餘姚縣學

雷山義泉四字 篆書 至正戊子 在江寧府

僉憲周公遊朝陽巖題名 白鏞撰 李次皋書 正書 至正九年仲春 在永州府

濟瀆潮賜記 陶黃庭撰 馬道蘊書 行書 至正九年四月 在濟源縣

祈澤治平寺佛殿碑 沙門伯元撰 泰不華書 正書 至正九年四月 在上元縣祈澤寺

濟瀆廟題名記 郝正撰并正書 至正九年五月 在濟源縣

梅巖瞿先生作興鄉校記 薛元德撰 觀音奴書 正書 至正九年六月 在嘉定縣學

碑陰 正書

東祁王先生歸田興學記 薛元德撰 馬遂良書 正書 至正九年七月 在嘉定縣學

道山亭聯句詩 僧家奴等作 任允書 八分書 至正九年八月 在福州府

實際川禪師影堂逸亭 沙門正印記并行書 至正九年仲秋 在崑山縣城東永懷寺

重修鄞縣學記 段天祐撰并行書 至正九年九月 在鄞縣學

長洲縣重修學宮記 楊維楨撰危素集唐歐陽詢書 正書 至正十年七月 在長洲縣學

山東鄉試題名碑記 毛元慶撰 許彧書 正書 至正十年十月 在濟南府學明倫堂東

盧江縣禁鐘題字 正書 至正十年十月 在盧江縣城隍廟

潮陽縣學明倫堂記 林泉生撰 高若鳳書 正書 至正十年十一月 在潮陽縣

長興州重修學宮記 楊維楨撰 高明書 正書 至正十一年二月

餘姚州儒學藏田記 孫元棨撰 傳常書 正書 至正十一年十一月 在餘姚縣學

湖州路歸安縣修學記 儲惟賢撰 張世昌書 行書 至正十一年十二月 在湖州府

追封英義武惠正應王周將軍碑 曹復亨撰 蘇天爵書 正書 至正壬辰十二年三月 在宜興縣

關王廟碑 無撰書人姓名 正書 至正十二年五月 在許州

中山聖廟禮器記 王秉彝撰 正書 至正壬辰仲秋 在定州學

碑陰 中山府達魯花赤大都等題名 至正十二年季秋

賈使君碑陰題名　邱鎮題　行書　至正十二年十一月

雷祥廟碑　潘懇撰　弁正書　至正十二年十一月　在白水縣

監郡公阿察雅實禮感雨記　元思孝撰　鄭頤書　正書　至正十三年四月　在濟源縣

重建五龍堂記　趙本撰　邱世賢書　正書　至正十三年五月　在濟南府城西門外

王德成題名　正書　至正十三年九月　在西安府慈恩塔

李世安題名　正書　至正十三年良月

大田洞磨厓記　鄭文□撰恩平縣志作鄭文趙　正書　至正十三年十二月　在恩平縣西北二十里石圍山口

七聘堂記　蘇天爵撰　諭立書　正書　至正十四年建辰月　在濟南府張公祠

張養浩感皇恩詞草書　刻于前碑之上方

張文忠公家訓諭立書　正書　無年月　在濟南府張公祠

張養浩草書至正十四年三月刻　同上

張養浩詩草書　碑上方刻虞集詩一首　同上

重新聖水龍祠記杜翶撰　王思齊書　行書　至正十四年四月　在青州府城東十里聖水祠

龍門重修神禹廟記李克敏撰　裴時靜書　行書　至正十四年仲夏　在韓城縣

嘉定州教授題名記朱孔昭撰　正書　至正十四年四月　在嘉定縣學

歸安縣儒學教諭題名記宇文公諒撰　錢用壬書　正書　至正十五年閏正月　在

湖州府

蒲城義門王氏先塋碑 歐陽元撰 危素書 正書 至正十五年戊子月 在蒲城縣

杭州府重建廟學記 王大本撰 康里慶童書 正書 至正十五年 在杭州府學

重建李晉王影堂碑 正書 至正十五年六月

安慶城隍顯忠靈祐王碑 余闕撰 八分書 至正十六年四月 在安慶府

理公嵓記 周伯琦撰并篆書 至正十六年 在杭州府天竺寺東南

慶元路重修儒學記 黄溍撰 正書 丙申三月葢至正十六年也 在寧波府學

何太古題名 正書 至正十七年仲夏 在西安府慈恩塔

董仲珪弭寇紀功碑 張燠撰 陳佐爵書 至正十七年四月 在潮陽縣東山雙忠廟

太尉丞相祀濟瀆神應記 趙恒撰并正書 至正十七年十月 在濟源縣

金粟道人小像 倪瓚贊 正書 戊戌八月葢至正十八年也 在嘉定縣

續蘭亭會詩 劉仁本序并正書 作詩者仁本及謝理等四十二人 至正庚子二十年三月 在餘姚縣學

賀祕監祠堂記 劉仁本撰 史銓書 正書 至正庚子七月 在寧波府

嘉定州重修儒學記 楊維楨撰 褚奐書 八分書 至正二十一年二月 在嘉定縣學

平章路總管周侯興學記 鄭元祐撰 錢逵書 正書 至正辛丑三月 在蘇州府學

本一禪院記 楊維楨撰 林鏞書 正書 至正二十一年六月 在松江府

察罕帖木兒祀文宣王文 正書 至正二十一年九月 在曲阜縣

靜江路新城記 危素撰并正書 至正二十一年十一月 在桂林府

碑陰記 楊子春撰 正書

慶元路儒學興修記 劉仁本撰并正書 至正二十一年十二月 在寧波府學

祀瀆記 田文舉撰 鐵□書 行書 至正二十二年八月 在濟源縣

温州路總管陳所學壙誌 子逢祥等撰 正書 至正二十二年八月 在崑山縣馬鞍山

常熟州李王廟刊刻靈籤記 正書 至正二十二年十一月 在常熟縣

山東鄉試題名碑記 孫翥撰 趙恆書 正書 至正二十二年 在濟南府學明倫堂西東向

崑山州重修三皇廟記 陳秀民撰 饒介書 行書 至正二十三年六月 在崑山縣學

東嶽廟碑 孔克任撰 正書 至正二十三年玄月 在長武縣

常熟州修學記 陳基撰并正書 至正二十四年二月 在常熟縣學

杭州路重建廟學記 孟昉撰 林鏞書 正書 至正二十四年三月 在杭州府學

崇國寺隆安選公傳戒碑 危素撰并正書 至正二十四年九月 在京師護國寺

受水壺銘 楊彝撰并篆書 至正乙巳五月 在上虞縣治

鄞縣重修儒學記 程徐撰 楊彝書 正書 至正二十六年二月 在鄞縣學

重修宣聖廟記 董立撰 張沖書 八分書 至正二十六年三月 在西安府學

白牛巖二篆字 王用文撰 至正丁未二十七年春 在潮陽縣

王用文白牛巖題名 八分書 至正丁未秋 在潮陽縣

潮州韓文公廟碑 蘇軾撰 正書 至正丁未重刻 在潮州府

重建韓山書院記略 劉嵩撰 張泰書 正書 至正丁未 在重刻蘇碑之陰

大通法寺常住上下院地產碑 安思道撰并正書 不見年月 蓋在至正間

分司揆務同立孟州記 正書 無年月

樓觀道德經 正書 無姓名 在盩厔縣

重修玉清萬壽宮碑 姚燧撰 王元輔書 正書 年月漫漶

完顏正叔碑 王磐撰 正書 碑上半斷失其年月

林縣殘碑 行書 文有行中書省及打捕鷹房總管字

王磐詠百泉詩 行書 無年月 在輝縣百泉

元妙方丈通神庵記 陸元吉書 行書 王都中篆額 年月漫漶 在蘇州府元妙觀

王口題七星巖詩 題銜稱同知廣南西道宣慰司事 行書 在肇慶府七星巖

太平路丹陽書院記 正書 無年月 在太平府黃池鎮

倪雲林小像 在嘉定縣王氏

上清三洞四字 正書

飛霞二字 正書 右二刻皆在粤西無年代然非明以後人筆

容成太玉洞天六字 正書 不著年代 在温州府

璇璣臺三字 篆書 不著年代 在肇慶府七星巖

隨意泉題字 正書 在蘇州府城內剪金橋北井闌上有平江路字

文殊師利經 正書 不著年代

廣德路修建儒學記 正書 止存上半截後有學録鄭禾等立石字 在廣德州學

虛靖眞人像 孫士元書 上方題贊者三人元好問古文篆劉祁小篆杜仁傑八分書

外舅少詹錢先生博采金石文字以攷正經史之學多歐趙前賢所未逮中溶隨侍甥館十三四年親蒙先生指授閒嘗撰杖從游所過山厓水畔豐

宫梵宇得一斷碑殘刻必剔蘚拂塵摩挲審讀而後去其好殆至老而益篤云家藏拓本二千餘種著有跋尾八百餘篇每積二百餘篇輒爲門弟子轉寫付梓故先後共成四集其目錄八卷因時有增補尚未登諸梨棗今歎先生已歸道山而海内未獲讀此書無以見先生搜羅之富與記載之勤猶爲闕事原與僚壻許君蔭堂急謀剞劂用廣其傳庶幾無負先生津梁後學之意歟

嘉慶十年歲次乙丑秋七月既望子壻瞿中溶謹識

跋

嘉定錢竹汀先生搜羅金石二千餘種經跋尾者八百六十顧當日每得跋尾二百餘通門弟子輒爲刊布續成四集追題爲元亨利貞四編凡二十五卷（二集七卷餘均六卷）竊病其檢閱不便擬重爲編次適龍内翰硯仙重刊潛研堂全書以廣流傳元常遂獲案年編正成二十卷倣孫氏星衍重編古刻叢鈔之例各篇標題増元亨利貞字白文於上以存其舊而以瞿中溶所編金石文目錄校之則有有跋尾而目錄失載者三十四種今錄于左

北齊一（保定四年九月造像記）

唐四（開元十四年十一月銀青光祿大夫口憲墓誌　貞元十

五年貞元無垢淨光塔銘　乾寍四年　後周二　顯德六
正月升僊廟興功記　王夫人墓誌　年七月
匡國軍節度使贈太尉白　吳越一　竹林寺　後蜀一　石經
延遇碑　尊勝陀羅尼幢　石幢　殘字
宋十三
龍興寺鑄金銅像菩薩并蓋大悲閣序　熙寍
四年十月張琬題名　熙寍八年十月米黻五
言絕句　元祐七年顏魯公新廟記　元符己卯程閎
中等題名　浯溪黃庭堅題名　紹興九年二月連南
夫等題名　淳熙閒蘄忠武王韓世忠碑　淳熙戊午
孟冬范至能題名　淳祐丁未李艮等題名　淳祐辛
亥仲春蔡杭題名　遼三　重熙十六年四月釋迦佛舍
姑熟帖　留忠宣帖　利鐵塔記　安德州郱建靈
巖寺碑　天慶二年釋迦　金一　大定戊申孟冬馬丹
定光二佛的身舍利塔記　陽滿庭芳及歸山操　元
八　至元二年三月濟南孟公神道碑　至大三年四月
徽州路儒學旨揮　延祐二年四月崑山州重建海
寍禪寺記　延祐三年十二月廣州路銅漏壺題字
後至元元年中順大夫竹溫台碑　後至元六年十月
重新粧鑾聖像記　至正十四年三月濟南郡宣
懿公張宓碑　至正二十六年正月開平縣界石　其餘

標題偶異年月倒誤猶不勝指屈不復詳焉刻既成覆
校一過用識數語于卷末甲申三月三日長沙胡元常
子彝記